抗日战争时期中国人口伤亡和财产损失调研丛书

主　编　李忠杰

副主编　李　蓉　姚金果

　　　　霍海丹　蒋建农

安徽省抗日战争时期人口伤亡和财产损失

安徽省委党史研究室　编

中共党史出版社

图书在版编目(CIP)数据

安徽省抗日战争时期人口伤亡和财产损失/安徽省委党史研究室编.
—北京:中共党史出版社,2014.7
(抗日战争时期中国人口伤亡和财产损失调研丛书/李忠杰主编)
ISBN 978-7-5098-2683-6

Ⅰ.①安… Ⅱ.①安… Ⅲ.①抗日战争-损失-史料-安徽省
Ⅳ.①K265.06

中国版本图书馆 CIP 数据核字(2014)第 115487 号

出版发行 **中共党史出版社**
责任编辑:安胡刚
复　　审:陈海平
终　　审:汪晓军
责任校对:龚秀华
责任印制:谷智宇
责任监制:贺冬英
社　　址:北京市海淀区芙蓉里南街6号院1号楼
邮　　编:100080
网　　址:www.dscbs.com
经　　销:新华书店
印　　刷:北京汇林印务有限公司
开　　本:170mm×240mm　1/16
字　　数:522 千字
印　　张:27　13 面插图
印　　数:1—3000 册
版　　次:2014 年 7 月第 1 版
印　　次:2014 年 7 月第 1 次印刷

ISBN 978-7-5098-2683-6
定　　价:56.00 元

此书如有印制质量问题,请与中共党史出版社出版业务部联系
电话:010—82517197

《抗日战争时期中国人口伤亡和财产损失调研丛书》

本课题在中共中央党史研究室室委会领导下进行。先后三位时任主任孙英、李景田、欧阳淞对本课题给予了重要指导。

主　编　李忠杰

副主编　李　蓉　姚金果　霍海丹　蒋建农

参加审稿的领导和专家：

一、中共中央党史研究室领导和专家

　　曲青山　孙　英　龙新民　陈　威　石仲泉

　　谷安林　张树军　黄小同　黄如军　李向前

　　陈　夕　任贵祥　郑　谦　王　淇　黄修荣

　　刘益涛　韩泰华

二、有关部门和单位的专家

　　李景田（第十二届全国人大常委、民族委员会主任
　　　　　委员；中共中央党史研究室原主任；中共
　　　　　中央党校原常务副校长）

　　何　理（中国人民解放军国防大学少将、教授、中
　　　　　国抗日战争史学会会长）

　　支绍曾（中国人民解放军军事科学院少将、原军事
　　　　　历史研究部副部长、研究员）

罗焕章（中国人民解放军军事科学院研究员）

刘庭华（中国人民解放军军事科学院原军事历史研究部研究室主任、研究员、博士生导师、首席军史专家）

阮家新（中国人民革命军事博物馆原副馆长、研究员）

步 平（中国社会科学院近代史研究所原所长、研究员）

汤重南（中国社会科学院世界历史研究所研究员、中国日本史学会名誉会长）

姜 涛（中国社会科学院近代史研究所研究员）

荣维木（《抗日战争研究》原主编）

郭德宏（中共中央党校党史教研部原主任、教授、博士生导师）

肖一平（中共中央党校党史教研部教授）

杨圣清（中共中央党校党史教研部教授）

李东朗（中共中央党校党史教研部教授、博士生导师）

徐 勇（北京大学历史系教授、博士生导师）

李良志（中国人民大学中共党史系教授）

王桧林（北京师范大学教授、博士生导师）

谢忠厚（河北省社会科学院原现代史研究所所长、历史研究所顾问、研究员）

中共中央党史研究室课题组成员

李忠杰　霍海丹　李　蓉　姚金果　李　颖
王志刚　王树林　杨　凯

《抗日战争时期中国人口伤亡和
财产损失调研丛书》

总　　序

中共中央党史研究室副主任　李忠杰

发生在 20 世纪三四十年代的中国人民抗日战争，是中华民族抵抗日本帝国主义侵略的一场规模巨大的战争，是世界反法西斯战争的重要组成部分和东方主战场，是近代以来中国反对外敌入侵第一次取得完全胜利的民族解放战争。中国人民抗日战争的胜利，成为中华民族由衰败走向振兴的重大转折点，也对世界各国人民取得反法西斯战争的胜利、争取世界和平的伟大事业产生了巨大影响。

这场战争，作为世界反法西斯战争的一部分，从根本上来说，是反法西斯正义力量与法西斯侵略势力之间的一场大决战，是文明与野蛮的一场大搏斗。日本侵略者，站在法西斯阵营一边，不仅与中国人民为敌，而且与世界人民为敌，肆意践踏人类的公理和正义，企图以残暴杀戮的手段，将中华民族置于自己的铁蹄之下。日本侵略者先后占领了中国、东南亚、南亚、大洋洲许多国家的领土，杀害居民，掠夺物资，强征劳工，施放毒气，蹂躏妇女和儿童，毁坏和窃取文物，造成了大量人员和财产的损失，给中国人民和亚洲其他许多国家人民留下了巨大的创伤，给世界文明造成了空前的破坏。

中国是受战争摧残最为严重的国家。从 1931 年到 1945 年的 14 年间，日本侵略者先后占领了东北、华北、华中、华南等大片中国最重要的经济政治文化战略地区。在整个战争进程中，日军到处屠杀、焚烧、抢掠、奸淫，使中国人民的生命财产惨遭蹂躏；大量使用生化武器，进行残酷的细菌战和化学战；把大批中国平民和俘虏当作细菌和毒气的试验品；对无辜的中国平民施放毒气，或在河流、湖泊、水井中投毒；掠走大批中国劳工，强迫他们筑路、开矿、拓荒，从事大型军事工程，使其大批冻、饿、病、累而死；强征中国妇女作为"慰安妇"，严重残害妇女的身心健康；对抗日根据地实行"烧光、杀光、抢光"政策，企图摧毁抗战军民起码的生存条件；在许多地方还制造了一系列触目惊心的大惨案。直至今天，日本侵略所造成的后果还难以完全消除，日军遗留的毒气弹还不时地威胁着中国人民的生命安全。

日本侵略者的罪行，违背了起码的人类良知和国际公法，不仅是对人权和人道主义的践踏，而且是对人类文明的挑战。它决不是如某些日本右翼分子所说是解放亚洲和太平洋地区人民的行动，而是亚洲和太平洋地区历史上最黑暗的一幕，是人类文明史上的一场浩劫。第二次世界大战结束后，根据《波茨坦公告》的规定，远东国际军事法庭在东京对日本首要战犯进行了国际审判，确认侵略战争为国际法上的犯罪，策划、准备、发动或进行侵略战争者为甲级战犯。此外，盟军还在马尼拉、新加坡、仰光、西贡、伯力等地，对日本的乙、丙级战犯进行了审判。中国也先后对日本的有关战犯进行了审判。这些审判，与欧洲的纽伦堡审判一起，使发动侵略战争的罪犯受到了应有的惩处，代表了全世界一切爱好和平人民的共同愿望。这是正义的审判，历史的审判！这一审判的结果是不容挑战的！

策划和制造当年这场战争的，是一小撮日本军国主义和法西斯分子。而日本人民，从根本上来说，也是受害者。所以，日本人民也用不同方式对这场战争进行了抵制和反抗。不少参加侵华战争的士兵认识到战争的性质，幡然悔悟，积极参加了国际和日本国内的反战活动。战后，很多人勇敢面对历史事实，以见证人的身份揭露了日本军国主义的罪行。还有很多当年的士兵,真诚忏悔战争的罪行,以实际行动推动世界和平和中日友好,做了很多有益的工作。他们的良知和勇气,应该得到充分的肯定和赞赏。

相反,日本国内一些右翼势力,直到今天仍然否认侵略战争的性质和罪行,竭力推卸侵略战争的责任。对早已由当年远东国际军事法庭作出严正判决的南京大屠杀一案,始终企图翻案。历史不容改变,事实岂能抹杀!企图歪曲历史,掩盖罪行,这是中国人民绝对不能同意的!

中国人民在当年那场战争中的胜利,是正义战胜邪恶、光明战胜黑暗、进步战胜反动的伟大胜利!是正义的胜利、人民的胜利、和平的胜利!既是中华民族永远值得纪念的胜利,也是世界人民永远值得纪念的胜利!但是,在纪念胜利的同时,我们不要忘记,这一胜利是用极为惨重的代价换来的。在这一伟大胜利的背后,是中华民族遭受的巨大人员伤亡和财产损失!中华民族,既为这场战争的胜利作出了巨大的贡献,也在这场战争中付出了巨大的民族牺牲。

1995年,江泽民同志在首都各界纪念抗日战争暨世界反法西斯战争胜利50周年大会上,对当年日本侵略中国造成巨大人口伤亡和财产损失的基本数据作出了重要表述。2005年,胡锦涛同志在纪念中国人民抗日战争暨世界反法西斯战争胜利60周年大会的讲话中,再次郑重宣布,据不完全统计,在抗日战争期间,中国军民死伤3500多万人;按1937年的比值折算,中国直接经济损失1000多亿美元,间接经济损失5000多亿美元。中国领导人公开宣布的基本数据,从整体上揭示了中国人口伤亡和财产损失的规模,有力地揭露了日本军国主义侵略的罪行。

数据,是历史的抽象。数据的背后,是大量的事实、确凿的证据,是无数人们的惨痛记忆和血泪控诉。为了更直接、更具体、更全面、更系统、更立体地还原当年的历史，展示中国人民遭受的灾难和损失，揭露日本军国主义的罪行，驳斥日本右翼势力否认侵略罪行的种种言论，我们必须通过更多档案资料的展示、历史文书的挖掘、具体事实的考查、当事人的证词证言、各种各样的物证书证，等等，将侵略者的罪行昭告天下。因此，作为炎黄子孙，作为郑重的历史工作者，有必要、有责任、有义务、也有权利对战争期间中国的人口伤亡和财产损失进行更加系统、详尽、具体的调查研究，将当年中国人民的巨大牺牲和惨重损失永远地记载下来。

这项调查研究工作，本来在抗日战争结束之后，或者在新中国成立时，就应该进行。但由于种种历史原因，未能系统、全面地进行。由于年代久远，资料散失，在世的证人越来越少，现在进行这方面的调查和研究已经有很大困难。但是，无论早晚，这项工作总得有人来做。现在才做，已经晚了几十年。但如果现在再不做，将来就更晚，也更困难了。所以，无论再困难，做，都是必要的。做好这项调研，是对历史负责、对人民负责、对当年的牺牲殉难者负责、对我们的子孙后代负责。根本上，是对整个中华民族负责，也是对国际社会和人类文明负责。

因此，2004 年，中央党史研究室决定开展《抗日战争时期中国人口伤亡和财产损失》的课题调研。从 2005 年开始，组织全国党史部门围绕这一重大课题，开展了系统深入的调研工作。其基本任务，是按照实事求是的原则，调查更加详实、有力、具体、准确的档案、材料、事实，更加清楚准确地掌握日本军国主义的侵略罪行，更加清楚准确地掌握日本侵略在各个不同领域、地区和方面对中国造成的破坏和损失。其中包括：各个省、自治区、直辖市在抗战中的人口伤亡和财产损失情况；历次重大战役战斗中中国军队伤亡的情况；日本从中国掠走各种资源的情况；日本从中国掠走和破坏文物的情况；日军在中国制造的一系列重大惨案；中国劳工的损失情况；中国妇女遭受日军性侵犯的情况，包括"慰安妇"的情况；日军在中国使用细菌武器、化学武器及其造成伤害的情况；日本侵略在其他方面给中国造成破坏的情况；等等。

课题调研的整体布局，实行块块和条条的结合。每个省、自治区、直辖市党史研究室，主要负责把本区域内的情况调查清楚。也可根据实际情况，选择一些重点，进行专题性的调研，形成专题性的研究成果。一些重要专题，单靠某个省（自治区、直辖市）做不了，就采取条条的办法，组织专题性的调研。还有一些，则是条条与块块相结合。如毒气，日军在不同区域使用过，有关的省（自治区、直辖市）都调查。但作为一个专题，由相关的区域进行协调，配合开展调研工作，并形成专项的调研成果。如劳工、性侵犯等，就大致属于这种类型。

课题调研的方式方法，主要是查阅和搜集档案文献资料，包括不同历史时期的统计报表。同时查阅当时有关的报刊资料，查阅多年来涉及有关地方、有关课题的研究成果。对一些特殊的重大事件，特别是重大惨案等，也同时进行社会调查，对当事人、知情人、有关研究人员等进行走访，记录证词证言。对于特别重要的事件，有条件的，还进行必要的司法公证，如南京大屠杀、潘家峪惨案等，使这些调查都成为在法律上可以采信的证据。根据需要与可能，也到国外境外包括台湾地区查阅搜集档案资料。

中央党史研究室进行了大量组织和指导工作。在课题确定前，首先进行了必要的论证，得到了许多专家的支持。随后，制定了详细的工作方案，向各省、自治区、直辖市党史研究室发出正式通知和实施意见，明确了工作的指导思想、组织领导、调研项目、工作步骤、基本要求、注意事项等等。为了提高认识、振奋精神，交流经验，落实措施，专门召开了工作培训会议，就课题的总体规划、调研方法、需要把握的问题等，作了全面部署，特别是提出了把调研工作做成"基础工程、精品工程、警世工程、传世工程"的要求。多年来,一直分阶段、有步骤地把这项课题调研推向前进。有关领导和专家分别到各地参加会议,指导培训,提出要求,统一规格,解答疑难问题。在调研过程中,随时就有关问题进行具体指导。工作班子及时编发简报和简讯,交流情况和经验。

各级党委和政府高度重视。多数地方成立了由党史研究室领导负责的课题组。各地先后召开工作会议、电话会议等,培训人员,落实任务。许多地方形成了由党史研究室牵头,档案、民政、财政、司法、地方志、社科院以及高校等部门单位联合攻关的局面,保证了调研工作扎扎实实、有计划有步骤地向前推进。

《抗日战争时期中国人口伤亡和财产损失》课题调研先后经历了六个阶段。第一,酝酿启动。第二,全面调研。这是最重要的阶段。各地组织专门人员,查询档案,实地走访,搜集了大量资料。第三,起草报告。凡参加调研的县以上单位,都要在搜集整理、考证研究档案文献资料和进行实地调查的基础上,写出调研报告,全面、准确地反映调研成果。同时,将调研中搜集的档案文献资料进行分类整理,制作统计表、大事记和人员伤亡名录等。第四,分级验收。为保证调研成果的科学性、准确性、严肃性,各省、自治区、直辖市调研报告都要经过四级验收。首先由课题领导小组审查通过,然后聘请所在省份资深专家审读验收,合格后报送中央党史研究室课题组。中央党史研究室课题组审读各省、自治区、直辖市的调研报告及相关调研成果,认为合格后,再聘请有全国影响的专家审读,写出书面意见并亲笔署名。根据审读意见,各地都要反复认真进行修改,只有达到规定要求才能通过验收。第五,上报成果。完成调研工作的省、自治区、直辖市,都按统一要求,将调研中收集的档案文献资料等所有文件，精心整理，分类成册，向中央党史研究室提交调研成果。各市县也要逐级向省级报送。第六，反复审核。中央党史研究室召开审稿会，组织各省、自治区、直辖市按照标准自审，相互间互审，将各种材料进行比对，将有关数据核实，解决带有共性的问题，进一步统一标准、统一规范、统一格式。

这项课题调研，作为一项浩大的工程，到目前为止，进行了将近 10 年之久。前后共有 60 多万党史工作者、史学工作者和其他各类有关人员参加。将近 10 年来，各个地方都周密组织，采取有力措施推动工作开展，保证调研质量。如山东省，先在 30 个县（市、区）进行试点，然后在全省普遍推开，形成了纵向省市县乡村五级联动、步调一致，横向十几个部门优势互补、携手攻关的工作格局。课题调研期间，山东省参加工作的同志共查阅档案238742 卷，复印档案资料 406912 页，查阅抗战期间及战后出版的书刊 61301 册（期），复制文献资料 220177 页。走访调查 8 万余个行政村、609 万名 70 岁以上（即 1937 年全国性抗战爆发以前出生）老人中的 507 万余人，收集证言证词 79 万余份。拍摄照片资料 7376 幅、录像资料 49678 分钟，制作光盘 2037 张。全省1931 个乡镇，每个乡镇都建立了包括证人证言证词、伤亡人员名录、财产损失清单、人员伤亡和财产损失数字统计、人员伤亡和财产损失大事记、重大惨案证据材料以及证人和知情人口述录音、录像、照片等内容的抗战时期人口伤亡和财产损失材料卷宗，共 12892 个。

这项课题调研，也得到了社会各界特别是档案图书部门、专家学者的普遍支持。许多档案馆、图书馆为这次调研提供各种方便。不少专家学者在教学科研任务繁重、经费困难的情况下，承担专题研究任务。有的外请专家利用学校假期全力以赴做课题，缺少交通工具，就以自行车代步或徒步，到档案馆和图书馆查阅文献资料。

为了扩大搜寻面，中央党史研究室还组织查档小组，分赴美国、俄罗斯、日本，搜集了许多抗战史料。很多地方的课题组都到台湾查档。在台北"国史馆"、中国国民党党史馆、"中央研究院"近代史研究所档案馆等，找到了数量巨大、整理比较细致的抗战档案。台北"国史馆"馆藏的国民党在大陆统治时期行政院赔偿委员会档案，涉及抗战时期中国人口伤亡和财产损失的有8924卷，内容十分翔实具体。既有中央机关、军队系统人口伤亡和财产损失情况，也有地方省、市，县、区和个人填报的资料，包括台湾地区和华侨的档案资料。新疆防空委员会也报送有财产损失材料，如修筑防空工事、疏散费等财产损失。重庆市报送有日机空袭慰恤重伤难胞姓名卡，上面有卡号、伤员姓名、性别、年龄、籍贯、受伤时间、受伤地点、犒金额、发犒金时期、所住医院名称、医院地址、入院时间等，受伤部位还配有图片加以说明。所有这些，为查明当时各方面的人口伤亡和财产损失，提供了重要证据。

这项重大课题调研的成果，均编成《抗日战争时期中国人口伤亡和财产损失调研丛书》公开出版，为国内外学者提供并为子孙后代留下一份关于抗战时期中国人口伤亡和财产损失的系统资料。经过验收、审核合格的调研报告和主要档案文献资料，都按统一体例，编辑成为丛书的A、B两个系列。A系列为各省、自治区、直辖市各一本调研成果，以及若干重要专题的调研成果，由中央党史研究室负责审核。B系列为各省、自治区、直辖市的其他大量调研成果，由各省、自治区、直辖市党史研究室负责审核。全部成果统一设计、统一规格、统一版式、统一编号，由中共党史出版社统一出版。全部出齐之后，将有300本左右。

为了集中反映日本侵略者在中国制造的各种重大惨案，我们专门编纂了一套《抗日战争时期全国重大惨案》，收录抗战时期死伤平民（或以平民为主）800人以上的重大惨案100多个，配以档案、文献、口述及照片等作为历史证据。日本一些右翼分子，常常攻击中国为什么不拿出伤亡人员名单。我们专门安排了一个省，即山东省，公布该省具体的伤亡人员名录（第一批先公布该省100个县＜市、区＞的死难人员名录），包括姓名、籍贯、年龄、性别、伤亡时间等多项要素。以此说明，中国的伤亡人员都是有根有据、铁证如山的。

历史的生命在于真实、客观、准确。《抗日战争时期中国人口伤亡和财产损失》这一课题调研的生命也在于真实、客观、准确。所以，在开展这一课题调研的过程中，我们始终把保证调研质量，保证所有材料、事实、成果的真实性、客观性和准确性放在第一位，并在五个重要环节上严格要求、严格把关。第一，严格要求。一开始就明确规定，课题调研工作坚持实事求是的原则和科学严谨的态度。整个调研工作必须尊重历史事实。档案怎么记录的，就怎么记载，不能随意改变。当事人、知情人怎么说的，就怎么记录，不能随意加工。所有的材料、事实都要经得起法律上和学术上的质证。在需要与可能的情况下，对当事人、知情人的证词证言要进行司法公证。各种数据，都要确有根据，不能随便编排、采信。不许追求任何高数字、高指标。第二，统一规范。对课题调研的项目、内容，都做了认真细致的研究，提出了统一要求和严格规范。对全部调研项目设计了统一的表格，对调研报告的内容和格式做了统一规定。每个数字的内涵外延，包括如何计算、如何换算等等，都有明确的规定。事前对调研人员进行了培训。调研过程中，对没有理解的问题、疑难的问题等，都由专家给予统一的解释、说明。第三，责任到人。对所有参与课题调研的人员，都实行责任制。查档的、笔录的、整理的、起草调研报告的、审读的……，每个环节的人员都要签名，以对这一环节自己的工作负责，对子孙后代负责。明确规定，今后凡遇到质疑，有关环节的调研人员都要能够站出来进行证明、解释和辩论。第四，客观撰写。在汇总情况、起草调研报告阶段，要求所有的数据统计都必须客观、真实、准确。一律用事实说话，材料要具体、实在。不允许像写文艺作品那样来写调研报告；不允许作任何想象、编造和煽情性的描写；不允许刻意追求语言的生动华美；不允许使用任何带有夸张性、主观推断性的文字；不允许用"不计其数"、"无恶不作"这类抽象的形容词来概括相关内容；经过调研，凡是能够说清的事实、数字都予采用，但仍然说不清的情况、数据，就客观地说明未查核清楚，在汇总和整理数据时充分考虑这些因素，绝对不得编造数字。第五，逐级验收。除了在调研过程中由特聘的专家随时给予指导外，对各地提交的调研报告和相关材料，都实行逐级验收制度。其中，对省级调研成果实行由地方到中央的四级验收，其他调研成果由有关省、自治区、直辖市党史研究室组织验收。每一验收环节都要有专家审读、签字。凡存在问题和不符合要求之处，都要退回重新核查和修改。

经过艰苦努力，到 2010 年底，我们在深入调研的基础上，初步编出了几十本成果，先行印制了少量样本作为内部工作用书，组织力量作进一步的研究、审读、复查、校核。从 2014 年初开始，我们又组织展开了新一轮较大规模的审核工作。第一，召开有关省、自治区、直辖市党史部门参加的审稿会，进一步提高认识，明确规范，听取相互评审以及从社会各方面听到的意见，对审核工作提出要求，进行部署。第二，开展自审、复核、修改，确保准确无误。同时在各省、自治区、直辖市党史部门之间交叉审读，相互间进行比较、核对、衔接。自审互审完成后，都要确认是否具备正式出版的质量水准，签署是否同意交付出版的意见。第三，由中央党史研究室组织专家，对所有拟第一批出版的成果（书稿）进行六个环节的审读、检查、修改、校对，不仅检查是否还有表述不够准确或不够清楚的地方，而且对各本书稿之间、每本书稿各个部分之间的内容、叙述、时间、数字等进行统筹检查，排除表述不一致的内容。第四，如实客观地说明我们工作尽最大努力后达到的程度。始终强调，凡是已经清楚的，就清楚表述。还没有搞清楚的，就如实说明还没有搞清楚。某些数据、结论与其他书籍资料不完全一致的，则说明我们是依据什么材料、从什么角度得出和叙述的，不强求一致。第五，组织各地党史部门继续参与审核。凡有疑问的，都与有关地方党史部门联系、查核。多数省、自治区、直辖市都派专人来京参与审核、修改、校对。审核完毕后，又组织各地党史部门对自己书稿的清样再次进行审核。然后再按出版流程交付印制。今年以来对这些成果再次进行如此繁密、细致的复核工作，都是为了进一步保证成果的质量，保证历史事实的真实性和准确性。

特别需要强调的是，开展这项调研，不是为了简单汇总、计算这样那样的数据，而是为了寻找、展示更多的档案、更多的材料、更多的人证物证、更多的历史事实，用具体的事实来反映当年中华民族遭受的巨大灾难，揭露日本侵略者反人类的罪行。时隔几十年，很多数据难以查清，很多数据可能不很吻合，而且数据的分类、统计、核算都极为复杂，远远不是简单做一做加法就能算出来的。所以，我们在数据上采取了十分谨慎的态度。能统计出来的就统计出来，难以统计的也不强求。统计的口径、结果相互有差别的，也注意说明。今后，我们将会对数据问题作进一步研究。因此，目前的研究还只是阶段性的，不能说已经包罗万象，更不是最终的结论。总体上，还是在为今后更加综合性的研究提供一个详尽、扎实的基础。

由于自始至终都高度重视和强调调研的质量，所以，对于这一项目的真实性、客观性、准确性，我们有充分的信心。当然，无论如何，历史已经过去了六七十年，很多当事人已经去世，很多档案资料已经散失。现在再对发生在六七十年前的灾难进行大规模的调查，其困难是可想而知的。所以，即使做了最大的努力，我们仍然充分预计在调研成果及有关材料中，还是会有不足和差错之处，出版之后，肯定会有不同意见。所以，我们真诚地欢迎所有看到这些调研成果的人们，对其中的内容、材料、数据等进行审查、讨论。如此，必将有更多的人们关心和参与对当年那场灾难的调查，必将会提供和发现更多的档案、更多的资料、更多的见证，必将对我们调研成果中的很多内容进行不断的推敲琢磨，从而使我们能够更加准确、系统地展示当年中国的人口伤亡和财产损失，使我们为子孙后代留下的资料更为完整、更为丰富。我们也欢迎日本和其他国家的人们对这些调研成果进行阅读、审查、讨论、质疑。如此，将会有更多的国家和人们关注中国当年所遭受的灾难，也将会有更多的存留于国外境外的档案资料出现在公众面前，也将会使对当年这段历史和灾难的记录、研究更加准确和科学。

《抗日战争时期中国人口伤亡和财产损失》课题调研，是一项学术性的工作。开展这项课题调研，是为了更加准确和详尽地记录这场战争和灾难的历史，更加充分和有力地揭露日本军国主义的侵略罪行、反击日本右翼势力否认侵略战争的言行，更加充分和有效地进行爱国主义教育，毋忘国耻、振兴中华，更加积极地促进两岸交流、推进祖国和平统一进程，同时，也是为了给全世界所有关注当年这场战争和灾难的国家、政府和人们一个更加负责任的交代，为子孙后代继续研究当年中国人民抗日战争和日本军国主义的侵略罪行留下一笔丰富翔实的历史遗产。因此，虽然是学术性调研，但具有重大的历史意义、现实意义、国际意义、政治意义。作为历史工作者，我们有责任、有义务，实事求是地把中华民族在那场战争中蒙受的巨大灾难和损失尽可能完整地记载下来。推动和开展这项课题调研，是良心所在，是责任所在！每每读到那些令人震颤的历史事实，每每想到那数千万死难者的冤魂亡灵，每每掂量我们今人特别是历史工作者的责任，我们都禁不住潸然泪下。将近10年来，所有调研人员本着对历史和民族负责的精神，殚精竭虑，无私奉献，千方百计寻找各种线索，逐字逐页翻阅档案资料。为了做好对当事人、知情人的调查取证工作，顶酷暑，冒严寒，深入村镇，一家一户进行走访。也许，随着时间的流逝，这样的调研工作，以后再也不可能如此全面深入大规模地进行了。所以，对于能够基本完成这一课题的调研，我们极为欣慰，对能够取得今天这样的成果，我们极为珍惜。将近10年来，调研工作遇到过重重困难，调研人员付出了巨大心血，但只要能够对国家、对民族、对人民有一个负责任的交代，我们所有的努力、辛劳甚至痛苦都是值得的！

现在，《抗日战争时期中国人口伤亡和财产损失调研丛书》A系列第一批成果就要正式出版了，随后我们还将根据工作进程陆续出版第二批、第三批……B系列丛书的编纂和出版工作也将同时推进。而且，这项课题调研工作远没有结束。截至目前课题调研取得的成果，都还是阶段性的、部分的、不完全的成果。很多专题性调研还要继续进行，对大量档案资料还要进行分析研究。所有这些，都还需要我们继续不懈地努力。我们将以对历史负责的精神，一如既往地将这项课题调研工作做好。

历史，是现实的基础，更是未来的起点。打开尘封的记忆，重温昔日的往事，我们可以得到很多的启示和教诲，增长很多的聪明和智慧。所以，研究历史，形式上是向后看，但根本目的是向前看。作为一种科学的研究，我们调查历史的真相，记录历史的灾难，不是为了延续旧时的仇恨，不是为了扩大中日之间的裂痕，不是为了煽动狭隘民族主义的情绪，而是为了以史为鉴，不让历史的悲剧重演；面向未来，书写更加友好合作的美好篇章。经历了太多的苦难和挫折之后，我们更加坚定地热爱和平，更加执着地追求正义，更加珍惜国家的主权与独立，也更加关注世界的文明发展和进步。我们真诚地希望，世界各国能够携手努力，平等协商，求同存异，友好相处，共同推进世界的发展，共享人类文明的成果；我们真诚地希望，中日两国人民能够更多地加强交流、理解和合作，共同开辟中日关系的新局面，使中日关系更加健康稳定地向前发展，使中日两国人民真正世世代代地友好下去；我们真诚地希望，中华民族能够始终以坚韧不拔的努力，坚定不移地走和平发展之路，在中国特色社会主义旗帜下全面建设小康社会，努力实现社会主义现代化，为推动建设一个和平发展、文明进步的世界作出自己的贡献！

2014 年 4 月 30 日

《抗日战争时期中国人口伤亡和财产损失》课题①调研工作规范和要求

2004 年，中共中央党史研究室决定开展《抗日战争时期中国人口伤亡和财产损失》课题调研。2005 年向全国各省、自治区、直辖市党史研究室发出开展此项工作的正式通知，进行相应部署，着重说明工作的指导思想、调查项目、实施步骤及规范和要求。以后又随着课题调研的深入开展，对规范和要求进行了补充和完善。

一、课题调研的基本任务

抗战损失课题调研的目的和任务是深化对抗日战争时期中国人口伤亡和财产损失的研究。1995 年，在首都各界纪念抗日战争暨世界反法西斯战争胜利 50 周年之际，江泽民同志曾经对 20 世纪三四十年代日本侵略中国造成巨大人口伤亡和财产损失的基本数据做出了重要表述。2005 年，在纪念中国人民抗日战争暨世界反法西斯战争胜利 60 周年大会的讲话中，胡锦涛同志再次郑重宣布，据不完全统计，在抗日战争期间，中国军民伤亡 3500 多万人；按 1937 年的比值折算，中国直接经济损失 1000 多亿美元、间接经济损失 5000 多亿美元。中共中央党史研究室组织开展的课题调研，旨在全面详尽调查有关抗日战争时期中国人口伤亡和财产损失的具体事实，为这组基本数据提供强有力的史实支撑，并不是简单地做数据统计。

---

① 本课题亦简称为抗战损失课题或抗损课题。因为抗日战争时期及抗战胜利后国民政府统计人口伤亡和财产损失多采用"抗战损失"等概括性提法，其中将人口伤亡也称作抗战损失之一种，与财产损失并提，故沿用这一表述。

课题调研的基本任务是：按照实事求是的原则，经过广泛、全面、深入细致的调查研究，包括查阅搜集档案资料、对统计数据进行分析等，获得更多的证据，以更加全面和准确地揭露日本帝国主义侵略中国的罪行及其对中国人民造成的伤害。

课题调研的主要内容包括：（1）各个省、自治区、直辖市在抗战中的人口伤亡和财产损失情况；（2）历次重大战役战斗中中国军队伤亡的情况；（3）日本从中国掠走各种资源的情况；（4）日本从中国掠走和破坏文物的情况；（5）日军在中国制造的一系列重大惨案；（6）中国劳工的损失情况；（7）中国妇女遭受日军性侵犯的情况，包括"慰安妇"的情况；（8）日军在中国使用细菌武器、化学武器及其造成伤害的情况；（9）日本侵略在其他方面给中国造成破坏的情况；等等。

二、课题调研的方式和方法

主要是组织有关人员查阅和搜集档案馆、图书馆和其他文博单位以及民间保存的有关中国抗战人口伤亡和财产损失的档案资料、报刊杂志、历年出版的专题资料集和发表的研究成果。对一些特殊、重大的事件如重大惨案，则走访当事人、知情人和有关研究人员，进行录音录像，整理和保存证人证言，有条件的还进行司法公证，努力使这些调查材料成为在法律上可以采信的证据。有些省份的课题组还到境外的有关机构查阅相关档案资料，作为对大陆保存的档案资料的丰富和补充。这次课题调研的整体布局，实行块块和条条相结合。每个省、自治区、直辖市党史研究室在负责开展地区性的广泛调研的同时，也从实际出发开展一些专题性调研。一些重要的、涉及多个地方的带有全局性的专题，则另组织专家进行调研。

三、对搜集档案资料的要求

1. 明确搜集档案资料的范围。搜集档案资料是本课题调研工作的基础，调研成果的质量也主要决定于档案资料是否翔实，是否尽可能完整和全面。所以，凡相关内容的档案资料，不论是直接反映人口伤亡和财产损失的，还是间接反映的（如关于人口状况、财产状况、生产能力、各类资源情况等资料），都尽量搜集，作为撰写调研报告的客观的历史依据。搜集的要件有：档案、报刊、史志、时人日记、专著专论、实地调查报告、图片、影像资料以及出版、发表的研究成果等。

2. 认真整理原始档案和资料。对于搜集到的档案资料，不论是来自原始的档案，还是来自报刊、史志、日记、图书、专题论文等，都认真整理，每份每件都注明保存的地点、单位，文件卷号、出版或发表处等，然后分类汇总，妥善保存。档案资料使用时一律保持原貌，必要时作注释说明，不允许对原件内容增改、涂抹。对搜集到的档案资料要在分门别类整理的基础上进行必要的考证、鉴别和研究。整理后的档案资料，不仅是有关课题承担者撰写课题调研报告的重要依据，其主要内容也作为附件收入有关的调研成果之中。

四、有关数据统计中的几个问题

1. 根据搜集、掌握资料的情况，抗日战争时期中国的人口伤亡分为直接伤亡和间接伤亡两大类。直接伤亡，一般是指日本侵略中国的战争直接导致的中国方面人员的死、伤、失踪等；间接伤亡，一般是指在日本侵略中国的战争包括特定战争环境中造成的中国方面被俘捕人员、灾民、难民、劳工等的伤亡。抗战期间，被俘捕人员、灾民、难民、劳工等伤亡很大，但由于其流动性大等复杂原因，很难形成具体数据资料，统计起来十分困难。因此，本课题调研中，将已确定属于死、伤或失踪的被俘捕人员、灾民、难民、劳工的数据归入有关地方间接伤亡统计数据；无法确定是否伤亡失踪的，可视情况单列相关数据并加以说明。需要补充说明的是，在战争中失踪者，按通常惯例归为死亡。

2. 抗日战争时期中国的财产损失分为直接损失和间接损失两大类。直接损失，一般是指在日军攻击、轰炸或掠夺中直接造成的社会财产损失。居民财产损失列为直接损失。间接损失，一般包括：（1）政府机关等因抗战需要而增加的费用，如迁移费、防空设备费、疏散费、救济费、抚恤费等；（2）各种营业活动可获利润额的减少及由于成本上升等增加的费用；（3）有关伤亡人员的医药、埋葬等费用；（4）为抗战捐献的物资和钱财；（5）有关人力资源的损失。总之，一切因战争造成的间接财产损失均包括在内。

3. 在财产损失中所列的人力资源类损失，包括了被俘捕人员、劳工等在财产方面的损失。中国各级政府所组织的劳役，例如为战争修筑公路、机场、军事工事等抽调民工，都算作人力资源损失。但中国方面征用民工和日本侵略军强征劳工有所区别。日军强征劳工的伤亡率很高，和中国方面征用民工民夫的情况区别很大，因此要分别统计和说明，不能混淆。

4. 中国军队在重大战役战斗中的人员伤亡，分别情况加以统计处理。此次课题调研以统计平民伤亡为主。有关省（自治区、直辖市）如发现有本地发生过军队人员伤亡的重要资料，可以搜集整理并在调研报告中说明，但不计入本地人口伤亡总数。若是本地籍军人的伤亡，则计入本地人口伤亡总数。

5. 海外华侨拥有中国国籍，因此在计算抗日战争时期中国人口伤亡和财产损失时，华侨人口伤亡和财产损失均计算在内。各有关地方在计算本地人口伤亡和财产损失时，视情况可以将本地籍华侨的伤亡、损失计入统计数据总数，亦可单列数据并加以说明。

6. 工厂、学校、机关团体等由于战争原因搬迁造成的损失，算作间接损失，原则上由工厂、学校、机关团体等原所在地方统计。如果原所在地方缺少相关资料，新迁移处具备资料条件，也可由后者统计。为避免交叉和重复，遇到这类情况须特别加以说明。

7. 政党、政府机构的财产损失，归入公用事业的社会团体类财产损失一并计算。

8. 被日军、日本占领当局无偿征用、占用的中国耕地，按农作物的产量及其价值计算财产损失。

9. 伪军、伪政府的人员伤亡和财产损失，一般计入中国人口伤亡和财产损失。

10. 由战争原因导致的如黄河花园口决堤一类重大事件所造成的人口伤亡和财产损失，计算在间接人口伤亡和财产损失中。

11. 重大的财产损失，均以相应数额的货币反映价值。反映财产损失的货币一般要注明币种。

12. 通常用于抗日战争时期财产损失统计的货币（主要是法币），币值问题非常复杂。本课题调研中，涉及财产损失统计的货币数据，有条件进行折算的，一般按 1937 年即全国抗战爆发当年通用货币法币的币值进行折算，并说明折算的方式方法。因条件不具备，保留原始数据未作折算的，则注明有关数据中用以反映财产损失的货币系何种货币、何年币值。

五、关于撰写课题调研报告的要求

本次课题调研，有关课题组和承担专门课题的专家均按要求撰写出调研报告。

1. 各省、自治区、直辖市课题组撰写调研报告，内容大致分为概述、主体、结论三部分。

概述部分主要包括：介绍课题调研工作的基本情况，如：投入多少力量，到过什么地方查阅搜集档案资料，搜集了多少档案资料等。反映本地的自然地理概况，抗战爆发前的经济社会发展和人口状况，以及在抗战时期是重灾区还是大后方，是沦陷区还是根据地等。叙述日本侵略者在本地的主要罪行。还可简略回顾以往相关课题的资料和研究情况。

主体部分主要包括：分析说明本地人口伤亡和财产损失情

况。根据现掌握资料，将本地抗战时期人口伤亡分为直接伤亡和间接伤亡，将本地财产损失分为直接损失和间接损失，并分别说明主要的史料依据和分析结果。

结论部分，汇总本地人口伤亡数据、财产损失数据。据实说明迄今所掌握资料的局限性、本地遭受人口伤亡和财产损失的特点、影响等。

撰写调研报告依据的主要资料以及调研中同步完成的专题研究报告等，作为调研报告的附件，纳入课题调研成果中。

2. 由一批专家承担的全局性专门课题，如抗日战争时期重大惨案、劳工问题、"慰安妇"问题、细菌战、化学战、文化损失、海外华侨人口伤亡和财产损失、中国军队伤亡、重要战役战斗伤亡等，其调研报告的撰写和附件的收录，参照以上要求进行。

六、对调研成果的验收

在各省、自治区、直辖市课题调研工作结束后，完成的包括课题调研报告在内的省级调研成果和市、县等调研成果，要装订成册，通过审阅和验收，逐级上报，送交各省、自治区、直辖市党史研究室和中共中央党史研究室分别保存。

为确保质量，在调研过程中形成的各省、自治区、直辖市 A、B 两个系列书稿（省级调研成果为 A 系列书稿，市、县等调研成果为 B 系列书稿），要分别通过验收。其中，省级调研成果要通过由地方到中央的四级验收，市、县等调研成果则在有关省、自治区、直辖市内验收。

省级调研成果上报验收前，课题组先认真进行自审，以保证内容的完整准确，特别是调研报告和有关专题研究报告、资料、大事记的内容和数据要互相补充、印证，不能互相矛盾。课题组完成自审后，省级调研成果首先报送省级抗战损失课题领导小组验收。省级课题领导小组审查通过后，送省级专家验收组验收。省级专家验收组参加验收的专家一般为3—5人，人选来自党史系统、社会科学院和社科联系统、档案史志部门、高等院校等方面，为较有影响力、权威性的专家。省级专家验收组在本省（自治区、直辖市）课题领导小组的指导下，按照学术规范的严格要求和有关规定审读、验收本省（自治区、直辖市）拟提交中共中央党史研究室的省级调研成果。验收的主要标准和目的是确保调研成果的准确性、可靠性。对于验收中指出的问题、提出的意见和建议，各省（自治区、直辖市）课题组须采取有效措施解决和落实。对一次验收不合格的，修改、完善之后进行第二次以至多次验收，直到合格为止。省级专家验收组验收合格后，填写《A系列书稿验收报告表》。填写的报告表和书稿同时报送中共中央党史研究室课题组。

中共中央党史研究室课题组收到经省级专家验收组验收合格的省级调研成果后，先进行验收。认为合格后，再聘请国内知名专家进行验收，并填写《A系列书稿验收报告表》。验收中所提修改意见，由有关省、自治区、直辖市课题组予以逐条落实，对调研成果做出相应修改或者说明相关情况。

由一批专家承担的全局性专题研究成果，最后形成的书稿也纳入A系列，其验收也参照上述程序和要求，由中共中央党史研究室课题组组织有关专家进行。对于验收中提出的意见，承担课题的专家要逐条落实，对调研成果进行修改完善直至合格为止。

最后，中共中央党史研究室课题组对经过反复修改形成的省级调研成果和全局性专门课题调研成果进行复核。完成各项程序并符合要求的调研成果，包括通过四级验收的A系列书稿和由有关省、自治区、直辖市党史研究室组织验收并合格的B系列书稿，分批次送交中共党史出版社付印出版。

中共中央党史研究室课题组

《安徽省抗日战争时期人口伤亡和财产损失》编委会

1937年12月10日，日本侵略军占领芜湖。

日军在合肥大蜀山上侦察。

日军占领合肥威武门。

1938年5月14日，日军攻占合肥城西门。

日军炮弹击破合肥一城楼后派兵放哨。

日军越过
淠河浮桥向六
安徐集进攻。

1938年6月1日，日军占领桐城。

1938年6月9日，日军中野部队占领舒城。

1938年6月
12日，日军占领
安庆炮台。

日军在安庆城内施放毒气。

1938年8月1日，日军进攻宿松县城。

1938年8月18日，日军梅田部队占领六安南城门。

1938年8月28日，日军占领六安城。

日军在六安徐集抢掠中国平民的塘鱼。

入侵六安的日
军遭到中国军队于
学忠部的阻击，一
度退至火柴厂。

日军进犯苏家
埠，又强渡大淠河
进攻六安独山镇，
攻势直指固始。

1938年8月29
日，盘踞在舒城的
日军进攻霍山，直
取商城。

日军进入霍山城东门。

日军在霍山举行入城仪式。

日本侵略者窥察长江下游铁矿区。

日本侵
略者在测量
矿山。

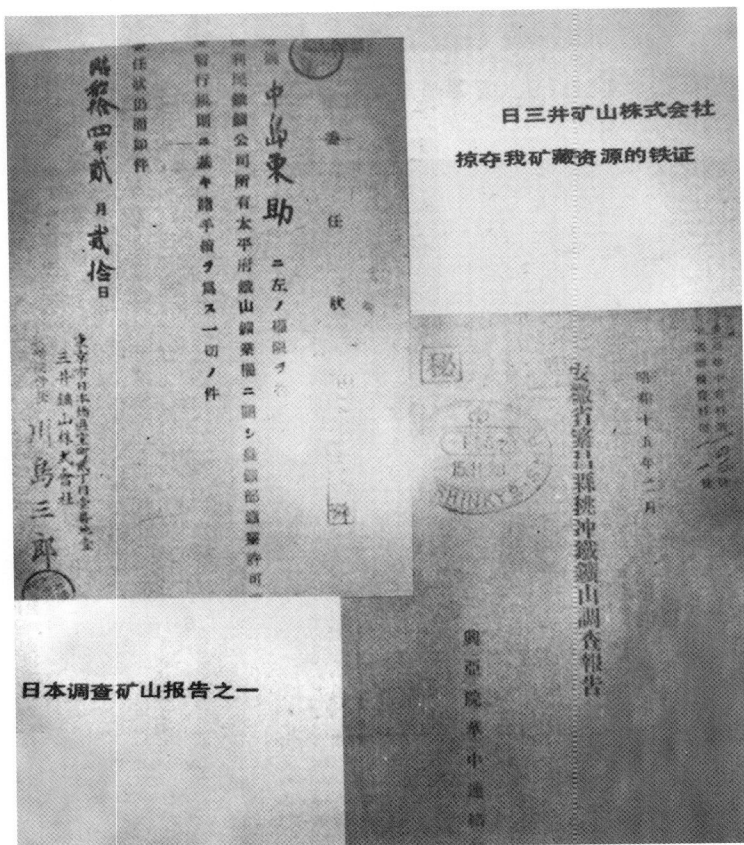

日三井矿山株式会社
掠夺我矿藏资源的铁证

日本调查矿山报告之一

日本三井矿山株
式会社调查安徽矿产
资源的相关资料。

日本侵略者占领马鞍山矿区的
大本营——华矿大楼。

日军侵占时期
的马鞍山矿业所。

日军侵占时期的
马鞍山矿区小熔炉。

日军侵占时期的马鞍山矿区萝卜山采场。

日军侵占时期的马鞍山桃冲矿区
荻港江边办公室。

桃冲矿工运矿装船。

桃冲矿运矿石的小火车。

日军侵占时期的马鞍山矿区南山采矿场运矿作业情景。

日军侵占时期马鞍山矿工劳作繁重。

埋葬劳工的"侉子坟"。

淮南大通"万人坑"。

日军强迫矿工佩戴工号拍照。

日军刑具——老虎凳。

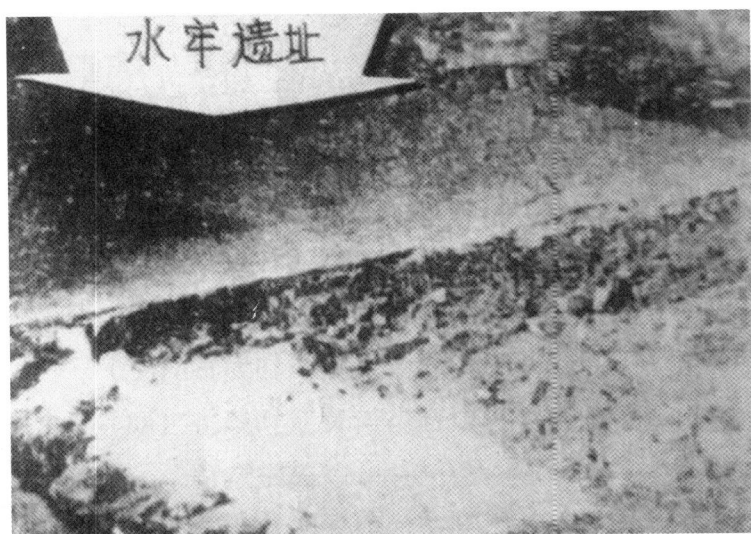

日军在马鞍山矿区设立的水牢遗址。

三、档案资料 147

一、安徽省抗日战争时期人口伤亡和财产损失调研报告

安徽省抗战损失调研课题组

（一）全省调研工作概况

20 世纪 30 年代，日本帝国主义发动侵华战争，给中华民族带来了深重的灾难，造成了中华民族重大的人口伤亡和财产损失。因此，开展抗战时期中国人口伤亡和财产损失调研，对于以史为鉴、开创未来，实现中华民族的伟大复兴有着重要的意义。根据中央党史研究室《关于在全国开展抗日战争期间人口伤亡和财产损失课题调研的通知》精神，安徽省委党史研究室于 2006 年 1 月召开全省党史研究室主任会议，传达中央党史研究室"关于在全国开展抗日战争期间人口伤亡和财产损失"课题调研的有关文件，部署在安徽省开展《抗战期间人口伤亡和财产损失》课题的内部调研工作。根据中央党史研究室的要求，安徽省委党史研究室和全省各级党史部门成立了课题组。省课题组由省委党史研究室主要负责同志聂皖辉、周本银先后担任课题组组长，机关有关业务骨干参加，各市、县课题组也分别由党史研究室负责人和业务骨干组成并承担调研工作。

为了督促全省抗损课题调研工作的开展，省课题组负责人分别带领省课题组成员赴全省各市、县（区）检查指导调研工作，召开了由各市、县（区）调研人员参加的专题会议，听取对调研工作的意见和建议，解答大家提出的问题。针对大家突出反映的资料匮乏、查档困难、经费短缺等实际困难，根据省委领导同志的批示，省委办公厅转发了省委党史研究室起草的《关于切实做好抗战课题调研工作的意见》，各市、县（区）党委和政府根据这些要求，及时落实了调研经费和增加了调研人员。

为了规范全省各市、县（区）调研成果，省委党史研究室于 2007 年 9 月还举办了全省各市、县（区）党史研究室 100 余人参加的抗战课题调研专题培训班，邀请了中央党史研究室和浙江省委党史研究室的专家给学员授课，有效地推

动了调研工作。到 2008 年 9 月底，全省 17 个市级①调研报告全部完成。

抗日战争期间，安徽为中国人民奋起抵抗日本侵略的重要战场之一，亦是国共之间进行政治、军事斗争的主要地区，日军占领区、国民党统治区和新四军根据地各有分布，交织在一起，因此，即使是国民政府在抗战胜利后不久对抗战中人口伤亡和财产损失统计也极不全面。今天，当年的很多统计抗战损失资料业已散失，无法寻觅。加之年代久远，许多亲历抗战的人员早已故去。这都为我们的调研工作，带来巨大的困难。尽管如此，省和各市、县（区）课题组成立后，从 2006 年 4 月开始，我们本着实事求是的原则和求实严谨的态度，分别到省内外以及有关市县档案馆、图书馆大量查阅档案、图书和报刊，广泛开展社会调查。据统计，全省共组织 36800 余人，先后调阅档案 21400 多卷，查阅图书报刊 7000 多册，复印资料 79800 多页，走访证人 315600 多人，获得证言 14600 多份，拍摄照片 600 多张，抄录十几万字的档案资料。2006—2007 年省课题组先后三次前往南京中国第二历史档案馆，调阅了数百卷珍贵的抗战历史文献资料，复印文献数百页。全省抗战课题调研工作还得到了省档案局、省图书馆、省地方志、省民政厅、省政协文史委等有关单位和部门的大力支持与协助。为了使收集到的历史资料，尽可能做到更全面、更真实、更准确和更客观，全省各地党史部门，在档案资料匮乏的地方，开展了大规模的社会调查，采访亲历抗战的健在者，并做了必要的考证和研究。在全省各地党史部门的努力工作和有关单位的积极配合下，全省从县（区）到市，从市到省的调研报告先后得以顺利完成。

（二） 全国抗战前安徽自然条件和经济社会状况

安徽历史悠久。商周时期，安徽境内有诸多方国、诸侯国。春秋战国时期，各方国、诸侯国先后被吴、楚两国兼并，因而史称"吴头楚尾"。清康熙六年（1667 年），安徽建省，取安庆、徽州两府的首字合而定名为安徽省。因境内有皖山、皖水，故简称皖。

安徽省地处华东腹地，是中国内陆省份，介于东经 114°54′—119°37′、北纬 29°41′—34°38′之间，东邻江苏、浙江，西毗湖北、河南，南连江西，北接山东，南北长约 570 公里，东西宽约 450 公里，面积 13.96 万平方公里，地跨长江、淮河、新安江三大流域，分为淮北、江淮、江南 3 个自然区域。

---

① 2011 年 8 月，安徽省行政区划调整，撤销地级巢湖市，现全省有 16 个地级市。

民国时期，安徽社会经济相对落后，现代工业较少，基本属农业和手工业相结合的自然经济占优势的传统农业区域，城镇化和生产力水平都很低。安徽有着丰富的矿产资源，矿业开采不断发展。到 1927 年，全省已有 144 个矿业公司，共领有 215 个矿区，其中煤矿 181 个，铁矿 32 个，铅矿和硫铁矿各一个①。全省煤矿产量，1928 年为 21 万吨，占全国煤炭总产量的 1%，1937 年上升为 100 万吨，约占全国煤炭总产量的 3%；铁矿年产量，1927 年为 22 万吨，1937 年上升为 76 万吨，约占全国铁矿总产量的 12.9%②。当时全国有七大铁矿，安徽有二，即桃冲铁矿和当涂铁矿，其中繁昌县境内的桃冲铁矿年产量仅次于辽宁鞍山、湖北大冶而居全国第三位。纺织工业，据 1934 年统计，全省手工棉纺工场 38 家，1936 年全省土布生产能力 200 万匹，年产土布万匹以上的县有 17 个③。安徽工业在 20 世纪 30 年代有缓慢的发展，据 1933 年的统计，全省各县共有工厂 47 家，其中宣纸厂 14 家，纺织厂 10 家，染织厂 10 家，电灯厂、碾米厂、面粉厂、冶铁厂、造船厂各 2 家，其他如肥皂、铁工、制药厂等工厂各一家，真正使用机器生产的 13 家，其余均为手工生产④。

南京国民政府成立后，特别是 20 世纪 30 年代中期，安徽农业有一定的发展，但日军入侵后迅速衰退。1937 年，全省水稻单产提高到 178 斤，总产达 30.08 亿斤。日军入侵后大幅下降，1944 年水稻总产只有 8.83 亿斤，比 1937 年下降 70.64%⑤。小麦面积 1936 年为 2129.50 万亩，总产 1327.60 万担，1944 年只有 1210 万担⑥。棉田种植面积 1937 年为 197.3 万亩，总产 514935 担，1945 年种植面积为 19.73 万亩，总产量 51495 担，均为 1937 年的十分之一⑦。战前全省红绿茶产量在 30 万担上下，1938 年全省茶叶产量降为 136905 担，1939 年 179841 担，较战前减产一半⑧。

安徽交通事业，以公路为主，到 1937 年底，完成路线长达 5731 公里，日军入侵后相继遭破坏，仅存 418 公里，且多在皖南，江北公路则破坏殆尽⑨。安徽地方财政 1928—1937 年收入均约 700 万元，日军入侵后陷入绝境，1938 年不到 200 万元⑩。

---

①② 安徽省政府秘书处编印：《安徽建设》，1930 年第 16、17 期合刊"矿冶专号"。

③ 安徽省政府秘书处编印：《经济建设》（半月刊），1937 年第 17 期。

④ 王鹤鸣、施立业：《安徽近代经济轨迹》，安徽人民出版社 1991 年版，第 331 页。

⑤⑥⑦ 安徽省地方志编纂委员会编：《安徽省志·农业志》，方志出版社 1998 年版，第 33、56、101 页。

⑧ 安徽省政府统计室编：《安徽省二十八年度统计年鉴》（1912—1949），铅印本。

⑨ 安徽省政府秘书处编：《安徽政治》第 4 卷第 10 期，1940 年，第 74 页。

⑩ 王鹤鸣、施立业：《安徽近代经济轨迹》，安徽人民出版社 1991 年版，第 501 页。

全国抗战开始前，安徽为 62 县。全国抗战爆发后，安徽境内根据沦陷程度，分为六类区域。一是全部沦陷县：宿县、泗县、灵璧、五河、滁县、定远、芜湖、广德、当涂、郎溪、盱眙、凤阳、天长、来安、嘉山等 15 县。二是大部沦陷县：无为、全椒、和县、巢县、含山、宣城、东流、铜陵等 8 县。三是半部沦陷县：桐城、怀宁、望江、合肥、寿县、亳县、怀远、南陵、繁昌、贵池、至德、青阳等 12 县。四是小部沦陷县：庐江、宿松、涡阳、蒙城、凤阳等 5 县。五是曾遭日军窜扰但后来完整县：太湖、潜山、六安、霍邱、立煌、舒城、霍山、岳西、阜阳、临泉、太和、颍上、泾县等 13 县。六是未遭日军窜扰而完整县：宁国、休宁、歙县、祁门、黟县、绩溪、旌德、太平、石台等 9 县①。后来盱眙划归江苏，江苏的萧县、砀山划入安徽，东流、至德二县合并为东至县，立煌县现为金寨县。1936 年，安徽人口为 23265368 人②，1939 年为 22390554 人，1943 年为 21978667 人，1944 年为 14442457 人③。

日本帝国主义发动大规模的侵华战争，严重破坏了中国社会发展和人民生活，也给安徽的社会发展和人民生活带来深重的灾难，造成了巨大的人员伤亡和财产损失。安徽现有 16 个市、6 个县级市、56 个县、45 个市辖区（含毛集实验区、叶集试验区），省会为合肥市，2012 年末总人口 6902 万人。本次开展的抗战时期安徽人口伤亡和财产损失调查即以现在安徽省区域为准。

（三）侵华日军在安徽的暴行

1. 血腥烧杀

据统计，从 1937 年 11 月，日军侵入安徽广德开始，到 1938 年 2 月 22 日止，县城周围 20 余里的大小集镇全被烧光，烧毁民房 1 万余间④。1937 年 11 月 30 日至 1938 年 3 月 13 日，日军侵占广德期间，屠杀广德平民 2.4 万人⑤。

1938 年 1 月，日军数次侵犯宣城狸桥，残杀村民，被害人口达 6218 人⑥。1938 年 3 月 3 日，日军在凤阳把府城、刘府逃难的群众及大徐庄的农民 100 余人

---

① 安徽省政府秘书处汇编：《安徽省战时损失概况（摘录）》，1945 年 8 月 1 日，现存安徽省档案馆。
② 内政部统计处《全国选举区户口统计》，《内政统计季刊》创刊号，1936 年 10 月。
③ 安徽省地方志编纂委员会编：《安徽省志·人口志》，安徽人民出版社 1995 年版，第 23 页。
④ 徐则浩主编：《安徽抗日战争史》，安徽人民出版社 2005 年版，第 75 页。
⑤ 广德县地方志编纂委员会编：《广德县志》，方志出版社 1996 年版，第 4 页。
⑥ 中共宣城地委党史工作委员会编：《云岭烽火》，安徽人民出版社 1991 年版，第 48 页。

关在房子里，放火焚烧，除 10 余人逃脱外，其余均被烧死。同日，日军在刘府南将 500 多名难民包围，用机枪扫射，大多数人死于日军枪弹之下①。5 月 21 日，日军对淮北牛眠村一带百姓进行屠杀，杀害无辜百姓 1780 人，其中牛眠村 197 人，附近大冯庄、吴庄等 42 个村庄及萧城跑反群众 1583 人。牛眠村村民刘中发、刘中新、刘中平、申永等 11 家被杀绝，15 间房屋被烧光，15 头牲畜被杀死，家禽和粮食被抢光②。9 月底，一名叫野村郎的日军从龟山驻地窜至巢县温家套孙村，企图强奸妇女，被 10 多名激怒的村民打死并沉尸巢湖。10 月 7 日凌晨，100 多名日军分水陆两路包围温家套，并封死了进出的唯一通道。日军进村后，见人就杀，逢屋便烧。日军对温家套河口村、孙村、温村三村的大屠杀，从凌晨一直延续到下午。尔后又大肆放火，大火整整烧了一天一夜。三村总计有 316 人被杀，900 多间房屋几乎全被烧毁③。1938 年冬，日军合肥警备司令古三郎把抓去的 200 多名群众用铅丝穿手心、穿锁骨，押到南门外放狼狗咬，将其全部杀害④。

1939 年 2 月 20 日至 21 日，日军"扫荡"当涂县护驾墩，将镇上房屋烧光，死于日军屠刀下的无辜群众达 102 人⑤。3 月 21 日，日军到当涂博望"扫荡"，把 800 多户的博望镇烧成一片焦土，只有 20 余家幸免于难，共烧毁房屋 2000 余间，杀死烧死 15 人，连该镇平民叶永寿的一个三岁女孩，也被日军枪杀⑥。

1940 年 4 月 12 日，日军第二次攻陷寿县城，守城之省保安第九团及寿县自卫大队伤亡殆尽，官兵伤亡 1000 多人。日军进城后烧毁民房数百间，大肆烧杀抢掠，共屠杀军民 3000 多人⑦。

1941 年 7 月 7 日午夜 1 时许，日军百余人进入贵池县老鸦尖、罗汉排一带，四面包围贵池县罗城乡麒麟保（今贵池区墩上街道双河村），村民惨遭杀害者 36 人，伤 4 人，被俘抓走 10 人。一岁幼童刘小孩和两岁幼童周根生均遭日军刀戳头部、腹部致死。村民何启才，先遭刀戳眼部，后被枪杀。另有 10 岁儿童名叫钱跛子，被日军用火活活烧死。此次日军共烧毁房屋 410 间，受灾 139 户，灾民

① 惨案经历者徐昌平口述回忆，见凤阳县政协文史资料委员会：《凤阳县文史资料》第 2 辑，1987 年印行，第 87 页。
② 淮北市地方志编纂委员会编：《淮北市志》，方志出版社 1999 年版，第 764 页。
③ 中共安徽省委党史工作委员会编：《侵华日军在皖罪行录》，安徽人民出版社 1995 年版，第 1—10 页。
④ 肥西县地方志编纂委员会编：《肥西县志》，黄山书社 1994 年版，第 429 页。
⑤ 当涂县地方志编纂委员会编：《当涂县志》，中华书局 1996 年版，第 455 页。
⑥ 政协马鞍山市委员会：《安徽文史资料全书·马鞍山卷》，安徽人民出版社 2006 年版，第 200 页。
⑦ 寿县地方志编纂委员会编：《寿县志》，黄山书社 1996 年版，第 24 页。

463 人①。

1942 年 7 月，铜陵有 8 位抗日群众不幸落入日军手中，日军先是将他们一一剖肚、剜心，再剁成 8 大块，装进草包丢在山上②。10 月 27 日上午，新四军第 7 师侦察员打死了正在无为仓头街查记豆腐店调戏老板娘的 3 个日军。第二天上午，日伪警备队长滕本带领 200 多名日、伪军分三路向仓头镇进发，包围附近的村庄，将仓头街上的居民和周围村庄的农民 100 余人押到镇西头藕塘场基上，先将汪氏、倪氏两名 60 多岁的老太太枪毙，后用刺刀捅死了季俯城、朱道友、季昌清、小苏等 4 人，当日军还准备捅另外 4 人时，大家都四处逃生，由于街两头道路被日军封锁，群众只得奔向藕塘。日军便用机枪扫射，顿时血流成河，被打死和淹死的群众共 93 人，其中王恒元一家就被害 4 人。随后，日军将仓头街和附近几个村庄焚烧，共计烧毁房屋 540 间③。

1943 年 1 月 1 日晚，向立煌进犯的日军一部，突然将六安通往战时安徽省会立煌的一个小镇——茅坪包围。镇内有国民党军队一个排兵力和被押送去立煌的 284 名壮丁，还有客商、学生百余人，以及安徽省警备司令部全部有关人员等，共计 562 人。这些人全被日军俘虏，集中于该镇河滩，用刺刀一一捅死，400 多间房屋全部被焚，财物抢劫一空。未被刺中要害连夜逃出的不过十几人。1944 年，国民党立煌县政府县长郭坚在茅坪建墓修亭，撰《茅坪烈士墓碑记》镌刻于石碑之上④。

1945 年 3 月 18 日，日、伪军 400 多名对长丰县仇集进行大屠杀，漆匠方家献嫂嫂被杀后，怀里一个正在吃奶的孩子也惨遭毒手⑤。

日军对安徽境内的寺庙僧侣和名胜古迹也不放过。1938 年 8 月，日军借口采石小九华地藏禅寺窝藏"山猫"（日军对新四军之污称），将禅寺团团围住，蜂拥闯进，见僧人便杀，从里杀到外，最后刺死打坐的主持长济。日军杀死僧众 8 人后，又将佛台、门窗拆下，堆积大殿内，纵火焚烧，地藏禅寺 32 间庙宇全部化为乌有⑥。同年秋，驻滁城的日军借口琅琊山上有中国军队，放火将著名的醉翁亭景区内的醉翁亭、二贤堂、冯公祠、薛楼、梅亭、宝宋斋（内藏苏东坡所

① 《罗城、吴田、崇义、唐田四乡灾情报告》（贵池县救济会填报，民国 30 年 8 月），安徽省档案馆馆藏民国档案，贵池全宗 16 宗 1 目 609 卷。
② 中共铜陵市委党史研究室编：《抗日战争时期资料》下卷，安徽人民出版社 1995 年版，第 157、158 页。
③ 无为县地方志编纂委员会编：《无为县志》，社会科学文献出版社 1993 年版，第 436 页。
④ 金寨县地方志编纂委员会编：《金寨县志》，上海人民出版社 1992 年版，第 258 页。
⑤ 长丰县地方志编纂委员会编：《长丰县志》，中国文史出版社 1991 年版，第 514 页。
⑥ 安徽省地方志编纂委员会编：《安徽省志·军事志》，安徽人民出版社 1995 年版，第 765 页。

书《醉翁亭记》刻石)、醒园等古建筑全部烧毁。守亭的两位僧人亦被日军绑在石柱上活活烧死。1939 年春天,日军又炮轰琅琊山南天门,炸毁观音大殿廊房 10 多间[①]。

据不完全统计,日军在安徽对无辜平民制造了死伤 500 人以上的惨绝人寰的血案 18 起,死伤 57694 人。

2. 狂轰滥炸

全国抗战期间,日军不仅采取野蛮的烧光、杀光、抢光的"三光"政策,还不断地进行空袭,对游击区和国民党统治区狂轰滥炸,致使安徽人民的生命财产遭受巨大的损失。

1937 年 8 月 14 日,日军 9 架飞机,每架载 250 公斤炸弹 2 枚,从台北基地起飞,轰炸安徽广德飞机场。机场的空军机库、工厂、弹药库及飞机,均遭严重破坏[②]。11 月 26 日—28 日,先后有 27 架敌机,轮番狂轰滥炸广德县城、誓节渡等地。城内房屋几乎毁尽,死伤大量老百姓和一些中国官兵。据目击者王世盛所见,1 个孕妇的肠子、婴儿都被炸了出来,一条沟里还有被炸断了的血淋淋的人腿。他的邻居老大伯也被炸死。在北门大桥附近(原叫落魂桥)的地方,炸死 10 余人。誓节渡是个有 300 余户、500 余间房屋的小集镇,被敌机炸毁房屋 400 余间,炸死居民 100 余人和中国官兵 200 余人。该镇附近的朱家庄、赛里村、牌坊村等地,也遭到轰炸[③]。从 12 月 5 日起,日军派出轰炸机群 60 余架次,连续 3 天轰炸芜湖,投掷大量的燃烧弹、穿甲弹,对湾里机场、车站、码头,进行轮番轰炸。号称全国四大米市之一的芜湖商业中心十里长街,以及国货路、吉和街、陡门巷等主要街道,被夷为瓦砾废墟[④]。停泊在太古码头的英商轮德和、大通两轮亦未能幸免,造成在码头候船的乘客当场被炸死 14 人,受伤需实施开刀手术的有 30 人,切断手足者 3 人,医院所收伤者有 70 余人。其他难民在船被炸后纷纷跳入江中,有的被江水吞没,有的受伤,这次惨案死伤者超过千人,被炸毁房屋数千间[⑤]。

1938 年 3 月 27 日,日军 5 架轰炸机排成"一"字形,空袭合肥,300 余人

---

① 吴炎武等编著:《皖东革命斗争史》,安徽人民出版社 2007 年版,第 114 页。

② 中共安徽省委党史研究室编:《日本军国主义祸皖罪行辑录》,2005 年印行,第 203 页。

③ 中共广德县委党史工作委员会编:《桐汭风云》,1996 年印行,第 44—48 页。

④ 徐则浩主编:《安徽抗日战争史》,安徽人民出版社 2005 年版,第 74、75 页。

⑤ 《申报》1937 年 12 月 7 日第 2 版;《大公报》1937 年 12 月 8 日第 2 版。

在此次空袭中被炸死，1000 余间房屋被炸倒烧毁①。5 月 24 日，日军飞机携带重型炸弹，分成三队，在阜阳上空盘旋轰炸，投弹百余枚。此次轰炸是针对李宗仁及所带的部队（当时临时驻扎在阜阳）。25 日，日军飞机再次轰炸阜阳。据统计，两天共炸死炸伤平民千余人②。6 月 15 日至 11 月 2 日，日军飞机先后 12 次飞临立煌县流波磲镇（今响洪甸水库淹没区南部）一带上空，疯狂扫射居民，投炸弹、燃烧弹 1000 多枚，镇上 5000 多居民的房屋、财产大部分被炸毁焚烧，500 多人被炸死③。12 月 3 日，日军飞机 7 架，侵入歙县府城及县城各区，投轻磅炸弹 24 枚，并以机枪扫射约半小时，炸毁民房 42 间，炸死 21 人，伤 35 人④。

1944 年安徽省政府组织编纂的《安徽概览》对日机空袭安徽的情况作了统计：自 1937 年 8 月至 1943 年底，敌机在安徽各地共投弹 18779 枚，我方死伤 14412 人，损毁房屋 128351 间，平均每百枚炸弹死伤 56 人，毁房屋 683 间⑤。

由于档案资料的缺失，1944 年、1945 年安徽省遭日军飞机空袭受损的详细情况无法完全统计，只搜集了日军飞机于这段时间空袭安徽的一些简单情况，概述如下：1944 年 1 月 29 日，日机在徽城（今黄山市屯溪区）小北街口投下燃烧弹，引起大火，小北街两边店铺、民房变成一片火海，烧毁房屋 56 家，死伤各一⑥；5 月 6 日、12 日，寿县正阳镇被日机轰炸，死 26 人，伤 54 人⑦；1945 年 1 月 26 日，日机 8 架轰炸宁国港口镇，毁民房 256 间，死伤 20 余人⑧；7 月 4 日中午 12 时 50 分，日机在芜湖市洋码头江边投弹 1 枚，造成钟道洪、闵志高、窦秀洪等 3 人受伤，6 只小船被毁，震坏棚屋 1 间⑨。抗战胜利前夕，淮南铁路沿线的水家湖、朱巷、下塘集及合肥东车站、桥梁等铁路设施被日军飞机投弹炸毁⑩。

① 枢华：《日军侵占合肥之后》，见中共肥西县委党史工作委员会、政协肥西县委员会编：《肥西抗日史料选编》，1987 年印行，第 25—27 页。
② 《敌机炸阜一周年》，载《淮北新报》1939 年 5 月 24 日，安徽省档案馆馆藏档案，档案号：BJ1086。
③ 中共金寨县委党史办公室：《金寨县革命史》，安徽人民出版社 1991 年版，第 256 页。
④ 安徽省档案馆、蚌埠市档案馆编：《日本侵华在安徽的罪行》，1995 年印行，第 65 页。
⑤ 编者注：空袭损失统计不全，原表有明显脱漏，二十六、二十七、二十八三年财产损失估计未据呈报故未列入；文中年号为民国纪年。
⑥ 政协歙县委员会编：《歙县文史资料集萃》，2007 年印行，第 84 页。
⑦ 安徽省档案馆、蚌埠市档案馆编：《日本侵华在安徽的罪行》，1995 年印行，第 66 页。
⑧ 政协宁国县委员会编：《宁国文史资料》第 5 辑，1992 年印行，第 114 页。
⑨ 安徽省政府：《为呈送七月四日本市空袭日报表一份》，见《芜湖县警防团空袭情况月报表》（民国 34 年 7 月 5 日填报），安徽省档案馆馆藏档案，档案号：1 宗 1（2）目 703 卷。
⑩ 合肥市地方志编纂委员会编：《合肥市志》，安徽人民出版社 1999 年版，第 713 页。

3. 实施化学战

化学武器是世人皆知的被国际公法明文禁止使用的战争手段。侵华日军在中国使用化学武器进行化学战贯穿于侵华战争全过程，使用地点遍及中国的19个省区，使用了装备的各类毒剂，包括芥子气、路易氏气、光气、氢氰酸、二苯氰胂、苯氯乙酮、氰溴甲苯等毒剂。

日军驻安徽的第13军（"登部队"）也配有大量的化学武器，因他们以安徽为鸦片生产基地，大量运出"皖土"以换取侵华军费，施放毒气后会沾染在罂粟果实上，影响质量，不能吸食及加工药品，更不好出售，因而未敢大面积、大规模地频繁使用。即便如此，日军在安徽境内搞化学战的情况有案可稽的就达78次之多。日军采用向中国军队发射毒气弹、中红筒、毒气筒，施放催泪性、窒息性、喷嚏性毒气等卑劣手法，共造成中国军队官兵1881人中毒，有的当即死亡①。1939年5月6日，日军在当涂博望灭绝人性地向手无寸铁的中国平民施放毒气，致使8人中毒②。7月14日，48架日军飞机在无为县投下毒性、传染性物件③。1941年1月1日，日机在潜山投放糜烂性毒弹一枚，当地民众3人中毒④。

4. 制贩毒品

日军攻陷南京后，随着大屠杀接踵而来的便是大贩毒。日本的贩毒网很快布满华东地区，设置了200多家制毒、售毒点，日本贩毒网的蔓延造成中国人吸毒者的数量急剧上升，仅江淮之间便由战前的5万人猛增到40万人。

日本在安徽的贩毒、制毒网络，主要是由第13军（"登部队"）军部及后来中国派遣军部司令部第四课进行控制。日本军部给第13军的方针是"现地自给自活"，即命令他们在中国当地不择手段地赚钱、掠夺，自己补充给养。于是，第13军便在其占领下的苏浙皖沪地区大肆贩毒。仅上海的沪西和南市两区，就有第13军直接控制的"土膏行"30多家，向安徽等地发售"土膏"。该部特务部除发售"土膏"外，还向安徽大量倾销"红丸"，由驻芜湖的日军直接发售，

---

① 该数据是根据《申报》《新华日报》《侵华日军毒气战事例集》《侵华日军细菌战纪实》《细菌战与毒气战》等书刊记载的数据整理而成，其中记载的中毒人数不详或没有具体人数的没有作统计。

② 马鞍山市地方志编纂委员会编：《马鞍山市志》，黄山书社1992年版，第295页；当涂县志编纂委员会编：《当涂县志》，中华书局1996年版，第455页。

③ 中国人民抗日战争纪念馆、北京市社会科学界联合会编：《侵华日军细菌战纪实》，北京燕山出版社1997年版，第90页。

④ 纪学仁编：《侵华日军毒气战事例集》，社会科学文献出版社2008年版，第338页。

并在马鞍山、繁昌、当涂设有代销点，各乡镇还有支店。由于毒品是由日军支持发售的，所以支店均不敢拖欠毒款，每月均被日军榨去大量财富。

除第 13 军外，在南京的日本侵华派遣军总司令部第四课（统制课）也通过伪政权采取专卖政策，通过盛宣怀之侄盛文颐在上海虹口开设"宏济善堂"药店统筹贩运鸦片业务。该堂下设土行分布各省，土行之下则设零售店和"戒吸所"（实际上是"倡吸所"），密密麻麻，无处不在。从销售方式上，该堂在土行之下，实行层层承包，层层批发。"宏济善堂"每半年即要向第四课缴纳"烟税"，数额达到上千万元！

"宏济善堂"在蚌埠及芜湖都设有分堂，分堂之下又各设土膏行两家，负责收购与贩卖烟土。设在伪省会蚌埠的分堂，由首任伪安徽省长倪道烺及日本军官小仓克己"合作"领导，实际上倪道烺只管吸食大烟，一切产销运及利益分配都由小仓一人说了算数。据统计，蚌埠的"宏济善堂"分堂自 1939 年 8 月成立到 1943 年底解散止，共经销鸦片约 1000 万两，获利大部分被日军拿走。

为鼓励中国人吸毒，日军故意改吸食所为"戒吸所"，并且以嫖带烟，在所内遍设烟妓，打扮得花枝招展，引吸毒者上钩。蚌埠当时有"四姐妹戒吸所"、"一乐戒吸所"、"得意戒吸所"等，它们的背后都是由日军特务部支持的，没人敢过问。

日军还强迫安徽农民种植鸦片，发展"皖土"。设在芜湖的"宏济善堂"分堂，另有一大任务便是大力发展与收购"皖土"。

日军侵占芜湖后不久，他们便发现安徽沿江地区的纬度、气候与土壤都与世界著名的鸦片产地——"金新月地带"相似，加之安徽农民耕作细致，如果栽种鸦片，则质与量均可达到一流水平。于是，由日本"兴亚院"提供种子，强迫让农民进行试种。试种后发现安徽所产烟土吗啡含量不到 10%，较平和，适于中国瘾者口味，销势看好，便普遍加以推广。随着侵华战争的扩大，日本军费增多，日军便强迫安徽农民大量生产"皖土"。他们在沿江及皖南，强迫和县、当涂、繁昌、含山及一些拉锯地区的农民种植罂粟，规定农民必须以烟土缴纳税款。每当七八月份"皖土"收获季节，日、伪军都要派出大批人员下乡收购。据记录中的数字，上述几县的年产量（收购量）约 7000 余担。这些东西上交到芜湖日军后，便被分拣成 500 两一箱，贴上日军特务部的封条，运往上海"宏济善堂"总堂，然后由那里进行再加工和外运倾销①。

---

① 中共安徽省委党史工作委员会编：《侵华日军在皖罪行录》，安徽人民出版社 1995 年版，第 201—203 页。

5. 摧残妇女

1937年12月9日，日军占领当涂县城后，冲进古树庵（俗称家庙），将庵内尼姑及在此避难的老幼妇女集体奸污，无一幸免①。1938年2月，日军在江心洲到处找"花姑娘"，许多躲避不及的中青年妇女都被日军奸污，还有一个60多岁的老奶奶和一个只有十一二岁的小姑娘，被日军糟蹋后自缢而死②。

1938年5月，日军侵犯涡阳县高炉集时，杨土楼、田小庙、杨庄、杨寨、李春、李腰庄等村庄的100多名妇女被奸污③。5月19日，日军占领宿州后，奸淫妇女500多人④。6月，日军在舒城桃溪周围的刁庄、韩庄、宋庄、石庄杀害居民40余人，奸污妇女20余人。城关水巷口有个生孩子刚满三天的妇女，躲在一个棺材宕里被发现后，遭30多个日军轮奸致死；三里街唐士秀的妻子被几个日军拖到茄子地里轮奸后，还被用茄子塞进下身，不久得病而死。在舒城岳神庙，日兵逼着一个查姓青年去奸污70多岁的老奶奶，两人因不从均被杀害。南港花湾有个70多岁的老奶奶，因残废未能逃走，被日兵拉到竹园内强奸致死；黄泥坎一个60多岁的老妇，被3个日兵轮奸后，肚子上还被刺了一刀，不久死去⑤。

1943年1月初，日军攻陷立煌，在前后畈奸污妇女3人，在龙门石河滩轮奸一余姓妇女后用刀刺死；在金家寨附近的留利坪，日军强奸女中学生20多人后加以杀害，并枪杀老年妇女3人、伤1人；在杨家滩，一个妇女被日军轮奸后剥光衣服，赤裸身子绑在大树上，割去两个乳头⑥。

沦陷期间，很多妇女为了免遭侮辱，大多剪掉发辫，面部涂上锅灰，即便是万不得已要出门，也要女扮男装。一名杨姓姑娘，在蚌埠沦陷7年间竟然没有跨出过家门⑦。

自从日军铁蹄踏进安徽后，许多妇女在各种形式的强迫下，沦为日军部队中的性奴隶。她们有的被遣送至专设的日军"慰安所"中，供军队官兵发泄淫欲；有的被押入日军驻地军营、军事据点成为随军"慰安妇"。

---

① 当涂县志编纂委员会编：《当涂县志》，中华书局1996年版，第454、455页。
② 政协马鞍山市委员会编：《安徽文史资料全书·马鞍山卷》，安徽人民出版社2006年版，第57页。
③ 涡阳县地方志编纂委员会编：《涡阳县志》，黄山书社1989年版，第320页。
④ 政协宿州市委员会编：《安徽文史资料全书·宿州卷》，安徽人民出版社2007年版，第59页。
⑤ 中共舒城县委党史办公室编：《皖西抗日纪事》，1985年印行，第107页。
⑥ 政协金寨县委员会编：《金寨文史》（1—10辑合订本），2004年印行，第293、1001、1002页。
⑦ 政协蚌埠市委员会编：《安徽文史资料全书·蚌埠卷》，安徽人民出版社2005年版，第49页。

1938 年 1 月，日军占领芜湖后，在下二街凤宜楼开设"慰安所"，先后被抓入该所惨遭蹂躏的中国妇女有 200 余人，芜湖尼姑庵的年轻尼姑也被绑架而去。所内妇女每人每天被日军糟蹋多则十余次，少则五六次，其中一妇女不堪忍受而跳楼自尽。1938 年 4 月，驻芜日军抓来一批日本和朝鲜妇女，又于寺码头等处开办了几所"慰安所"。至 1941 年，仅芜湖一地就设有"慰安所"9 处，总计有"慰安妇"300 余人。

合肥城内也设有多处"慰安所"，所内被胁迫的妇女绝大多数是中国人，也有日本军妓和朝鲜人。其中有日军警备司令部内的南城墙下的"慰安所"，日本宪兵队开设在东鼓楼巷（今中菜市内）的金海楼"慰安所"，以及小东门附近汉奸特务开设的"慰安所"等。时有"慰安妇"不堪蹂躏与凌辱而悲愤自杀或被摧残致死①。

1939 年夏，在驻蚌埠日酋授意下，伪省长倪道烺唆使汉奸赵瀛州开设"慰安所"，在原大观楼旅馆挂起了招幡。最初被关进"慰安所"的有 43 人，有的是从扬州拐骗来的少女，有的是从本埠抓来的良家妇女。日军授意伪安徽省政府推广所谓"经验"。一些汉奸为取媚敌伪主子纷纷效法，一时间"得意楼"、"东亚饭店"等"慰安所"相继出笼。据统计，蚌埠市区的"慰安妇"人数大体在 120 人左右。"慰安所"的公然开设，使伪安徽省会蚌埠的娼妓业成为群丑效尤的"兴盛"行业。据汪伪安徽省警务处 1941 年 9 月呈送汪伪警政部及省政府的电文中称："窃查本市为省会首善地区，交通畅达，商贾云集，娼妓一业亦极繁盛，现经登记营业者不下于 300 人。"当时的蚌埠华昌街被称为"花娼街"，伪省会成了"娼都"②。

此外，日军还在滁县、天长、凤阳、贵池、和县、安庆、宣城、郎溪、广德、铜陵等地设立了"慰安所"。

侵华日军对中国妇女的公开奸淫和"慰安妇"制度，使许多无辜妇女遭到蹂躏和摧残，很多人被日军杀害，这是日本军国主义在发动侵华战争中对包括安徽人民在内的中国人民欠下的又一笔罪孽深重的血债。

6. 经济掠夺

日本军国主义侵略中国的目的是要把中国变成他们原料产地、倾销产品、输出资本的殖民地。为支持在华长期的侵略战争，日军实行卑劣的"以战养战"

---

①② 李秉新主编：《侵华日军暴行总录》，河北人民出版社 1995 年版，第 743、208 页。

策略，对沦陷区进行野蛮抢掠。其主要手段为：公开抢掠、滥发纸币、开设洋行、商业垄断、掠夺矿产资源等。

公开抢掠。日军占领滁县县城后，将滁县大成面粉厂存在中国银行南桥仓库的 24 万担小麦，全部没收充作军粮[①]。日军占领蚌埠后，首先把粮食抢劫一空。仅银行仓库一处被抢的粮食、食品就有：58370 包小麦、8444 包大米、3649 包稻子、5335 包黄豆、4577 包红粮、15361 公斤麻油、19712 包食盐，以及其他杂粮、油料、茶叶、食糖等，仅此就损失 1705292 元（账面值）[②]。这两例只是日军公开抢掠罪行的冰山一角。

垄断金融，滥发纸币。蚌埠沦陷初期的 1938 年 3 月，为了控制蚌埠地区的金融活动，日本正金银行在蚌埠经一路成立出张所。日军强迫推行军用票，规定拍电报、购火车票、轮船票以及其他一切社会公用事业的货币交易必须使用军用票。军用票与法币的兑换比例为 1:7.5，即日军用 1 元军用票可以掠夺 7.5 元价值的中国物资。伪安徽省维新政府成立时，设置"财政厅"，负责财政、金融、税收的管理，为维护伪政权和日军军事行动提供财力保障。为了堂而皇之地控制汇兑和货币流通，1939 年 12 月 23 日，华兴商业银行支行在蚌埠开业，开展外币兑换、金融担保等项业务。汪伪政权时期，先后又在蚌埠开设了中央储备银行、正金银行等十余家金融机构，基本控制了安徽沦陷区的经济命脉。其中，正金银行为日本人开办，是其他银行的"太上皇"。而中央储备银行则为汪伪政府开设，强行推行"中储券"，排斥"法币"，发行军票，为侵略军筹集战争经费。这些金融机构，完全控制了沦陷区的经济命脉，给沦陷区的人民生计造成巨大祸害，仅中国银行蚌埠支行抗战期间损失就达 72761.7 万元（账面值）[③]。

开设洋行，垄断贸易。在安徽沦陷区，经济完全呈殖民地形式畸形发展。日军在安庆沦陷区开设的洋行，据 1942 年有关资料记载，有 15 家之多。太平洋战争爆发后，日本为加紧经济侵略，掠夺战略物资，日本在安庆的洋行又猛增至 30 余家，加上为这些洋行服务的银行、金融机构和轮船公司，为数就更多了[④]。日本洋行还利用特权垄断市场。在蚌埠市面上，大丸洋行主宰了棉丝、烟、茶、皮毛、土产的经营；亚细亚洋行控制了机械器具、电器设备的贸易等。其结果是使中国民族工商业受到致命的扼杀，民族工商业逐步萎缩，许多企业破产、关

---

① 政协滁州市委员会办公室编：《滁州史话》第 3 辑，1986 年印行，第 36 页。
②③ 《蚌支行及所属战事损失报告表》，1946 年 6 月 30 日，中国第二历史档案馆馆藏档案，档案号：2 宗 397 目 551 卷。
④ 安徽省档案馆、蚌埠市档案馆编：《日本侵华在安徽的罪行》，1995 年印行，第 213 页。

闭。在芜湖，中国人经营的商店，都要到日本商行投行，被抽取 5% 的行佣①。

掠夺矿产资源。日军对马鞍山地区矿产资源的掠夺，主要通过华中矿业股份有限公司进行。该公司所设的 11 处矿业所（点），其中在马鞍山地区（现属马钢和马鞍山市）的有 3 处，即马鞍山矿业所、太平矿业所、桃冲矿业所。日军盘踞马鞍山不足 8 年，运走铁矿约有 537 万吨之多。1943 年，日本采用大爆破强化开采，仅南山一个矿区年产矿石就达 90 万吨②。

1938 年 6 月 4 日，日军的铁蹄刚踏进淮南煤矿，就立即开始掠夺淮南煤矿的煤炭资源。日军掠夺的煤炭，除少数在矿山就地出售外，主要用于侵华战争的铁路和船舶运输上。从 1938 年 6 月至 1945 年 9 月，总计被日军掠夺煤炭4284823 吨，毁弃而不能复采煤炭之间接损失约 600 万吨。日本侵略者占据淮南煤矿期间，"该矿原有机械、工具及车辆等，均无一幸存，铁路桥梁俱毁，路基亦被改作公配行驶之汽车道，水家湖至裕溪口 188 公里间之路轨亦尽为日人囊括而去，矿路原有厂房宿舍车站等建筑三百余所非毁即倒，不能复用，上项损失约值当时中国国币 2000 万元，当美金 660 万元之巨"③。

1938 年 11 月，铜陵沦陷。同年，日军成立了华中矿业股份有限公司，该公司完全垄断了铜陵地区的矿产勘探开采权。从 1940 年 12 月起，日本华中矿业股份有限公司即在铜官山开采铁矿，因矿质不佳不久即停开采，共攫取铁矿石 345吨。从 1943 年起，矿业所又开采铜官山铜矿，矿砂含铜百分之三四，先后共出矿约 3000 吨。以上开采的铁、铜矿石均悉数运往日本④。1944 年，日本华中矿业公司又在老庙基山中段掘坑道 200 余米，修扫把沟至矿区铁道 8 公里开采铜矿，共开采含铜 1.4% 以上的富矿石 1.5 万吨至 2 万吨⑤。日本投降后，遗留下手选铜矿石 14172 吨，普通铜矿石 465 吨，精铜矿 370 吨⑥。其掠夺铜矿的疯狂性由此可见一斑。

7. 奴役劳工

日本侵略者对中国人民实行了极其野蛮的劳工政策。他们设立了从中央到地

① 中共芜湖市委党史研究室：《中国共产党芜湖历史》第一卷，安徽人民出版社 2008 年版，第 272 页。
② 中共安徽省委党史工作委员会编：《安徽现代革命史资料长编》第三卷，安徽人民出版社 1995 年版，第 338 页。
③ 《发展中之淮南煤矿》，淮南市档案馆馆藏档案，档案号：100 宗 1 目 50 卷；《日本侵略淮南煤矿节略》，淮南市档案馆馆藏档案，档案号：100 宗 1 目 89 卷。
④ 政协铜陵市委员会编：《安徽文史资料全书·铜陵卷》，安徽人民出版社 2006 年版，第 363 页。
⑤ 《铜官山有色金属公司简况》，铜陵市档案馆馆藏档案，档案号：54—永—115，第 5、6 页。
⑥ 铜陵市地方志编纂委员会编：《铜陵市志》，黄山书社 1994 年版，第 12 页。

方的一整套劳工招募和管理机构，以骗招、强征和抓捕等多种手段，每年从中国各地掳掠大批劳工在中国沦陷区、日本及东南亚其他占领地，从事各种繁重的劳役，并对劳工进行残酷的压榨与迫害。

1941年，马鞍山南山矿从山东曹县"招"来83名劳工。汉奸葛崇义等，一次便从宿县（现宿州市）"招"来2000多劳工①。南山矿还有一支300多人的童工队，最大的不超过15岁，最小的仅有七八岁，都是从河南被抓、被骗来的贫苦家庭出身的孩子②。到1941年，抓来的矿工仅南山地区就达8000余人③。1943年，向山矿"碾子"（招工骗子，工人称之为"碾子"）汉奸谷守义、李长金、张元伦三人从河南、山东、徐州一次就骗来500多名破产逃荒的农民④。

日军为实现其掠夺计划，采取惨无人道的"以人换煤"、"以人换铜"的血腥政策，劳工境遇凄惨，朝不保夕，在死亡线上挣扎。

在铜陵铜官山矿，由于生产、生活及卫生条件极差，许多矿工积劳成疾。特别是1942年春夏发生瘟疫（时称"人瘟"），许多矿工与家属染病身亡。开始人死了，别的矿工还用芦席卷起埋葬，后来死的人越来越多，甚至一家几口全死光，无人收尸，尸体就抛在荒郊野岭，任野狗拖食，尸骨满山遍野。同时，工人们毫无人身自由，矿里规定矿工平时不准上街、不准进城。发现工人有逃跑的，不是被枪毙，就是活活给打死。所以日军统治下的铜官山矿，实际上就是摧残与迫害工人的集中营⑤。

在淮南煤矿，广大矿工遭受了日军最野蛮、最残酷的血腥统治。成千上万的破产农民、灾民、失业工人，还有天真幼稚的儿童，被骗或是被抓到了煤矿，受尽奴役和蹂躏。井下劳动条件十分恶劣，重大事故不断发生，致使大批矿工死于非命。1942年秋，矿工中传染病流行，又得不到治疗，很多矿工含恨死去。大通居仁村的一个厕所里，一夜之间就发现了32具尸体；尚义村的500多名矿工，几个月之间全部死光……为了掩人耳目，日军将这种病说成是"瘟疫"，是"天意"，并采取了凶残毒辣的所谓"防疫措施"。他们在矿南设立两处"大病房"，将成百上千的病人强行关在那里。矿工们说："名曰'大病房'，实是停尸房，进了'大病房'，十人就有九人亡。"每天有大批的病人被关进"大病房"，又有

① 《矿区工人斗争史料》，1971年5月，第75、79页，中共马鞍山市委党史研究室档案室保存，档案号：10—1—1。
②③④ 政协马鞍山市文史和学习委员会编：《马鞍山文史资料选辑》第1辑，1993年印行，第90、89、69页。
⑤ 中共安徽省委党史研究室编：《日本军国主义祸皖罪行辑录》，2005年印行，第325页。

大批的尸体被拖出来，抛在矿南、舜耕山北麓的南山脚下，抛弃的尸体将一座小桥下的流水都堵塞了。当"大病房"塞不下时，一些活着的病人也被扔进了死人堆。

1943 年，日军指挥总监王长明带人逼着工人在南山脚下挖了三条长 20 米、宽深各 3 米的大坑，将满山遍野的尸骨埋入坑内，形成了白骨累累的"万人坑"。被抛进"万人坑"的矿工，有被日军、汉奸残杀死的，有被监工、把头毒打死的，有因坐水牢、立站笼、受酷刑折磨死的，有因井下发生重大事故被砸死、烧死、淹死、瓦斯熏死的，有冻死、饿死、病死和累死的，还有被活埋死的。

（四）人口伤亡

抗战时期，尤其是抗战初期，安徽省是中日双方交战的重要战场之一。淞沪会战日军占领上海后，即分兵西进，会攻南京，其中一路相继占领了安徽广德、宣城、芜湖等地；徐州会战开始后，津浦路南段、陇海线徐州以西成为重要的战区；武汉会战期间，武汉外围之皖境又成为中日双方激烈的交战区。在不到一年的时间内，日军相继占领了安徽沿江、沿淮和津浦、宁芜、淮南三条铁路沿线的城镇，其他许多县境相继遭到日军的窜扰。部分县份中、日军队曾展开激烈的争夺，数次易手。战争期间，日军在安徽省境内，与在中国其他省区一样，对当地民众进行残酷杀戮，安徽人口伤亡巨大。

我们这次统计的抗战时期安徽人口伤亡是指因日军发动侵华战争而造成的人口伤亡。统计数据的主要来源：一是档案、文献资料；二是对 75 岁以上知情人调查中获得的证人证词。人口伤亡统计，严格按照中央党史研究室关于这次调研工作的规定分类，主要分直接人口伤亡和间接人口伤亡两大类。直接人口伤亡中分死、伤和失踪三类；间接人口伤亡分被俘捕、灾民和劳工三类。

1. 直接伤亡情况

在本次调研活动中，虽然查找了大量的档案文献资料，但目前所能找到的记载安徽抗战时期人口直接伤亡数字的档案资料比较零散，迄今尚未发现较为系统完整的统计档案。综合有关资料，我们将抗战期间安徽人口直接伤亡情况分别分类如下。

（1）受日军空袭轰炸而伤亡的人数

1944 年安徽省政府编印的《安徽概览》中，收有《敌机空袭概况》一节，对 1937 年 8 月至 1943 年 12 月日军飞机历年空袭情形及造成损失情况进行了统计。

据记载，各年度被日机轰炸的地区分别是："二十六年度，怀宁、芜湖、广德、宣城；二十七年度，桐城、怀宁、六安、合肥、立煌；二十八年度，桐城、至德、青阳、宣城、亳县、东流、无为、广德、南陵、铜陵、太湖、宿松、贵池、怀宁、潜山、望江、立煌、泾县、太平、宁国、全椒、来安、繁昌、定远、六安、舒城、天长、郎溪、临泉、凤台、怀远、合肥、阜阳、歙县、黟县等三十五县；二十九年度，无为、宿松、太湖、潜山、青阳、望江、太和、东流、贵池、怀宁、至德、桐城、宣城、南陵、涡阳、休宁、泾县、广德、太平、绩溪、石埭、歙县、宁国、临泉、霍山、六安、霍邱、郎溪、铜陵、合肥、繁昌等三十一县；三十年度，怀远、亳县、太和、阜阳、颍上、寿县、全椒、立煌、霍山、桐城、庐江、歙县、贵池、宿松、潜山、休宁等十六县；三十一年度，立煌、全椒、广德、南陵、含山、巢县、合肥、宁国、宣城、歙县、绩溪、阜阳等十二县；三十二年度，宁国、宣城、怀远、涡阳、亳县、青阳、太平、歙县、合肥、寿县、六安、桐城等十二县。综观以上所列被炸地区，本省六十二县各重要城镇固难幸免，即穷乡僻壤亦莫不波及，足证敌寇残暴行为之一般。"

空袭所造成的损害情形如次："本省自二十六年八月间敌机首次轰炸广德后，其他各地相继被袭，兹将各年度损害情形分列于次：二十六年八月至十二月敌机在本省各地共投弹 1973 枚，我方死伤 816 人，损毁房屋 17386 间，平均每百枚炸弹死伤 41 人，毁房屋 881 间；二十七年敌机在本省各地共投弹 9017 枚，我方死伤 8093 人，损毁房屋 89056 间，平均每百枚炸弹死伤 90 人，毁房屋 987 间；二十八年敌机在本省各地共投弹 2281 枚，我方死伤 2026 人，损毁房屋 6588 间，平均每百枚炸弹死伤 88 人，毁房屋 289 间；二十九年敌机在本省各地共投弹 2420 枚，我方死伤 1387 人，损毁房屋 6896 间，平均每百枚炸弹死伤 57 人，毁房屋 285 间；三十年敌机在本省各地共投弹 1939 枚，我方死伤 1713 人，损毁房屋 4974 间，平均每百枚炸弹死伤 88 人，毁房屋 256 间；三十一年敌机在本省各地共投弹 388 枚，我方死伤 173 人，损毁房屋 1920 间，平均每百枚炸弹死伤 44 人，毁房屋 495 间；三十二年敌机在本省各地共投弹 761 枚，我方死伤 204 人，损毁房屋 1531 间，平均每百枚炸弹死伤 27 人，毁房屋 201 间。总计六年零六个月，敌机在本省各地共投弹 18779 枚，我方死伤 14412 人，损毁房屋 128351 间，平均每百枚炸弹死伤76人，毁房屋683间，其财产损失，当不可数计。"[1] 其七年来日军飞机空袭安徽省情形，亦被编制成《安徽省七年来敌机空袭损害统计表（1937年8月—1943年12月）》，其型制与航空委员会所制全国空袭损害统计表相类。

表1　安徽省七年来敌机空袭损害统计表[2]

年别 月份 项目	空袭次数	敌机架数	投弹枚数	人员死伤		房屋损毁		交通工具损毁数				财产损失估计（元）
				死	伤	炸毁	震倒	民船	汽船	汽车	其他	
总　计	1513	6070	18783	7962	6460	104826	22220	8		3		39711400
二十六年 计	105	574	1093	445	371	16984	402					
八月	14	125	137	80	38	167	3					
九月	11	67	128									
十月	24	132	368	94	139	566	48					
十一月	18	89	766	84	62	1670	161					
十二月	38	181	574	187	111	14581	190					
二十七年 计	761	3290	9017	4801	3292	71134	17922					
一月	47	140	475	153	140	910	60					
二月	46	137	408	243	186	962	133					
三月	29	57	146	46	80	310	16					
四月	62	261	463	343	301	1181	419					
五月	174	573	2553	1585	824	46769	10384					
六月	61	280	1265	1084	682	2743	4783			4		
七月	87	464	1162	280	328	1886	29					
八月	85	362	847	433	258	3377	1566					
九月	68	544	676	405	281	10395	122					
十月	36	164	175	59	57	347	18					
十一月	56	281	656	141	119	2056	306					
十二月	10	27	171	29	36	198	86					

---

[1]　安徽省档案馆、蚌埠市档案馆编：《日本侵华在安徽的罪行》，1995年印行，第59、60页。

[2]　安徽省政府编：《安徽概览》，1944年出版，安徽省档案馆1986年翻印，第325页。

年别	月份	空袭次数	敌机架数	投弹枚数	死	伤	炸毁	震倒	民船	汽船	汽车	其他	财产损失估计（元）
二十八年	计	226	801	2281	987	1039	5075	1513					
	一月	12	30	111	52	44	66						
	二月	8	27	65	40	51	12						
	三月												
	四月	17	89	143	40	46	72						
	五月	27	58	127	122	74	501	321					
	六月	27	91	218	143	206	610	53					
	七月	21	128	379	201	226	629	841					
	八月	25	62	220	59	97	730	141					
	九月	4	28	153	80	40	447	42					
	十月	29	117	286	110	120	1349	22					
	十一月	17	43	137	28	33	127	34					
	十二月	39	148	442	112	96	502	59					
二十九年	计	182	578	2420	722	663	4742	2154	5				13602000
	一月	32	45	160	100	109	761	490	1				
	二月	26	74	466	154	101	611	273	1				
	三月	11	88	394	72	66	1105	800					
	四月	26	72	272	149	95	505	227					
	五月	1	2	17	1	1	3						
	六月	10	33	61	27	51	250	7					
	七月	4	10	24	2	7	87	12					
	八月	21	46	119	36	49	220	2	3				
	九月	9	24	65	7	7	265	20					
	十月	21	136	670	120	114	791	261					
	十一月	10	34	73	43	37	168	38					
	十二月	11	34	104	11	28	66	24					

· 19 ·

年别	月份 项目	空袭次数	敌机架数	投弹枚数	人员死伤		房屋损毁		交通工具损毁数				财产损失估计（元）
					死	伤	炸毁	震倒	民船	汽船	汽车	其他	
三十年	计	163	530	1939	839	876	4974		3				53980000
	一月	22	44	122	16	41	331						
	二月	22	65	371	298	261	39						
	三月	20	66	271	64	65	215		3				
	四月	18	55	235	85	74	985						
	五月	13	66	323	66	81	1125						
	六月	23	89	241	50	72	628						
	七月	26	74	240	220	202	1138						
	八月	15	56	128	26	24	431						
	九月	1	5	30	5	45	35						
	十月												
	十一月	1	1	8	4								
	十二月	2	9	24	7	6	47						
三十一年	计	40	133	392	99	84	523	142			2		574700
	一月												
	二月	8	18	68	38	21	124						
	三月	14	54	220	36	24	285	142					
	四月	1	1	5									
	五月	11	34	44	15	19	2				1		
	六月	5	25	51	7	13	87				1		
	七月												
	八月												
	九月												
	十月												
	十一月	1	1	4	3	7	25						
	十二月												

项目 年别 / 月份	空袭次数	敌机架数	投弹枚数	人员死伤		房屋损毁		交通工具损毁数				财产损失估计（元）
				死	伤	炸毁	震倒	民船	汽船	汽车	其他	
计	36	144	76171	137	1444	87						11814700
三十二年 一月	3	17	68	13	18	137						
二月	7	30	177	21	36	231	55					
三月												
四月												
五月	11	34	207	1	3	453	32					
六月												
七月	13	59	301	35	73	621						
八月	1	3	6	1	3	1						
九月												
十月	1	1	2			1						
十一月												
十二月												

（附记：二十六、二十七、二十八三年财产损失估计未据呈报故未列入）

根据此表，自 1937 年 8 月到 1943 年底的 6 年 4 个月内，仅在国民党统治区受日机轰炸而造成的安徽人口伤亡数就已达 14422 人。但必须指出的是，这一数字并不包括日机轰炸中共领导的广大安徽的根据地和游击区造成的人员伤亡数字，也不包括 1944 年和 1945 年日机轰炸造成的人员伤亡数字。

（2）日军屠杀造成的人口伤亡情况

现存记录安徽省抗战时期人口直接伤亡的资料，大都散见于各市县文史资料、地方史志。根据来自上述资料的不完全统计，日本侵略军在安徽进行的 10—100 人的屠杀有 376 起，100—500 人的屠杀有 115 起，500 人以上的大屠杀有 18 起。这些惨案中所记载的被日军屠杀的平民达 125511 人。这些记载支离、零星，并不完整，因此无法借以完全统计出安徽省全部的战时人口损失情况，但是这些记载多据战后各县查报损失的原始档案或一些当事人亲历亲见的回忆资料所写成，同样具有较高的史料价值。这些记载证明部分地区的安徽平民被日军直接残酷杀死致伤的真实情况，从中亦可大致反映安徽省战时平民伤亡的总体概况。

（3）苏皖边区人口伤亡情况

抗战时期苏皖边区政府对苏皖边区人口伤亡也作过统计，其中第三、四、七、八行政区含有安徽的 15 个县。

根据《中华民国史档案资料汇编》第 5 辑第 3 编中收录的《（苏皖边区）八年抗战人民生命财产损失表》（一）中记载：第三行政区被日、伪军杀害 15836 人，致残 3140 人；第四行政区被杀害 6000 人，致残 2100 人；第七行政区被杀害 46106 人，致残 2456 人；第八行政区被杀害 18820 人，致残 5200 人。当时，苏皖边区第三行政区共辖 9 个县，包括安徽的天长、来安、嘉山 3 县，按所占三分之一比例折算，这 3 个县被杀害人口约为 5279 人，致残约为 1047 人；第四行政区共辖 6 个县，包括安徽的定远、滁县、凤阳、全椒 4 县，按所占三分之二比例折算，这 4 个县被杀害人口约为 4000 人，致残约为 1400 人；第七行政区共辖 14 个县，包括安徽的泗县、灵璧、宿县、五河 4 个县，按所占七分之二比例折算，这 4 个县被杀害人口约为 13173 人，致残约为 702 人；第八行政区共辖 3 个县，其中大部分是安徽的萧县、濉溪县、宿县、亳县。以此统计，这 4 个行政区安徽被杀害人口共约 41272 人，致残 8349 人。合计伤亡 49621 人。

表 2　抗战八年苏皖边区（即苏皖解放区）人民生命损失表①

行政区别	被敌杀害（人）	残废（人）	被抓壮丁（人）	急需救济（人）
第一行政区	92260	18043	32803	1150000
第二行政区	10201	5300	17400	336400
第三行政区	15836	3140	13270	50000
第四行政区	6000	2100	7000	184500
第五行政区	20010	5602	16571	900000
第六行政区	30154	12306	11456	243715
第七行政区	46106	2456	21600	800000
第八行政区	18820	5200	13400	270000
合　计	239387	54147	133500	4384615

（4）砀山县人口伤亡情况

民国时期安徽的行政区划里没有砀山县，砀山当时属于江苏省，安徽省的人

---

① 本表系据《中共苏皖边区政府报告抗战损失等情形节略》所附之《八年来人民生命财产损失表》重新编制，原表载中国第二历史档案馆编：《中华民国史档案资料汇编》第 5 辑第 3 编，江苏古籍出版社 2000 年版，第 194 页。

口数字总数没有砀山的人口数。在这次人口伤亡调研中，我们从一些历史档案中查到了砀山抗战期间的人口伤亡数字。砀山县 1937 年总人口 34 万人，24131户。抗战期间，砀山平民被杀 9950 人、失踪 425 人。合计 10375 人[①]。

综上所述，抗战期间安徽人口直接伤亡主要分为上述四种情况，即：（1）日军空袭轰炸造成的伤亡人数，据现有资料为 14422 人；（2）日军屠杀造成的人口伤亡，据现有统计的 376 起惨案，被日军屠杀的平民达 125511 人；（3）苏皖边区人口伤亡，合计伤亡 49621 人。（4）砀山县人口伤亡，合计为10375 人。四者相加，共为 199929 人[②]。

2. 间接伤亡情况

（1）黄泛区人口死亡情况

1938 年 6 月 9 日，国民党军队炸开河南省郑州花园口黄河大堤，引黄水南流，企图以此来阻止日本侵略军西进，人为地造成了一场特大水灾。花园口大堤炸开后，至 11 月 20 日，口门冲宽 400 余公尺，黄河原道断流，全部黄水向东南泛滥于贾鲁河、颍河和涡河之间，漫注于正阳关至怀远一段淮河，形成了长约400 公里、宽约 30 至 80 公里的黄泛区。到 1947 年 3 月 15 日堵口完工、黄河复归原道止，历时 8 年零 9 个月。

在历时 8 年多的黄泛中，安徽皖北和沿淮地区受灾最为严重。决口之后，阜阳县 102 个乡镇有 80 个乡镇陷于黄水之中，3000 多人被淹死，近 60 万人无家可归。蚌埠市街道成渠，凤台县城关平地水深 3 尺，全县淹死者枕藉。从 1938 年黄水南泛起，淮河流域降水开始偏多，黄淮并涨，中下游水道不畅，洪水连年泛滥，皖北沿淮无年不灾。据统计，这次黄泛中，安徽共有 18 个县（市）受灾，被淹土地 2345 万亩，灾民达 300 多万人。死亡 40 多万人，田庐、牲畜损失约2.5 亿元以上。黄水还挟带了大约 100 亿吨的泥沙，淤高了安徽淮河干流和皖北各支流河床，造成各水系混乱，水道不畅，低洼地区积水长年不退，良田变成湖泊和泥沼。整个黄泛区饿殍载道，哀鸿遍野[③]。

---

① 冀鲁豫行署：《冀鲁豫三分区八年抗日战争人口损失统计表》，1946 年 5 月调查，徐州市档案馆馆藏档案，冀鲁豫行署 81 卷。

② 此数据与国民政府行政院赔偿调查委员会 1946 年 3 月统计的《抗战八年全国分省人民伤亡估计总表》数据有所不同，待进一步查证、研究。参见中央党史研究室第一研究部、中国第二历史档案馆编：《国民政府档案中有关抗日战争时期人口伤亡和财产损失资料选编》（1），中共党史出版社 2014 年版，第 380 页。

③ 安徽省地方志编纂委员会编：《安徽省志·水利志》，方志出版社 1999 年版，第 14 页。

抗战胜利后，国民政府行政院善后救济总署对黄泛区灾害损失及救济进行调查统计。据其统计，安徽省皖北黄泛区被迫逃离家园的人口达 2536315 人，占黄泛区总人口的 28%；淹毙人口共 407514 人，占该地区原有人口的 4.5%[①]（而有关于此项统计的各县人口伤亡分布情况还未曾见到）。毫无疑问，这个死亡人数 407514 也是抗战期间安徽人口间接伤亡总数的重要组成部分。

（2）难民情况

1937 年抗日战争全面爆发后，安徽省半数以上地区先后沦陷。据 1945 年 8 月 1 日安徽省政府秘书处汇编的《安徽省战时损失概况》记载，全省原辖之 62 县中，战时全部沦陷者 15 县，大部沦陷者 8 县，半沦陷者 12 县，小部沦陷者 5 县，曾遭敌窜扰者 13 县，迄未遭敌窜扰而完整者止 9 县[②]。至抗战胜利前夕，全省境内"全部沦陷者十五县，部分沦陷者二十四县，完整者共二十三县，总计沦陷区面积约为六万平方公里，占省总面积百分之四十一"[③]。整个抗战时期，安徽受灾人口达到 1182 万人，占总人口的 52%，无家可归人口达到 300 万人，占总人口的 13%[④]。由于受灾人口如此庞大，因此产生了大量的难民[⑤]。

造成安徽省难民迁移的原因是多方面的，战祸是最主要的因素，其次为自然灾害。由于黄河决口产生的难民占有相当的数量。淮水流域因受花园口决堤的影响，水灾频发，加之抗战期间抗灾能力削弱，致使大批灾民家破人亡，背井离乡。

战时难民迁移带来严重社会问题，如加重了迁入地民众的负担，导致了食物、住宿的紧张，偷盗抢劫事件增多，部分地区生态环境遭到破坏，某些传染病得以传播等，从而对迁入地造成了巨大不良的影响。

无家可归人口是原始档案上的名称。我们在此次调研中，将无家可归人口当作难民来看。剔除表 4 中现属江苏省盱眙的 7.2 万人；再加上表 4 中没有反映现属安徽的萧县、砀山两县，此次调研中查到的难民（无家可归人口）8009 人，安徽全省难民（无家可归人口）总数约为 293.6 万人。

① 该数据引自行政院善后救济总署周报第 41 期，转引自安徽省地方志办公室编：《安徽水灾备忘录》，黄山书社 1991 年版。
② 安徽省档案馆、蚌埠市档案馆编：《日本侵华在安徽的罪行》，1995 年印行，第 1 页。
③ 善后救济总署安徽分署：《安徽省善后救济调查报告底稿》第一章·总论，1946 年 4 月，中国第二历史档案馆馆藏档案，档案号：21 宗 2 目 209 卷。
④ 善后救济总署安徽分署编：《善后救济》第 1 卷第 1 期，1946 年 4 月，安徽省档案馆馆藏档案，档案号：JXW369。
⑤ 另据国民政府战后的调查，战时各省市难民及流离人民总数达 9500 万人。其中，安徽省的难民人数为 268 万，在全国居第 11 位。参见《难民及流离人民数总表》，中国第二历史档案馆馆藏档案，档案号：21 宗 2 目 21 卷。

表3 安徽抗战期间受灾人口　　　　　　　单位：千人①

县名	总人口	受灾程度（%）	受灾人口	县名	总人口	受灾程度（%）	受灾人口
合计	22915	52	11820	32 和县	353	75	365
1 桐城	755	50	378	33 定远	396	100	396
2 怀宁	663	50	332	34 巢县	374	75	281
3 无为	718	75	539	35 含山	206	75	155
4 庐江	534	25	134	36 泾县	211	20	42
5 太湖	345	20	69	37 宣城	510	75	383
6 宿松	365	25	91	38 芜湖	356	100	356
7 潜山	285	20	57	39 广德	184	100	184
8 望江	227	50	114	40 当涂	348	100	348
9 六安	733	20	147	41 南陵	252	50	126
10 合肥	1274	50	637	42 宁国	152	—	—
11 寿县	753	50	377	43 郎溪	127	100	127
12 霍邱	508	20	102	44 繁昌	142	50	71
13 立煌	267	20	53	45 休宁	166		
14 舒城	493	20	99	46 歙县	357		
15 霍山	146	20	29	47 祁门	87		
16 岳西	220	20	44	48 黟县	60		
17 阜阳	1110	20	222	49 绩溪	90		
18 临泉	601	20	120	50 旌德	63		
19 亳县	596	50	298	51 贵池	300	50	150
20 太和	464	20	93	52 至德	117	50	59
21 涡阳	573	25	143	53 太平	81	—	—
22 蒙城	513	25	128	54 东流	101	75	76
23 怀远	530	50	265	55 石埭	51	—	—
24 凤台	548	25	137	56 青阳	150	5	75
25 颍上	349	20	70	57 铜陵	163	75	122
26 宿县	1090	100	1090	58 盱眙	297	100	297
27 泗县	620	100	620	59 凤阳	466	100	466
28 灵璧	557	100	557	60 天长	232	100	232
29 五河	129	100	129	61 来安	128	100	128
30 全椒	174	75	146	62 嘉山	116	100	116
31 滁县	145	100	145				

（表中有些数字有误，如和县受灾人口高于全县人口。按其所说全县人口35.3万人，75%的受灾比例，应为26.475万人。当时档案记载有误，特此说明）

---

① 善后救济总署安徽分署编：《善后救济》第1卷第1期，1946年4月，安徽省档案馆馆藏档案，档案号：JXW369。

表4 无家可归人口 单位：千人①

县名	总人口	无家可归人口	百分率	县名	总人口	无家可归人口	百分率
合计	22915	3000	13	32 和县	353	78	22
1 桐城	755	138	18	33 定远	396	72	19
2 怀宁	663	66	10	34 巢县	374	60	16
3 无为	718	264	37	35 含山	206	60	29
4 庐江	534	36	7	36 泾县	211	6	3
5 太湖	345	18	5	37 宣城	510	108	21
6 宿松	365	18	5	38 芜湖	356	72	20
7 潜山	285	6	2	39 广德	184	54	29
8 望江	227	36	16	40 当涂	348	96	27
9 六安	723	54	7	41 南陵	252	36	14
10 合肥	1274	162	13	42 宁国	152	—	—
11 寿县	753	66	9	43 郎溪	127	42	33
12 霍邱	508	6	1	44 繁昌	142	36	26
13 立煌	267	—	—	45 休宁	166	0	0
14 舒城	493	12	2	46 歙县	357	0	0
15 霍山	146	0	0	47 祁门	87	0	0
16 岳西	220	0	0	48 黟县	60	0	0
17 阜阳	1110	24	2	49 绩溪	90	0	0
18 临泉	601	12	2	50 旌德	63	0	0
19 亳县	596	96	16	51 贵池	300	42	14
20 太和	464	12	3	52 至德	117	12	10
21 涡阳	573	36	6	53 太平	81	—	—
22 蒙城	513	36	1	54 东流	101	24	23
23 怀远	530	66	12	55 石埭	51	—	—
24 凤台	548	24	5	56 青阳	150	18	12
25 颍上	349	6	2	57 铜陵	163	54	33
26 宿县	1090	294	24	58 盱眙	297	72	24
27 泗县	620	168	24	59 凤阳	466	78	17
28 灵璧	557	126	23	60 天长	232	48	21
29 五河	129	36	28	61 来安	128	24	19
30 全椒	174	24	13	62 嘉山	116	24	21
31 滁县	145	42	29				

---

① 善后救济总署安徽分署编：《善后救济》第 1 卷第 1 期，1946 年 4 月，安徽省档案馆馆藏档案，档案号：JXW369。

难民是否等同于间接伤亡人口，学术界尚存争议。从实际情况分析，难民被迫逃离家园，背井离乡，冒险穿过战火洗劫的千里赤地，躲避着抢掠，忍受着饥饿。他们的生存状况极其困苦。难民中疫情也很严重，特别是疟疾，几乎人人难免，霍乱也时有发生，加之缺医少药，患病者往往只有听天由命。所以，其伤亡数字不可低估。因为难民背井离乡遭受的精神折磨、挨饿受冻所受的身体摧残，本身就是一种伤害。因此，当年国民政府统计人口伤亡时，就把被掳、灾民、劳工列为间接伤亡。

（3）劳工伤亡情况

安徽的劳工主要集中在淮南、马鞍山、铜陵三个矿区。在这次调研活动中，我们在以上三个市开展了专题调研。

从调研情况看，淮南煤矿的劳工伤亡人数最多。据《淮南煤矿业务报告（1941—1945）》① 记载，1941 年至 1945 年，在日本华中派遣军驻淮南特务机关及大东亚省淮南领事署指挥下，淮南煤矿共征用强制劳工 8 万余人，年均达 1.6 万人，主要向驻矿山周围"定淮特别区"摊派强征农民工到矿山轮流服役，到华北的苏北徐州和豫北各县强掳华北劳工，及大量使用华中地区的中国战俘劳工（特别是 1944 年初"豫湘桂战役"后产生的国民党战俘劳工）来获得。另据《日军占领下的淮南煤矿》一文记载，"据当时不完全资料统计，仅从 1941 年 3 月至 1944 年 6 月的三年零三个月中，日军骗、派、抓来的劳工人数达 70671 人。"再加上其余年份劳工人数，劳工总数也应在 80000 人以上。根据以上两份材料，我们将淮南煤矿劳工数量采取 80000 人以上之说。其中，根据档案文献资料的记载，死亡矿工达 20000 人，死亡率达 25%。"②

马鞍山矿区的劳工伤亡数量也很大。抗战期间，当涂、繁昌南山、凹山、梅子山、姑山、钟山、桃冲等矿山全部被日军占领。由于日本推行"以战养战"的侵略政策，从 1938 年起，日本华中矿业公司设立马鞍山、太平、桃冲三个矿业所，从鲁、豫、赣、皖、苏及本地强征和诱骗来大批劳工，进行采矿，输往日本。仅 1941 年从南山地区抓来的矿工就有 8000 余人③。因日本侵略者采取"以人换矿"、"以人换铁"的血腥政策，导致劳工大量死亡。1943 年夏天，霍乱、疟疾、痢疾等几种疾病并发流行，桃冲矿死去 650 多人，向山矿 500 多名"包身工"，死掉 200 多人，南山矿 300 多名童工死去大半，南山地区死去 500 多人，

① 中国第二历史档案馆藏档案，档案号：2012—7191—7195。
② 见《淮南市抗战时期人口伤亡和财产损失调研报告》，存中共安徽省委党史研究室。
③ 政协马鞍山市委员会编：《马鞍山文史资料选辑》第 1 辑，1983 年印行，第 89、90 页。

马鞍山地区这一年死去劳工3000多人①。由于日本侵略者推行"以人换矿"的法西斯统治，劳工的死亡率很高，人身事故不断。1942年，凹山一次塘口塌方，埋掉33名矿工。1943年冬，凹山北坡一个塘口干活的矿工发现头顶出现裂缝，有塌方的危险，而日本监工却用刺刀强迫工人作业，结果塌方埋掉了6名矿工，其中1人压在石缝里呼救，日本兵却不许营救。小姑山一次塘口塌方压死矿工10多人②。根据这次专门调研统计结果，抗战期间马鞍山矿区劳工伤亡总数达21372人③。

铜陵矿区抗战时期的劳工人数比淮南、马鞍山要少一些。日军"先后从荻港、安庆、合肥、芜湖、南京、常州、上海等地欺骗、胁迫大批工人来矿，并大量征用民伕，最多时达3000余人。"据档案文献资料记载，抗战期间，铜陵市劳工死亡人数为292人④。

根据在淮南、马鞍山、铜陵三个矿区的调研结果，淮南、马鞍山、铜陵三个矿区劳工的伤亡人数合计为41664人。

另外，据统计，在安徽其他地区的劳工有241408人（根据此次全省调研数据统计而来）。当然，由于档案资料的匮乏，抗战期间被日军抓去的劳工伤亡数字无法作出精确的统计，上述有关劳工人数的两个统计是非常不完整的约数。

（4）壮丁伤亡情况

由于战争频繁，安徽在抗战期间的壮丁数量也很大。据统计，自1936年到1948年为止，除1945年停征一年外，国民政府征兵12年，给人民造成了巨大的影响。皖南山区一些青壮年，为了逃避抓丁，常年都要生活在深山老林里。日军入侵安徽的同时，也会根据军需状况抓丁。这样，人民在抗战期间必然会因抓壮丁原因，出现一定的伤亡情况。例如：石埭县（现石台县）王村有一户兄弟三人，在民国30年至民国32年期间，均先后被抓走，家里只剩下一个哑巴，逃荒要饭，最后饿死在路边⑤。

---

① 政协马鞍山市委员会编：《马鞍山文史资料选辑》第1辑，1983年印行，第69、92页。
② 中共马鞍山市委党史研究室：《中共马鞍山地方史》，2005年印行，第119页。
③ 数据源于《马鞍山市辖区抗战期间间接人口伤亡明细表》，存中共安徽省委党史研究室。
④ 铜陵县政府印：《铜陵县受灾难民户数暨实发振（赈）款数统计表》，民国27年8月，中国第二历史档案馆馆藏档案。
⑤ 安徽省地方志编纂委员会编：《安徽省志·军事志》，安徽人民出版社1995年版，第596页。

表5 抗战期间安徽省历年实征壮丁人数统计表[1]　　　　单位：人

年 份	壮丁人数	年 份	壮丁人数
二十六年	44271	三十一年	95053
二十七年	22832	三十二年	78433
二十八年	54329	三十三年	74111
二十九年	68715	三十四年	56450
三十年	69479	合 计	563673

根据上述统计材料，1937年至1945年，在安徽所征的壮丁总数达到563673人。所抓的壮丁大都用于对日战争或者修工事、运军粮等与战争相关的活动。由于档案资料的匮乏，抗战期间被日军抓去的壮丁的伤亡无法作出精确的统计。从当时情况看，所抓的壮丁大多数有去无回。我们在这次人口伤亡调研中就遇到一些老百姓向调研人员反映，当年家中亲人被抓壮丁后，从此音信全无，要求我们帮助调查。

（5）砀山县被抓壮丁2543人，难民为7963人[2]。

3. 关于安徽人口伤亡概况的分析

抗日战争时期安徽省辖62县，战争期间不同程度遭到沦陷者达53县，占全省行政区的85.48%。在这次抗战时期人口伤亡调研活动中，我们在全省有关市、县开展了社会调查，根据记载和战后各县查报损失的原始档案或一些当事人亲历亲见的回忆资料提供的线索，对当事人、幸存者进行走访、调研，最后根据各方面的调研结果统计出了一个是由许多不完全统计数所构成的抗战时期安徽人口伤亡数据。

根据这次全省调研结果的统计：安徽省直接伤亡为199929人，包括：（1）日军空袭轰炸造成的伤亡人数，据现有资料为14422人；（2）日军屠杀造成的人口伤亡，据现有统计的376起惨案，被日军屠杀的平民达125511人；（3）苏皖边区人口伤亡，合计伤亡49621人；（4）砀山县人口伤亡，合计为10375人。

四者相加，共为199929人。

能够统计出的安徽省间接人口伤亡，包括：（1）黄泛区淹毙407514人；（2）劳工伤亡41664人。

上述前两项共计449178人。

---

① 何应钦：《日军侵华抗战八年史》，台北黎明文化事业公司1982年版。
② 冀鲁豫行署：《冀鲁豫三分区八年抗日战争人口损失统计表》，1946年5月调查，徐州市档案馆馆藏档案：冀鲁豫行署81卷。

除以上数字外，还有全省难民 293.6 万人，砀山县难民 7963 人。难民和被抓壮丁中的伤亡及失踪人数，因无法统计，仅在此说明。

另外，引入两组历史数据辅助说明。（1）根据有关历史档案资料的记载，安徽抗战时期及前后人口变化很大，下降的趋势十分明显。如下表：

表 6 安徽抗战时期及前后人口变化表

年份	户数	人口数	资料出处
1936	3541155	23265368	内政部统计处：《全国选举区户口统计》，《内政统计季刊》创刊号，1936 年 10 月
1939	3496739	22915129	《安徽省二十八年度统计年鉴》（安徽省政府统计室编）
1940	3615106	22390554	《安徽省二十九年度统计年鉴》（安徽省政府统计室编）
1941	3703655	22568601	《安徽一年》（1941 年 6 月）
1942	3669026	22642048	民国 33 年《安徽概览》（安徽省政府秘书处编）
1943	3569896	21978667	民国 36 年《安徽政绩简编》
1944	2351820	14442457	民国 34 年《安徽省行政工作报告》（宿县等 14 县人口未记）
1946	3547328	22293288	民国 36 年和 37 年《中国经济年鉴》

从表 6 数字中可以看出，抗战期间安徽人口数量下降的趋势十分明显。1946 年与战前的 1936 年相比，减少 972080 人左右，人口增长率为 − 4.3‰[1]。

（2）从人口密度分析，也可以看到：1936 年安徽人口密度为每平方公里 173.07 人[2]；1941 年安徽人口密度为每平方公里 166 人[3]；1943 年安徽省人口密度为每平方公里 156 人[4]。这三个数据对比也能明显反映出安徽人口下降的趋势。

---

[1] 关于抗战后安徽的人口状况，还可以参照 1947 年安徽省政府秘书处的以下统计："本省户政业务，自胜利以后，即积极办理清查工作，现全省户口业经清查完毕，并已统计竣事，计全省有乡 2038，保 19731，甲 2022052，户 3446676，共有人口 21816560，内中男为 11567566，女为 10247994 人，惟所列数字，内有宣城、宿县、桐城等三县，是局部安全区之户口清算数字，泗县、天长、盱眙、怀远等四县，以情形特殊，户口清查，尚未办竣，上列仍是二十五年户口数字，查本省战前原有人口 22136660，约减一百五十余万人。"（见安徽省政府秘书处编译室：《皖政导报》第 9 期《本省户口清查竣事》，1947 年 2 月 15 日。）

　　这份文献中所记载的安徽战前人口 22136660 与 1936 年国民政府内政部统计的安徽人口数 23265368 有别，因为这个数字未包括泗县、天长、怀远、盱眙四个县人口数。

[2] 国民政府主计处统计局编：《中华民国统计提要》1935 年辑，见安徽省地方志编纂委员会编：《安徽省志·人口志》，方志出版社 1995 年版，第 23 页。

[3] 《安徽一年》（1941 年 6 月），见安徽省地方志编纂委员会编：《安徽省志·人口志》，方志出版社 1995 年版，第 23 页。

[4] 安徽省政府统计室编印：《安徽省统计简编》，1944 年 7 月，安徽省档案馆藏档案，档案号：JZW809。

当然，这两组历史数据并不很准确。当时中国人口调查的客观和主观条件都受一定的限制。战争前后人员流动情况复杂，国民政府在基层的行政能力也比较弱，人民并不明了人口调查的实际意义，办事人员也不一定能十分尽职。所以，1946年比1936年减少972080人只能是一个近乎估计的数字，可以作为参考的根据。

各种情况表明，实际数字应该还要大于上述两个数字。

首先，历史数据显示：自民国元年至民国38年（1912—1949年），安徽省人口在正常情况下的年平均增长率为1.4%[1]。如果按正常人口增长率计算，八年抗战期间安徽人口应增加260万，即到1946年安徽人口总数应为2587万左右，而实际上，安徽省人口10年之间不增反降了近100万人。两者合计的数字达到360万，这中间包含了巨大的潜在人口损失。

其次，历史资料中记载的数字在统计地域上不完整，无法全面反映安徽抗战期间正常的人口数字。日军进犯安徽，造成安徽境内被分为国民党统治区、沦陷区以及中国共产党领导的抗日根据地的局面。所以，当时国民政府的统计数据，在地域上不能准确反映当时中国共产党领导的安徽淮北、淮南、皖江抗日根据地的人口状况。

因此，无论是根据历史档案资料所记载的安徽抗战期间人口下降数，还是此次调查后经统计得出的安徽人口伤亡数，都不能全面准确的反映安徽抗战期间人口伤亡总数。我们所进行的这次统计，只是一个阶段性成果。

（五）财产损失

日本帝国主义对中国发动的侵略战争是一场军事战、政治战，也是一场经济战。其发动战争的重要目的之一是攫取经济利益。全国抗战期间，日军及汪伪政权在安徽采用公开的或隐蔽的手段，疯狂掠夺安徽的资源和人民财产，其种类繁多，数量巨大。

下文中涉及全国抗战期间安徽省财产损失的统计，一般采用当年通用的法币来反映损失价值。法币亦称为国币，特此说明。

1. 直接财产损失

（1）农业损失

安徽是农业大省，具有发展农牧业生产的得天独厚的条件。农业人口一直占

---

[1] 安徽省地方志编纂委员会编：《安徽省志·人口志》，方志出版社1995年版，第23页。

全省总人口的 80% 以上，最高年份达 90% 以上[①]。全国抗战爆发后，安徽有 54% 的人口和 62% 以上的耕地沦入日本侵略军占领地带，致使田园荒芜，粮价暴涨，民不聊生[②]。

1) 日军掠夺农产品

日本侵略者在占领安徽期间，大肆掠夺安徽的农产品。仅举芜湖的例子予以说明。芜湖是全国四大米市之一，在日军占领期间，抢走烟台帮"复成祥米号"老板孟祥仪家大米 3000 包，小麦 1000 余包，麻袋 3 万多条，合计损失 3 万余元。米粮采运业同业公会理事长李念慈存在无锡等地的小麦 2 万多担，大麦、糯米 2000 多担，菜籽、稻谷 4000 多担，大米 7000 包，均被日军抢走。1941 年日本一次从国内运来麻袋 250 万条，在芜湖等地抢购粮食 200 万担，造成皖南严重粮荒[③]。据我们的统计，日军抗战期间在安徽掠夺农产品数量如下表：

表7　日军掠夺农产品统计表[④]

项目	数量（斤）	价值（法币元）
大米	23566600	1461129
小麦	3043905500	152195275
稻谷	58947350	2357894
粮食	38586296	2392350
黄豆	800250	56018
红粮	686550	42566
麻油	30722	7066
食盐	2956800	174451
棉花	1900	760
食用油	10160	2032
黄花菜	5200	2600
糕点	1800	540
合计		158692681（折算或 1937 年 7 月的法币币值）

①② 安徽省地方志编纂委员会编：《安徽省志·农业志》，方志出版社 1998 年版，第 1 页。
③ 安徽省政府秘书处编：《安徽行政》第 9 期，1945 年，第 9 页。
④ 资料来源：根据档案资料和各市上报材料统计，各市统计数量不一，一包按 150 斤计算，一石按 145 斤计算，一担按 100 斤计算，已全部换算成斤。米每斤 0.062 元，盐每斤 0.059 元，粮食、红粮每斤 0.062 元（价格按《景宁县公务员生活费指数》，景宁县政府制，1941 年 5 月，浙江省档案馆馆藏档案，档案号：L035—001—068）；小麦每斤 0.05 元，稻谷每斤 0.04 元，棉花每斤 0.4 元，黄豆每斤 0.07 元 [价格按《安徽泾县物产概况表》(二)，泾县县政府制，民国 30 年 2 月，泾县档案馆民国档案 106 件]；食用油每斤 0.2 元，麻油每斤 0.23 元（价格按阜阳市上报材料计算）；黄花菜每斤 0.5元，糕点每斤 0.3 元，为我们估算得出。

2）日军掠夺、毁坏粮食生产工具

据安徽省政府秘书处1945年8月1日统计，日军抢走耕牛397385头，毁耕犁99077把，毁锄铲等农具2956073余件[①]。（见表8）

表8 安徽省战时粮食生产工具损失

县别	牛（头）	犁（把）	锄铲等农具（件）
总 计	397385	99077	2956073
桐 城	10731	4815	189264
怀 宁	8295	2367	91916
无 为	10592	4432	117146
庐 江	7101	1267	88143
太 湖	5968	1021	33149
宿 松	6540	566	43278
潜 山	3354	368	91300
望 江	789	1180	47542
六 安	8154	2252	92679
合 肥	71287	5290	211505
寿 县	8227	2245	89084
立 煌	1136	146	2354
舒 城	4124	224	1868
霍 山	4156	160	1546
岳 西	3124	135	1807
亳 县	3180	3230	127304
太 和	3186	180	2640
涡 阳	7165	1264	93225
蒙 城	6806	850	75321
怀 远	8131	2210	85257
凤 台	6955	960	76477
颍 上	3463	468	3874
宿 县	18863	9870	199276

---

① 安徽省政府秘书处汇编：《安徽省战时损失概况》，1945年8月1日。

县 别	牛（头）	犁（把）	锄铲等农具（件）
泗 县	14536	5624	110729
灵 璧	13197	4240	83950
五 河	10181	1252	23631
全 椒	10831	1460	35515
滁 县	11741	1376	26821
和 县	8773	2854	73950
定 远	8506	2632	50134
巢 县	8099	2142	55981
含 山	8637	1654	43683
泾 县	8460	1482	1264
宣 城	8603	3508	96091
芜 湖	9646	2538	52929
广 德	11675	1740	33519
当 涂	7019	3120	50384
南 陵	7174	1254	46989
郎 溪	7369	1421	27396
繁 昌	9003	1132	40120
贵 池	1364	1426	54567
至 德	1404	450	17391
东 流	1868	864	23150
青 阳	1692	684	27717
铜 陵	1762	1852	46989
盱 眙	12361	2431	47238
凤 阳	12666	2873	53331
天 长	11578	1674	31576
来 安	10856	890	17137
嘉 山	10927	1004	19936

说明：以上牛按每头 50 元计算（河南省牲口每头合法币 53.43 元），损失为法币 19869250 元；犁每把按 10 元计算（据阜阳市上报材料），损失为法币 990770 元；锄铲每件按 1 元计算（据我们估算得出），损失为法币 2956073 元。三项相加共计损失 23816093 元（折算成 1937 年 7 月的法币币值）。

3）良田被毁和被淹

日军强迫农民毁掉粮田，改种鸦片，全省共有合肥等 27 个县的 17532 亩稻田改种鸦片①。（见表 9）

表9　安徽省战时粮食生产方法（毁粮田种鸦片）

县别	强迫稻田改种鸦片（亩）	县别	强迫稻田改种鸦片（亩）
总计	17532	滁县	380
合肥	1500	和县	340
寿县	980	定远	1800
亳县	864	巢县	500
涡阳	374	含山	160
怀远	320	宣城	1200
凤台	210	芜湖	300
宿县	2500	广德	600
泗县	260	当涂	1000
灵璧	1300	郎溪	300
五河	124	繁昌	200
全椒	345	盱眙	200
凤阳	1200	来安	200
天长	150	嘉山	250

此项损失，我们已在后文粮食间接损失中计算得出，故在此处无计算。

日军毁坏的棉田面积为 12180 亩②。（见表 10）

表10　安徽省战时毁坏的棉田面积

县 别	被毁棉田面积（亩）	县 别	被毁棉田面积（亩）
总计	12180	泗县	360
桐城	350	灵璧	210
宿松	470	五河	160
合肥	580	全椒	250
寿县	390	滁县	360
亳县	240	和县	620
涡阳	350	定远	320

①② 安徽省政府秘书处汇编：《安徽省战时损失概况》，1945 年 8 月 1 日。

县 别	被毁棉田面积（亩）	县 别	被毁棉田面积（亩）
怀远	420	巢 县	180
凤台	130	嘉 山	250
宿 县	240	含 山	210
宣城	240	至 德	280
芜湖	370	东 流	680
广德	360	青 阳	540
当涂	240	铜 陵	350
南陵	180	盱 眙	240
郎溪	150	凤 阳	340
繁昌	280	天 长	310
贵池	700	来 安	280

说明：此项损失，我们将在后文粮食间接损失中计算得出，故在此处无计算。

1938 年 6 月 9 日，日军沿陇海路西犯武汉，为阻遏日军前进，国民党军队炸开郑州以北花园口黄河大堤，豫、皖、苏三省顿成泽国。其中安徽有 18 个县受灾，淹没土地 1.6 万平方公里，灾民 300 余万，财产损失 2.5 亿元法币以上。这是 1938 年的损失，从 1938—1946 年的损失统计看，是一个巨大的数字。列表如下：

表 11　阜阳等 18 县历年黄泛灾害损失简表①

年度	被淹面积（亩）	损失价值（法币元）	1937 年 7 月价值（法币元）
1938	23450000	255640940	192211233
1939	13384530	292678936500	122974343067
1940	9001370	266771806550	45292327088
1941	5435190	350760919760	23748200390
1942	5555296	285413663400	5673100048
1943	18924464	323799897500	1619647346
1944	6375128	314123081680	527370697
1945	4373570	283070563000	141325413
1946	6384536	428528980000	81558699
总计		2546603479330	200250083981

（注：表 11 的 1937 年 7 月的折算价值是将每年的损失价值除以当年 9 月的物价指数倍数而得的。参见调研报告后的附件 2）

---

① 资料来源：安徽省地方志办公室编：《安徽水灾备忘录》，黄山书社 1991 年版，第 48 页。1937 年 7 月价值是我们换算的结果。安徽黄泛区总损失折算成 1937 年物价指数为法币 200250083981 元。该项损失因和后面的间接损失有重合，我们没有计算在损失中，仅作为参考。

为了详细说明年度损失情况，我们将 1938 年因黄水造成皖北各县的损失统计如下：

表 12　1938 年皖北各县灾情统计表①

县别	被淹面积（亩）	待赈灾民（人）	损失价值（法币元）
阜阳	4740000	572385	50100000
太和	1750000	126000	23894000
颍上	1790000	105000	18808000
霍邱	550000	缺	7400000
凤台	2230000	缺	32000000
涡阳	120000	缺	1991760
蒙城	210000	缺	2550000
亳县	160000	48750	1850000
寿县	2540000	38000	27020000
临泉	540000	缺	5411210
怀远	2240000	缺	22400000
灵璧	2300000	17500	23000000
凤阳	2150000	12000	21500000
五河	70000	81800	700000
泗县	150000	100000	1500000
盱眙	1260000	缺	12476000
天长	250000	32000	3040000
合计	23450000	（不全）	255640940

4）苏皖边区安徽部分损失

1946 年，苏皖边区政府统计了其所辖范围内的抗战人民生命财产损失，其中第三、第四、第七、第八行政区属于安徽范围。由于损失大多与农业有关，故将此项损失归入农业损失且单独统计。共损失房屋 1265102 间，粮食 9756710 担，衣被 9215440 件，牛马 202755 头，猪羊 396736 头，农具 1325101 件，棉花 70500 斤，树木 720500 棵②。（见下表）

---

① 本表一、三栏数字引自《安徽省黄汛区水利工程实施计划纲要》（1948 年）、二栏数字引自《鸿英图书馆辑藏资料》，转引自《安徽水灾备忘录》，黄山书社 1991 年版，第 45 页。该年度财产损失折算成 1937 年物价指数为法币 192211233 元。

② 苏皖边区政府：《八年抗战人民生命财产损失表》，见《中华民国史档案资料汇编》第 5 辑第 3 编，江苏古籍出版社 2000 年版，第 194 页。

表 13　苏皖边区第三、四、七、八行政区人民生命财产损失表①

项目	数量	价值（法币元）
房屋	1265102 间	37953060
粮食	975671000 斤	60491602
衣被	9215440 件	9215440
牛马	202755 头	10137750
猪羊	396736 头	13885760
农具	1325101 件	1325101
棉花	70500 斤	28200
树木	720500 棵	1441000
合计		134477913

5）林业损失

抗战期间，安徽全省森林被毁 191.6 万株，竹林 17 万株②，按每株 2 元计算，共计损失为法币 4172000 元。

6）水利方面

因战乱失修，黄水入淮，河道堵塞，导致农田受淹。安徽省政府组织淮域工赈委员会，修复被灾之霍邱、颍上、阜阳等 18 县从 1939 年 5 月开始，至 1943 年，共施工 8181784 米，完成土方数 122960219 公方，保障农田 130090177 亩，受益价值法币 15208057910 元③。按每公方发面粉 1 市斤计算，共法币 9683117 元（面粉价格按《开封零售物价表格》，《河南统计月报》民国二十六年第 3 卷第 2 期，河南图书馆 E388。按每吨 45 袋，按 1936 年的平均价格每袋 3.5 元计算）。

以上几项农业损失相加，共计法币 321158687 元。

（2）工商业损失

关于工业损失。抗战爆发后，安徽芜湖、蚌埠、合肥、安庆等市、县相继沦陷。这几个市、县是安徽工业、商业的中心，沦陷后遭到日本侵略者的严重破坏。以芜湖为例，芜湖市的工商业比较发达，集中了全省一半的轻工企业。日军占领芜

---

① 粮食价格参照景宁县政府 1941 年 5 月制《景宁县公务员生活费指数》（每斤 0.062 元）；房屋价格参照《泾县档案资料》折算每间 30 元；牛马按每头 50 元计算（河南省牲口每头合法币 53.43 元）；猪羊每头 35 元（参照滁州市实物折算）；棉花每斤 0.4 元［价格按泾县县政府民国 30 年 2 月制《安徽泾县物产概况表》（一）（四），泾县各乡镇保民众伤亡损失调查表（1940 年 10 月），安徽省档案馆馆藏档案，档案号：L3—7—600］；树木每棵 2 元（参照郎溪县资料）；衣被每件 1 元、农具每件 1 元，是我们估算得出。

② 安徽省政府秘书处编：《安徽政治》第 8 卷第 10 期，第 42 页。

③ 安徽省政府编：《安徽概览》，1944 年出版，安徽省档案馆 1986 年翻印，第 203 页。

湖后，对裕中纱厂、益新面粉厂、大昌火柴厂、明远电厂等几个比较大的工厂和大量的手工作坊大肆破坏。裕中纱厂被日军改为伤病医院，不少机器被劫走，余下的细纱机也大部被拆毁，这个当时安徽最大的工厂被摧残得不复存在，直接损失 30 万元①。日军将益新面粉厂改为"华友面粉厂益新工场"，实行"军管理"，生产面粉统由日本侵略者分配②。位于陡门巷 23 号的芜湖华球衫袜厂生产机器遭到焚毁，损失价值为 105770 元。位于中二街的晓华电池厂在日军进攻芜湖市中，损失原材料价值为 15927.70 元。木器建筑同业分会会员夏汉庭所经营的美丽顺木器厂及夏茂椿建筑营造厂的房屋、货物、木材等在日军进占芜湖后，被抢劫一空，损失价值为 39210.80 元③。张恒春制药厂也在日机轰炸中损失药材价值 80 万元④。

全省其他各市工业都遭受不同程度的损失（见后表 14）。

关于商业损失。安徽的商业损失以几个重点城市芜湖、蚌埠、合肥以及战时省会立煌最为严重。

芜湖是长江流域上一个繁盛的商埠，"十里长街闹市"闻名大江南北。自 1937 年 12 月 5 日开始，日机连续 5 天对市区进行狂轰滥炸后，长街一带的房屋遭到破坏，许多多年"金字招牌"的老店，西式建筑的门面都成了瓦砾场⑤。

蚌埠是皖北新兴的交通枢纽和物资集散地，手工业、运输业和商业甚为繁荣。1938 年 2 月 2 日，蚌埠被日军占领。沦陷前，日军对蚌埠进行了 20 多天的轰炸，国民党军队在潜逃前又炸毁了蚌埠淮河大铁桥，日军又封锁了淮河，依靠津浦铁路和淮河而繁荣起来的商市，顿时失去依托而受到致命的打击。全市 15 万人口有 10 万人逃离，整个经济一度处于瘫痪之中⑥。

合肥抗战前夕共有商业店铺近千户。1938 年 5 月 14 日合肥被日军占领。沦陷前，日军对合肥进行了长达 5 个月、40 余次的轰炸，一半以上市民被迫逃避，300 余人被炸死，房屋倒塌不计其数，工商业遭到了彻底的破坏。据 1946 年国民党政府行政院善后救济总署安徽分署、合肥县政府和万慈会等机关团体的社会

---

① 芜湖纺织厂厂志编辑室：《裕中纱厂抗战损失》，1986 年 12 月编，现存芜湖市地方志办公室，收入《芜湖纺织厂志》（1916—1985）。
② 王鹤鸣、施立业：《安徽近代经济轨迹》，安徽人民出版社 1991 年版，第 333 页。
③ 《芜湖华球衫袜厂财产损失单》（黄沛霖、黄佑民填报，民国 36 年 8 月 18 日），安徽省档案馆馆藏档案，档案号：20 宗 2 目 708 卷。
④ 芜湖市地方志编委会编：《芜湖市志》下册，社会科学文献出版社 1993 年版，第 531 页。
⑤ 《芜湖县玩鞭乡财产损失报告单》（玩鞭乡乡长王中和填报，民国 34 年 12 月 9 日），安徽省档案馆馆藏档案，档案号：20 宗 2 目 539 卷。
⑥ 政协蚌埠市委员会编：《蚌埠古今》第 2 辑，1983 年印行，第 53 页。

调查，日军占领合肥时，财产损失达 5000 万银元①。

当时的省城安庆城区 1936 年有 1100 多家商店。1937 年，桐城（含今枞阳）工商业户 2800 余家。潜山县黄泥港镇有 200 余家，怀宁县的上下石牌有商店服务业 400 余家，高河埠有商店 300 多家，望江县的青林镇有商户 103 家，吉水有商户 200 余家，赛口仅鱼行就有 30 多家。随着 1938 年 6 月日军入侵和日机的狂轰滥炸，造成城镇大量的房屋、店铺被炸、烧毁，特别是日军在占领安庆后连续十多天的公开大抢劫，使安庆市元气大尽②。

在皖西地区，1938 年夏日军大举入侵，六安、舒城、寿县、霍山被炸毁、烧毁的店铺就有 1000 多家③，许多商店遭抢劫。据 1939 年舒城县汇报，县内被轰炸商店 1.7 万余间，价值 70 万元，因战争停顿商业损失约 500 万元④。1939 年初日军攻陷安徽战时省会立煌，纵火三昼夜，25 里长街尽成灰烬，烧毁房屋 2 万间，许多库存物资的损失，约折合法币 100 亿元以上（相当于 1937 年 7 月 1.482 亿）。计商业直接损失 18158 元，间接损失 14562 万元⑤。

抗日战争时期安徽各市工业、商业直接损失列表如下：

表 14　全省工业商业直接损失统计表　　　　　单位：法币元

城市	工业直接损失	商业直接损失
合肥	165300	
六安	6520000	181580000
蚌埠		2500
马鞍山	30000	
铜陵		553200
巢湖	50374	
淮南	453000	714000
宣城	150000	2730484
亳州	10601500	10720000
安庆		14359939
芜湖	1178419	475227026
池州	23420	
阜阳	4371000	
合计	23543013	685887149

① 政协合肥市委员会编：《合肥春秋》1985 年第 2 期，第 11 页。
② 政协安庆市委员会编：《安庆文史资料》第 12 辑，1988 年印行，第 33 页。
③ 六安地区地方志编纂委员会编：《六安地区志》，黄山书社 1997 年版，第 349、350 页。
④ 《安徽抗战损失汇报表 1939》，中国第二历史档案馆馆藏档案。
⑤ 姜继永：《日军火烧安徽临时省会》，载安徽省地方志编纂委员会编：《志苑》，1995 年第 3 期。

黄山、宿州、淮北、滁州无工业、商业两项数据；蚌埠、铜陵、安庆无工业数据；合肥、马鞍山、巢湖、池州、阜阳无商业数据。

（3）交通损失

全省交通损失，包括公路、铁路、航空、桥梁、水运等项。

关于公路损失。抗日战争爆发前夕，安徽公路里程达到5731公里①。抗战爆发后，为阻止日本侵略军进攻，安徽公路破坏殆尽。至1940年6月，全省已破坏公路5640公里，未破坏者418公里能通车②。按每公里价格40元计算，损失为225600元③。公路的破坏，对军民的生产、生活极为不利，影响甚巨。日军撤离后，军政当局督责各县择段修复，整理公路和乡村旧有小道，如1941年修复立煌至流波磲段公路50公里；1943年完成叶集至界首段公路198公里的修复任务。立煌至六安公路先后破坏3次，每次需上工3000余人；由流波至古碑冲30余公里破路征工1.2万人，破路、修路所需民工（每个工按0.15元计）和损耗物资约值328.3万元，损失附生至营运价值和社会价值约260万元④。此两项皆列入战争所需或战争带来的间接损失。全省到1943年底，计有立煌等23县整理县道700余公里，乡镇道1550公里。县道按每公里40元，乡镇道按每公里20元计，所需和耗资为5.9万元。以上公路直接损失为法币284600元。

关于铁路损失。全省抗战期间铁路共有8条遭到破坏，列表如下：

表15　全省铁路损失统计表

名称	里程	造价	破坏时间	损失	资料来源
津浦线桃山集至乌衣段	宿县桃山集至滁县乌衣，296.120公里	2600余万元（1909年1月—1911年建设）	1938年2月	国民党军队奉令炸毁蚌埠淮河路桥，日军于同年9月修复通车。损失约100万银元（1909年价）	安徽省地方志编纂委员会编：《安徽省志·交通志》，方志出版社1998年版，第260、261页

---

① 安徽省地方志编纂委员会编：《安徽省志·交通志》，方志出版社1998年版，第4页。
② 安徽省政府秘书处编：《安徽政治》第4卷第10期，1940年9月，第74页。
③ 此数据与国民政府交通部1943年11月编的《九一八事变至三十二年六月止沦陷及因战事破坏公路里程及估价表》数据有所不同，待进一步查证、研究。参见中央党史研究室第一研究部、中国第二历史档案馆编：《国民政府档案中有关抗日战争时期人口伤亡和财产损失资料选编》（2），中共党史出版社2014年版，第792页。
④ 《六安市抗战期间人口伤亡和财产损失调研报告》，存中共安徽省委党史研究室。

名称	里程	造价	破坏时间	损失	资料来源
陇海线刘套至杨集段	东起郝寨至刘套站间，西止杨集站东，72.005公里	1915年4月约法币324.7万元①（1913年5月—1915年5月建设）		1938年5月，刘杨段被日军占领，次年开办临时营业，并进行了一些技术改造。	同上第266、267页
淮南线	田家庵至巢湖裕溪口，214.1公里	506万元（1934年2月—1935年12月建设）②	1937—1944年，多次破坏和拆除及修复②	损失房屋价值237180元（战前法币价值，下同），线路设备3762387元，电信设备234050元，车辆4134000元，材料663338元，修理机械及工具153200元，抗战中历年营业收入损失36248198元。	1. 同上第269、270页。2.《淮南铁路抗战财产损失数量调查》，中国第二历史档案馆馆藏档案，全宗号2，卷号36。
皖赣线火龙岗至倒湖段	芜湖火龙岗至祁门县倒湖，342.44公里	1906年商办芜湖广德路开工，1911年4月用款200余万两；1913年库平银100万两收归国有；1932年该路作价36万元商办，并商办芜湖宣城段，筹款80万元；1936年借款90万英镑（年息5—6厘，佣金3%），法币1400万（月息0.9%）办宣城贵溪路，其中，皖段基本完成，铺轨营业160公里，赣段铺轨54公里。	1938年	1934年芜湖至孙家埠段通车，1937年皖赣两省境内全面施工，北端已铺轨过歙县，因抗日战争爆发，1938年国民政府全线拆除轨道、破坏路基、桥涵。	安徽省地方志编纂委员会编：《安徽省志·交通志》，方志出版社1998年版，第275、276页
宁芜线慈湖至芜湖西段	东北起铜井至慈湖间，西南抵达芜湖西，54.3公里	根据1936年3月底的资金支出计算，平均每公里造价3.576万元	1937年	抗日战争爆发后，奉铁道部运输司令部指令京芜线路轨分段拆除，荡然无存。损失约194.18万元（1936价）	同上，第288、289页

名称	里程	造价	破坏时间	损失	资料来源
水蚌线	淮南线水家湖站至津浦线蚌埠站，正线全长62.3公里	不详	1945年8月	1944年春，日军拆淮南线水家湖至裕溪口段轨道器材修建水蚌线，6月底竣工。1945年，日军败降前将线路拆除，轨枕荡然无存，刘府至水家湖间站舍全部焚毁。	同上，第299页。
长牛线青砚岭至牛头山段	长牛线为浙江长兴至安徽广德牛头山，全长42.3公里，省内4.934公里（1959年施工数据）	1921年3月—1922年6月长牛线总造价100.46万银元	1940年	破坏损失约11.7万银元（1921价）	同上，第307页。
贵池某段			抗战期间	拆毁火车铁轨15公里	上海市档案馆编：《日本在华中经济掠夺史料1937—1945》，上海书店出版社2005年，第176页

说明：①1912年向比利时借款2.5亿法郎（约合1000万英镑）筑自开封至滨海铁路；1913年3月，发行债票1亿法郎（约合400万英镑）修建开封以东、洛阳以西铁路。5月开封至徐州段（含刘杨段）开工。1915年4月国内发行陇海公债，募法币324.7万元，供开封至徐州段铁路施工之用①。

②1938年，日本侵略军逼近淮南，国民党军队撤退时将线路破坏。日军侵占后，为军事和掠夺资源需要，由日伪"华中铁道株式会社"重新修建淮南铁路，1940年开工，同年底全线通车。1944年初，日军为配合侵略华南需要，将水家湖至裕溪口段188公里线路全部拆除，除移建水蚌线61公里线路外，其余轨料器材均运往浙赣线。淮南煤矿改经水蚌线转津浦线外运②。

根据以上材料，全省铁路被毁价值列表如下：

---

①②　安徽省地方志编纂委员会编：《安徽省志·交通志》，方志出版社1998年版，第267、270、259页。

表 16　全省铁路被毁价值统计表①

铁路名称	里程（公里）	价值（法币元）
陇海线刘套至杨集段	72	2574720
淮南线	214.1	9184155
皖赣线火龙岗至倒湖段	342.44	15000000
宁芜线慈湖至芜湖西段	54.3	1941800
水蚌线	62.3	不详
长牛线青砚岭至牛头山段	4.934	117000
贵池某段	15	536400
合计	765.074	29354075

　　关于桥梁损失。日军在侵占全省各地时，炸毁了许多桥梁。据《安徽省志·交通志》记载全省大桥被毁 8 座：津浦路蚌埠淮河铁路老桥；肥西丰乐河桥；淮南东津渡桥；淮南鸭背铺桥；泗县草沟桥；永济桥；青阳县东蓉桥；青阳五溪二号桥。各地县志记载被破坏桥 9 座以上：石台广阳大桥；宣城东溪桥、凤凰桥；潜山双桥、余井大桥；六安南门桥；濉溪 2 桥；芜湖湾沚大桥。其他资料及各地调研报告记载破坏桥涵 221 座以上。据我们统计，有据可查的桥梁直接损失列表如下：

表 17　全省桥梁损失统计表

桥梁名称	破坏时间	损失价值（法币元）
蚌埠淮河路桥	1938 年 2 月 2 日	1000000
黄山永济桥	抗战期间	120000
巢县城南损坏桥梁	抗战期间	9351
安庆损失桥梁	抗战期间	21008
六安舒城损失大桥 8 座及小桥涵洞 20 余处	1938 年下半年—1939 年春	11555
六安南门桥	1939 年	5042
淮北濉溪庙西后大桥、王六孜学校南大桥	1944 年 9 月	4000
合计		1170956

---

① 铁路损失据《安徽省志·交通志》（安徽省地方志编纂委员会编，方志出版社 1998 年版）材料统计，没有损失数据的按每公里 3.5760 万元计算（参考宁芜线造价）。

关于航空损失。1938年5月，日军轰炸阜阳城南九里沟飞机场①，为躲避日军轰炸，国民党放弃九里沟飞机场（1000亩），在地理城（今阜南）建新机场，占地1000亩，含飞机场一所，油库一座，1945年毁于黄水（据阜阳市上报材料）。广德县飞机场两处所有场内设备完全损失（安徽省档案馆档案）。亳州市损毁5架飞机。此外，安庆机场、寿县南门外机场、歙县机场、凤台简易飞机场被日机轰炸。所有这些损失无法计算。

关于水运损失。抗战期间，根据已有资料记载，损失轮（汽）船43艘，大船43只，小船5只，盐船51只，木驳30只，趸船15只，帆船325只，其他各类大小船5513只。要塞3处，船坞2处，修理机械所1所，船泊所6所，码头若干，手车6650辆。

表18 全省船舶损失统计表②

船只类型	数量	价值（法币元）
轮（汽）船	43艘	25886
大船	43条	12900
小船	5只	120
盐船	51艘	30702
木驳	30只	720
趸船	15艘	360
帆船	325只	522600
各类大小船只	5513只	165390
合计	6025艘（只）	758678

以上交通类公路、铁路、桥梁、水运直接损失共计法币31621509元。

（4）矿产资源损失

鸦片战争以后，各帝国主义国家都对安徽进行侵略，其中尤以英国与日本对安徽的掠夺最为凶残。在第一次世界大战以前，各帝国主义国家对安徽的掠夺，

---

① 阜阳市地方志编纂委员会编：《阜阳市志》，黄山书社1993年版，第343页。
② 说明：汽轮每艘602元，小船、木船、趸船每只24元（《浙江善后救济资料调查报告》，中国第二历史档案馆馆藏档案，档案号：二十一·276）；盐船参照汽轮价格每艘602元；帆船每只按一吨计算，每只1608元；大船按每只300格每艘602元；帆船每只按一吨计算，每只1608元；大船按每只300元计算；各类大小船只每只30元计算。另有手车6650辆，按每辆8元计算（《浙江善后救济资料调查报告》，中国第二历史档案馆馆藏档案，档案号：二十一·276），共计53200元。船只和手车损失相加共811878元。其余要塞、船坞、修理机械所、船泊所、码头等没有计算。

英国走在前面；大战以后，日本则为侵略安徽最凶狠的国家。在抗日战争之前，日本对安徽的侵略特别表现在对矿产资源的劫掠上。

自民国初年至抗日战争爆发，日本究竟从安徽掠夺了多少铁矿石，我们从芜湖海关历年出口记录可知大概[1]。

表 19　芜湖海关历年出口铁矿石数量与价值

年份	出口数（吨）	价值（白银两）
1917	11401	38176
1918	90155	469923
1919	138290	591049
1920	134816	460053
1921	164070	507793
1922	277405	851780
1923	382170	1162593
1924	465740	1355203
1925	384100	985112
1926	326100	878746
1927	231399	630364
1928	304750	811826
1929	416667	1274165
1930	380952	1201203
1931	226190	703794
1932	223168	862208
1933	301155	879825
1934	472111	1221146
1935	705723	1828115
1936	712875	1826317
1937	331486	877410
合计	6680723	19416801

抗日战争爆发前的 20 年，日本从安徽掠夺铁矿石达 600 万吨以上。

抗日战争爆发后，安徽长江、津浦线和淮南线沿线市县相继沦陷，安徽一些主要矿区均为日军所占领。安徽矿产资源遭到日本侵略者更加凶残、野蛮的掠夺。

日本侵略者为了掠夺铁矿矿产，在 1938 年 4 月 8 日设立了"华中矿业公

---

① 谢国兴：《中国现代化的区域研究：安徽省（1860—1937 年）》，台北"中央研究院"近代史研究所 1991 年版，表 4—4—4。

司"，专门掠夺安徽、江苏、浙江等省的矿产资源。下属矿区有马鞍山矿业所、繁昌桃冲矿业所、太平矿业所、铜官山矿业所、湖州矿业所、凤凰山矿业所、栖霞山矿业所、湖州矿业所、象山矿业所、武义矿业所、义乌矿业所11处，安徽、江苏、浙江3省矿区均为其掌握。华中矿业公司所掠夺的安徽铁矿矿产资源情况见下表。

表20 华中矿业公司掠夺矿产资源统计表①

矿 区	开采始迄年月	攫取数量	备 注
马鞍山矿业所	二十七年四月起至三十四年三月止	3345617吨	除大凹山铁矿以含磷过多仅供日本钢管股份有限公司鹤见工场专用外，其余各铁矿均由华中矿业公司交中支贸易联合会分配日本各铁石应用外，硫化铁矿则供南京永利化学厂提炼硫磺之用。
桃冲矿业所	二十八年二月起至三十四年三月止	32335吨	悉数交中支贸易联合会转配日本各厂。
凤凰山矿业所	二十八年十一月起至三十四年三月止	119576吨	悉数交中支贸易联合会运往日本各制铁所
太平矿业所	二十八年四月起至三十四年三月止	822766吨	同上
铜官山矿业所	二十九年十二月起因矿质不佳即停止开采	铁345吨	交中支贸易联合会运往日本
铜官山矿业所	三十二年三月起	铜3000吨	悉数运往日本
栖霞山矿业所	三十一年四月起	约40000吨	一部分系供上海制钢所及中华制铁所，大部分运往日本
湖州矿业所	三十年二月起	30000吨	除一小部分由该公司浦东选矿所精选外余匀由日本萤石统制组合运往日本精炼
象山矿业所	三十年二月起	100000吨	同上
武义、义乌矿业所	三十一年九月	30000吨	同上

---

① 安徽省档案馆、蚌埠市档案馆编：《日本侵华在安徽的罪行》，1995年印行，第94、95页。

华中矿业公司重点是掠夺安徽的矿产资源，其中马鞍山矿业所、繁昌桃冲矿业所、太平矿业所、铜官山矿业所为在安徽所设，华中矿业公司从1940年12月起即在铜官山开采铁矿，因矿质不佳不久即停开采，共攫取铁矿石345吨。1942年，华中矿业公司在开发铜官山铁矿时发现了此处的铜矿，推测蕴藏量为470万吨，可采量329万吨，其中高品位矿藏占可采量的30%左右。1943年3月，华中矿业公司开始投资开采，该矿自1944年下半年开始出矿，先后出产铜矿约3000吨[①]。

华中矿业公司先后在安徽掠夺铁矿石4201063吨、铜矿3000吨。

除了掠夺铁矿石和铜矿，日本侵略者还大肆掠夺煤炭。从1938年6月至1945年9月，日军从淮南煤矿总共掠夺煤炭4284823吨。八年来，日军历年掠夺淮南煤炭数见下表：

表21 日军掠夺淮南煤矿资源统计表[②]

年　份	数量（吨）
1938	22632
1939	143798
1940	435057
1941	771485
1942	895554
1943	878350
1944	882046
1945	255901
合计	4284823

日本人掠夺的煤炭，除少数在矿山就地出售外，主要用于侵华战争的铁路、船舶运输上。日本人强盗式的掠夺，严重破坏了淮南煤炭资源，大大缩短了煤矿的服务年限，给以后的开采造成极大的困难。由于日本人掠夺性地开采，淮南煤矿"180米以上各层已无煤可采"，"因矿脉断裂而不能复采之煤约五六百万

① 安徽省档案馆、蚌埠市档案馆编：《日本侵华在安徽的罪行》，1995年印行，第96、97页。
② 除1938年数据外，淮南煤矿各年度被掠夺煤炭数据主要采用国民党淮南路特别党部1948年10月撰写的《发展中之淮南煤矿》一文中各年度统计数据，1938年煤炭损失调研数据采用《日军占领下的淮南煤矿》（载淮南市抗日史料征集小组编：《抗日史料》，1985年内部版，第3—19页）中22632吨之说。

吨"①。此外，日本侵略者占据淮南煤矿期间，"该矿原有机械、工具及车辆等等，均无一幸存，铁路桥梁俱毁，路基亦被改作公配行驶之汽车道，自水家湖至裕溪口 188 公里间之路轨亦尽为日人囊括而去，矿路原有厂房宿舍车站等建筑三百余所非毁即倒，不能复用，上项损失约值当时中国国币 2000 万元，当美金 660 万元之巨"②。总之，淮南煤矿沦陷期间，总计被日军掠夺煤炭 4284823 吨，毁弃而不能复采煤炭之间接损失约 600 万吨。

从 1938 年下半年到 1940 年上半年，日军在淮北烈山掠夺煤炭资源。以战前煤炭日产 400 吨的开采能力和开采 2 年计算，共掠夺煤炭 29.2 万吨（淮北市调研报告）。日军在安徽淮南、淮北煤矿共掠夺 457.7 万吨煤炭。

安徽为矿产资源大省。以上日军在安徽掠夺的铁矿、铜矿、煤炭价值及毁坏的有关设备无法计算。

（5）邮政损失

安徽近代邮政事业为晚清时开创，自日本发动侵华战争时已有初步发展，基本形成以安庆、芜湖、合肥、蚌埠、屯溪为中心的近代邮政和电报通讯体系，抗战时期一度皖北以立煌，皖南以屯溪为中心，解放前夕全省电信局只有 23 处，莫尔斯发报机 25 部，长途线路不足 2000 公里，市内电话安装 5 处，实装用户仅千户③。日军大举进攻之际，邮电、电信工作一度处于停顿或混乱状态。现在我们只查到六安、芜湖、宣城、池州等地区的邮电损失。四市邮政直接损失如下表。

表 22　全省部分市县邮政损失统计表　　　　单位：法币元

市县名	邮政直接损失	说　　明
六安	579763	
芜湖	109223	
宣城	80586	
池州	2483	该市上报损失为 4973093 元，为抗战胜利初期数字，经我们换算得出。
繁昌	1598	县上报损失为 3200000 元，为抗战胜利初期数字，经我们换算得出。芜湖市没有统计此项损失，我们将该县列入。
合计	773653	

①② （国民党）淮南矿路特别党部：《日本侵略淮南煤矿节略》，民国 37 年 10 月印，淮南市档案馆馆藏档案，档案号：100—1—89。

③ 安徽省地方志编纂委员会编：《安徽省志·邮电志》，安徽人民出版社 1993 年版，第 2 页。

（6）教育损失

1946 年 6 月，南京国民政府教育部统计处对日本侵华给中国教育界造成直接经济损失进行大规模调查和统计，其中包括安徽省各类学校所遭受的经济损失。现在因时代久远，大多数档案资料失散，安徽教育界在日本侵华战争中遭受的各种损失已无法精确统计，但调查和研究表明，安徽教育界在日本侵华战争中所遭受的实际损失极其严重，远远大于南京国民政府在 1946 年 6 月的调查数据。

高等教育损失。在抗日战争爆发之前，安徽仅有一所省立大学，即安徽大学。战争爆发后，这所大学在西迁中解体，其直接经济损失无法估计。省立安徽大学在其存在的 11 年间，省府先后为该校投入资金至少在 500 万元以上，加上该校董事会募集资金、学生学费收入和校办农场收入，全部资金应在 600 万元左右。随着安徽大学解体，这些投入几乎完全化为乌有。如果以省府年均资金投入的三倍计算其直接经济损失，其数额已达 120 万元，加上被迫废弃的两个面积共为 102400 亩土地的现代农场，安徽大学在日本侵华战争中的直接经济损失应在 130 万元以上。战争爆发后学校西迁，各种费用为间接经济损失，亦在 34000 元以上。以 1945 年 9 月币值计算，安徽大学战争直接经济损失约为法币 260386.1 万元，间接经济损失为法币 4406.5 万元。

1942 年 9 月，安徽省立师范专科学校成立，省府年拨经费 81 万元①。1943 年初，日军攻陷位于大别山腹地的安徽战时省会立煌，将"学校本部黄家新屋、张家祠、李氏祠放火焚烧大半。师生大部分各携简单行李，徒步向北逃难，逃至胡店，又遭日本飞机的袭击，死伤不少"②。学校被毁房屋超过 100 间瓦房，仅房屋损失就在 15 万元以上。学校的教学设施及生活用具也被彻底焚毁，其价值至少也在 5 万元以上。以 1945 年 9 月币值计算，安徽省立师范学校战争直接经济损失应在法币 3668.4 万元。

中等教育损失。抗战最初几年，安徽省绝大部分中等学校因战争被迫停办。根据 1936 年省教育厅统计，1935 年度，全省各类中学 82 所，安徽省用于中等教育的经费平均支出 1854542 元左右，其中省立中学约占全省中等教育经费总额的 71.26%。在日本发动侵华战争后不久，安徽省大部地区立即遭受战火的波及。根据战后南京政府教育部统计，安徽省中等学校共损失 198382211 元③。南京政府教育部统计处的这一统计是不完整的。在抗日战争爆发后，安徽省经历 30 多年

① 安徽师范大学校史编写组：《安徽师范大学校史》，安徽人民出版社 2008 年版，第 89 页。
② 黄本瑞：《古碑镇黄集的安徽学院》（油印本），1993 年，第 2 页。
③ 孟国祥：《大劫难——日本侵华对中国文化的破坏》，中国社会科学出版社 2005 年版，第 341 页。

辛苦建立的省立中学，大多遭受严重损坏。安徽省教育厅在1946年总结说："八年抗战，本省中等学校校舍，经敌机摧毁过甚，即幸存者，亦残破不堪……一年以来，恢复原来校舍者，计7校彻底修理，几如重建者6校，大加修缮者10校，新设学校、新建校舍者14校，合计约新建屋宇1300余栋，修理屋宇1900余栋。"[1] 据此计算，安徽省中等学校的校舍全面恢复到战前水准至少需要604192.6万元（1945年9月法币），这一数字大体上反映安徽省中等学校校舍在抗日战争中损失的情况。各中学的办公、教学、生活设施的重建，亦是一笔不小的开支，如果其与校舍建设的费用为2：3，其数额为法币402795万元。安徽中等学校的直接战争损失合计为法币1006987.7万元。

除皖南山区之外，安徽各地的省立中学和部分县立、私立中学纷纷撤离，迁往皖南或皖西。之后各校还修建大量防空设施。学校迁徙、疏散及防空设施费用为战争间接损失，应在法币288360.9万元以上。

初等教育损失。1935年度，安徽省拥有各类小学3827所，仅省属小学的经费就为660708元，约占省投入的教育总经费的22.64%。在日本发动侵华战争不久，安徽几乎全境即遭到战火洗劫，"至江淮沦陷，寇骑所至，大多停顿。……战事初起时，本省指示所属教育机关临时应变办法，尤注意设备之保存，以及必要时迁移。其后战区日益扩大，交通方便地区，皆系教育发达之地，而敌人之蹂躏亦最烈。大、中、小学或停办或内迁，其结果是使数十年辛勤培养之基础，损毁殆尽。"[2] 战后，教育厅曾拟定了一个恢复初等教育的三年计划，需要中央投入12540万元。即使安徽省财政以1：1比例对省立小学重建配套，那么，战后安徽省立小学的恢复至少需要25080万元。鉴于战前省立小学在全省初等教育经费中仅占14.7%的比例，以此推算，全部恢复安徽省战前初等教育的规模和水平，至少应需要法币170612万元。这一数字仅为全省初等教育损失直接经济数字，省立小学及其他小学战争爆发后的迁徙，防空设施等间接损失已难以计算。

社会教育及教育管理机构损失。安徽省用于社会教育的经费在教育总经费中占有一定比例。社会教育经费由省拨经费、县拨经费和私人经费三部分组成。1935年度，省府为社会教育机构拨款为136121元，占当年教育经费的4.66%。根据南京政府教育部的统计，安徽省社会教育机关财产损失为1945年8月国币1369054元[3]。这一数字仅相当于1935年度安徽省社会教育经费的1/190，显然过小。省府

---

① 安徽省教育厅编印：《安徽教育要览》第4回，1946年，第33页。
② 安徽省教育厅编印：《安徽教育要览》第4回，1946年，第1页。
③ 孟国祥：《大劫难——日本侵华对中国文化的破坏》，中国社会科学出版社2005年版，第331页。

社会教育经费，主要用于省立民众教育馆、民众学校、体育场、图书馆等项目开支，它们基本集中在安庆、芜湖、蚌埠等中心城镇。抗日战争爆发后，这些城镇率先沦陷，之后因长期处于日军占领之下损失惨重。战后，安徽省教育厅强调，"省立民众教育馆，战前共有3座，设于安庆、芜湖、蚌埠三处，抗战期间，悉遭敌寇摧毁停办……"① "县立民众教育馆，战前每县一所，共计62所，抗战初期，仅存安全县份民众教育馆10所。"战争之前，安徽省社会教育机构每年耗资30余万元，其资产至少应是这一数字的3倍以上，即100万元左右。即使以总资产的1/3计算损失，安徽省社会教育机构直接损失以1945年9月币值计算，应为法币60089.1万元。

省教育管理机关损失。1935年度安徽省教育机关的行政办公经费112773元，占当年全省教育总经费的3.86%②，约折合1945年法币215084049元。考虑到省教育厅战争初期从安庆城中仓促撤离，原办公场所被日本占领军彻底毁坏，之后在立煌县的新办公场所又被日军焚毁；多数县教育局曾遭日机轰炸和或遭到其他战争破坏，故以战前省县教育主管机构的三年经费计算为其直接物资损失，其数额达67764万元（1945年9月法币）。

故安徽省战争时期教育各类直接经济损失共计为法币1569507.3万元，间接经济损失共计为法币292767.4万元，详情见下表：

表23 安徽省教育损失统计表③

单位：元（1945年9月法币）

教育损失类别	教育损失数量	
	直接损失	间接损失
高等教育损失	2640545000	44065000
中等教育损失	10069877000	2883609000
初等教育损失	1706120000	
社会教育及教育管理机构损失	600891000	
省教育管理机关损失	677640000	
合计	15695073000	2927674000

---

① 安徽省教育厅编印：《安徽教育要览》第4回，1946年，第4页。
② 安徽省教育厅编印：《安徽教育要览》第3回，1946年，第6页。
③ 编者注：直接损失15695073000元，折合1937年物价指数为7835900元；间接损失2927674000元，折合1937年物价指数为1461666元。此表数据与国民政府教育部统计处1946年12月编《各省市县公私立各级学校及教育机关损失》统计的数据有所不同，待进一步查证、研究。参见中央党史研究室第一研究部、中国第二历史档案馆编：《国民政府档案中有关抗日战争时期人口伤亡和财产损失资料选编》（2），中共党史出版社2014年版，第865页。

（7）文化损失

安徽历史悠久，人文荟萃，文物古迹众多。抗战期间全省文物损失严重。我们统计了安徽省 17 个市在抗战时期文化类财产（不含教育）的损失情况。两市（淮北市、宿州市）无具体损失情况报告，其他 15 个市都有相关报告。文化类财产损失数目具体为：书籍 405626 册，另 12 箱；字画 403 幅；图书馆（书店）16 家；民众教育馆 7 处；国术馆 2 处；通志馆 1 处；医疗机构 12 处；体育设施5 处；祠堂、庙宇（含清真寺、天主堂）134 座；古城墙 6 处；古塔 4 座；古桥3 座等等。其中，直接毁于战火或者因战争需要而自行毁弃的文化类财产损失金额有据可查的共计法币 14860642 元（按 1937 年 7 月汇率折算），剩余的损失因各种原因而无法估算。上述部分统计数据来自于《安徽、河北抗战时期公私文物损失数量及估价目录》。

以上七项相加，并折合 1937 年 7 月物价指数，直接损失为法币 1085680553 元。

上述统计以旧中国安徽辖区统计，不包括砀山（萧县已在苏皖解放区损失统计中）。砀山县财产损失（不分直接和间接损失）折合法币为 191 亿元（1946年 5 月）[①]，折合 1937 年物价指数为 5103036 元，放在全省直接损失中，在全省间接损失中不作统计。

综上所述，全省抗战期间直接损失折合 1937 年 7 月物价指数，为法币1090783589 元。以上损失不包括铁矿石 4201063 吨、铜矿 3000 吨、煤炭 457.7万吨以及许多文物古迹的损失。另外，黄泛区损失 200250083981 元因和有关损失及间接损失有重合，故未统计在内。

2. 间接财产损失

间接财产损失主要包括迁移费、救济费、军队供应、工农业生产减少、商业盈利减少、人力损失、军队损失、战争造成的灾害等。

（1）农业间接损失

由于日军对中国百姓的杀戮抢劫、难民外逃等因素，农村人力、畜力缺乏，造成了大量农田荒芜和农产量减少。

1）粮食间接损失

1936 年安徽全省粮食总产量为 52.3 亿公斤，我们以此为基数进行统计，则安徽省战时历年粮食间接损失如下表：

---

① 冀鲁豫行署：《冀鲁豫三分区八年抗日战争财物统计表》，1946 年 5 月调查，徐州市档案馆馆藏档案，冀鲁豫行署 81 卷。

表 24　全省粮食间接损失统计表 单位：亿公斤

年代	1937	1938	1939	1940	1941	1942	1943	1944	1945	合计
产量	—	35.05	35.05	35.05	27.86	23.14	24.1	19.32	39.13	238.7
减产	—	17.25	17.25	17.25	24.44	29.16	28.2	32.98	13.17	179.7
减%	—	33	33	33	46.7	55.8	53.9	63.1	25.2	43

（说明：因 1937 年底日军入侵并未对安徽省当年的粮食生产造成大的损失，故忽略。1938 年、1939 年缺少数据，按 1940 年损失最小年份计。资料来源：《安徽省志·农业志》，方志出版社 1998 年版，第 34 页）

按浙江省摘自 1937 年《景宁县公务员生活费指数》折算办法，每斤中等熟米 1937 年 7 月为 0.062 元，故估计安徽省战争期间因减产粮食间接损失大概在法币 2228280000 元。

2）棉花间接损失

安徽省战前（1936 年）棉花产量约 604 千担，同样以这一数字为基准，战时历年棉花生产的间接损失如下表：

表 25　全省棉花间接损失统计表① 单位：千担

年代	1937	1938	1939	1940	1941	1942	1943	1944	1945	合计
产量	515	165	223	204	181	149	142	128	51	1758
减产	89	439	381	400	423	455	462	476	553	3678
减%	14.7	72.7	63.1	66.2	70	75.3	76.5	78.8	91.6	67.7

根据泾县档案馆民国档案第 106 件《安徽泾县物产概况表（二）》，棉花战前每担 40 元，得出安徽省棉花间接损失为法币 147120000 元。

3）茶叶间接损失

安徽一直以来是中国主要产茶区和茶叶出口省之一。1937 年 7 月，日本帝国主义发动了全面的侵华战争。经过这场空前浩劫，安徽茶叶外销阻滞，产量锐减，茶业急剧紧缩，到处一派萧条景象。1941 年 12 月太平洋战争爆发以后，沿海港口

---

① 资料来源：《中华民国统计年鉴》（1948 年），第 73—81 页；许道夫：《中国近代农业生产及贸易统计资料》，上海人民出版社 1983 年版，第 209—213 页。

被日军占领、封锁，给安徽茶叶出口造成了很大困难。茶叶出口线路只有绕道大西南、大西北陆路，出口运输费用比战前提高近百倍，茶叶出口量大减①。

根据现有档案材料，安徽省茶叶损失估算如下：

以祁门茶叶损失为例：抗战初期民国27年祁门制红茶48646箱（每箱55斤），到民国31年制红茶3971箱，民国32年8818箱，民国33年940箱，民国34年2700箱②，连续四年减少4万多箱，给茶农收入造成很大损失。按每年减少4万箱计算，每箱茶叶55斤，按民国31年每担均价222元③，计损失488.4万元；按民国32年每担均价228元，计损失501.6万元；民国33年茶叶均价每担为1111元，计损失3444.2万元；民国34年均价3889元，计损失8555.8万元，合计间接茶叶损失1.299亿元。

根据现有档案，抗战期间安徽省茶叶损失明确的总计约法币133020000元。祁门和安徽省其他地区茶叶损失统计见下表：

表26　安徽省茶叶损失统计表④

地　　区	茶叶数量	茶叶损失（法币）
祁门	16 万箱	129900000 元
屯溪	疏散费	24000 元
歙县		3000000 元
泾县	3200 担	96000 元
合计	16 万箱，3200 担	133020000 元

以上粮食、棉花、茶叶三项损失相加，农业间接损失共计法币2502920000元。

（2）工业、商业、交通、教育间接损失

工业、商业、交通及教育的间接损失，由于资料缺乏，全省大多数市没有此方面的损失资料，下面将部分市上报的间接损失列表如下：

---

① 吴觉民：《最近茶叶运销状况与今后对策》，载安徽省茶讯管理处编：《安徽茶讯》1941年第3期，第2页。

② 《民国17年至37年红茶精制统计表》，载祁门县地方志编纂委员会办公室编：《祁门县志》，安徽人民出版社1990年版。

③ 《民国18年到37年红毛茶收均价表》，载祁门县地方志编纂委员会办公室编：《祁门县志》，安徽人民出版社1990年版。

④ 统计说明：皖西地区茶叶损失因无档案材料，无法统计；祁门红茶损失统计按照每箱55斤，价格按照《民国18年到37年红毛茶收均价表》（参见上文）；屯溪茶厂疏散费用见《二十九年份各厂号箱茶疏散乡区表》，黄山市屯溪区档案馆藏档案，档案号：86—1—261；泾县茶叶价格源自泾县县政府民国30年2月制《安徽泾县物产概况表》（一）。

表 27　全省工业商业交通教育间接损失统计表①　　　单位：法币元

城市	工业间接损失	商业间接损失	交通间接损失	教育间接损失
宣城	6459862	3038350	551270000	
蚌埠	288000			
安庆	19740000	10000000		
六安	4900000	145620000	5907000	
池州	43631	44788		
马鞍山	96400		72000	
合肥	38675000	59500000	28806728	
淮南	805000	19120000	7600000	
亳州	2000000	8000000	2000000	
淮北	5868750			
阜阳		7108000	1200	
巢湖			400000	
合计	78876643	252431678	596056928	1461666

（3）财政间接损失

安徽地方财政 1928—1937 年收入均约 700 万元，全国抗战爆发后的 1938 年不到 200 万元②。依次推断，安徽地方财政每年损失约 500 万元，则安徽 1938—1945 年损失约法币 3500 万元③。

（4）邮政间接损失

全省只有六安市和合肥市有此项损失报告。六安市所报主要是 1943 年 1 月日军侵占战时省会立煌（时称立煌事变）时，安徽邮政管理局办事处所受的间接损失，计 65486380.53 元④，换算成 1937 年 7 月的法币，为 9421 元，各县邮

---

① 此表根据各市上报材料计算，芜湖、宿州、滁州、铜陵、黄山 5 市没有三项的记载，蚌埠、淮北没有商业、交通两项的记载，巢湖没有商业、工业两项记载，安庆、池州没有交通一项记载，马鞍山没有商业一项记载，阜阳没有工业一项记载。教育间接损失各地无数据，根据周乾《抗战时期安徽教育界战争损失初探》专题报告得出（周乾是这次省抗战损失课题组专家之一，他的教育损失专题报告是这次在全省大规模调研基础上来写的）。

② 王鹤鸣、施立业：《安徽近代经济轨迹》，安徽人民出版社 1991 年版，第 501 页。

③ 此数据与国民政府财政部 1945 年 11 月编的抗战期间各省市地方财政损失估计表所估算的安徽财政损失数据有所不同，待进一步查证、研究。参见中央党史研究室第一研究部、中国第二历史档案馆编：《国民政府档案中有关抗日战争时期人口伤亡和财产损失资料选编》（2），中共党史出版社 2014 年版，第 707 页。

④ 安徽邮政管理局办事处：《国营事业财产直接损失汇报表》（民国 35 年 2 月）等，原件存中国第二历史档案馆。

务损失间接损失 1070312 元（六安市上报材料）。合肥市 7 年间减少收集邮件 291.69 万件，间接损失 466700 元。三者相加，损失数为法币 1546433 元。

（5）抚恤费用

全省 1937—1946 年的支出统计①折合 1937 年 7 月价值为法币 103399 元。抚恤费用如下表：

表 28　全省抚恤费用统计表②　　　　　　　　　　单位：法币元

年度	抚恤支出	年度	抚恤支出
1937 年	4000	1942 年	287000（5705）
1938 年	16000（12030）	1943 年	1171000（5857）
1939 年	1000（420）	1944 年	3116000（5231）
1940 年	12000（2037）	1945 年	9720000（4858）
1941 年	24000（1625）	1946 年	32385700（61636）
合计	20112（折算成 1937 年 7 月法币币值）		83287（折算成 1937 年 7 月法币币值）

1942 年，安徽省政府根据国民政府《襃扬抗战忠烈条例》，于立煌修建省忠烈祠一所。1943 年元旦，日本侵略军进扰立煌被毁。据 1944 年统计，阜阳、舒城、六安、望江、涡阳、合肥、寿县、霍邱、颍上、临泉、祁门、宣城、旌德、桐城、岳西、太平等 16 县均建立忠烈祠③。此项费用因无相关数据未作统计。

（6）救济遣散灾民的损失

1）赈济费用

据当时统计，安徽全省因战争造成无家可归的难民人数达 300 万人。为收容救济这些灾民的费用，现已无法详细统计。战争中国民党政府的赈灾情况，只查到几份资料：①1939 年国民党省政府的《安徽统计》载明：1939 年度赈济全额为 349677.8 元（法币，下同），其中上年（1938）结存 120674.62 元④。折算成 1937 年度物价指数为 186952 元。②1938 年 6 月由安徽省动委会和驻六安各机关团体电经中央拨款 20 万，在麻埠由弘伞法师主持，各界代表共同急赈来麻埠的难民⑤。折算成 1937 年物价指数为 162602 元。③国民党安徽省政府 1944 年冬的

---

①　安徽省地方志编纂委员会编：《安徽省志·财政志》，方志出版社 1998 年版，第 250 页。

②　表中括号内的数字是折算成 1937 年 7 月的标准。

③　安徽省地方志编纂委员会编：《安徽省志·民政志》，安徽人民出版社 1993 年版，第 90 页。

④　安徽省振济会编：《安徽省二十八年度赈济收支统计表》，载安徽省政府秘书处编：《安徽统计》，民国 33 年 12 月，安徽省档案馆馆藏档案，档案号：JCW277。

⑤　安徽省档案馆：《安徽省动委会档案史料选编》，安徽人民出版社 1991 年版，第 290 页。

一份统计①: 1942 年发放赈灾款 1044000 元,折算成 1937 年度物价指数为 20751 元;1943 年 1 月拨灾款 6000000 元,折算成 1937 年度物价指数为 88903 元;1943 年秋拨灾款 1190000 元,折算成 1937 年度物价指数为 5952 元。三者相加为 115606 元。战争期间有据可查的这三项赈济款按 1937 年物价指数为 465160 元。

安徽省善后救济分署副署长柯育甫,于 1946 年 8 月 15 日在上海广播电台作了《善后救济在安徽》的演讲,他介绍分署成立一年来的善后救济工作②。救济方面的情况为:

皖北急赈:皖北灾情惨重,特在滁县、来安、全椒、霍邱、蒙城、涡阳、亳县、临泉、太和、阜阳、天长、盱眙、五河、宿县,办理急赈,每县依灾情轻重,配发面粉 1500 袋至 4000 袋。

共区救济:皖分署组织皖东北区工作队,深入共区,办理善后救济工作,配发面粉 100 余吨,及旧衣、药品、牛奶、奶粉等。

关于工赈方面:

① 修筑江淮两堤。修筑无为县各段江堤,共长 240 华里,完成土方 260 余万公方,每一公方发面粉一市斤。又与扬子江水利委员会合作,抢修约 700 余里的江堤。救济总署为此来电嘉奖,并拨面粉 2000 吨。

② 疏通河道。皖分署组织疏通凤阳北之北淝河口,计完成土方 9 万余公方,受益农田 10 万余亩。

③ 堵筑决口。堵筑阜阳茨河决口,完成土方 13 万余公方。

④ 翻修马路。在芜湖、蚌埠两地翻修市区马路,以工赈方式,共费面粉约 200 吨,法币 8000 余万元。

⑤ 修补校舍及场面,拨面粉 1200 吨,法币 2000 余万元。

以上救济总署发放的物资能折价的只有面粉,计皖北急赈 21000 袋,共区救济 4500 袋,修筑江堤 148500 袋,疏通河道 2025 袋,堵筑决口 2925 袋,翻修马路 9000 袋,修补校舍 54000 袋,共 241950 袋,共 846825 元(面粉价格按《开封零售物价表格》,《河南统计月报》民国二十六年第 3 卷第 2 期,河南图书馆 E388。按每吨 45 袋,按 1936 年的平均价格每袋 3.5 元计算);法币 1 亿元,折算成 1937 年度物价指数为 49826 元,两者相加共 896651 元。

---

① 《各县灾赈一览表》,见安徽省政府编:《安徽概览》,1944 年出版,安徽省档案馆 1986 年翻印,第 41、42 页。

② 救济总署安徽分署编印:《善后救济》第 1 卷第 4 期,1946 年 9 月,安徽省档案馆馆藏档案,档案号:JXW369。

战后善后救济 896651 元，加上战争期间赈济款 465160 元，折算成 1937 年度物价指数，赈济款共法币 1351811 元。实际全省赈济灾民的款和物资折算远不止这些。

2）疏散费用

根据《善后救济总署安徽分署总报告》，自 1945 年 12 月 11 日至 1947 年 10 月底，遣送难民共计 73301 人，见下表：

表 29　救济总署安徽分署疏散人数统计表①

年月（民国）	站数	已遣送人数				备注
		共计	本国难民	本国侨民	外籍难民	
34 年 12 月	1	259	259			本月芜站由署办理
35 年 1 月	2	3376	3376			芜站本月由署代办
35 年 2 月	3	8543	7982		561	韩籍外侨
35 年 3 月	4	11386	11371		15	韩籍外侨
35 年 4 月	4	8371	8371			
35 年 5 月	4	9834	9821		13	土籍外侨
35 年 6 月	3	5878	5878			
35 年 7 月	3	3926	3926			
35 年 8 月	3	2072	2041		31	土籍外侨
35 年 9 月	3	1672	1649		23	土捷外侨
35 年 10 月	3	2209	2191		18	俄波外侨
35 年 11 月	3	2178	2174		4	俄籍外侨
35 年 12 月	3	9775	9774		1	萄籍外侨
36 年 1 月	3	1600	1555	43	32	印籍侨民
36 年 2 月	2	799	660	139		
36 年 3 月	2	491	491			
36 年 4 月	2	423	423			
36 年 5 月	2	229	229			
36 年 6 月	2	104	104			
36 年 7 月	2	17	17			
36 年 8 月	1	34	34			
36 年 9 月	2	111	111			
36 年 10 月	1	14	8		6	
总　计		73301				

接遣留京难民。"皖省东北各县，频年迭受水患，兵燹、蝗虫之灾，盖藏已尽，无以为生，曾数度流集首都及附近各地，前后不下数万人，政府轸念灾民离

---

① 《善后救济总署安徽分署总报告》，1948 年 4 月，安徽省档案馆馆藏档案，档案号：JCM59。

乡之苦，乃劝导回籍，妥于安置，并指定本署及安徽省政府负责接遣。""自三十年一月十八日开始遣送，至二月十八日，全部竣事。"[①] 列表如下：

表30　省接遣留京难民费用统计表

县别或站别	接遣或信就食人数[②]	接遣费用（法币元）	发放面粉（100）磅袋	数量（斤）	发放羊肉量（箱）	附注
芜湖	206		7	39	3	
宣城	124		44	16		
当涂	468		132	12		
蚌埠站	12780	54332000	1269	77		
临淮关站	10616	42784000	897	81		
滁县站	792	2096500	2	82		
明光站						
固镇站	2280	11310000	231	47		
宿县站	6989	25006000	545	805		
总计	34255	135528500	3127	4035	31	

上述两表中，只有接遣留京难民一项有接遣费用，折算成1937年度物价指数为法币16032755元，面粉3127袋，计法币10945元，两者相加共法币16043700元。

以上赈济和遣散费用共计法币17395511元。

（7）捐款和捐金

安徽人民为支援前线抗战，发起了各种形式的捐款和慰问活动，款数巨大，总体数目不详，仅有以下材料：

安徽省动委会组织各种捐款活动，捐款的货物折合法币154216元[③]。

黄山市屯溪区共先后8次慰劳及募捐，慰劳金共18256元[④]。屯溪区还进行8次献枪运动，折合资金2095000元[⑤]。

① 《善后救济总署安徽分署总报告》，1948年4月，安徽省档案馆馆藏档案，档案号：JCM59。
② 原档案即作"接遣或信就食人数"。
③ 安徽省档案馆编：《安徽省动委会档案史料选编》，安徽人民出版社1991年版，第291页。
④ 皖南新闻社编印：《三年来皖南行政剪报》（第一集），《复兴日报》《徽州日报》相关报道，1942.8.25—1945.11.1。
⑤ 皖南新闻社编印：《三年来皖南行政剪报》（第一集），《复兴日报》《徽州日报》相关报道，1942.8.25—1945.11.1。

以上共法币 2403432 元。

（8）人力资源

抗战期间，日军大肆掠夺人力资源，抓捕大量劳工，除淮南、铜陵、马鞍山 3 市劳工 123000 左右外，加上已上报被征劳工数字的另一些地区，一共 241408 人。日军在占领区抓捕劳工，为其带路、送弹药、抬运伤员以及修工事、筑碉堡、建据点等。而国民党政府和驻军为抵御日军的进犯，也征集大量民工修建防空壕洞、防空哨所，破坏境内公路、铁路，拆除城墙及公路沿线碉堡，兴建国防工事，建立游击根据地。如《安徽省宁国县社会调查报告书》1938 年的资料记载，"本县此次奉令破坏公、铁路计先后三次共发动民工 60 余万，此外如组织义勇输送伤病官兵，担架队凡递步哨运输站等常常参加者亦不下 3000 人。"① 作为非沦陷区的宁国县尚且如此，那么全省 62 个县的人力资源在抗战期间的损失可想而知。

（9）抗日军队对日作战的费用

抗战时期，安徽一直是对日作战的主战场。大量的国民党军队和保安部队以及新四军部队在境内与日军对峙。为支援安徽国民党正面抗战，安徽人民贡献了大量的人力和财力。

1）正规部队费用

安徽支援国民党正规部队费用无考，只看到安徽 1939—1941 年度田赋数字②，即 1939 年为 2962473 元；1940 年为 2942477 元；1941 年为 3680332 元；三年共 9587082 元。1942 年和 1943 年没有折算成法币，但有实征数。1942 年度共征实、征购粮食 403 万石③，折算成 1937 年度物价指数为 16120000 元［据《安徽省泾县物价概况表》（二），泾县档案馆民国档案 106 件，抗战前每石价格为 4 元］；1943 年度征购粮食折合稻谷为 3518654 石，折算成 1937 年度物价指数为 14074616 元。以上五年田赋共 39781698 元。

另外，抗战八年，全省妇女慰劳国民党第二十一集团军布鞋达 31 万双，布袜 4 万双④。此项计算依《浙江善后救济资料调查报告》（中国第二历史档案馆二十一·276），按每双鞋 0.5 元，每双袜 0.13 元计算，得出 160200 元。

2）新四军部队费用

国民党政府每月给新四军的经费为 13.6 万元，这笔钱我们不计算。现在看

---

① 宁国县政府：《安徽省宁国县社会调查报告书》，1938 年 12 月，安徽省档案馆馆藏档案，档案号：3 宗 3 目 116 卷。

② 安徽省政府秘书处编：《八年来之安徽·财政》，1946 年，第 31 页。

③ 王鹤鸣：《安徽近代经济探讨》，中国展望出版社 1987 年版，第 220 页。

④ 徐则浩主编：《安徽抗日战争史》，安徽人民出版社 2005 年版，第 453 页。

到的两则资料是：A. 安徽省政府财政厅长章乃器上任后，按月补助新四军2万元军费①，从1939年1月至1941年1月，共48万元。B. 1939年7月，国民党皖六区专员盛子瑾与新四军张爱萍等人谈判，每月补助新四军皖东北部队1万元，一直到1940年2月盛子瑾离皖东北出走，共补助8万元。两者相加，国民党政府共补助56万元。

新四军在安徽境内建立了淮南、淮北、皖江三块抗日根据地，主力部队分别为第二师、第四师和第七师，这三个师在安徽境内期间抗日经费完全由安徽人民承担。

① 关于新四军第二师的费用

现只看到一份材料，是关于第二师1941年1月至9月的费用，即军事费4232280.99元，占财政总支出全数61.74%，保安费94481.04元，占总支出全数1.38%；优恤费21841.5元，占总支出全数0.32%。三者相加共4348603.53元，占总支出全数63.44%②。折算成1937年物价指数为294421元。第二师1—9月份的费用如此，全年当不下于40万元，抗战期间第二师的费用不下于300万元。

② 新四军第四师的费用

第四师军事费用占财政总支出的比例，1941年为75%，1942年占74.38%，抗战期间大约都是此比例。淮北苏皖边区1944年总收支为13045114元③，那么其军费为9783836元，折算成1937年的物价指数为16426元，此数明显偏少。因第二师和第四师人数相近，我们认为第四师和第二师费用相当，亦即300万元左右。

③ 新四军第七师的费用

有两则材料：A. 1941年6月，皖中财经委员会成立到1942年6月，军队支出11055812元，占总支出的48.3%；送新四军军部款7491173元，占总支出的32.7%。两项相加共18546985元，折算成1937年物价指数为1255720元。B. 1942年7月至1943年6月，经常费用七师占224万，夏、冬衣、特需费等临时费774万，伙食补贴278万，每月西药10万计每年120万，每月械料10万及其他2万计144万，送新四军军部1000万，几项相加，共2540万④，折算成1937年的物价指数为50万元。根据我们的估计，第七师抗战期间的费用不少于400万元。

---

① 安徽省政府秘书处编：《安徽政治》，第26、27、28期全刊，1939年1月10日。
② 龚意农主编：《淮南抗日根据地财经史》，安徽人民出版社1991年版，第81页。
③ 安徽省地方志编纂委员会编：《安徽省志·财政志》，方志出版社1998年版，第529页。
④ 安徽省财政厅、安徽省档案馆编：《安徽省革命根据地财经史料选》，安徽人民出版社1983年版，第511、512页。

这样，新四军第二、第四、第七师的费用约 1000 万元，加上国民党政府补助 56 万，共 1056 万元。

上述国民党部队、保安部队以及新四军部队的费用相加，为 57998675 元。

3）保安部队费用

安徽省保安部队是一支地方部队，担负保卫家乡的任务，其费用一直由安徽承担，见下表：

表 31　安徽省保安部队费用统计表① 　　　　　单位：元（法币）

年份	费用支出	折算成 1937 年支出	年份	费用支出	折算成 1937 年支出
1937 年春	2572922	2680127	1940 年	1644638	279555
1937 年 10 月	2091903	1973493	1941 年	4336795	293622
1938 年	1799056	1352674	1942 年	5910977	117491
1939 年	1680285	706002	1943 年	9424490	93813

合计：1937—1943 年共支出法币 29461066 元，折算成 1937 年物价指数得法币 7496777 元。

（10）防空设施

为了躲避敌机的轰炸，安徽省修建了许多防空设施。目前只看到 1941 年的统计数据，全省计修建防空洞 5252 个，容量为 39853；防空壕 2166 个，容量 12915；地下室 157 个，容量 6649②。这些设施所需经费多少，无以查考。现在我们提供目前尚存的阜阳市部分设施情况，以供参考。该市原市委院内所筑工事，长 30 米，宽 4 至 11 米，高 1.7 米，埋深 2.9 米，地道与地下室连通。市中级法院地下室工事长 20 米，宽 5.5 米，高 1.8 米，覆土 2 米，面积约 105 平方米。原阜阳县委统战部院内工事，长 4 米，宽 2.5 米，高 1.9 米，覆土 4 米。阜阳建筑一公司地下室，长 12 米，宽 3.5 米，高 2.4 米，覆土 3 米，上述工事约 300 平方米。这些工事结构基本保持完好，有的作为地下仓库，有的作为地下会议室，还有的作为办公室，现今仍有一定的使用价值③。

---

① 安徽省地方志编纂委员会编：《安徽省志·军事志》，安徽人民出版社 1995 年版，第 535、536 页；1944、1945 年因无资料故未计算。

② 安徽省政府秘书处编制：《安徽各县避难设备统计表》，1941 年度，见安徽省政府编：《安徽概览》，1944 年出版，安徽省档案馆 1986 年翻印，第 321 页。

③ 安徽省地方志编纂委员会编：《安徽省志·军事志》，安徽人民出版社 1995 年版，第 712 页。

（11）汪伪政权在安徽占领区的财政

1938年10月，由汉奸组织的"安徽省维新政府"在蚌埠成立，并于1940年9月改组为"安徽省政府"。其统治范围为沿江、沿淮及铁路沿线共30个县，两个特别区的重要城镇。日本帝国主义又佯称"尊重中华民国财政独立"，但"凡散布于国内各地主物力或人力，必使其集中，以贡献大东亚战争"[1]。可见，汪伪政府在安徽的财政直接为日本军国主义服务，其在所辖范围对人民之横征暴敛的财物，理应算作间接损失。

现在我们所看到的伪"安徽省政府"的财政收入只有1942年度的，其余年份只有零星的材料，但可以据此推算。其在1942年度的收入列表如下：

表32 安徽省地方款民国岁入概算表[2]   单位：元（中储币）

（民国31年）

科目	经常门	临时门	合计
田赋	844320	—	844320
契税	538000	—	538000
营业税	7302239	—	7302239
房捐	72569	—	72569
车捐	45370	—	45370
筵席捐	43602	—	43602
娱乐捐	39832	—	39832
地方财产收入	23040	46020	69060
司法收入	8400	—	8400
补助款收入	3269664	621802	3891466
省有教育款产收入	7000	—	7000
其他	5400	—	5400
合计	12199436	667822	12867258

（说明：汪伪政权于1942年3月取消法币与中储券等值流通，以法币100：中储券77，由伪中央储备银行兑换。5月又改为法币100：中储券50，直至禁用法币。因此，我们采用法币100：中储券50计算，得出1942年收入为法币25734516元）

---

[1] 伪财政部长次长陈之硕《答记者问》，载伪《安徽日报》1943年4月8日。
[2] 安徽省地方志编纂委员会编：《安徽省志·财政志》，方志出版社1998年版，第563页。

汪伪"安徽省政府"1942年的收入较能代表其年收入水平，以此推算，抗战期间的财政收入当在2亿元法币以上。我们认为，将它算作间接损失是适当的。

以上11项财产损失相加为安徽省抗战时期财产的间接损失，按当时的行政区划，以法币计算，全省抗战时期财产间接损失约3695692467元，全省直接财产损失（不包括矿产、文物古迹等的损失）约1085680553元（因档案资料缺少，间接损失没有计算安徽省政府搬迁到六安、立煌的费用以及防空设施的费用），加上砀山县直接间接财产损失5103036元①，安徽全省直接、间接损失按1937年7月的物价指数统计，共约4786476056元②。详细损失，列表如下：

表33　安徽省抗战时期财产损失总表　　　　单位：元（法币）

直接损失		间接损失	
农业	321158687	农业	2502920000
工业	23543013	工业	78876643
商业	685887149	商业	252431678
交通	31621509	交通	596056928
邮政	773653	邮政	1546433
教育	7835900	教育	1461666
文化	14860642	财政	35000000
		抚恤	103399
		赈济遣散	17395511
		捐款	2403432
		军队费用	7496777
		汪伪财政	200000000
合计	1085680553	合计	3695692467
总计	4786476056（含砀山县直接间接财产损失5103036）		

① 冀鲁豫行署：《冀鲁豫三分区八年抗日战争财物统计表》，1946年5月调查，徐州市档案馆馆藏档案，冀鲁豫行署81卷。
② 由于年代久远，本调研报告关于安徽省直接、间接损失的数据中，未收入档案记载不完整的一些数据，如省属、县属机关直接、间接损失，人民团体直接、间接损失等。

（六）结论

根据现存资料的不完全统计，结合上述分析，我们可以得出结论：抗战期间，有据可查的安徽省人口直接、间接伤亡约为 449178 人；总财产损失折合 1937 年 7 月物价指数（1937 年法币币值）约 47.87 亿元，其中直接损失（不包括矿产、文物古迹等的损失）10.86 亿元，间接损失 36.96 亿元，砀山县直接间接损失约 0.05 亿元。同时需要说明的是，由于年代久远、搜集资料困难等客观原因，我们在调研中得出的安徽省抗日战争时期人口伤亡和财产损失基本数据，还是限于目前资料和研究水平的尚不完整的数据，并不是最终结果。今后，我们将继续推进本课题调研工作，以期在掌握更多资料和取得研究新成果的基础上对有关数据再做出修订和补充。

日本帝国主义当年的野蛮侵略，使安徽人民遭受了空前的浩劫与灾难。

1. 人口锐减，元气大伤

由于日本帝国主义发动的侵华战争，造成了安徽大量的人口伤亡。战争使人口凋敝，很难恢复，元气尽衰，加上各种灾害，农村经济衰败，这就形成了安徽人口史上的一个低谷。

造成抗战期间安徽人口数量大幅度下降的原因主要是：

第一，日军的大量轰炸和屠杀。1944 年安徽省政府组织编纂的《安徽概览》对日机空袭的统计表明，日机的空袭是从不间断的，安徽人民生命财产损失是巨大的。从 1937 年 7 月至 1943 年底的 6 年零 6 个月时间，日机在安徽各地投弹 18779 枚，平民死伤 14412 人，损毁房屋 128351 间，平均每百枚炸弹死伤 56 人，毁房屋 683 间[1]。日本侵略军在安徽进行的 10—100 人的屠杀有 376 起，100—500 人的屠杀有 115 起，500 人以上的大屠杀有 18 起。这些惨案中所记载的被日军屠杀的平民达 12 万多人。

第二，战争造成的严重自然灾害。连续 9 年的黄灾，使安徽黄泛区人口大量减少，死亡就高达 40 万以上。1939 年 7 月 31 日，安徽省政府主席廖磊致电赈济委员会报告皖北水灾，略称："今年优风甚涨，讵料黄河决口未堵，淮颍又遭横决，波涛万顷，庐舍荡然，本年水位实超出去年一公尺有余"。灾害对人口的正

---

[1] 安徽省政府编：《安徽概览》，1944 年出版，安徽省档案馆 1986 年翻印，第 320 页。

常发展起莫大的冲击作用，既抵制人的数量增长，更影响人的素质提高。

第三，战争造成了大量的难民。据当时统计，仅皖北各县既遭兵燹，复而受黄灾，非赈不活之难民当在 200 万以上①。而整个安徽境内无家可归的人数达 300 万人，占全省总人口的 13%。大量的难民流离失所，生活艰辛，疾病流行，许多难民不是被疾病折磨，就是在饥饿中丧生。

2. 经济急剧衰退，民不聊生

日伪统治区占全省国土的 52%、人口的 54.2%、耕地的 61.6%②。尽管日军只能控制县城、主要集镇和交通干线，但是，仍凭其军事强制和伪政权，把侵略魔爪伸向各地，对占领区实行法西斯式的统治，给安徽的经济造成了极为严重的破坏。如 1940 年日军在全椒古河一带武装走私粮食，就造成了皖东地区 1941 年的严重春荒③。安徽的重要城市如芜湖、安庆、合肥工商业损失严重，很长一段时间未恢复到战前水平。日本侵略者对安徽农村的破坏也很严重，造成大量土地荒芜，播种面积逐年减少，农产品产量逐年下降。20 世纪 40 年代中期与 30 年代末相比，籼粳稻的播种面积由 1911.3 万亩下降到 1540.7 万亩，下降了 21.3%，总产由 70.2 亿斤下降到 62.3 亿斤，下降了 11.2%；小麦的播种面积由 1963.4 万亩下降到 1688.8 万亩，总产由 31.7 亿斤下降到 23.4 亿斤，分别下降了 14.0% 和 26.7%；大豆总产由 14.2 亿斤下降到 7.1 亿斤，下降了 50%；皮棉总产由 15.2 万担下降到 5.1 万担，下降了 66.4%；烟叶的种植面积由 1937 年的 34.5 万亩下降到 1945 年的 2.2 万亩，总产也由 59.5 万担下降到 4.1 万担，分别下降了 93.6% 和 91%④。因日军侵略造成的皖北水灾，其损失达 2000 亿元以上，还使河床抬高，水系混乱，埋下了 1951 年和 1954 年大水的祸根⑤。

由于日军的侵略和日伪政府的残酷统治，安徽人民生活极端贫困。许多农民因丧失土地而逃离家乡。仅凤阳县逃离家乡的人口就达 20 万人，占全县总人口的 2/3⑥。1943 年，阜阳县政府给省政府的报告说："今年黄水泛滥灾情空前，沿沙、茨、柳、淝、洪、淮、泉等诸河流域，先后成灾"，"灾民们横尸街头，惨不忍睹。"报告还说，全县"实救济 95310 人，尚有 477075 人挨饿"⑦。

---

① 安徽省地方志编纂委员会编：《安徽省志·人口志》，安徽人民出版社 1995 年版，第 25 页。
②③ 程必定主编：《安徽近代经济史》，黄山书社 1989 年版，第 282、306 页。
④ 程必定主编：《安徽近代经济史》，黄山书社 1989 年版，第 295、296 页。
⑤ 安徽省地方办公室编：《安徽水灾备忘录》，黄山书社 1991 年版，第 48 页。
⑥ 中共凤阳县委党史办公室编：《凤阳革命史资料（抗日战争时期）》，1985 年印行，第 207 页。
⑦ 阜阳市地方志办公室编：《阜阳县志》，黄山书社 1994 年版，第 80 页。

3. 文化教育遭受劫难，备受摧残

省立安徽大学解体，安徽师范专科学校原校舍被日军焚毁，几乎全部省立中学和绝大多数县立中学、私立中学迁移或停办，全部省立小学和绝大多数县立小学、区立小学停办，全部省立社会教育机构停办和大多数县级社会教育机构停办或被毁，几乎使安徽省自南京国民政府成立之后10年间在教育中的努力和所耗费的金钱付诸东流。日军的侵略，使安徽的众多名胜古迹、文物字画、珍贵图书、文教机构或被炸，或被掠夺，严重阻碍了文化事业的发展。

日军在侵华过程中，为了摧毁中国人民的抗日决心与意志，为其政治统治、军事镇压、经济掠夺服务，对广大沦陷区的文教事业进行了疯狂的破坏，并强制推行奴化教育，灌输奴化思想。

在安徽沦陷区18个县，日伪开办小学120所，学生12610人①。日军强行规定：日文为中、小学生的必修课；中学实行军事训练，由日本的退伍军人担任军训教官；每天清晨，各学校及伪政权的机关、单位，都要举行日本国旗和汪伪政权的所谓国旗的升旗仪式。

伪安徽省教育厅秉承日军旨意，于1942年10月4日在蚌埠成立中日文化协会安徽分会，积极在沦陷区推行奴化教育。该厅实行伪教育机关人员"连环保"。其办法是3人互相连保，如3人中发现1人违反奴化思想要求，即以"连坐法"同时处分3人，以加强对沦陷区人民奴化教育的实施，维护其殖民统治。各学校教材充满卖国投降理论，并篡改中国历史、地理事实，删除原课本中激发学生爱国思想的内容，妄图以此泯灭学生的民族自尊感和反抗意识。要求学校的一切活动，都致力于灌输这种反动思想②。

日伪政权在蚌埠还通过其控制的所谓民间组织，如"大民会"、"中日文化协会"、"黎明社"、"社会运动指导委员会"、"青年模范团"、"兴亚学院同学会"等，分别针对不同群体，采取相应宣传形式，传播"同文同种"、"共存共荣"等思想，笼络麻醉人民，培养亲日分子③。

在社会教育方面，通过"民众教育馆"、益书馆、公共体育场、"女子职业传道所"、"民众夜校"等场所，开展奴化教育，毒化民众思想。

---

① 国民政府教育部档案：《战区督导员对敌伪办理中小学校的调查》，中国第二历史档案馆馆藏，全5卷1155。
② 中共蚌埠市委党史研究室编著：《中国共产党蚌埠地方史》第一卷，安徽大学出版社2007年版，第104页。
③ 陆益谦供词：《日伪时期蚌埠党派性的组织和麻醉青年的组织》，1957年3月14日，蚌埠市公安局档案室藏，汇编—12。

在新闻出版方面，汪伪安徽省政府出版的《安徽日报》、蚌埠出版的《蚌埠新报》、汪伪特工外围组织"黎明文艺社"出版的《黎明月刊》等日伪政权的喉舌，无时无刻不在大放厥词，鼓吹"武运长久"、"大东亚圣战"，一时满天乌烟瘴气①。

4. 调研体会

在这个调研和统计过程中，我们遇到了很多困难，其原因是多方面的：一是原有的行政区划经过新中国成立后近 60 年有了一些变化，造成一些市、县无相关档案资料，给调研工作带来不便；二是由于战乱等原因，一些市、县的档案资料严重匮乏，甚至没有，只通过开展社会调查，而由于人口的迁徙变化，加之年代久远，调查也很难准确统计出当年的人口伤亡数字。由于这些困难的存在，我们调研和统计的这个结果，肯定无法真实地复原当时的实际情况。但是，这次在全省大范围所开展的调研活动，毕竟是时隔 60 多年后全省党史工作者在这个课题上所取得的一次重大的突破，也为以后进一步的调研和统计打下了一个良好的基础，其历史意义不可低估。

抗战期间，国民党安徽省政府曾对安徽境内的人口伤亡和财产损失进行过统计，部分损失由安徽省政府秘书处编辑成《安徽概览》，1944 年出版，安徽省档案馆于 1986 年进行翻印，成为我们此次调研活动中主要参考资料之一；抗战胜利后国民党安徽省政府也进行了抗战损失的调查，上报了调查成果，但迄今未发现全省总的损失情况，只在中国第二历史档案馆和安徽省档案馆查到部分县的损失情况；新中国成立后，党史部门和政协文史部门先后组织了抗战损失的调研，发表了一些调研成果和论文，学者王鹤鸣、施立业著《安徽近代经济轨迹》（安徽人民出版社 1991 年版）研究了抗战时期安徽遭受的经济损失，孟国祥著《大劫难——日本侵华对中国文化的破坏》（中国社会科学出版社 2005 年版）记述了安徽遭受的文化损失情况。尽管上述的调查和一些研究成果并不全面和深入，但为我们此次调研奠定了基础。

由于年代久远，加上资料缺乏，我们的调查所得也只是冰山一角，但是足以证明日军的侵略给安徽人民带来了巨大的伤害和沉重的灾难。日本侵略的罪行可以被宽恕，但不可遗忘，更不可否认。我们要牢记历史，以史为鉴，开创未来，为实现中华民族的伟大复兴的中国梦和建设美好安徽而努力奋斗。

（执笔人：施昌旺、徐京、周乾、顾永俊、胡北）

---

① 中共安徽省委党史工作委员会编：《侵华日军在皖罪行录》，安徽人民出版社 1995 年版，第 223 页。

附件 1：

实物折算参照值表①

实物品种	品质	单位	价值（元）	价值时间	相当于 1937年 7月的价值	档案出处
米	中等熟米	斗	15.00	1941 年 10 月	0.062 元/斤	摘自《景宁县公务员生活费指数》，浙江省档案馆藏，L035—001—068。注：容量单位各地不尽相同，但一般一斗米约合 15 斤，一斗谷约合 10.8 斤，10升为斗，10 斗为石。
面粉	中等	斤	1.80	1941 年 10 月	0.11 元/斤	
猪肉	五花肉	斤	2.20	1941 年 10 月	0.137 元/斤	
猪油	板油	斤	2.50	1941 年 10 月	0.155 元/斤	
鸡蛋	中等大小	个	0.20	1941 年 10 月	0.0124 元/个	
盐		斤	0.95	1941 年 10 月	0.059 元/斤	
白糖	次白	斤	3.50	1941 年 10 月	0.217 元/斤	
酱油	中等	斤	1.50	1941 年 10 月	0.093 元/斤	
豆腐	一般	斤	0.50	1941 年 10 月	0.03 元/斤	
蔬菜	当季蔬菜平均价	斤	0.20	1941 年 10 月	0.0124 元/斤	
棉布	国产	尺	1.80	1941 年 10 月	0.11 元/尺	
白土布	中等	尺	0.80	1941 年 10 月	0.05 元/尺	
布面皮底鞋	中等	双	8.00	1941 年 10 月	0.5 元/双	
皮鞋	中等	双	16.00	1941 年 10 月	0.993 元/双	
线袜	中等三十二线	双	2.10	1941 年 10 月	0.13 元/双	
木柴		斤	0.02	1941 年 10 月	0.0012 元/斤	
房租	一般	间	3.00	1941 年 10 月	0.186 元/间	
茶油	中等	斤	2.30	1941 年 10 月	0.143 元/斤	
肥皂	浙合	块	0.35	1941 年 10 月	0.02 元/块	
毛巾	中等	条	1.60	1941 年 10 月	0.01 元/块	
牙膏	三星牌	支	2.00	1941 年 10 月	0.124 元/支	

---

① 表中"价值"均按法币计算。

实物品种	品质	单位	价值（元）	价值时间	相当于 1937 年 7 月的价值	档案出处
房屋	一般	间	25 万	1945 年 12 月	100 元/间	《浙江善后救济资料调查报告》，中国第二历史档案馆藏，廿一·276。注：楼房 1 间应算作一般房屋的 2 间。
谷仓	一般	石	150	1945 年 12 月	0.06 元/石	
电话机	一般	副	2 万	1945 年 12 月	8 元/副	
钢筋	中等	吨	100 万	1945 年 12 月	401 元/吨	
测量仪表	一般	副	100 万	1945 年 12 月	401 元/副	
抽水机	一般	副	200 万	1945 年 12 月	803 元/副	
工程车	一般	辆	200 万	1945 年 12 月	803 元/辆	
手车	一般	辆	2 万	1945 年 12 月	8 元/辆	
木船	内河	只	6 万	1945 年 12 月	24 元/只	
汽轮	一般	只	150 万	1945 年 12 月	602 元/只	
商营汽车	一般	辆	120 万	1945 年 12 月	482 元/辆	
货船	5 吨帆船	吨	25 万	1942 年 4 月	1608 元/吨	中国第二历史档案馆 廿（2）·1132
小麦	一般	斤			0.05 元/斤	《安徽泾县物产概况表》（二），泾县档案馆民国档案 106 件
稻谷	一般	斤			0.04 元/斤	
棉花	一般	斤			0.4 元/斤	
黄豆	一般	斤			0.07 元/斤	
茶叶	一般	斤			0.3 元/斤	《安徽泾县物产概况表》（一），泾县档案馆民国档案 106 件
桐油	一般	斤			0.16 元/斤	
房屋	一般	间			30 元/间	《泾县财产损失报告单》，泾县档案馆民国档案 1891 件
树木	一般	株			2 元/株	郎溪口述资料
牛马	中等	头			50 元/头	冀鲁豫区物价指数，山东省档案馆 G004—014—82—2
面粉	中等	袋			3.5 元/袋	《开封零售物价表格》，《河南统计月报》1937 年第 3 卷第 2 期，河南省图书馆藏，E388

附件 2：

抗战期间全国零售物价总指数表①

时　　间	指数	倍数	时　间	指数	倍数
1937 年 1 月	97	0.94	1937 年 2 月	97	0.94
1937 年 3 月	99	0.96	1937 年 4 月	100	0.97
1937 年 5 月	101	0.98	1937 年 6 月	102	0.99
1937 年 7 月	103	1	1937 年 8 月	104	1.01
1937 年 9 月	108	1.05	1937 年 10 月	109	1.06
1937 年 11 月	110	1.07	1937 年 12 月	110	1.07
1938 年 1 月	114	1.11	1938 年 2 月	118	1.15
1938 年 3 月	120	1.17	1938 年 4 月	123	1.19
1938 年 5 月	126	1.22	1938 年 6 月	127	1.23
1938 年 7 月	128	1.24	1938 年 8 月	133	1.29
1938 年 9 月	137	1.33	1938 年 10 月	141	1.37
1938 年 11 月	143	1.39	1938 年 12 月	155	1.50
1939 年 1 月	163	1.58	1939 年 2 月	171	1.66
1939 年 3 月	177	1.72	1939 年 4 月	183	1.78
1939 年 5 月	192	1.86	1939 年 6 月	199	1.93
1939 年 7 月	209	2.03	1939 年 8 月	224	2.17
1939 年 9 月	245	2.38	1939 年 10 月	260	2.52
1939 年 11 月	280	2.72	1939 年 12 月	300	2.91
1940 年 1 月	325	3.16	1940 年 2 月	352	3.42
1940 年 3 月	372	3.61	1940 年 4 月	410	3.98
1940 年 5 月	449	4.36	1940 年 6 月	480	4.66
1940 年 7 月	521	5.06	1940 年 8 月	566	5.50
1940 年 9 月	607	5.89	1940 年 10 月	682	6.62
1940 年 11 月	744	7.22	1940 年 12 月	787	7.64
1941 年 1 月	858	8.33	1941 年 2 月	940	9.13
1941 年 3 月	1001	9.72	1941 年 4 月	1043	10.13
1941 年 5 月	1125	10.92	1941 年 6 月	1214	11.79
1941 年 7 月	1324	12.85	1941 年 8 月	1408	13.67
1941 年 9 月	1521	14.77	1941 年 10 月	1659	16.11
1941 年 11 月	1898	18.43	1941 年 12 月	2147	20.84
1942 年 1 月	2460	23.88	1942 年 2 月	2660	25.83

---

① 摘自中华民国三十七年主计部统计局印：《中华民国统计年鉴》，浙江省档案馆民国图书财贸 295。该指数以 1937 年 1 月至 6 月为基期，为各地指数之简单几何平均。

时　间	指数	倍数	时间	指数	倍数
1942 年 3 月	2992	29.05	1942 年 4 月	3202	31.09
1942 年 5 月	3551	34.48	1942 年 6 月	3750	36.41
1942 年 7 月	4173	40.51	1942 年 8 月	4603	44.69
1942 年 9 月	5182	50.31	1942 年 10 月	5752	55.84
1942 年 11 月	6111	59.33	1942 年 12 月	6416	62.29
1943 年 1 月	6951	67.49	1943 年 2 月	7910	76.80
1943 年 3 月	8803	85.47	1943 年 4 月	10347	100.46
1943 年 5 月	11747	114.05	1943 年 6 月	14107	136.96
1943 年 7 月	17298	167.94	1943 年 8 月	19594	190.23
1943 年 9 月	20592	199.92	1943 年 10 月	21486	208.60
1943 年 11 月	23083	224.11	1943 年 12 月	24927	242.01
1944 年 1 月	28133	273.14	1944 年 2 月	32317	313.76
1944 年 3 月	36484	354.21	1944 年 4 月	39954	387.90
1944 年 5 月	44890	435.83	1944 年 6 月	48802	473.81
1944 年 7 月	52287	507.64	1944 年 8 月	55598	539.79
1944 年 9 月	61351	595.64	1944 年 10 月	64765	628.79
1944 年 11 月	69854	678.19	1944 年 12 月	77348	750.95
1945 年 1 月	93751	910.20	1945 年 2 月	115758	1123.86
1945 年 3 月	141998	1378.62	1945 年 4 月	159912	1552.54
1945 年 5 月	199229	1934.26	1945 年 6 月	228868	2222.02
1945 年 7 月	261913	2542.84	1945 年 8 月	286636	2782.87
1945 年 9 月	206306	2002.97	1945 年 10 月	212008	2058.33
1945 年 11 月	244321	2372.05	1945 年 12 月	256495	2490.24
1946 年 1 月	206719	2006.98	1946 年 2 月	264499	2567.95
1946 年 3 月	323238	3138.23	1946 年 4 月	344222	3341.96
1946 年 5 月	385516	3742.87	1946 年 6 月	423017	4106.96
1946 年 7 月	462745	4492.67	1946 年 8 月	484914	4707.90
1946 年 9 月	541187	5254.24	1946 年 10 月	618966	6009.38
1946 年 11 月	659029	6398.34	1946 年 12 月	716382	6955.17
1947 年 1 月	846333	8216.83	1947 年 2 月	1219224	11837.13
1947 年 3 月	1323008	12844.74	1947 年 4 月	1471260	14284.08
1947 年 5 月	2097700	20366.02	1947 年 6 月	2638800	25619.42
1947 年 7 月	3325500	32286.41	1947 年 8 月	3672100	35651.46
1947 年 9 月	4252800	41289.32	1947 年 10 月	6133500	59548.54
1947 年 11 月	7864400	76353.40	1947 年 12 月	10598400	102897.10

二、专 题

（一）抗战时期淮南煤矿人口伤亡和财产损失

张开献

淮南矿区蕴藏着丰富的煤炭资源，并且地处华东腹地，接近沪、宁，交通便利，战略地位十分重要。1937 年 7 月 7 日卢沟桥事变后，日本帝国主义对中国发动了大规模的侵略战争。1938 年 6 月 4 日，日军第 3 师团占领淮南煤矿。此后，淮南煤矿惨遭日军铁蹄疯狂蹂躏七年之久，人员受到极大伤亡，煤炭资源遭到严重掠夺和破坏。

1. 日军对淮南煤矿的侵吞

日军为满足侵略战争之需，占领淮南煤矿以后，就立即着手对煤矿进行详细勘探和恢复生产。1938 年 6 月 29 日，由"满铁调查队别所调查员"组成的"日军特务部淮南炭田调查队"来淮南煤矿进行第一次调查。8 月 25 日，"日本铁道省调查团"、"三井及三菱调查班"等，用一个月的时间，对淮南煤矿又作了详细的调查。9 月 21日，大通矿交给了日本垄断集团"三菱饭冢炭矿"经营，矿务局（九龙岗矿）交给了三井矿业公司经营。11 月 27 日，日本人在大通矿和九龙岗矿开始掠夺开采。

抗战进入相持阶段后，日本陷入长期战争的困境，各种矛盾日渐暴露，被迫调整侵华政策，采取政治诱降为主、军事打击为辅的方针，经济上则大肆掠夺资源，以战养战。1939 年 4 月 19 日，日本兴亚院华中联络部与伪维新政府实业部决定，将大通矿和九龙岗矿改组为股份有限公司，合并经营，其资本金采取招股集资的方式，强行把大通矿和九龙岗矿原有资产以现物出资，低价作股。九龙岗矿作价 180 万日元，大通矿作价 250 万日元，合计仅 430 万日元。另招日本"三井矿山株式会社"、"三菱矿业株式会社"、"中支那赈兴株式会社"、"华中矿业株式会社"等四家企业投资 1070 万日元，总资本共 1500 万日元，每股 50 日元，计 30 万股，成立所谓"日华合办淮南煤矿股份有限公司"，该公司"隶属于中支那赈兴株式会社，并对日本驻华大使负责，受军事管制，所有产煤均交石炭贩卖联合会配拨军用"①。据日本《淮南炭矿》一书记载："华中经济建设，蒙皇军圣战之余绩，已迈出雄健步伐"，"我社在皇军的庇护下，一面警备，一面采煤，同时准备应付国际局势的突变，尽一切努力完成年产二百万吨煤炭的五年计划，为东亚新秩序的建立作贡献。"

"日华合办淮南煤矿股份有限公司"名义上是合办，实为侵吞。公司经营管理实行董事会领导下的经理（称总理社务专务）负责制，大小头目基本上都是日本人，经济大权皆由日本人掌握。董事会由倪道烺、神谷春雄、犬甘涧、川口忠、家崎久一郎等人组成，除倪道烺外，其余董事皆为日本人。伪安徽省省长倪道烺充任董事长，犬甘涧、川口忠、家崎久一郎、原泰助任常务董事。神谷春雄兼任总理社务专务，负责经营。另设监察二人，日方由伴野清出任，中方由陶国贤出任。倪道烺1938年投靠日本，在蚌埠筹组伪安徽省政府，出任伪省长，后调任汪伪国府委员，虽名义上是"日华合办淮南煤矿股份有限公司"董事长，占有20股资金，实乃是日本人的傀儡，公司一切活动均由日本人直接操纵。原九龙岗矿、大通煤矿的股东曾多次向日本兴亚院在华联络部及维新政府实业部提出异议，要求提高被极端压低的资产评价，均遭拒绝。因此，两矿股东均拒绝具领其股票，历年股息迄未结付。

《株主名簿》②

出资种类	株 数	氏 名
现物出资	39960 株	中华民国国民政府
现物出资	50000 株	大通矿股份有限公司
现金出资	82980 株	中支那赈兴株式会社
现金出资	59980 株	三井矿山株式会社
现金出资	39990 株	三菱矿业株式会社
现金出资	30000 株	华中矿业股份有限公司
现金出资	20 株	倪道烺
现金出资	10 株	伴野清
现金出资	10 株	神谷春雄
现金出资	10 株	川口忠
现金出资	10 株	犬甘涧
现金出资	10 株	陶国贤
现金出资	10 株	马润芳
现金出资	10 株	夏行白
共 计	300000 株	14 名

---

① （国民党）淮南矿路特别党部：《日本侵略淮南煤矿节略》，民国 37 年 10 月印，淮南市档案馆馆藏档案，档案号：100—1—89。

② 《株主名簿》，见政协淮南市文史委员会编：《淮南煤矿史料（1909—1949）》，2002 年印行，第 30 页。日文"株主"即中文"股东"，"株数"即"股数"，"氏名"即"股东名称"。

总公司设于上海吴淞路 669 号，内设四部九课和南京出账所、东京出账所。在淮南矿区设淮南矿业所，直接负责煤矿生产和管理。所长川口忠，所长之下设采矿技师长、事务长、机电技师长，全由日本人担任，分别统管矿区及下属之医院、裕溪口营业所、蚌埠出账所等事务。1943 年 6 月 14 日，公司经营管理机构扩大，课下设系，在徐州、汉口设办事处，芜湖、开封设派出所，徐州、开封两地还设有专司招募劳工之机构。

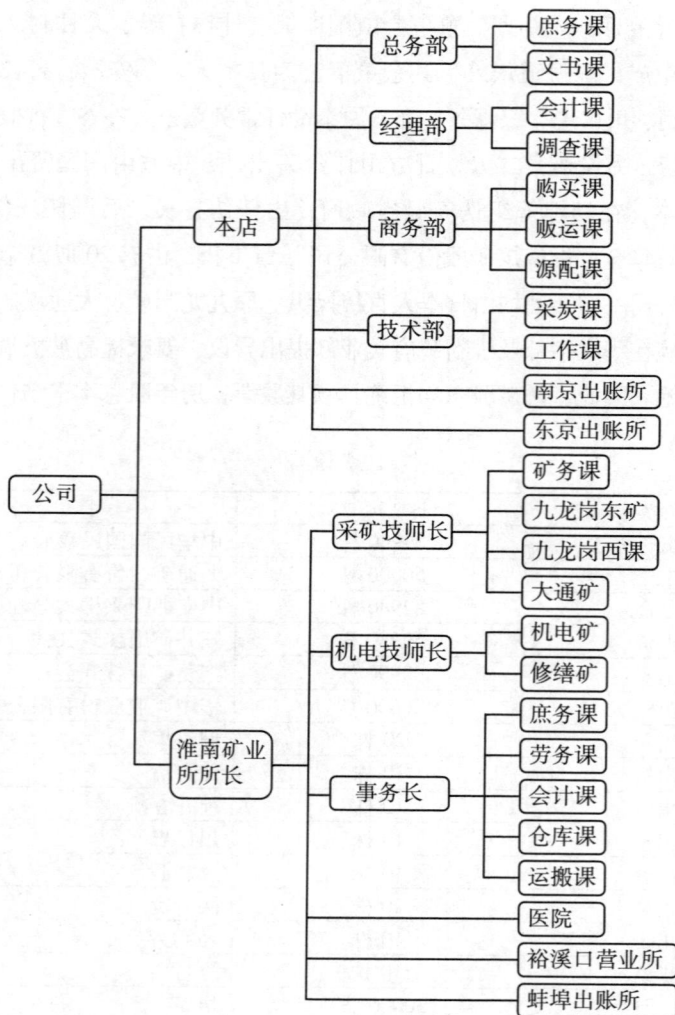

公司组织机构图①

---

① 该表系日昭和 16 年（即 1941 年）3 月制定，转引自淮南市抗日史料征集小组编：《抗日史料》，1985 年印行。

2. 日军在淮南煤矿的法西斯统治

日军为了加强对矿山的控制和掠夺，满足侵略战争的需要，在煤矿设立了一整套的组织机构，推行血腥的法西斯统治。他们在矿区设有领事署，这是日本统治淮南的最重要的机关。下设有警备司令部、宪兵队、警备队、矿警队等军事组织。同时又搜罗了一批汉奸、恶棍组成了稽查队、特务班等各种组织，作为他们的帮凶。再加上监工、把头、汉奸等，布满整个矿区。这个组织中的劳务系又是个庞大复杂的机构，表面上是进行生产管理，实际上则是直接对工人进行严密的控制和残酷的压迫，工人视之如虎，故称之为"老虎系"。

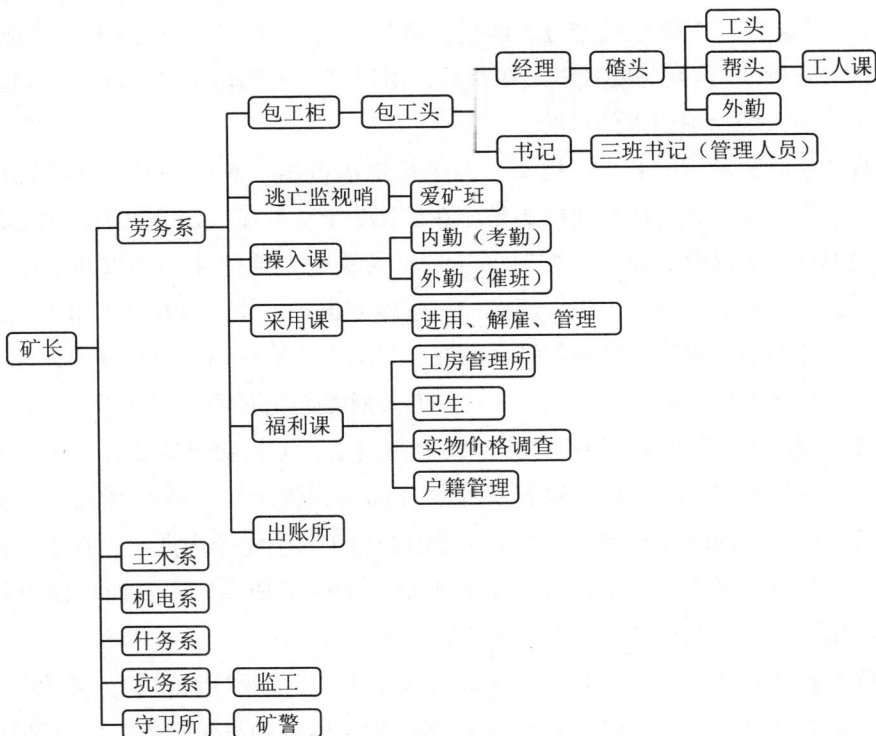

- 矿长
  - 劳务系
    - 包工柜 — 包工头
      - 经理 — 碹头
        - 工头
        - 帮头 — 工人课
        - 外勤
      - 书记 — 三班书记（管理人员）
    - 逃亡监视哨 — 爱矿珏
    - 操入课
      - 内勤（考勤）
      - 外勤（催班）
    - 采用课 — 进用、解雇、管理
    - 福利课
      - 工房管理所
      - 卫生
      - 实物价格调查
      - 户籍管理
    - 出账所
  - 土木系
  - 机电系
  - 什务系
  - 坑务系 — 监工
  - 守卫所 — 矿警

煤矿组织机构表①

法西斯统治的特点是：（一）大权全部牢牢地掌握在日本人手中。课长以上的头子和大小单位的正职都是日本人。重要部门，哪怕只有几个人也要一个日本人负责，如九龙岗变电所只有四人，即派一个日本人负责。（二）实行多形式、多层次的统治体制。各矿都有武装矿警队、稽查队、特务班、监工、逃亡监视

---

① 摘自淮南市抗日史料征集小组编：《抗日史料》，1985 年印行。

哨、包工柜等多种统治机构。直接管理工人的是包工柜。仅大通矿1000多个工人，就有大、小32个包工柜。包工柜（包工头）下面又分经理（碴头）、书记（管理人员）；经理下面又分工头、帮头、外勤；这些人再分别统治一部分矿工。（三）使用的是极其野蛮、残酷的统治手段。这些统治者及其爪牙，随时随地可以任意打骂工人，劳务系的大小官员皆有生杀大权。他们打伤人、打死人的事经常发生。

日本人在推行法西斯统治时用了一条毒辣的手段，就是"以华治华"。他们收买、利用中国人中的民族败类，充当他们的走狗和爪牙，依靠他们作帮凶。日本劳务课长在给各矿劳务系长的秘密指示中说："对于工人及附近居民有不规行为者，（日本人）不要任意鞭打、体罚，可处以罚金或扭送中华民国（指汪伪）警察机关处置。"这就是要日本人在背后，由汉奸、走狗出面镇压工人，以达到他们用中国人统治中国人的目的。

日本人收买利用的监工、把头，大多是地痞流氓，有些还是封建会道门头子。日本帝国主义和这些封建把头是压在矿工头上的两座大山。大通矿的总监工王长明不仅是大汉奸、特务，同时又是青红帮头子，他的徒弟不仅布满整个矿区，而且在安徽、江苏、山东、河南的一些地方也有。他身边有五大弟子，依仗日本人，并和地方封建势力相勾结，骑在矿工头上作威作福，横行霸道，无恶不作。矿工畏之如虎，称之为"五虎将"。工人们提起王长明和"五虎将"，都恨之入骨。当时工人编的顺口溜唱到："大通赛南京，王长明赛朝廷，护国军师戴文中，张大鼻子二大腔，后面跟着崔国胜（都是狗腿子）。"李小楼是大通矿最大的包工头子，同时也是剥削压榨工人最凶的包工头。整个大通矿，在李小楼柜下的工人有700多人。李小楼从日本人手里领来的工钱，先要到商店做投机生意，再克扣盘剥。他从矿工身上不知榨取了多少血汗钱！

整个矿区戒备森严。大通矿场四周布满了电网，仅"南公司"、"大兵营"不足一平方公里地区内，就修了13座碉堡，加上附近的日军据点，共有碉堡30多座。矿场内外还设置了监狱、刑场。地下水牢有两座。一座碉堡水牢在矿南原日伪警备司令部（现大通第一小学）的西南角，地面上是碉堡，下部却是水牢，水牢的直径7米，深2.2米。另一座秘密水牢在大通矿南门内东侧，水牢的地面刑房被伪装成"办公室"。这座水牢长3.5米，宽2.5米，深3.2米。据资料记载，当时仅一个武装矿警队就有自卫队员154名，配备迫击炮两门、重机枪两挺、步枪152支。自卫队周围的电网有三至五层。

日本人使用各种屠杀、监禁、拷打等野蛮手段来统治和迫害工人，整个煤矿笼罩着恐怖气氛。常用的刑罚有：电刑、刀刺、火烧、活埋、狼狗咬、立站笼、灌凉水、灌辣椒水、坐老虎凳、装入麻袋抛到河里，等等。特务爪牙经常以"企图逃跑"、"破坏矿山"、"通共产党"、"闹罢工"、"不是良民"等莫须有的罪名，将工人逮捕、治罪、严刑拷打、非诬逼供。1941年冬，日军和汉奸狼狈为奸，一次就把260名矿工装入麻袋，其中有阎希洞、谢兴才等人，用刺刀捅死后投入淮河。

老工人回忆说，当时的大通矿是岗哨密布，穷凶极恶的日本兵，整天荷枪实弹，端着刺刀，牵着狼狗，肆意横行。他们对工人实行极为严密的控制。工人一进矿先在劳务系登记，每个矿工都要填写登记卡，登记卡上项目繁多，连身体特征和皮肤颜色都要写上。日军为了"防止二人之移动及不良分子之潜入"，还采用"指纹管理法"，硬逼着工人在"指纹纸"上按上十个手指的指印和左右手掌的掌印，最后发给每个工人"号条"和劳工证。日军在矿场、工房监管工人，押工人上下班，井口进行检查，井下监视二人劳动。工人就像奴隶、像牛马一样被套上了枷锁，完全失去了自由。工人们形容说："煤矿就是阎王殿，进矿处处鬼门关"。工人每天上班要过五道"关"，即进矿门、领灯、下井、上井、交工牌，关关要过，关关提心吊胆，尤其进矿门和上井。进矿门时一面掏工牌，一面要向站岗的日本人行礼。除了这种污辱人格的礼节外，还要经过搜身后才能进矿，动作稍微慢一点，便遭毒打。工人王贵山在井下干了两天两夜，没有得到休息，也没有吃饭。他想上井休息一下，吃点东西，把头、特务说他企图罢工闹事，遂将他逮捕起来。他们用烧红的铁丝穿透王的腿肚子，后又送进水牢里泡了十几天。出狱时，王贵山全身的肉都被水泡坏了。那时，矿里矿外经常听到受审者凄惨的叫声和日军、特务野兽一样的吼叫声。淮南煤矿变成了一座法西斯的集中营。

日军采取"以人换煤"，只顾要煤，不顾工人的死活，井下安全设备极差，工人的生命毫无保障。当时工人们说："下井七分灾，不知上来上不来。"许多矿工葬身于井下。仅1941年一年中，淮南煤矿井下被闷死和被打死的就有109人。6月27日，大通矿发生透水事故，矢广汉等9位工人当时被淹死。1943年春天，大通矿井下西四石门，发生瓦斯爆炸事故，日本人和封建把头根本不予抢救，以致伤亡100多名矿工。同年，西六石门发生瓦斯爆炸事故，日本人明知里边还有许多工人，不仅不予抢救，而且在石门口打了一道火墙，40多名矿工全部被堵在里面，活活的闷死了。解放后，工人们在开采这里的煤炭时，发现许多矿工的尸骨。1943年，日本人逼着矿工在大通矿西六石门北四槽被堵死的瓦斯区挖煤。两个日本监工又在里面吸烟，引起瓦斯爆炸，当场炸死40多名矿工。日本监工滕永德太郎也被炸死在里面。另一个日本监工却逼着矿工进瓦斯区背这个日本人的尸体。结果进去一个熏倒一个，又连续倒了30多名矿工。当时还有些炸伤未死的矿工也被日本人埋掉了。

据老工人们回忆，1942年秋，淮南煤矿因各种原因死亡的中国人每天至少有50人，多时达200余人。把头李小楼有一次从河南招骗来的220人，两三年内，饿死的、累死的、病死的、被打死的，就有219人。后来大通煤矿工人给活着的这个工人起个绰号叫"二百二"。流传甚广的"二百二"的故事，指的就是这件事。

在日军侵占淮南煤矿期间，广大矿工遭受了最野蛮、最残酷的血腥统治。现在的淮南大通"万人坑"教育馆，就是日本法西斯残害淮南矿工的铁证！

"万人坑"位于大通矿南、舜耕山北麓的南山脚下，在当时日本"大通炭矿株式会社"（群众俗称"南公司"）的东南方约一公里远。那里早先就是一个乱尸岗。在日军统治时期，淮南煤矿工人像奴隶般受尽奴役和蹂躏，经常惨遭杀害。井下劳动环境十分恶劣，重大事故不断发生，致使大批矿工死亡。特别是1942年秋天，矿工中传染病流行，得了这种病，便高烧不止，四肢抽筋，全身起斑，上吐下泻，很快就会死亡。矿工刘金山在井下推着煤车时就死掉了。张宏文的柜上，一个小班就死去6名矿工。居仁村的一个厕所里，一夜之间就发现了32具尸体。尚义村有八道工棚，原来住有500多名矿工，几个月全部死光。尚义村的东门，一天之内就拖出了178具尸体……大批大批的矿工含恨死去！

日本人为了掩人耳目，把这种病说成是"瘟疫"流行，"天意"使然。其实，这并非什么"瘟疫"、"天意"，而是日本人、封建把头对广大矿工残酷压榨、剥削所至。矿工们吃的是霉麸面，喝的是井下污水，时间一久，就拉肚子，即染上了这种疾病。眼看大批伤病的工人不能继续下井挖煤，日本人又采取了一条凶残毒辣的所谓"防疫措施"，在矿南设立两处"大病房"，把成百上千的病人，强行拖来，关在那里。工人说："名曰大病房，就是停尸房，进了大病房，十人九人亡。"所谓"大病房"，就是临时搭成的大芦席棚，四周围上电网，门口设上岗哨，不准病人出门，不准亲人进去探望。里面既没有医疗护理，也没有床铺。到处是屎尿横流，蛆虫满地，恶臭难闻，腥气刺鼻，病人横七竖八地躺在潮湿的土地上。这里没有开水供应，每天仅供应两餐米水，把米水倒进缸里，这餐没有喝完，那餐又倒进去，缸沿上叮满了苍蝇，病人没有勺子，只好用破碗插进缸里舀，就连这点馊了的米水，重病人也喝不上。有的病人发高烧，口渴难熬，只好爬着去喝沟里的污水；有的爬着爬着就死在地上，再也爬不回来了；有的本来病情不重，被拖进"大病房"后，也就被活活地折磨死去。

许多病人为了不被拖进"大病房"，得了病也不敢声张。日本人和封建把头来搜查，他们硬着头皮说自己没病，只好拖着病体去下井。许多病人躲藏到南山沟里，后来也被抓去灌辣椒水，搞的死去活来。

自"大病房"设立的那天起，每天有大批的病人被搜查进来；每天又有大批的尸体从这里拖出。死的人太多了，"大病房"、工棚、厕所、路旁都有死人。日本人指使总监工王长明强迫工人组织拉尸队，老工人胡继虎就是当年拉尸队的成员。据他回忆，当时的"劳务系福利课"门口，每天都准备两人多高的芦席，后来芦席也不给了，用筐抬，用绳索系住脚脖子拖，用四个轱辘大牛车拉，把尸体抛在南山一带。南山脚下有一座小桥，桥下面抛弃的尸体，居然把流水也堵塞了。因为死难者大多是北方人，俗称北方人为"侉子"，所以当地群众把这里叫做"侉子林"。成群的野狗，吃尸体吃红了眼，见了人就"嗷嗷叫"，山南的农民也不敢从里经过。

更加惨无人道的是，当"大病房"拥挤不下的时候，日本人、封建把头就把许多活着的病人用芦席卷起来，往"万人坑"里扔。一个从河南拐骗来的青年工人周玉生，进入"大病房"才两天，就被把头用芦席卷起来，往"万人坑"里抛，周玉生挣扎着说："我没有死，我还活着！……"可是封建把头不加理睬，还操着日本人的腔调说："死啦，死啦的顶好！"说着狠命地把周玉生踢进了"万人坑"。老工人董德保，就是当年从"大病房"芦席卷里被工友们救出的。

1942 年冬，大雪覆盖着整个矿山，也覆盖了"侉子林"数以万计的尸骨。第二年春天，大雪融化，尸骨才暴露出来。1943 年，日本侵略者为了掩盖自己屠杀中国人民的滔天罪行，指使总监工王长明纠集了日伪军警、汉奸把头用刺刀、皮鞭、木棍硬逼着工人在这里挖了 3 条长 20 米、宽深各 3 米多的大坑，把满山遍野的尸骨集中抛入坑内，丢一层尸骨，洒一层石灰，就这样形成了白骨累累的"万人坑"。

名为"万人坑"，其实被日本人、汉奸迫害致死的矿工又何止万人！据敌伪档案的统计，在 1943 年的半年多的时间里，就有 13000 多人抛入坑内。被抛进"万人坑"的矿工，有被日本人、汉奸残杀死的，有被监工、把头毒打死的；有因坐水牢、立站笼、受酷刑折磨死的；有因井下发生重大事故被砸死、烧死、淹死、瓦斯熏死的；有冻死、饿死、病死和累死的；还有被活埋死的。日军每一次的疯狂屠杀，矿井里每一次事故的发生，"万人坑"里就要增添一层尸骨。"万人坑"里的每一寸黄土，都浸透了煤矿工人的血泪；每一块青石，都凝结着煤矿工人的仇恨；每一根白骨都强烈地控诉着日本强盗的滔天罪行！

日军在淮南煤矿进行法西斯统治7年多，实行"以人换煤"，被残害致死劳工准确数字无法考证。仅从收集的调研资料推算，淮南矿工至少死亡20000人以上。其中，仅1939年就死亡6000多矿工[1]；1942年至1943年死亡13000多矿工[2]；工伤受刑伤残达7500多人[3]。

3. 日军对淮南矿工的残酷压迫和剥削

日军由于侵略战争的需要，最大限度地掠夺淮南的煤炭，决心"尽一切努力完成增产五年计划"。为了实现这个野心，他们既不增加设备，也不改革开采技术，单凭增加工人数量和劳动强度来采煤，丧心病狂地推行"以人换煤"的罪恶政策。日军强行募集劳工的文件就供称"随着军用煤炭需要量的激增，强行募集劳工，采取使劳工补充顺利化为目标的方法，实为我社存在和发展的急务。"

日军强化募集劳工，采取了多种多样的毒辣手段，主要是骗、派、抓。

骗：日军派出大批把头组成招工队，在各地设立"招工事务所"或"招工处"，用欺骗的手段招骗劳工。1938年，蒋介石炸毁河南花园口黄河大堤，河水泛滥，鲁豫皖广大地区遭受大水灾，劳动人民离乡背井，逃荒要饭。1939年，日军乘机派出大批人员，在开封、郑州、商丘、德州和枣庄等地设立了招工处。他们编造出一套套谎言，到处进行欺骗说："矿上吃的是白米洋面，烧的是煤炭，坐的是电梯，干活穿的是六个鼻子大皮鞋（后来才知道是草鞋），推的是四个轱辘的斗车，想开就开，不想开就歇……"把头李小楼说："干不干一天两斤半，要米有米，要面有面，月头还发给工资。"把头们拿出事先准备好的文契，让农民捺上手印之后，就集中在一起。为了怕他们中途逃跑，说什么"怕人生路不熟，路上容易失散"，用绳索系在每个人的臂膀上。就这样，他们扶老携幼，拖儿带女，一批一批地、成串成串地被塞进了闷罐车。汉奸、把头们用花言巧语把成千上万破产农民、逃荒灾民和失业工人，骗到了淮南。

把头赵凤祥一次就从山东枣庄骗来300多人，中途不准下车，大小便都在车上，由于车小人多，途中就被挤踏踩死三人。

---

① 少年儿童出版社编：《矿工恨》，少年儿童出版社1966年版，第2页。
② 中共淮南煤炭分公司委员会矿史编写组：《煤海深仇》，安徽人民出版社1966年版，第11页。
③ 大通"万人坑"教育馆上报材料，存淮南市大通"万人坑"教育馆。

河南辉县任步印一家就是成千上万受骗来矿的贫苦农民中的一家。他一家被迫在徐州招工处登了记，接着便被押上了闷罐车。爹爹年老体弱，加上车上的折磨，到大通就病倒了。把头把他拖出了工棚，活活拖死。娘被把头踢伤，成了瘫痪，不久也死去。爷、娘的尸体都被汉奸、把头抛到了野外。工人王福然全家五口人，1940年被骗到大通，不到两个月，母亲、妻子等相继死去了三口。

派：就是派壮丁。日军通过"定淮特别区署"（汪伪政权机构），在煤矿附近强制按保、甲抽派，编成"农民爱矿队"，到矿上当矿工。这是矿业所长川口忠给日军联络部长中山贯一的报告中提出的新花招。爱矿队的队长由日本便衣队队长倪永禄兼任。规定凡17岁至45岁男性劳力均在应征之列，不来者可强行征召。据日军档案记载："周边地区劳力依存，定淮特别区署长发案，农民爱矿队编成，定淮特别区全域农民中，适合炭矿劳动者，行政予以供出，各普通区长、乡长当组织编成，送进炭矿劳力强化，本年（指1944年）约2000名劳力供出……""农民爱矿队"，每期规定在矿服劳役六个月，实际上被派去的农民，很多一去就回不来。日本人经常对"农民爱矿队"进行欺骗性的宣传，说什么"大东亚共荣圈"等鬼话。名曰"农民爱矿队"，实际则实行法西斯式的管理。日军除派兵看守外，还有"逃亡监视哨"日夜巡逻，监视他们的一举一动。如有逃跑的，被抓回来后，以逃兵治罪，并向工人示众。

抓：单靠招、骗的方法，还不能满足日军掠夺煤炭的需要，他们就采取"抓"的手段，以"八路军"、"新四军"、"政治犯"、"嫌疑犯"等罪名，横加逮捕，抓来充当劳工。

日本人招募劳工时，重点是召募华北的熟练工人。1940年和1941年两年中，主要是有计划召募回归华北原籍的原有矿工，特别是召集归省纯务农的工人，主要有两个地域：一个是包含铎县、滕县在内的徐州东北方各地区；一个是淮北地区。从1941年底开始，日本人为了避免影响徐州东北中兴、柳泉等煤矿对矿工的需求，便将这些煤矿方圆十平方公里内定为禁区，只允许在禁区以外召募劳工。因此，1942年，淮南煤矿公司专门从得到许可的山东省西南部郯城、临沂地区以及淮北地区、苏北地区召募劳工。1943年，主要在山东省济宁、金乡、巨野等地，以及河南省柘城、永城、鹿邑等地招募。1944年以后，招工地区主要有三处：山东省的兖州及其以北的以宁阳、泗水、曲阜为中心的地区；河南省以柳河、开封附近及新乡为中心的地区；安徽省以宿县为中心的淮北地区。

"据当时不完全资料统计，仅从1941年3月至1944年6月的三年零三个月中，日军骗、派、抓来的劳工人数达 70671 人。"① 加上其余年份劳工人数，抗战期间，淮南煤矿劳工总人数估计应在 8 万人以上。

淮南煤矿工人依工种大致分为坑内采矿工、坑外采坑工、电机工、修缮工、杂役工等。工人依雇佣关系分为包工（承包工）和里工（常雇工）两种。包工即所谓外工，就是包工头招募来的矿工，归包工头和矿业所双重管理，其工资由包工头向矿上结领后，再发给工人。大部分采煤工都属这种工人。包工头由矿业所直接管理，从公司承包一定的作业，使用其属下的工人。里工即所谓直辖工，是公司支付规定工资而使用的工人，大部分坑外工（各种职工、守卫、杂役工等）以及坑内机械工等都属于里工。工人依身份分为雇员助理、工头、夫头、包工头和一般工人。雇员助理经挑选任命，对一定的作业负责，并指挥工头和夫头。指挥职工的叫工头，指挥杂役工的叫夫头，工头和夫头指挥监督各工作岗位的直辖工。包工和里工的工资，都是以现金和实物两种方式具领。但里工较包工从优，不受包工头的盘剥。在刚开始生产阶段，日本人为了从外地多招一些工人扩大生产，多出煤，强装"慈善"拉拢包工头，分发一些棉衣、棉被等物给包工（包括初到矿上的包工）。大量包工应募来矿后，日本人很快收起"慈善"面孔，只求生产，置包工死活于不顾，不但棉衣、棉被不给，还对包工应得的食物百般克扣，所发款项，日本人允许包工头扣得 25%，余 75% 还得除去粮价及办公费支出，剩下的才分发给工人。包工在饥寒淫威下苟活，痛苦不堪。

为了要煤，日本人不顾工人的死活，无限制地延长工人的劳动时间，增加劳动强度。矿工的劳动时间是一天两班——白班、夜班。名义上是一班 12 小时，实际上每班都不止 12 小时，有的竟达 16 小时以上。井下采煤工作条件极为恶劣，用的是落后的原始工具，打眼用的是旱锤，采煤用手镐挖，采下来的煤，在掌子面（挖煤的工作面）高一点的地方还可以直起身来两人用筐抬，低的地方只得用筐往外背。当时，矿工在井下干活都是赤身裸体，一个班下来，有的两个肩膀都被磨破。在上行出煤时用小铁拖往外运，但巷道又矮又窄，直不起身来，只好把车上的绳子套在肩上，跪在地上爬着向前拉。由于通风不好，井下常年高温，污水又多，空气污浊，臭气难闻。更可恨的是，工人干活时，日本人、把头手拿带有铁头的棍子监视着，谁要是稍不小心，监工就破口大骂，拳打脚踢，或者用棍子劈头盖脑地打去。井下监工打伤工人是经常的事。繁重的劳动，残酷的压迫，把工人折磨得弯腰驼背，骨瘦如柴。

① 《日军占领下的淮南煤矿》，载淮南市抗日史料征集小组编：《抗日史料》，1985 年内部版，第 3—19 页。

日本人把中国人当奴隶来驱使，所给的报酬低得可怜，矿工的生活极端贫困。据史料记载，当时工人平均一天挖出的煤按市价可卖45元，而工人平均工资一天只给五角钱，仅占他所创造的价值的1.6%，其余98.4%，都进了日本人的血口和把头的腰包。工人干一个班只发二斤半霉烂的豆饼和麸面，吃了霉麸面做成的食物以后，嘴里发苦，肚中发烧，头脑发胀。下井后又没有水，只好喝井下的污水，时间一久，就拉肚子。加上各种传染病的流行，大批工人死亡。繁重的劳动，贫苦的生活，政治上的压迫，使得广大矿工家破人亡。大通矿工周善义为养活一家四口人，忍受着挨打受骂，饿着肚子，在井下拼命苦干，干了半个月的活，可是开支时，七扣八扣弄得一干二净，不但未开到钱，把头还要他还清旧债。他借贷无门，两手空空回到家里，两个孩子饿得哭，老婆等钱买米。在这百般无奈的时候，把头竟让他用小孩去抵债。在这走投无路的情况下，他把自己的孩子亲手勒死，尔后夫妻两人也上吊死了。工人胡继云在1942年11岁时随父母一家五口人来到矿上。当年冬，父亲在井下遭毒打死去，家里无法过，就把七岁的妹妹以一袋面粉卖给了人家。母亲悲愤交加，在他出门讨饭时死去了，弟弟也不知去向。

总而言之，日本人为了残酷地剥削和压迫工人，怂恿和利用封建把头，想尽了一切卑鄙的手段。下面就是他们巧立名目剥削工人的主要手段：

招工剥削：把头每招一个工人，日本人只给很少的路途生活费，但连这点少得可怜的钱，也被把头扣去一大半。一节闷罐车平常只装几十人，但把头硬要装进一二百人。远途招的工人，中途不准住宿，饭只给吃半饱。工人还没有到矿，就被折磨得筋疲力尽，经常由于车小人多，连闷带饿死在车上。而那些把头招一次工就发一次横财。

保管剥削：工人一到柜，把头借口工人衣服、财物无处存放，打着代工人保管的幌子，把工人的财物全部搜刮去。平时要收保管费，当工人跳柜、逃跑或死亡时，全部财物就被他们侵吞。

出煤剥削：日本人"以人换煤"，根本不考虑工人的生命安全。井下缺少安全设备，很少的设备投资，把头又从中谋利。工人劳动出煤，把头、监工多领少发，这些钱都落在把头的腰包里。

食宿剥削：把头办大伙房，雇用亲信充当账房、掌柜。他们互相勾结，每顿给工人吃霉麸面馍馍，12两（16两秤）的馍，却要扣工人一斤口粮和一斤面粉钱。

发放剥削：发工资要抽头，一元只给九角五，叫做"九五钱"。发面粉，借口分秤损耗，一斤只给 15 两（16 两秤），实际上连 14 两也不够。把头还经常推迟开支日期，拖欠工钱，工人稍有反对就停发。

放债剥削：把头故意找借口拖欠开支，工人等粮下锅，把头就趁火打劫，向他们放高利贷，到下月扣工钱，每日加利二成，到期不还，本利一起算息。这种高利贷越滚越大，致使许多工人家破人亡，一生也还不清。

开店剥削：把头在矿区开设小卖店，开支时发放一种专用的柜票，工人拿这种"柜票"只能到指定的店里去换东西。小卖店里的东西价格高、质量低，一般高出市价 20%，有的高出一倍。小卖店大斗进小斗出，大秤买小秤卖，不知多少矿工被榨干了血汗。

童工剥削：日本人、封建把头惨无人道，从各地骗来大批儿童，逼迫他们干成人的活，工钱只给三成。这批童工终年赤脚光腚，在井下推车，背百把斤重的煤拖子。有一首民谣就描写了当时童工的悲惨境遇：可怜童工穷小孩，背篓沉重苦难挨，走一步来嗯一声，靠着四肢爬上来。无数童工由于劳役过重，身体遭受摧残，甚至被折磨死去。12 岁的童工李小长被逼抬 200 斤重的大煤筐，压得口吐鲜血，后来积劳成疾，含恨死去。

此外，各种名目的扣款更是多如牛毛。汉奸、把头打着"包工为大伙，花项大家摊"的幌子，巧立名目，克扣工人。什么押板金、工具费、文具费、医药费、招待费、帮忙费、敬窑神费、处罚费，等等。每逢开支，经常七扣八除，所剩无几。

4. 日军对淮南煤矿资源的掠夺和破坏

日本帝国主义对淮南矿区的掠夺开采，主要目的是为了供给侵华战争需要，和满足垄断资本家的最大限度利润。因此，他们只顾疯狂掠夺煤炭，开采时既没有计划，也不管生产秩序，把一个蕴藏丰富的淮南煤矿糟蹋成"矿场险象丛生，井筒走动，下风道时断，水仓淤塞，巷道坍塌"的百孔千疮的局面。

根据川口忠制订的《增产五年计划》，淮南煤矿的煤炭生产，要从 1939 年的实际产量 215000 吨，到 1946 年要达到 2352000 吨。短短的 7 年，要增加 11 倍。从这可以清楚地看出日本帝国主义的野心。

日本人在开采时取易撇难，挑肥丢瘦，乱挖乱掘，到处打井，任意破坏。八年期间，几乎没有增添过设备。后来，日军为了加速掠夺更多的煤炭，只是在提绞方面改用了蒸汽绞车，加强了运输系统的能力。直接生产的采煤工具，仍沿用落后的笨重手镐，井下运输用人力推，掌子面出煤用大筐抬，照明设备虽有充电矿灯，但也只供给日本人或职员监工用，工人还是几个人合用一盏小油灯。由于设备简陋，生产工具落后，劳动强度大，工人劳动情绪极端低落，生产效率和出勤率非常低。据 1941 年 3 月统计井下工人出勤率只达 60%，最高年产量只有 80 余万吨，始终没有达到战前 100 万吨的水平。

从 1938 年 6 月至 1945 年 9 月，日军从淮南煤矿总共掠夺煤炭 4284823 吨。八年来，日军每年掠夺淮南煤炭数如下：

1938 年	22632 吨	1939 年	143798 吨
1940 年	435057 吨	1941 年	771485 吨
1942 年	895554 吨	1943 年	878350 吨
1944 年	882046 吨	1945 年	255901 吨
合 计		4284823 吨	

日本人掠夺的煤炭，除少数在矿山就地出售外，主要用于侵华战争的铁路、船舶运输上。

日军掠夺煤炭使用情况表

使用单位	百分比		
华中水电	25%		
船舶	24%		
华中铁路	27%		
民需	24%		
其 中	上海民用	46%	
	汉口民用	10%	
	日铁大冶	14%	
	华中矿业	15%	
	其他	15%	
	合计	100%	

日本人强盗式的掠夺，严重破坏了淮南煤炭资源，大大缩短了煤矿的服务年限，给以后的开采造成极大的困难。由于日本人掠夺性地开采，淮南煤矿"180米以上各层已无煤可采"，"因矿脉断丧而不能复采之煤约五六百万吨"[1]。

---

[1] （国民党）淮南矿路特别党部：《日本侵略淮南煤矿节略》，民国 37 年 10 月印，淮南市档案馆馆藏档案，档案号：100—1—89。

此外，日本侵略者占据淮南煤矿期间，"该矿原有机械、工具及车辆等等，均无一幸存，铁路桥梁俱毁，路基亦被改作公配行驶之汽车道，自水家湖至裕溪口 188 公里间之路轨亦尽为日人囊括而去，矿路原有厂房宿舍车站等建筑三百余所非毁即倒，不能复用，上项损失约值当时中国国币 2000 万元，当美金 660 万元之谱"①。

5. 需要说明的几个问题

（一）关于矿工死亡人数问题。矿工死亡人数记载主要有：1.《矿工恨》："光 1939 年就死掉 6000 多矿工！1942 年至 1943 年死掉 13000 多矿工！" 2.《煤海深仇》："光是 1942 年到 1943 年就有 13000 多人"。3.《日军占领下的淮南煤矿》："据日伪统计资料仅 1943 年的半年多的时间内死亡矿工就达 13000 之多"。4. 大通万人坑教育馆上报材料："日伪时期死亡矿工 17000 多人，工伤受刑伤残 7500 多人"。

综合考虑，此次调研报告采取"死亡矿工至少在 20000 人以上，伤 7500 人"之说，一是因为"1939 年死亡 6000 人"之说与其他数据不冲突，可信；二是因为 13000 多矿工具体死亡时间虽不确定，但仍可断定在 1942 年至 1943 年间；加之，其余年份虽无具体数据，但从材料中，仍可看出死亡人数不会少。

（二）关于淮南煤矿劳工数量问题。淮南煤矿劳工数量无准确数据，仅据《日军占领下的淮南煤矿》一文记载，"据当时不完全资料统计，仅从 1941 年 3 月至 1944 年 6 月的三年零三个月中，日军骗、派、抓来的劳工人数达七万零六百七十一人。"加上其余年份劳工人数，估计劳工总数在 80000 人。

（三）关于日军掠夺煤炭数量的问题。从所收集到的材料来看，主要有以下几种记载：1.《日本侵略淮南煤矿节略》："1937 年日人占领皖北，所有矿路设备尽遭毁坏，于是停产大凡一年，嗣于 1939 年日本组织淮南煤矿股份有限公司恢复开采，于是年 6 月出煤"，"估计被日人数年来采去之煤约四五百万吨，因矿脉断毁而不能复采之煤约五六百万吨"；2. 大通教育馆上报材料，"日军掠夺煤炭 4262182 吨，毁损煤炭资源约五百万吨"；3.《发展中之淮南煤矿》，"1939 年至 1945 年总计 4262691 吨"，"沦陷期间，共被掠取或断毁之煤斤达 1230 余万吨"；4.《日军占领下的淮南煤矿》，"从 1938 年 6 月至 1945 年 9 月，日军从淮南总共掠夺煤炭 429 万吨，断毁丢弃的煤炭达 1230 万吨之多。"

---

① （国民党）淮南矿路特别党部：《日本侵略淮南煤矿节略》，民国 37 年 10 月印，淮南市档案馆馆藏档案，档案号：100—1—89。

综合考虑，被掠夺煤炭数据主要采用国民党淮南矿路特别党部 1948 年 10 月撰写的《发展中之淮南煤矿》一文中各年度统计数据。需要说明的是，原文合计数 4262691 吨统计有误，另缺 1938 年数据。1938 年煤炭损失调研数据采用《日军占领下的淮南煤矿》中 22632 吨之说，该文中 1939 年至 1944 年掠夺煤炭数据与《发展中之淮南煤矿》相同，仅 1945 年煤炭数 25901 吨与《发展中之淮南煤矿》该年度 255901 吨不符，恐为书稿校对错误，应为 255901 吨。

总之，淮南煤矿沦陷期间，总计被日军掠夺煤炭 4284823 吨，毁弃而不能复采煤炭之间接损失约 600 万吨。

（四）关于煤炭价格折算问题。淮南煤矿煤炭损失巨大，但是历史文献只提供了日军掠夺和毁损的煤炭数量，并无煤炭价格。我们在折算煤炭损失时按每吨 200 元计（1938 年法币币值）。理由是：《淮南煤矿劳务管理概况》[1] 一文中记载，"当时工人平均一天挖出的煤按市价可卖 45 元"，而按照该文中《坑内工与出煤关系表》1942 年产煤量与在册人数换算可得坑内工一天出煤可达 0.197 吨。两者相除为每吨煤炭 228 元。考虑年度物价上涨以及其他等各种因素，我们在实际统计煤炭损失价值时按每吨 200 元计算。

6. 结论

抗战期间，日本侵略者在淮南煤矿犯下了滔天罪行，他们在煤矿进行了血腥的法西斯统治，对淮南煤矿矿工进行了残酷地压榨和剥削，对淮南煤炭资源进行了疯狂的掠夺和破坏，淮南人民的生命和财产都遭到了巨大损失。八年来，淮南矿工死亡 20000 人，受伤 7500 人，被奴役劳工 80000 人。被日军掠夺煤炭 4284823 吨，被日军损毁煤炭源达 600 万吨，合计达 10284823 吨，按每吨法币 200 元计，共计损失煤炭价值约法币 205696 万元。加之煤矿机械设备以及铁路设施损失法币 2000 万元，在沦陷期间，淮南煤矿各项财产损失价值达法币 207696 万元之多。

日本侵略者在淮南煤矿犯下的滔天罪行绝不能被抹杀，更不应该被中国人民所忘记。

（作者单位：中共淮南市委党史研究室）

---

[1] 安徽省档案馆、蚌埠市档案馆编：《日本侵华在安徽的罪行》，1995 年印行，第 141—152 页。

（二） 抗战时期马鞍山市铁矿资源损失

任仕金

　　马鞍山市处在宁芜地区的中部和南部，是宁芜断陷盆地内 5 个构岩浆成矿带（区）最重要的矿区，为全国七大铁矿区之一，矿产资源尤其是铁矿资源丰富，种类较多，分布区域集中，靠近长江，便于运输。早在 1914 年，马鞍山的铁矿资源即引起日本人的密切关注，之后日本以资本输出等形式控制马鞍山矿区。据资料统计，从 1916 年到抗日战争爆发前的 20 年间，马鞍山地区的输日矿石达 524 万吨[①]。

　　1937 年 12 月 9 日，日军侵占当涂县。1938 年 2 月 24 日，繁昌县陷落，马鞍山矿区全部沦陷[②]。日军为实现其 "以战养战"、扩大侵略的野心，进一步大规模勘探和强行开采马鞍山矿产资源。1938 年，日本中支派遣军人员池田早苗等人按 "行动要图" 从大连出发，经上海、南京，来到马鞍山详查了当涂铁矿区各矿点的位置、交通和储量，攫取了大量的矿藏资料，并绘制了矿床地质图。同年 4 月 6 日，"中日商人矶谷光亨、白石元治郎、袁乃宽等于上海北四川路阿瑞里二号设立华中铁矿股份有限公司，呈请前维新政府实业部准予备案。于同年月 7 日，前维新政府实业部工字第 5 号指令准予备案。同年月日该公司呈请发给登记执照，同年月日前维新政府实业部发给该公司登记执照一纸"。[③] 1939 年 2 月，华中铁矿股份有限公司名称改为华中矿业股份有限公司。1941 年 3 月 14 日，汪伪政府行政院院长汪兆铭（精卫）又以行政院长名义签发了第 2389 指令，批准了《华中矿业股份有限公司调整要纲修正草案》。该草案对公司的出资比率、矿权、组织、矿产等都作出规定，其中 "资金之调整" 如下：

　　公司资金中日出资比率，应遵照 51 与 49 之原则，依下列办法处理之：

　　甲、日方以现金出资占 49%，华方以现物出资（即本矿矿产作价）作为 49%；

---

① 马鞍山钢铁公司矿山公司：《马钢矿山志》（1911—1986），1988 年 11 月印行，第 26 页。
② 桃冲矿区在繁昌境内。
③ 马鞍山市地方志办公室：《马鞍山市志资料》第 1 辑，1984 年印行，第 235 页。

乙、余额2%，华方以现金补足之；

丙、公司因事业扩张增加资本时，其出资比率及办法仍照甲、乙两项办法①。

……

尽管草案冠冕堂皇为中日合资，但实质上华中矿业股份有限公司完全为日本军方控制。据1945年11月国民政府《审查华中矿业公司财务报告》② 称：

华中矿业公司创立于民国二十七年四月八日，当时资本定为日金一千万元，先交日金250万元，民国二十八年增资为日金二千万元，至民国二十九年十一月份收足其资本，内容约如下表：

类 别	股 数	金 额（日金）	百 分 比
伪政府	121223	6061150 元	30.30575
华中赈兴公司	69900	3495000	17.475
中国民资	89777	4488850	22.44425
日本民资	119100	5955000	29.775
合 计	400000	20000000	100.00

中国方面，伪政府与民资占全额52.75%；日本方面，华中赈兴公司与民资占全额47.25%。而该公司全受日本统治，由军部支配，所产以铁、铜、萤石、硫化铁为大宗，完全供应日方军需之用。后因需要变更，铜及硫化铁相继停顿，而着意于锰矿之开采。其所属矿区有：马鞍山矿业所、桃冲矿业所、铜官山矿业所、义乌矿业所、武义矿业所十一处。支社分设于上海、徐州、金华、芜湖等处，江宁县有中央工作所专修机件，上海并有中央仓库及研究所，设立规模完备而宏大。

……

日军对马鞍山地区矿产资源的掠夺，主要通过华中矿业股份有限公司进行。该公司所设的11处矿业所（点），其中在马鞍山地区（现属马钢和马鞍山市）的有3处，即马鞍山矿业所、太平矿业所、桃冲矿业所。自1938年至1945年，在日本帝国主义侵略期间，日军共从马鞍山地区掠夺矿石544万吨，其中铁矿石484万多吨，平均品位达58.92%；硫铁矿60多万吨，含硫量40%以上。具体情况如下：

1. 马鞍山矿业所

该矿业所范围包括：南山铁山（1938年4月以前为福利民铁矿公司所有，

①② 马鞍山市地方志办公室：《马鞍山市志资料》第1辑，1984年印行，第235、288页。

代表人徐国安)、大凹山铁山(1938 年 4 月以前为宝兴铁矿公司所有,代表人章兆奎)、马鞍山运矿铁路(原为益华铁矿公司所有,代表人赵文起),以及其后发现开采的向山硫化铁矿和梅子山、东山等小矿山。

该矿业所掠夺矿石,主要通过运矿铁路,从矿山运至马鞍山港口,再从港口转运。1938 年底,运矿铁路上的原 30 磅单线钢轨更换为 45 磅钢轨,以扩大铁路运输能力。

随着日军侵华战争的升级,华中矿业公司更强化了南山矿的开采。福利民公司的占地面积也随之恶性膨胀。据《实业月刊》第二期 1938 年 7 月刊载,在短短一年时间里,福利民的地盘由 2067 亩扩大到 1169959 亩,为战前的 566 倍。

当时的南山脚下新建柴油发电厂一所,山上筑碉堡三个,山下有全副武装的日军及护矿队。采矿工人多达千人,并采用钻机探矿和大爆破量采矿。日本人乐观的估计,1940 年矿石将增至百万吨,1941 年度将增至二百万吨。但由于太平洋战争爆发,英美对日宣战,日本的船舶被封锁,海运能力骤减,矿石下山也出不了海。因此从 1942 年以后,产量大幅度下跌。

根据现有资料,日本帝国主义通过马鞍山矿业所掠夺的矿石达 3941867 万吨,其中铁矿石 3341867 吨,硫铁矿 60 多万吨。而"其中除大凹山铁矿以含磷过多,仅供日本钢管股份有限公司鹤见工场专用外,其余各铁矿均由华中矿业公司交中支贸易联合会,由该会统筹分配日本各铁厂应用。至于向山所产之硫化铁矿则悉供南京永利化学厂提炼硫磺之用。"[1]各矿山被掠夺情况如下:

(1)南山矿[2]

年 份	矿量(吨)	品位(%)
1938	69572	63.5
1939	116696	61.63
1940	292107	62.36
1941	933216	61.39
1942	593997	61.48
1943	254546	61.62
累 计	2260134	61.85

[1] 《日伪华中矿业公司所属各矿简介》,安徽省档案馆馆藏档案,档案号:50—1—34。
[2] 《1938—1943 年间日本帝国主义掠夺马鞍山地区的铁矿数量》(本件根据安徽省档案馆 50—1—192 案卷内保存的日本侵略者的原始记录汇编而成,无记录者姓名,记录截止到 1943 年),安徽省档案馆馆藏档案。

扣除未及运走的矿石 382511 吨，实际运往日本的为 1877623 吨。

（2）凹山矿①

年 份	矿量（吨）	品位（%）
1938	19295	59.48
1939	42762	54.29
1940	115240	56.28
1941	135781	55.03
1942	137083	54.27
1943	46720	55.09
累 计	496881	55.27

贮在山下和江岸未来得及运走的矿石为 95929 吨，运往日本的实际矿量应为 400952 吨。

（3）梅子山②

年 份	矿量（吨）	品位（%）
1941	228252	49.25
1942	23940	53.93
累 计	252192	49.69

扣除未及时运走的 6649 吨，实际运往日本的为 245543 吨。

（4）向山硫铁矿③

1939 年，日方在向山地区进行铁矿资源勘探，于 1940 年底发现了硫铁矿床，将原大帽山改称向山。1941 年 10 月 13 日，华中矿业股份公司董事长矶谷光亨给汪伪政府行政院呈文，申请在向山设立硫铁矿开采权。据呈文记载："查得安徽省当涂县霍里镇东南乡之向山地方，发现埋藏硫铁矿矿源，其区域邻近本公司所经营之同县南山铁矿矿区。该矿矿床蕴藏奥秘，地面绝无表征，故以前迄无所知，经本公司数度查勘，施行物理探矿并继之以试锥工作，始勘明该处有相

---

①② 《1938—1943 年间日本帝国主义掠夺马鞍山地区的铁矿数量》（本件根据安徽省档案馆 50—1—192 案卷内保存的日本侵略者的原始记录汇编而成，无记录者姓名，记录截止到 1943 年），安徽省档案馆馆藏档案。

③ 马鞍山市政协文史委编：《安徽文史资料全书·马鞍山卷》，安徽人民出版社 2006 年版，第 492 页。

当巨量之硫铁矿资源，实有从速开发利用之必要。"1941 年 11 月 18 日，伪国民政府行政院院长汪兆铭（精卫）以 5710 号指令，令伪实业部"应准如拟办理"。1941 年 12 月，日本侵略者正式破土凿井，开采硫铁矿，之后在向山硫铁矿开采 4 年，共掠走含硫 40% 以上的原矿 60 多万吨。

（5）东山及其他矿山①

共采矿石 924640 吨，未及运走的矿石为 106891 吨，运往日本的铁石应为 817749 吨。

以上因南山、梅子山、凹山等统计数据，只有到 1943 年上半年，而从 1943 年下半年至 1945 年上半年的统计数据尚未收集到。实际上，日军通过马鞍山矿业所掠夺的矿石数量要大于 3941867 吨。

2. 太平矿业所

该矿业所前身为中日合办之中日实业公司（负责人为森恪），于 1939 年 4 月归并华中矿业公司接办，并正式开采钟山、大姑山。同年又开采钓鱼山，1941 年开采小姑山。姑山一带的矿山均为太平矿业所属下的矿山②。

日本占领时期姑山矿区的矿山都采用手工式露天开采，大小姑山工作面集中于南侧。钟山则分 20 米、50 米、70 米、85 米 4 个台阶同时开采。运输方式，小姑山由山至河边用单一手推车运输；钟山自上而下，分别于北部 85 米至地面段设第一路挂线，西南侧 70 米至 50 米段设第二路挂线，南端 50 米至地面设第三路挂线。

挂线车均为转盘式，借矿石自重沿斜坡转运至地面，后经运输主干线至河边。钓鱼山则先由工作面用手推车运至贮矿场，然后装船经船淄内部运矿河至青山河边。各山运至河边的矿石，先卸于河边贮矿场，由河边码头装入 10 至 50 吨驳船，行 24 公里，在陈家圩码头卸货，经手选，检验合格后转装日本货轮运往日本。

1940 年，为适应侵华战争的需要，华中矿业股份有限公司制订了所谓增产计划，依照这一计划，本区年产量 50 万吨，作为相应措施，拟"扩张陈家圩码头设备，准备各采场之卸矿设备，增加民船"，实现"采矿之机械化"。为实现

① 《1938—1943 年间日本帝国主义掠夺马鞍山地区的铁矿数量》（本件根据安徽省档案馆 50—1—192 案卷内保留的日本侵略者的原始记录汇编而成，无记录者姓名，记录截止到 1943 年），安徽省档案馆馆藏档案。

② 马鞍山市政协文史委编：《安徽文史资料全书·马鞍山卷》，安徽人民出版社 2006 年版，第 500—502 页。

这一野心勃勃的计划，日本对本区矿山制订了一系列扩张性计划并在 1940 年至 1942 年逐一实施。1940 年钟山西南端至青山河新辟运矿河 1 条，面宽 30 至 40 米，河床宽 10 米。新开大小姑山码头 1 处，引申河道 347 米，梅塘嘴至小姑山运矿河 238 米；大小姑山新增轻轨铁道（码头支线）600 米，使铁道总长达到 3340 米；钟山山脚至青山河边，铺设运输复线，到 1942 年 1 月轻轨线路总长达 3740 米。

与此同时，日方还相应增强海运能力，出动了诸如大福号、盛泰号、隆西号、正元号、悠纪号、泰洋号等一大批货轮，吨位 950 至 3750 吨。平均每 4 至 5 日就有一艘轮船从陈家圩码头起航，运往日钢鹤见、大阪中山、日铁八幡、日钢川崎等地。根据 1942 年 4 至 8 月的统计，运输能力高达 16690 吨/月。

由于日本忙于应付侵略战争，特别是后期在战争上的惨败，使增产计划所需要的设备和人员不能如期提供，致使这一野心勃勃的计划未能完全实现。

在日本开采期间，本区平均年产矿石约 20 万吨。1939 年 4 月至 1942 年底，本区出矿约 70 万吨。其中钟山 30 万吨，大姑山 10.087 万吨，小姑山 12.185 万吨，钓鱼山 3.7929 万吨（基本上被采尽）。1943 年至 1945 年日本又从本区采出矿石约 50 万吨。这样，日本从 1938 年 9 月进钟山，到 1945 年 11 月，共掠走本区铁矿资源 120 余万吨。

日本对矿石块度要求非常严格，中块以下矿石全部遗弃，对品位要求也极其苛刻。各山矿石最低平均品位线为：钟山 51%，小姑山 54%，大姑山 51%，钓鱼山 51.06%。低于这一品位线的均作废石计算，各山平均可采率仅为 50%。由此可见在沦陷时期本区铁矿资源损失远远大于 120 万吨。

3. 桃冲矿业所

该矿业所①以长龙山之铁矿为主，位于繁昌县荻港地区，该铁矿原先为裕繁铁矿公司所经营。1938 年 3 月至 9 月间，日军派遣随军地质人员尾崎博对桃冲长龙山铁矿床进行了长达半年的地质调查，为在裕繁原有基础上恢复开采做准备。1939 年 2 月，华中矿业股份公司成立桃冲矿业所。裕繁总经理霍守华闻之，凭借昔日与日本各界的老关系，向日方提出将矿山设备转让，要求日方付给设备转让费。日本方面有关人员念其旧情，为照顾霍守华个人，就答应除每月付给霍守华 3000 元外，余款全部抵旧债，并单方面拟定了《桃冲铁矿山处理要领》及

---

① 马鞍山市政协文史委编：《安徽文史资料全书·马鞍山卷》，安徽人民出版社 2006 年版，第 464 页。

欲与霍签订"契约案"。此文本经日"兴亚院"华中联络部审核后呈送日本东京"兴亚院",以求日本政府承认,由于日本政府强调军事占领优势,拒绝审议此案,最后不了了之。

1939年3月,华中公司派出工作班子进驻矿山,由原在裕繁应聘的安部四郎出任桃冲矿业所所长,开始了在裕繁原有基础上进行改造、修建,以恢复矿山采运系统。

1940年3月,矿山恢复工程结束并正式开采。1941年,日本在长龙山继续露天开采的同时,进行井下巷道掘进,掘成各类主要巷道2731米(不包括裕繁原掘200米)。

1940年至1941年,共产铁矿石30万吨运回日本。1942年至1945年共产矿石约5万吨。因海运无法运走,分别积存于采场和江边码头。

此外,1942年,日本侵略军在马鞍山成立了"日本制铁株式会社马鞍山制铁所"。建成日产20吨小熔炉10座(最鼎盛时1944年6月只有4座生产),利用马鞍山矿业所开采铁矿,就地冶炼,用以制造军火"以战养战"。制铁所占地130余万平方米,备有发电、炼焦、机械间、供水、码头、铁路等配套设施,员工4000人,其组织系统均为日建制。在前后1年半时间里,制铁所总共冶炼铣铁(铸造铁)不过万吨。1945年2月,日本的侵略战争败局已定,马鞍山矿区全部停产。同年8月,日本投降。同年10月,国民政府接管马鞍山矿业所和制铁所。

(作者单位:中共马鞍山市委党史研究室)

（三）抗战时期安徽教育界战争损失

周　乾

1937 年 7 月 7 日抗日战争全面爆发。11 月初，日本侵略军从东南方向侵入安徽境内。11 月 5 日，日军攻陷郎溪，11 月底，日军"兵分两路，一路经宣城、湾沚，进犯芜湖，一路经郎溪、溧阳，迂回南京"①。不久安徽大部地区沦陷。从此，安徽军民开始了抗击日本法西斯侵略的 8 年浴血奋战。在日本军队侵略和占领安徽期间，自 20 世纪初期开始兴起的安徽近代教育遭到灭顶之灾，受到极为惨烈的破坏。无论是刚刚起步的高等教育，还是已经颇具规模的中等教育、初等教育和社会教育均蒙受巨大损失，抗战后期出任安徽省教育厅长的汪少伦曾叹息道："本省襟江带淮，地当要冲，文化发展，向不后人，当抗战时期，敌骑所至，庐舍丘墟，受祸至烈，全省教育，几陷于停顿之中。"② 1946 年 6 月，南京国民政府教育部统计处开始对日本侵华给中国教育界造成的直接经济损失进行大规模调查和统计，其中包括安徽省各类学校所遭受的经济损失。但是，由于当时国内复杂的政治形势，国民党政府即将对中共领导的解放区发起全面进攻，无暇对日本侵华对中国教育造成的经济损失进行更全面、翔实和准确的调查，而现在，因时代相隔久远和大多数档案资料失散，安徽教育界在日本侵华战争中遭受的各种损失已无法精确统计，尽管如此，本文所进行的调查和研究还是可以表明：安徽教育界在日本侵华战争中所遭受的实际损失极其严重，远远大于南京国民政府在 1946 年 6 月的调查数据。

1. 安徽高等教育损失状况

在抗日战争爆发之前，中国省属高等教育的发展尚属起步阶段，全国共 9 所省立大学，9 所省立独立学院，11 所省立专科学校③。安徽仅有一所省立大学，

---

① 邹义开编：《安徽大事记资料》下册，1986 年印行，第 79 页。
② 安徽省教育厅：《安徽省战后教育计划大纲·序言》，1946 年。
③ 罗元铮编著：《中华民国实录第 5 卷·文献统计》下册，吉林人民出版社 1997 年版，第 5479 页。

即安徽大学,没有省立独立学院和省立专科学校。省立安徽大学坐落于当时的省会安庆。1938年5月,在日本军队占领安庆前夕,省立安徽大学被迫撤离。因战乱及各种条件制约,省立安徽大学迁往西南后复校的计划无奈成为泡影,省立安徽大学被迫解散,成为日本侵华战争的直接牺牲品,这也是安徽教育界在日本侵华战争中遭受最严重的一笔损失。

南京国民政府教育部统计处所做的大学战争损失统计,并没有对全国9所省立大学分别进行统计,而是汇总进行了统计,根据这一统计,在日本侵华战争中,中国9所省立大学在战争中共损毁平房362间,其他建筑2处;共损失中文图书27842册,外文图书0册;共损失仪器2001套,291719件,其中包括物理仪器2145件,化学仪器289571件,生物仪器2001套,而标本模型、工程仪器、天文仪器、蚕丝仪器、数学仪器、农学仪器、教育仪器、美术仪器、语言仪器等项均为零;共损失器具4777件,其中木器4457件,家具320件;共损失机械10468件,而体育用品、交通工具、乐器、水电设备和其他物品等栏目中均为零;共损失医药用品285瓶,26箱,其中医药116瓶,化学药品169瓶,医具1081支;而在其他损失栏目中,衣着、粮食、牲畜、树木、其他财物诸项目中,均为空白①。

从省立安徽大学在日本侵华战争中所遭受的实际损失来看,上述统计是极不全面和极不完整的。

日本侵略军占领安庆期间,省立安徽大学所有校舍均遭到严重毁坏。安徽大学的校舍主要由三大部分组成。安徽大学创建之初,为解决校舍问题,"省政府拨百子桥前安徽法政专门学校及五里庙前甲种农业学校两校址为校舍。旋以房屋不敷分配,租定百花亭保罗中学校舍为第一院,以百子桥部分为第二院,而以五里庙部分为第三院"②。故安徽大学最初校舍为原安徽法政专门学校和安徽甲种农业学校两校校舍,以及暂时租用的天主教教会的圣保罗中学校舍。

1934年10月,安徽大学筹建农学院。根据省建设厅的建议,省府第415次常会决议,"拨前工业专门学校旧址充安徽大学农学院院址"。11月,安徽大学派员接收前工业专门学校校舍③。

安徽大学成立后,为解决学校的发展问题,加之圣保罗中学校舍租期已满,

---

① 孟国祥:《大劫难——日本侵华对中国文化的破坏》,中国社会科学出版社2005年版,第332—340页。
② 《本校校舍扩充经过》,1935年10月7日《安徽大学周刊》第2版。
③ 《本大学农学院院址勘定》,1934年11月23日《安徽大学周刊》第1版。

王星拱等几任校长一再呼吁省府拨专款建设新校舍。到 1934 年春傅铜出任安徽大学校长后，省政府最终批准安徽大学的新校舍建设计划，省财政厅下拨专项资金。1934 年 7 月 24 日省立安徽大学新大楼正式开工，次年 10 月竣工。新大楼造价为 92998 元，是一座西式两层洋楼，兼为教学和行政办公两用，为省立安徽大学标志性建筑①。此外，历任校长还修建了一批男、女生宿舍、实验室、仓库、礼堂、浴室、田径运动场。

由此可见，省立安徽大学的校舍，包括前安徽法政专门学校、甲种农业学校和工业专门学校三校校舍，以及安徽大学在校园内建造的以新大楼所代表的一批教学、办公和生活用房，它包含了安徽人民在教育方面的巨大投入和近 30 年积累，到抗日战争爆发前夕，省立安徽大学已经成为一所教学、生活设施相对齐全的现代大学。然而，在经历日本侵华战争的浩劫后，这座曾使安徽人民引以为荣的大学已经面目全非，几乎遭到彻底破坏。在日本占领安庆期间，安徽大学变成了日军易粮所②，当战后初期国立安徽大学筹委会接收原省立安徽大学校址时，整个校园满目疮痍，情景惨不忍睹。校内 "除大楼能勉强居住外，余悉残破不堪。女生宿舍门窗俱无，楼板破烂颇多。男生第一宿舍为军政部（日伪）仓库，内储大麦千余包。男生第二宿舍地板损失过半，处处垃圾，若粪坑焉。宿舍前有平房百余间，倾墙败垣，瓦穿梁朽，雨泽下注，水流成渠。大楼后有镔铁房一所，为日人所建者，墙壁倒塌，马粪如山，可远观而不可入观。校园内蓬蒿如麻，野草横生"③。原省立安大的凹字形大楼、二院各学生宿舍，及三座西式红楼的学生宿舍、大礼堂，均破败不堪。实验室、图书馆以及大礼堂前的四排楼房，全被日军拆去。

在日本军队占领安庆前夕，安徽大学校方遵照省府指示，将 10 年积累的图书资料、档案文献和教学仪器设备装箱上船，经水路运往后方。因战局紧迫和其他因素，这笔重要资产大多流失。因此，图书资料、档案文献和教学仪器设备构成安徽大学在日本侵华战争中遭受资产损失的又一重要内容。

省立安徽大学的历任校长均极为重视学校图书资料和理科实验仪器设备的建设，在学校资金极为困难的情况下，仍想法设法节省资金，不断购置图书仪器设备，增强学校基础。据南京国民政府教育部统计，1931 年安徽大学拥有图书 21890 册（其中中文图书 18803 册，外文图书 3087 册），拥有仪器价值 400 元，

---

① 《本大学农学院院址勘定》，1934 年 11 月 23 日《安徽大学周刊》第 1 版。
② 中共安庆市委党史办：《安庆市抗战时期人口伤亡和财产损失调研报告》，2008 年，第 15 页。
③ 《我所知道的本校筹备情况》，1947 年《国立安徽大学校刊》。

标本 350 元，模型 200 元，机器 2167 元，地产价值 24542 元，校具价值 22933 元①。1935 年 10 月，根据省立安徽大学自己统计，学校"现有图书 36219 册，约值国币 65000 元；物理仪器 1419 件，约值国币 28000 余元，化学仪器、药品 2 万 5 千件，约值国币 28000 余元，生物地质标本 685 件，约值国币 5000 元"②。这样，在 1935 年，省立安徽大学仅图书和仪器两项资产价值已在法币（即国币，下同）126000 元以上。

此后，安徽大学仍在购置图书仪器设备，其中包括一批珍贵古籍。例如，1937 年 3 月，安徽大学侯芸圻教授在北平文奎堂、脩绠堂、松筠阁为学校购买一批古籍。这批图书多为晚清皖籍进士、翰林，著名藏书家蒯光典所收藏，极具价值。1937 年 3 月 5 日出版的《安徽大学周刊》详细介绍了新购的这批珍贵图书，称："甲、安徽先哲遗著：1.《桐旧集》，2.《桐程吴先生全书》，3.《善思斋文抄》，4.《考槃文集》，5.《中复堂全集》，6.《慎宜轩诗集》，7.《柏堂全集》，8.《桐城耆旧传》，9.《敬孚类稿》，10.《西门弟子记》。以上各书，均甚可贵，如《桐旧集》、《桐城耆旧传》等，为研究桐城文献所必需之书。刘海峰集载有论文偶记，亦为罕见之本，其中所言，后代桐城派诸子，多奉为圭臬。中复堂全集系桐城姚石甫所撰，石甫系惜抱之侄。慎宜轩诗集系石甫之孙叔节所撰。他如《太乙舟文集》、《初月楼文抄》、《小西腴山馆文抄》，皆坊间难得之本。乙、丛书：1.《天禄琳琅丛书》，2.《观古堂丛刻本》，3.《云自在龛丛书》，4.《玉简斋丛书》，5.《晨风阁丛书》，6.《颜李丛书》。《天禄琳琅丛书》系影印故宫所藏宋元刻本，印工极精，其余各书，亦饶价值。此外则清《李桓之耆献类徵》，计 294 册。以及《鹤徵前后录》、《文献徵存录》、《清史稿》等，皆为研究中国近代史之参考书。又有万历本《初学记》，刊印极佳，为明刻本中之佼佼者。丙、目录学书：1.《盈山书影》，2.《丽宋楼藏书志》，3.《铁琴铜剑楼书目》，4.《士礼居藏书题跋》。以上各类书籍，仅叙一二，其余书籍，亦最均实用云。"③

20 世纪 30 年代中期，南京政府教育部强调各省属大学必须将优先发展理、工、农科等实用学科，安徽大学因此加大购买理科仪器设备的力度，购买设备多从外国进口。1936 年 3 月 6 日出版的《安徽大学周刊》称："本大学近运到大批仪器，……此次运到者均系近世物理仪器，如 X 线管、油滴器、光电管、扭力

---

① 国民政府主计处统计局编：《中华民国统计提要》1934 年度，商务印书馆 1936 年版，第 314 页。

② 《本校概况》，1935 年 10 月 7 日《安徽大学周刊》第 2 版。

③ 《中国语文学系新购大批图书》，1937 年 3 月 5 日《安徽大学周刊》第 4 版。

器、各种通电管以及放射性药品多件，此项仪器均购自美国中央仪器公司，已到 4 大箱，现正开箱装配应用。近又向该公司订购真空抽气机、各种电流计等，并向德国马克斯维尔厂订购静电表、阴级线管等仪器。"[①] 1935 年之后，安徽大学创办农学院，李顺卿校长将农学院各系列为重点发展学科，又购置大批农学仪器设备。

1938 年 3 月，安徽大学在西迁前夕，根据省府要求，将学校资产制定一份详细清单，共 30 册，其中中文图书 73 箱，西文图书 22 箱；中文杂志 22 箱，西文杂志 10 箱，办公室杂志 5 箱，总计 133 箱中文线装 3839 函（每箱内装 69—100 余函不等），中日文平装 15908 本，西文 3430 本（尚有部分中西文报章及零星小册子等多种存皖）。农学院仪器试验用具共装 15 箱，内有显微镜、放大镜、天秤、解剖器，杀菌器、号码机、温度表、植物病理标本等[②]。上述数字即使与安徽大学在 1935 年 10 月所拥有的图书资料和仪器设备的总数相比较，也有相当大的数字缺口。以图书为例，差额在 3000 册以上。考虑到 1935 年 10 月之后，安徽大学还购置了大批图书，这表明，还有许多图书因为时间紧迫没有装箱运走，这些来不及运走的图书仪器设备，多毁于战火。那些已经装箱运出的珍贵图书资料和仪器设备，由于战乱和其他原因，许多在迁移中毁坏，或被移作他用，只有极少数在战后能够回归安徽。

经上述粗略统计，我们可以发现，仅省立安徽大学在日本侵华战争中的图书资料和仪器设备损失的数字，就已经超过南京政府教育部统计处所计算的全国 9 所省立大学的全部损失。

安徽大学在日本侵华战争中的财产损失，还包括曾拥有两座面积广阔的农场。1934 年 11 月，为支持安徽大学创办农学院，省府第 415 次委员常会决议，决定将位于大渡口附近八都湖 2400 亩土地正式移交安徽大学，作为安徽大学新建农学院的农场[③]。1936 年 5 月，学校又接受省府划拨的霍邱西湖"涸出之田十余万亩"，将之辟为第二座农场[④]。随后安徽大学购置大量农业机械，对之进行排水和改造，使之成为大片良田。这些土地的收入，构成安徽大学收入的重要来源之一。抗日战争爆发后，随着安徽大学西迁和解体，也失去对这两座农场管理权，之前所有土地改良措施前功尽弃，这些土地再次被荒置，农场中所有机械设

① 《本校新近运到大批近世物理仪器》，1936 年 3 月 6 日《安徽大学周刊》第 2 版。
② 校史编写组：《安徽师范大学校史》，安徽人民出版社 2008 年版，第 55 页。
③ 《本大学农学院院址勘定，农场 2400 亩已派人接受》，1934 年 11 月 23 日《安徽大学周刊》第 1 版。
④ 《李校长报告》，1936 年 4 月 15 日《安徽大学周刊》第 1 版。

施亦在战乱中流失，其直接经济损失，至少在 10 万元以上。

省立安徽大学因日本侵华战争所遭受的间接损失，首先包括撤出安庆后安徽大学人员和图书仪器设备迁移费用。虽然这笔费用今天已经难以统计，但据相关资料，安徽大学仪器在运抵湖北省江陵县后，经水路又运往湖南省常德县桃源镇，其运费在核减后仍达 1150 元①。在整个安徽大学西迁路途中，从江陵至桃源不过仅占 1/5 路程，加上上述运费是核减后的数字，因此，仅西迁的安徽大学仪器运费至少应在 5750 元以上，考虑到还有打包、装箱、装卸和陆路运输费用，安徽大学仪器从安庆最后运往目的地湖南桃源的全部费用应在 10000 元以上。根据教育部的命令，安徽大学的图书全部运往重庆，交编译馆启用。安庆至重庆的水路距离几乎是安庆至常德距离的两倍，安徽大学图书装箱数与仪器数大致相当，由此计算，安徽大学图书西迁全部运费应在 20000 元左右。此外，安徽大学西迁中，还有近百名师生长期随行，如果每人旅费为 50 元，他们的旅费开支也将达到 4000 余元。

在省立安徽大学为避战火撤离安庆之前，已经历 11 年发展，安徽省对这所大学已经投入巨额资金。笔者认为，在统计安徽大学的战争损失时，安徽省对这所大学的全部投入，应该作为一个参考系数。安徽大学在 1928 年创立之际，省府曾从全省契税收入中拨款 72 万元，作为学校开办经费②。1929 年秋，王星拱出任安徽大学校长后，学校仅有文学院和法学院，他制定文、法、理、农、医、工六院发展规划，决定立即成立理学院。根据南京政府 1929 年制定的《大学规程》，一所大学设立理学院的开办费为 20 万元，之后每年经常费为 15 万元③。故省府确定 1929 年度经常费为 54 万元，临时费为 495412 元，合计 1035412 元④。之后各年省府下拨安徽大学经常费和临时费有较大幅度削减，每年共计约 40 万元。1935 年 3 月 3 日，安徽大学成立农学院，省府拨给安大农学院开办费 15 万 8 千元，分两年划拨⑤。因此，省立安徽大学在其存在的 11 年间，省府先后为该校投入资金至少在 500 万元以上，加上该校董事会募集资金、学生学费收入和校办农场收入，全部资金应在 600 万元左右。由于日本发动的侵华战争，随着安徽大学在撤迁途中解体，这些投入几乎完全化为乌有。即使以省府年均资金

① 《洪韵致教育部高等教育司函》，转引自校史编写组：《安徽师范大学校史》，安徽人民出版社 2008 年版，第 58 页。
② 省立安徽大学编：《省立安徽大学一览——校史》，1932 年，第 3 页。
③ 蔡鸿源：《民国法规集成》58 卷，黄山书社 1999 年版，第 66 页。
④ 安徽省教育厅编：《民国十九年之安徽教育——省教育概况》上册，1931 年，第 5 页。
⑤ 《本大学农学院开办费得省府确认》，1936 年 3 月 6 日《安徽大学周刊》第 1 版。

投入的三倍计算其直接经济损失，其数额已达120万元，加上两个农场的直接损失，安徽大学在日本侵华战争中的直接经济损失应在130万元以上。

由于日本发动的侵华战争，耗费如此巨额资金建立的这所颇具规模的综合性大学，最终因这场战争而解体，不能不说是安徽近代教育的重大挫折，而这一切，只能归咎于日本发动的侵华战争。

战后，南京政府教育部在统计抗日战争时期全国高等院校的财物损失时，对于安徽省仅计算安徽大学一校。其实，在日本侵华战争中受损的安徽高等院校并不仅仅是省立安徽大学，还有在战火中刚刚创建于大别山腹地的安徽省立师范专科学校，它在1943年初曾遭到日本侵略军的严重破坏。

1938年6月，省立安徽大学在日军占领安庆前夕西迁，因诸多困难，复校无望，被迫于1939年夏停办。然而，安徽的高等教育并没有因为安大停办而中断。抗日战争开始后，国民党安徽省政府迁往皖西大别山中的立煌（今金寨县），一批不愿做亡国奴的青年，也从沦陷区来到这里。1940年初，省府决定筹建安徽建设学院，为失学青年提供继续教育机会。1941年2月，安徽建设学院改称安徽临时政治学院。1941年8月，安徽临时政治学院迁至古牌冲，除了接收已经停办的"安徽省地方行政干部训练班"在黄家新屋、张家祠、李氏祠旧址房屋外，又租用附近黄家新屋、张家祠、李氏祠100余间瓦房，作为校舍和院本部①。10月，安徽临时政治学院正式招生，学制一年，首批新生240余人，分为文史、教育、政经、法律四系。许多沦陷区的学者、教授纷纷前来任教，其中一些是前安徽大学的教员。在首批学生毕业后，1942年9月，安徽省政府经重庆国民政府批准，将安徽临时政治学院"改为省立师范专科学校，以培养中学师资"②。安徽省立师范专科学校仍以刘乃敬为校长，以培养本省中学师资为办学宗旨，调整专业设置，裁政经系和法律系，改设国文、英文、数学、教育、史地五科，学制为三年。随后学校开始招生，原临时政治学院毕业生多数直接进入师专二年级学习，同时又招收一批一年级新生，全校共计学生300余人。省府年拨经费81万元③。

安徽省立师范专科学校的成立，标志着因日本侵略而中断三年之久的安徽高等教育初步恢复。然而就在安徽省立师范专科学校成立之初，1943年初，日军进犯大别山腹地，攻陷位于大别山腹地的安徽战时省会立煌县城，摧毁了这座战

---

① 黄本瑞：《古碑镇黄集的安徽学院》（油印本），1993年，第1页。
② 李品仙：《安徽省行政工作报告——1945年3月》，安徽立煌，1945年，第44页。
③ 校史编写组：《安徽师范大学校史》，安徽人民出版社2008年版，第89页。

时颇为繁荣的山城，并一路闯入古碑镇黄集，将"学校本部黄家新屋、张家祠、李氏祠放火焚烧大半。师生大部分各携简单行李，徒步向北逃难，逃至胡店，又遭日本飞机的袭击，死伤不少。半个月后，师生方回学校，重建校园"①。

在这次浩劫中，安徽省立师范学校被毁坏的房屋，应超过100间瓦房，如果按安徽私立浮山中学的计算方法，每间瓦房约值1500元（1941年法币）计，（注：见后文）此次安徽省立师范专科学校仅房屋损失就在15万元以上。此外，学校的办公桌椅、教学桌椅、图书仪器等教学设施及生活用具的也被彻底焚毁，其价值至少也在5万元以上。

2. 安徽中等教育损失状况

抗日战争爆发之前，安徽省的中等教育在经历30余年的发展后，已取得相当进展，但是在日本发动侵华战争后，几乎遭受灭顶之灾。

1945年初，安徽省主席李品仙在《安徽省行政工作报告》中就战争对安徽中等教育影响作了较全面的阐述，他称："本省战前共有公私立中等学校88所（师范学校在内）。502班，学生约19000余人。26年秋抗战军兴，迫于战局，除皖南少数学校尚能继续维持外，其余各校均无法赓继课业。次年春，犹合乎平靖地域之徽州中学及颍州中学等7校开学上课，同时复于立煌等处筹设临时中学4所，以收容各地失学青年。是年夏，江淮沿岸各县相继沦陷，事势如此，八皖弦歌，几令中缀，而风鹤之余，尚能苟延文化于一脉者，仅皖南徽州数校而已。"② 这表明，在抗战最初几年，安徽省绝大部分中等学校因战争被迫停办。

根据1936年省教育厅统计，安徽在1931—1935年度拥有各类中学在78所至87所之间，具体情况见下表：

表1　1931—1935年度安徽省各类中学统计表③　　　　单位：所

学校性质	1931年度	1932年度	1933年度	1934年度	1935年度
省立中学	24	25	28	33	34
县立中学	42	33	27	25	25
私立中学	21	23	23	23	23
合　计	87	81	78	81	82

---

① 黄本瑞：《古碑镇黄集的安徽学院》（油印本），1993年，第2页。
② 李品仙：《安徽省行政工作报告——1945年3月》，安徽立煌，1945年，第39页。
③ 安徽省教育厅编印：《安徽省教育要览》第3回，1936年，第1页。

1931—1935 年度安徽省政府、县政府和私人每年对各类中学投入资金在 180 万元上下，具体情况见下表：

表2　1931—1935 年度安徽省各类中学经费支出表　　　单位：元①

学校性质	1931 年度	1932 年度	1933 年度	1934 年度	1935 年度
省立中学	1167042	1234734	1267982	1345949	1322296
县立中学	356760	522706	278760	227444	219965
私立中学	235580	284106	289119	322010	312281
合　计	1757382	1831546	1835861	1895003	1854542

上述统计表明，30 年代前期，安徽省、县和个人每年用于中等教育的经费平均支出 185 万元左右，其中省立中学为口学教育经费投入重点，约占全省中等教育经费总额的 70% 左右，其中 1935 年度达到 71.26%；县立中学的经费投入远远不及省立中学，在 1932 年后更呈现逐年下降的趋势，其投入资金总额甚至不如私立中学。

安徽省省立各中学的资金投入，与所在地经济发展水平、学生人数也有着直接关系，主要集中在人口必将密集，经济相对发展的中心城市或县城，具体情况见下表：

表3　1935 年度安徽省各省立中学基本情况一览表②

校　　名	学校所在地	班级数（个）	学生总数（人）	年经费数（元）
省立安庆高级中学	安庆	10	390	59456
省立徽州中学	休宁	10	369	52820
省立颍州中学	阜阳	9	364	45618
省立芜湖中学	芜湖	6	286	33972
省立凤阳中学	凤阳	8	359	40936
省立庐州中学	合肥	10	392	45618
省立安庆初级中学	安庆	12	500	49724
省立宣城初级中学	宣城	6	192	31044

---

① 安徽省教育厅编印：《安徽省教育要览》第 3 回，1936 年，第 2 页。表中货币数为法币。
② 安徽省教育厅编印：《安徽省教育要览》第 3 回，1936 年，第 53—55 页。表中"年经费数"为法币。

校　　名	学校所在地	班级数（个）	学生总数（人）	年经费数（元）
省立滁州中学	滁县	7	340	31044
省立芜湖女子中学	芜湖	9	383	48690
省立安庆女子中学	安庆	12	457	52094
省立怀远女子初级中学	怀远	3	120	17712
省立徽州女子初级中学	休宁	6	165	38964
省立颍州女子初级中学	阜阳	3	120	17544
省立庐州女子初级中学	合肥	7	276	30684
省立池州师范学校	贵池	7	234	52094
省立徽州师范学校	歙县	4	119	31972
省立颍州师范学校	阜阳	6	195	48600
省立宣城师范学校	宣城	6	234	48120
省立凤阳师范学校	凤阳	6	221	50840
省立庐州师范学校	合肥	6	236	50440
省立蚌埠简易乡村师范学校	蚌埠	5	179	38620
省立黄麓简易乡村师范学校	巢县	3	138	25092
省立安庆女子师范学校	安庆	4	145	34860
省立安庆高级工业职业学校	安庆	7	240	53358
省立安庆高级蚕桑科职业学校	安庆	1	49	9440
省立芜湖高级农业职业学校	芜湖	6	168	46200
省立东流初级林蚕科职业学校（筹备）	东流			33012
省立徽州初级农业职业学校（筹备）	绩溪			8203
省立蚌埠初级工业职业学校	蚌埠	3	69	33684
省立正阳初级机械科职业学校	正阳关	3	55	18636
省立宿县初级农业职业学校	宿县	4	133	30988
省立安庆女子职业学校	安庆	7	247	66590
省立寿县女子职业学校	寿县	4	141	45624

上述统计表明，在 1935 年的安徽省 34 所省立中学中，有 16 所设在安庆、芜湖、合肥、蚌埠等中心城镇，比例高达 46.87%，它们的办学规模和每年经费支出所占比例分别为 52% 和 46.2%。

1935 年度安徽省县立中学 25 所，年度经费共计为 219965 元。平均每校年经费约 8800 元；私立中学 23 所，年度经费总计为 312281 元，平均每校年均经费 13577 元。在抗日战争爆发前，安徽省私立中等学校的资金投入大大超过县立中学。芜湖是私立中学教育最发达地区，共有 4 所私立中学，每年经费合计为 101826 元，占全省私立中学经费的 32.61%[①]。

在日本发动侵华战争后不久，安徽省大部地区立即遭受战火。根据 1945 年 8 月 1 日安徽省府的统计，在日本侵华战争时期，安徽境内的宿县、泗县、灵璧、五河、滁县、定远、芜湖、广德、当涂、郎溪、盱眙、凤阳、天长、来安、嘉山等 15 县全部沦陷，无为、全椒、和县、巢县、含山、宣城、东流、铜陵等 8 县大部沦陷，桐城、怀宁、望江、合肥、寿县、亳县、怀远、南陵、繁昌、贵池、至德、青阳等 12 县半部沦陷，庐江、宿松、涡阳、蒙城、凤台等 5 县小部沦陷，太湖、潜山、六安、霍邱、立煌、舒城、霍山、岳西、阜阳、临泉、太和、颍上、泾县等 13 县曾遭日军窜扰，只有宁国、休宁、歙县、祁门、黟县、绩溪、旌德、太平、石埭等 9 县未曾遭日军窜扰[②]。即使是未曾遭受日军占领和窜扰的皖南徽州各县，但也多次遭到日本飞机的轮番轰炸。据统计，仅在 1937—1941 年，宁国就遭到日机 9 次轰炸；休宁遭到 1 次轰炸；歙县遭到 11 次轰炸；黟县遭到 3 次轰炸；石埭遭到 5 次轰炸；屯溪遭到 4 次轰炸；绩溪遭到 4 次轰炸；旌德遭到 1 次轰炸；太平遭到 15 次轰炸；石埭遭到 5 次轰炸[③]。

根据战后南京政府教育部统计处 1946 年 6 月的统计，按照 1945 年 8 月币值，在日本侵华战争中，安徽省中等学校共损失 198382211 元（法币），其中建筑物损失 118155456 元，图书损失 9325377 元，仪器损失 3049794 元，器具损失 57120261 元，医药用品损失 5071863 元，现款损失 83850 元，其他损失 5555610 元[④]。

笔者认为，南京政府教育部统计处的这一统计是不完整的，并不能反映安徽省中等教育在抗日战争期间受损的真实情况。1946 年 7 月，安徽省主席李品仙

---

① 安徽省教育厅编印：《安徽教育要览》第 3 回，1936 年，第 55—58 页。
②③ 安徽省档案馆、蚌埠市档案馆编：《日本侵华在安徽的罪行》，1995 年印行，第 1、65—81 页。
④ 孟国祥：《大劫难——日本侵华对中国文化的破坏》，中国社会科学出版社 2005 年版，第 341 页。

在《1946年1—6月安徽省政府工作报告》中提到:"抗战损失调查,现已调查完竣者,计立煌等26县,其他皖东北各县,以共军窜扰,尚未调查完竣,现正电饬限期办竣。"① 由此可见,此时安徽全省抗战损失的调查并未完结,因此南京政府教育部统计处统计安徽中等教育损失的数字并不是全省中等教育损失的数字。根据相关史料和笔者的研究,安徽省中等学校在抗日战争实际损失的数额远远超出南京政府教育部统计处1946年6月的统计数。

在抗日战争爆发前,安徽省省立中学和私立中等学校为全省中等教育之重点,资金投入较为充足,而且主要集中于安庆、芜湖、合肥、蚌埠等城镇。这些城镇不仅为全省政治、经济和文化的中心,又位处交通要道,抗日战争爆发不久,上述城镇便成为日军主要攻击或轰炸目标,包括各类学校在内的公共设施遭受严重毁坏,之后又遭到日军长期占领,直到日本战败投降,安庆、芜湖、合肥和蚌埠才被中国军队收复。在这一过程中,安徽省经历30多年辛苦建立的中等教育支柱的省立中学、县立中学和私立中学,大多遭受严重损坏。1945年安徽省教育厅在《战后教育计划大纲》中指出:"本省中等教育自创造迄抗战之日,垂30余年,其演进结果,虽不可视为理想标准,然姑作为本省中学则未始不可,而于敌寇肆意摧残破坏,且一度停顿……"②

抗战之前,芜湖是安徽经济、文化中心,在抗战初期就遭到日本侵略军的严重毁坏。抗战初期,芜湖全城连续遭受日本地面炮火、长江上日本军舰及空中日本飞机的猛烈轰炸,全城建筑毁坏极为严重。之前,根据省府命令,芜湖中学迁往皖南山区继续办学,共计4所。1937年秋,省立芜湖中学高中部迁往贵池杏花村复课。当芜湖、安庆失陷后,又继续内迁湖南,最终,该校被迫解体。私立广益中学迁泾县茂林。私立芜关中学在沪战开始,即首迁南陵。不久,京、芜同陷,南陵逼近前方,又迁歙县,翌年又徙往西溪南。私立建国中学于1941年在距屯溪5华里的梅林重建。另外,私立萃文中学西迁巴蜀,于1938年1月抵达重庆,校名为"芜湖私立萃文中学渝校"。抗日战争期间芜湖外迁中学,以及战时在后方创建的中学,当时因情势危急,交通工具奇缺,举步艰难,又因途中敌机轰炸扫射,人员伤亡难免,图书仪器损失不计其数。1937年12月,芜湖沦入敌手,中学教育遂告停顿,教学设备损失一空③。

从抗战初期被迫撤离的芜湖5所学校来看,省立芜湖中学是战前安徽省最著

① 李品仙:《安徽省政府工作报告,1946年1—6月》,1946年,第27页。
② 安徽省教育厅编印:《安徽战后教育计划大纲》,1946年,第43页。
③ 中共芜湖市委党史办:《芜湖市抗战时期人员伤亡和财产损失调研报告》,2008年,第10—11页。

名的一所高级中学，其前身为创办于 1903 年的皖江中学堂，1935 年度，省立芜湖中学拥有 6 个班级，286 名学生，年度经费达 33972 元。芜湖私立广益中学前身为基督教教会办的圣雅各中学，创办于 1910 年，1927 年更名，1935 年度学校拥有 17 个班级，645 名学生，年度经费 30000 元。芜湖私立芜关初级中学，创办于 1914 年，1935 年度拥有 7 个班级，330 名学生，年度经费 15992 元。芜湖私立萃文中学亦是基督教教会学校，创办于 1909 年，1935 年度拥有 7 个班级，227 名学生，年度经费 31434 元[①]。芜湖私立建国中学也是创建于 1930 年的一所著名学校。这些中学的共同特点是办学历史悠久，学校经费充足，教学、生活设施齐全。由于战争，这些经历多年资金积累后建立的校舍和教学、生活设施只能被抛弃，这本身就是巨大的经济损失，同样，在偏僻皖南山区或西南地区重新建立起这些学校，其迁徙和重建又得耗费另一笔巨额资金。

安徽省其他城镇的中学在抗战中同样损失惨重。安庆市抗战损失调研报告披露：日军入侵后，六邑中学、安庆中学、高级中学、女子职业学校、高级工业学校、女子中学遭拆毁。安庆市区有 4 所学校迁出安庆，36 所学校停办[②]。

合肥市抗战损失调研报告披露：合肥沦陷后，县城内普通中学 5 所停办。1938 年日军轰炸庐州师范校舍、大蜀山农林学校，造成损失共 70480 元（1938 年 5 月币值），换算为 1937 年 7 月币值为 57770 元[③]。

马鞍山市抗战损失调研报告披露：抗战爆发后，当涂县城内私立静仁中学被迫停办，其财产设施在日本占领期间由于战乱成为一片废墟。该校于 1920 年由当涂实业家徐静仁在县城西门内创建，有校舍 70 余间，仅建筑费用就耗去 3 万元[④]。

蚌埠市私立江淮初级中学，1935 年度便拥有 7 个班级，学生人数 346 人，年度经费 9200 元[⑤]，办学规模超过浮山私立初级中学昔日曾以"规模宏大，设备完整，全国称誉"而自豪，在 1938 年 2 月日军占领蚌埠后，日军将警备司令部设在该校。战后，当国民政府接收该校时，发现"校具荡然无存，校舍亦毁去三分之二"[⑥]。

① 安徽省教育厅编印：《安徽教育要览》第 3 回，1936 年，第 56—58 页。
② 中共安庆市委党史办：《安庆市抗战时期人员伤亡和财产损失调研报告》，2008 年，第 15—16 页。
③ 中共合肥市委党史办：《合肥市抗战时期人员伤亡和财产损失调研报告》，2008 年，第 28—29 页。
④ 中共马鞍山市委党史办：《马鞍山市抗战时期人员伤亡和财产损失调研报告》，2008 年，第 23 页。
⑤ 安徽省教育厅编印：《安徽教育要览》第 3 回，1936 年，第 58 页。
⑥ 《安徽省私立江淮中学校董会致教育部长朱家骅函》，中国第二历史档案馆馆藏档案，档案号：宗 5 案卷 7134/5。

安徽省档案馆的一则档案记载："无为县立初级中学（今无为中学）校舍建于城南绣溪旁，为一新式建筑物，计有洋房两幢，房屋大小84间，可容纳师生七百余人，为本县唯一之高等学府。民国三十二年春季，无为县伪县长吴赈黄因鉴于砖瓦木石料价值奇昂，乃唆使部属拆掉……变卖肥私。"①

抗日战争时期前期，安徽各县向国民政府发文电汇报1937年至1941年间遭受日机轰炸损失，一些文电记录了一些中学在日机轰炸中受损情形，现摘录这些文电如下：

"1940年6月13日9时，宿松县立中学全体教职员学生400人，正在上课，忽有敌机6架，围绕县中狂炸，全校房屋被毁十分之六，死学生3人，受重伤12人，轻伤更众，其余伤亡正在调查。

1941年6月10日，敌机6架窜至宿松县北山中学投重量炸弹13枚，毁房屋80余间，器具、图书损失极重，重伤校工1人……

1940年11月20日，敌机3架，飞袭桐城县城，县立中学被炸，毁校舍11间，所有校具及学生书籍衣物等件损失甚巨。

1941年4月4日8时，敌机4架，两度轰炸桐城县，计投弹10余枚，据中心学校报称，该校被炸毁房屋3间，内部教具全行毁坏。

1941年5月28日上午8时，敌机6架轰炸桐城县私立浮山中学，投弹12枚，本校东部职教员住室、女生寝室、教室完全炸毁，10时半，又来敌机6架，投巨型弹16枚。二次投弹共28枚，炸毁校舍全部120间，所有历年校内设备及员生书籍衣物等一律无存。"②

1941年5月28日，桐城县私立浮山中学两度遭到日本飞机的轰炸，全部校舍和所有教学设施被彻底摧毁。战后，该校校长徐慎之在给国民政府的报告列举各类损失如下表：

① 安徽省档案馆馆藏档案，档案号：卷22—1—112。
② 《安徽省各地遭敌机轰炸情形文电摘要》，引自安徽省档案馆、蚌埠市档案馆编：《日本侵华在安徽的暴行》，1995年印行，第68—69、81页。

表4 安徽省桐城县私立浮山初级中学战时损失清单①

名称	类别	数量	当年价值（元）	折合现价（1946年）（元）	损失事由
校门	瓦房	1 间	1500	2250000	1941 年 5 月 28 日机两次轰炸
礼堂	瓦房	5 间	15000	22500000	同上
图书馆	瓦房	22 间	50000	75000000	同上
办公室	西式大楼	1 间	4000	6000000	同上
教室	瓦房	6 间	9000	13500000	同上
男生宿舍	瓦房	22 间	33000	49500000	同上
女生宿舍	瓦房	6 间	9000	13500000	同上
门房	瓦房	2 间	3000	4500000	同上
架床		186 张	37200	55800000	同上
办公桌椅		22 件	4400	6600000	同上
黑板		8 面	4000	6000000	同上
图书		1260 册	100800	151200000	同上
课桌椅		246 件	24600	36900000	同上
仪器		920 件	70000	105000000	同上
风琴	凤牌	2 架	2400	3600000	同上
收音机		1 件	1800	2700000	同上
时钟		3 架	3000	4500000	同上
总计			404900	6103500000	

　　桐城县浮山私立中学创立于 1924 年，办学历史较为悠久，资金较为雄厚，根据安徽省教育厅的统计，该校 1935 年度的经费开支为 11800 元，经过 10 多年的发展和积累，该校办学条件较为优越，因此在遭受日机轰炸后损失巨大。但是，实事求是地说，1946 年 3 月浮山私立中学向教育部提交的"战时损失清单"在统计损失金额时明显存在不实之处，例如，损失了 1260 册图书，其估价竟为 100800 元；损失了 8 面黑板，其估价竟为 4000 元，明显超出了合理价格。可能校方是由于希望通过多报损失，来获得南京政府教育部更多的补偿的原因，所以，在上报战损清单时有意高估受损物品的价值。尽管如此，这所学校在战争中

① 安徽省政府：《安徽省桐城县私立浮山中学战时损失清单》，1946 年 4 月 18 日，中国第二历史档案馆馆藏档案，宗 5 案卷 7134。表中价值统计数为法币。

遭受毁灭性的损失，也是不争的事实。毁于日机轰炸的桐城浮山中学只不过是安徽省中等学校在日本侵华战争中遭受巨大损害的一个缩影。

安徽宿县私立毓秀中学校也是一所名校，1935年时拥有学生112人，年度经费5324元①，胡耀邦同志的夫人李昭曾就读于这所学校，在日本侵华战争中同样遭到日机轰炸，损失惨重。战后，这所学校也向南京政府教育部报告了的损失，并提交了一份极为详细的损失清单：

校舍方面：过道2间，食堂3间，厨房3间，浴室3间，储藏室3间。

校具方面：办公桌15张，会议桌3张，方桌6张，餐桌10张，椅子30张，沙发椅8张，靠几4张，小圆桌6张，写字台5张，方凳26张，教授桌3张，课桌150张，长凳130条，盥洗架40个，小钢丝床6张，板床12张，大黑板4方，小黑板6方，公文橱2个，藏书橱10个，仪器橱8个，药品橱4个，标本橱8个。

设备方面：风琴3架，桌上钢琴1架，缝纫机6架，织袜机3架，打字机1架，七灯收音机1架，四灯收音机1架，汽油灯6个，铁火炉5个，中西乐器12种，地理大挂图8幅，各种挂图120幅；厨房用具全套；体育用具——篮球架全具，排球5个，网球2打，网球拍10把，铁球6个，铁饼6个，标枪6根，哑铃69对，球杆69根，棍棒120个。

童军用具，帐篷6个，帆布桶10对，童军棍160根，担架6具，行军锅4个，铜水枪10枝，大鼓1面，小鼓4面，铜号6个，团旗1面，队旗12面；图书2864册；

物理学实验设备（A）示教实验设备：1. 量法与力学29种；2. 声学7种；3. 热学12种，4. 电磁学32种；（B）学生实验设备：1. 仪器35种，2. 药品48种。

各种标本：（A）动物标本58种；（B）植物标本85种；（C）矿物标本42种；（D）昆虫标本40种。

各种模型：（A）生理学模型20种；（B）立体几何模型全套②。

1940年2月26日，位于皖南山区的安徽省属联立中学向皖南行署提交学校的财产损失报告。根据这份报告，由于遭到日机轰炸，学校财产直接损失为64650元，其中，建筑物损失价值20000元，器具损失15000元，现款损失1800

---

① 安徽省教育厅编印：《安徽教育要览》第3回，1936年，第57页。
② 《湘、皖、沪、津、渝私立中等学校被日6轰炸受损要求补助的文件及图表》、《安徽省私立女子毓秀初级中学校董会损失清单》，中国第二历史档案馆馆藏档案，宗5案卷7134/28。

元，图书损失 5000 元，仪器损失 2500 元，其他损失约 20000 元①。仅该校直接损失就折合 1945 年国币 24513403 元。另外，该校同时还提交学校间接损失报告，共计 6350 元，其中包括迁移费 3500 元，防空设备费 200 元，疏散费 2200 元，救济费 450 元②。其间接损失也折合 1945 年国币 2407736 元。

浮山中学、毓秀中学和安徽省属联立中学的事例表明，在抗日战争初期，安徽各地许多中等学校屡遭日本飞机的轰炸，损失极为严重。其实，即使是那些位于敌占区的中等学校校舍，在日军占领期间，也被日本侵略军任意糟蹋和毁坏，战后已经无法继续使用。

战后，安徽省恢复受损的中等学校校舍的工程极其浩大，面临巨额资金缺口。安徽省教育厅在 1946 年总结说："八年抗战，本省中等学校校舍，经敌机摧毁过甚，即幸存者，亦残破不堪……一年以来，恢复原来校舍者，计 7 校彻底修理，几如重建者 6 校，大加修缮者 10 校，新设学校、新建校舍 14 校，合计约新建屋宇 1300 余栋，修理屋宇 1900 余栋。"③ 如果以修理房屋所需资金为新建房屋费用的 60% 计算，每栋校舍平均为 3 间计算，那么，等于新建校舍 7320 余间。按照当年桐城浮山中学的计算方法，每间瓦房约值 1941 年国币 1500 元，约相当于 1945 年 9 月国币 275133 元。以此方法进行统计，安徽省中等学校在战后第一年恢复和重建校舍所耗资金约 201397.5 万元（1945 年国币）。然而，这笔款项仅仅是安徽省重建中等学校校舍三年计划的地一年所需资金。省教育厅在规划中称，"现各级教育机关学校修建设备，尚能依照计划次第完成，然较之战前建设仍远，尚需继续增筹经费，期于三年之内，恢复旧观"。按三年计算，安徽省中等学校的校舍全面恢复到战前水准至少需要 604192.6 万元（1945 年 9 月国币），这一数字大体上反映安徽省中等学校校舍在抗日战争中损失的情况。除此而外，各中学的办公、教学、生活设施的重建，亦是一笔不大的开支，如果其与校舍建设的费用为 2:3，其数额为 402795 万元。两项开支合计为 1006987.7 万元。这一数字为战时安徽中等教育财产的直接损失，应该是有充分理由的。

事实上，不仅仅是那些直接毁于日本侵华战争中炮火的安徽各类中学遭受巨大财产损失，即使是那些战争初期迁移到皖西山区，或设在皖南徽州山区未直接遭受日军炮火洗劫的中等学校，也因为学校大规模迁徙、重建和防空设施耗费大量资金，这同样是日本发动的侵华战争带来的后果。

---

① ② 皖南行署：《本署关于抗战公私损失等情与有关单位的来往文书》、《安徽省属联立中学财产直接损失汇报表》，1939 年至 1940 年，安徽省档案馆馆藏档案，档案号：L3.7.600。
③ 安徽省教育厅编印：《安徽教育要览》第 4 回，1946 年，第 33 页。

以皖南的省立徽州中学为例。1940年2月，皖南的省立徽州中学向皖南行署汇报了抗战以来学校的财产间接损失的情况。根据这份汇报，省立徽州中学在1937年下半年财产间接损失费为156元，为防空设备费；1938年财产间接损失费为180.75元，为防空设备费；1939年财产间接损失费为742.97元，其中防空设备费221.83元，疏散费521.14元①。这样，仅该校在战争前三年的财产间接损失就为1079.72元。其实，在皖南和皖西未被日军占领地区，包括战争初期迁移至这些地区的原芜湖、安庆的省立中学，各类中学至少在20所以上。如果以徽州中学的防空设施和人员疏散费用计算，那么，20所中学的防空设施和人员疏散费用21594元。

1946年初，安徽省教育厅拟定了三年恢复本省各级教育计划，称：本省战前各级教育之建设颇具规模，只以战时迭遭……破坏，损失殆尽；"复员后，关于校舍之建筑修理及各项设备之添置，需款至巨，本省财力实有未逮，经再请中央补助，自34年冬至本年暑期止，共奉核准补助232500万元。"

这一计划可以作为评估安徽中等教育战时财产损失的另一参照。在这项计划中，用于恢复安徽省中等教育的经费包括：省立专科以上学校43900万元；省立中学56832万元（内包括国立中学19290万元）；省立师范学校22236万元（包括国立师范4510万元）；省立职业学校7280万元；收复区中小学经费885.088万元；收复区员生甄审费376.236万元；联县私立中学补助费10210万元；购买中小学校具120万元；购买公私立中等学校《新中学文库》62000万元；复员首都皖籍学生补助费1000万元；皖东北各县中小学补助费4800万元；复员国立中学师范员生旅费及各招待站经费7700万元。此外，教育厅还从本省善后救济分署获得省校工赈面粉550吨，联县私立学校500吨，用于各级学校恢复重建②。

以上经费和物资，只是安徽省从南京政府所获补助部分，并不包括安徽省、各县和私人对中等教育的正常投入，仅为三年重建计划的第一年使用的经费，但是它也可以表明安徽省中等教育的受损情况的严重和恢复工作的艰巨。而且，从数值上看，它已经大大超过了南京国民政府教育部统计处战后对安徽中等教育受损情况的统计。

3. 安徽初等教育损失情况

抗战胜利后不久，南京政府教育部统计处公布了安徽省小学在战争中直接损

---

① 《安徽省立徽州中学财产间接损失汇报表》，安徽省档案馆藏档案，档案号：L3.7.600。
② 安徽省教育厅编印：《安徽教育要览》第4回，1946年，第35页。

失的有关数据，在日本侵华战争期间，安徽省的小学直接损失为 2303309 元（1945 年 8 月国币值，下同），其中建筑物损失为 1085666 元，图书损失 328593 元，仪器损失 26334 元，器具损失 531160 元，医药用品损失 12964 元，现款损失 25405 元，其他类别损失 293187 元①。南京政府教育部统计处公布的安徽小学战时损失的数字，如果按照 1937 年币值折算，仅仅为 1207.8 元，而且它还仅仅相当于它同时公布的安徽中等学校战时损失的数字的 1.16%。显然，这个数字并不符合实际，与事实的差距更大。

要估算安徽省初等教育在日本侵华战争中的损失，必须首先对战前安徽省初等教育的基本状况有所认识。

至 20 世纪 30 年代中期，安徽初等教育已经较为普遍，发展初具规模，安徽省财政收支一直十分窘迫，但每年在初等教育中和义务教育中仍投入巨额资金，在全省教育经费占有相当比例。1935 年度，安徽省政府各项教育经费投入情况和比例见下表：

表 5　1935 年度安徽省教育经费分配表　　　　　　　单位：元②

类　别	经常费	临时费	合　计	占百分比
教育行政费	108773	4000	112773	3.86%
高等教育费	521090	23099	544189	18.64%
中等教育费	1449106	9800	1458906	49.98%
初等教育费	330708		330708	11.33%
义务教育费	330000		330000	11.31%
社会教育费	125351	10770	136121	4.66%
其他教育费	5035	1200	6235	0.22%
总　计	2870064	48869	2918933	100%

由上表我们可以看出，在抗战爆发前夕的 1935 年度，安徽省对义务教育投入经费 330000 元，两项合计为 660708 元，而当年全省教育总经费为 2918933 元，故初等教育和义务教育经费约占省投入的教育总经费的 22.64%，超过同年对高等教育的投入经费。值得一提的是，上述投入仅仅省府是为省立小学投入的资金，并不包括县、区和私人对初等教育投入的经费。

---

① 孟国祥：《大劫难——日本侵华对中国文化的破坏》，中国社会科学出版社 2005 年版，第 343 页。
② 安徽省教育厅编印：《安徽教育要览》第 3 回，1936 年，第 6 页。表中各项经费数为法币。

与中等教育相比，安徽近代的初等教育发展更早、更为普遍，分布更广。根据安徽省教育厅在 1936 年对全省小学的统计，1935 年度安徽省共拥各类小学 3827 所，其中，省立小学仅 34 所，仅占全省小学的 8.9% 绝大多数小学为县立小学、区立小学和私立小学。各级小学数量及比例见下表：

表 6   安徽省 1935 年度各类小学统计表①

小学类别	初级小学	高级小学	其 他	总 数
省立小学	9	25		34
县立小学	1090	369	99	1558
区立小学	899	136	4	1042
私立小学	506	177	510	1193
合 计	2504	710	613	3827

在 1935 年度，安徽省初等教育的全部经费为 2117235 元，但主要资金投入者并不是省政府，而是县、区政府和私人，省政府对省立小学（含幼稚园）经费投入共计为 312030 元，在全省初等教育总经费中所占比例并不高。安徽省省、县、区各级政府及私人对初等教育资金投入情形见下表：

表 7   安徽省 1935 年度初等教育经费分配表②

小学类别	幼稚园	初级小学	高级小学	其 他	总 数
省立小学	14228	201131	96671		312030
县立小学	6017	732774	274022	24424	1037237
区立小学	200	279450	53534	335	333519
私立小学	3037	300058	125014	6340	434449
合 计	23482	1513413	549241	31099	2117235

表 7 表明，在抗战之前安徽省初等教育的发展中，省政府投入资金相对较少，仅占初等教育总经费的 14.7%，县财政投入所占比例最大，约占 49%，区财政投入占 15，75%，私人资金投入占 20.5%。

虽然省府对初等教育的直接投入并不多见，但完全集中省立小学。1935 年

---

① 安徽省教育厅编印：《安徽教育要览》第 3 回，1936 年，第 62 页。
② 安徽省教育厅编印：《安徽教育要览》第 3 回，1936 年，第 63 页。表中经费数为法币（元）。

度，安徽省立小学共计34所，绝大多数设在省城安庆。省立小学规模较大，办学设施较齐全，每年政府投入资金也较充足，校均经费近9000元，数额分别为县立、区立和私立小学校均经费的13.5%、28.1%和24.7%。县立小学校均年经费仅666元，区立小学为320元，私立小学校均年经费为364元。1935年度安徽各省省立小学详情见表8：

表8　1935年度安徽省省立小学一览表①

校　名	学校所在地	班级数	学生数	经费（元）
省立安庆登云坡小学	安庆	11	658	17200
省立安庆黄家狮小学	安庆	10	566	15900
省立安庆天柱阁小学	安庆	8	502	12900
省立安庆高琦小学	安庆	7	434	11220
省立安庆风节井小学	安庆	7	527	9276
省立安庆大观亭小学	安庆	7	375	9156
省立安庆府学宫小学	安庆	6	276	8028
省立安庆曾公祠小学	安庆	6	295	8028
省立安庆城口街小学	安庆	5	233	6624
省立安庆玉虹街小学	安庆	5	262	6624
省立安庆狮子山小学	安庆	4	181	5436
省立安庆县府街小学	安庆	4	200	5436
省立东流大渡口小学	东流	3	102	3252
省立安庆枞阳门初级小学	安庆	4	221	5436
省立安庆临江路初级小学	安庆	4	211	5316
省立安庆昭忠祠初级小学	安庆	4	198	5316
省立安庆插竹巷初级小学	安庆	4	213	5316
省立安庆县学宫初级小学	安庆	4	238	5316
省立安庆布云巷初级小学	安庆	3	155	4128
省立安庆王家塘初级小学	安庆	2	107	3060
省立安庆黄花亭初级小学	安庆	3	142	4128
省立安庆板井巷初级小学	安庆	2	136	3060
省立池州师范学校附属小学	贵池	4	235	5820

---

① 安徽省教育厅编印：《安徽教育要览》第3回，1936年，第63—66页。表中经费数为法币。

校　名	学校所在地	班级数	学生数	经费（元）
省立颍州师范学校附属小学	阜阳	10	335	15120
省立宣城师范学校附属小学	宣城	6	248	10548
省立凤阳师范学校附属小学	凤阳	10	466	17244
省立庐州师范学校附属小学	合肥	9	488	15120
省立黄麓师范学校附属小学	巢湖	12	494	8640
省立蚌埠乡村师范附属小学	蚌埠	4	215	5820
省立安庆女子师范附属小学	安庆	13	596	21276
省立安庆高级中学附属小学	安庆	10	554	16584
省立徽州女子初中附属小学	休宁	7	218	9720
省立徽州中学附属小学	休宁	6	263	7092
省立芜湖女子中学附属小学	芜湖	9	518	12992
合　　计		213	10882	305952

以上数据表明，抗战之前尽管安徽省的小学多分布在县、区，但省立小学主要集中在省会安庆及其他中心城镇。与县立、区立小学和私立小学相比，省立小学资金更为充足，学校规模较大，创办时间较早，办学条件较好。在日本发动侵华战争不久，安徽几乎全境即遭到战火洗劫，尤其是省会安庆及芜湖、蚌埠、合肥等中心城镇，受害尤为严重，这样原本集中在这些城镇的省立小学便首当其冲。

1946年初，安徽省教育厅在总结安徽省教育在战争中损失情况时指出："至民国26年6月，全省共有省立小学34所，县、区、私立小学3793所，一年至二年制短期小学教3800所，直至江淮沦陷，寇骑所至，大多停顿。……战事初起时，本省指示所属教育机关临时应变办法，尤注意设备之保存，以及必要时迁移。其后战区日益扩大，交通方便地区，皆系教育发达之地，而敌人之蹂躏亦最烈。大、中、小学或停办或内迁，其结果是使数十年辛勤培养之基础，损毁殆尽。"[①]

现存的零星档案资料和目前各地进行的调查，仍然可以证明国民党政府的安徽教育厅在抗战胜利后不久对日本侵华战争对全省初等教育影响的上述判断，事

---

① 安徽省教育厅编印：《安徽教育要览》第4回，1946年，第1页。

实充分表明全省初等教育在抗日战争中损失的确极为严重。

在日军占领安庆后，城中多数小学被日军强行拆毁，一些小学遭到日军飞机轰炸，损失严重①。

在日军占领芜湖之前，芜湖城中各小学相继停办。在日军占领芜湖后，芜湖仅剩有 7 所小学，在校学生人数不及战前 1/4。此外，澓港镇中心国民学校一切文物教具全被日军焚毁殆尽，只留有空架破烂校舍②。

在日军占领合肥前，合肥拥有县立完全小学 13 所，县立初级小学 28 所，县立短期小学 123 所，私立完全小学 28 所，私立初级小学 40 所。合肥沦陷后，城乡小学大多停办③。

在铜陵，1940 年下半年，日军在"扫荡"中放火烧毁周氏私立小学两进新、旧校舍④。

抗战爆发后，马鞍山境内当涂县的各小学校舍大部分被毁坏，教学完全停顿⑤。

宿县地区在战前各县小学发展概况为：1931 年萧县小学 52 所（其中完小 8 所），学生 3930 人，教职员 190 人。1933 年，宿县有小学 137 所，学生 7721 人，教职员 451 人。泗县有小学 62 所，学生 4451 人，教职员 206 人。灵璧县有小学 52 所，在校学生 3167 人。1936 年，砀山县有小学 77 所（其中完小 15 所），入学儿童 4851 人。1938 年夏秋，各县县城先后沦陷，各地学校大多停办，大批青少年失学⑥。

六安地区在 1929 年全区小学 466 所，1935 年又办短期小学（多为一年制）120 所，在校生 3 万左右。各校 1937 年冬开始陆续停学，1938 年夏全部停学。寿县城内学校于 1937 年秋季提早结束，1938 年春季停止开学。从 1938 年 6 月至 1940 年 4 月，日军陷县城三次，县境学校几乎全部关闭。1941 年以后乡镇学校才相继恢复和建立起来。由于多次遭受日军轰炸、烧杀抢掠，不少校舍校产受损。各学校在关闭、迁移中的间接损失更大。寿县、叶集被攻陷后，几所学校被日军拆毁、烧毁；1940 年日机炸毁霍邱黉学几间房屋；1943 年 1 月 2 日，立煌

① 中共安庆市委党史办：《安庆市抗战时期人员伤亡和财产损失调研报告》，2008 年，第 15—16 页。
② 中共芜湖市委党史办：《合肥市抗战时期人员伤亡和财产损失调研报告》，2008 年，第 10—11 页。
③ 中共合肥市委党史办：《合肥市抗战时期人员伤亡和财产损失调研报告》，2008 年，第 28 页。
④ 中共铜陵市委党史办：《铜陵市抗战时期人员伤亡和财产损失调研报告》，2008 年，第 11 页。
⑤ 中共马鞍山市委党史办：《马鞍山市抗战时期人员伤亡和财产损失调研报告》，2008 年，第 23 页。
⑥ 中共宿州市委党史办：《宿州市抗战时期人员伤亡和财产损失调研报告》，2008 年，第 20 页。

县柯家湾小学被日军烧毁校产 40000 余元（1943 年 1 月价）①。

1940 年 10 月 26 日下午，屯溪城中的启明小学等 11 处遭到 7 架日机轰炸。日机投下 16 枚炸弹，1 枚燃烧弹，共炸毁房屋 28 间，炸死 3 人，伤 1 人②。

1941 年 4 月 4 日上午，4 架日机"两度轰炸桐城县，计投弹 10 余枚，据中心镇中心学校报称，该校被炸毁房屋 3 间，内部教具全行毁坏"③。

由于战争使原本已经初具规模的安徽初等教育遭受灭顶之灾，迫使安徽省政府在战局稍稍稳定后，就开始致力于重建本省初等教育，以解决后方和战区儿童失学问题。1997 年安徽省教育厅编纂的《教育志》指出："民国 26 年，日军占领江淮地区，安徽小学教育又一次遭受严重的破坏，小学大多数停顿，不少学校被焚毁、炸毁，师生流散。民国 28 年起，安徽战局逐渐稳定，省政府着手恢复小学教育，在立煌、岳西、无为、怀宁、桐城、霍山、舒城、合肥、寿县、阜阳、庐江、休宁、旌德、六安、定远、潜山、涡阳、颍上、临泉、太湖、全椒、泗县、宿松、望江、蒙城、凤台、太和、泾县、青阳、郎溪、广德、南陵、繁昌、至德、石埭、歙县、绩溪等 38 个县设立临时小学 41 所，吸收当地儿童入学，兼办来自战区的难童的救济与骄阳。"④

由于日本侵华战争的爆发，位于沦陷区的设施齐备小学校舍被迫弃而不用，安徽省政府只得再次耗费大批资金，创办这些临时小学，以解决战时急需，毫无疑问，这笔开支完全应该列为抗战时期安徽省初等教育的财产损失。即使以战前最简陋的区办小学的标准计算，每所临时小学每年经费为 320 元，那么，这 41 所战时建造的临时小学年经费共达 13120 元，如果它们平均设立时期为 4 年，那么全部费用就达 52480 元。

抗日战争后安徽省教育厅曾拟定了一个恢复初等教育的三年计划，第一年计划从中央援助资金中拨款 4180 万元恢复省立小学⑤，以此为基础，三年就需要12540 万元。同样必须指出的是，这笔经费并不包括安徽省自己的资金投入，更不包括县、区和私人对初等教育的资金投入。即使以安徽省财政以 1∶1 比例对省立小学重建配套，那么，战后安徽省立小学的恢复至少需要 25080 万元。鉴于战前省立小学在全省初等教育经费中仅占 14.7% 的比例，以此推算，全部恢复安徽省战前初等教育的规模和水平，至少应需要法币 170612.2 万元。上述安徽小

① 中共六安市委党史办：《六安市抗战时期人员伤亡和财产损失调研报告》，2008 年，第 32 页。
②③ 安徽省档案馆、蚌埠市档案馆编：《日本侵华在安徽的罪行》，1995 年印行，第 73、81 页。
④ 安徽省教育厅编写组：《安徽省志·教育志》，方志出版社 1997 年版，第 73 页。
⑤ 安徽省教育厅编印：《安徽教育要览》第 4 回，1946 年，第 36 页。

学、幼儿园战后重建所需经费大体上反映了战时安徽各类小学、幼儿园的财产直接损失情况，这远远超出南京政府教育部公布的安徽省初等教育战时损失的 230 万元法币这一数字。

4. 安徽社会教育及教育管理机构损失情况

南京国民政府时期，社会教育亦属于各省教育厅的职责范围，包括民众教育、通俗讲演所、民众学校、图书馆和体育馆等机构。在 20 世纪 30 年代前期，安徽省用于社会教育的经费在教育总经费中占有一定比例，详情见下表：

表9　1931—1935 年度安徽省社会教育经费一览表　　单位（元）①

	1931 年度	1932 年度	1933 年度	1934 年度	1935 年度
省拨经费	111474	119532	192531	134352	136122
县拨经费	150885	190159	180143	172767	225569
私人经费	13066	13505	13151	14645	
合　计	275423	323196	385825	321763	

表 9 表明，安徽省社会教育经费由省拨经费、县拨经费和私人经费三部分组成。1935 年度，省府为社会教育机构拨款为 136121 元，约合 1945 年法币 259614055 元，占当年安徽省政府教育总经费的 4.66%。

根据战后南京政府教育部统计处的统计，在日本侵华战争期间，安徽省社会教育机关财产损失为 1945 年 8 月法币 1369054 元②。这一数字仅相当于 1935 年度安徽省社会教育经费的 1/190③。显然，这一统计数字无法反映安徽省社会教育机构在日本侵华战争中真实情况。

省府拨款的社会教育经费，主要用于省立民众教育馆、民众学校、体育场、图书馆等项目开支，它们基本集中在安庆、芜湖、蚌埠等中心城镇。抗日战争爆发后，这些城镇率先沦陷，之后长期处于日军占领之下，这些省立社会教育机构损失惨重。战后，安徽省教育厅强调，"省立民众教育馆，战前共有 3 座，设于安庆、芜湖、蚌埠三处，抗战期间，悉遭敌寇摧毁停办……"④

---

① 安徽省教育厅编印：《安徽教育要览》第 3 回，1936 年，第 4 页。表中各项经费数为法币。
② 孟国祥：《大劫难——日本侵华对中国文化的破坏》，中国社会科学出版社 2005 年版，第 331 页。
③ 安徽省教育厅编印：《安徽教育要览》第 3 回，1936 年，第 6 页。
④ 安徽省教育厅编印：《安徽教育要览》第 4 回，1946 年，第 4 页。

1937 年 12 月，芜湖沦入敌手。位于芜湖河南码头口的省立芜湖民众教育馆，在沦陷初期，馆内图书 80000 册、科学室全部仪器以及图书馆楼等 10 余间房屋均遭敌伪损毁或焚烧，毁之一空①。

1943 年元旦，日军陷立煌，不少机关、学校的图书再遭焚烧，抗战初期从安庆迁到立煌的省图书馆 3 万余册图书被焚烧无遗。该馆重建后 1940 年就有 24350 册图书另 336 种 810 件图书，此时 3 万余册图书是可信的。抗战时期毁于战火的图书计 215000 元，因战乱丢失、毁坏图书 86000 元②。

表 9 还表明，20 世纪 30 年代初期和中期，各县每年亦对县级社会教育机构投入大量资金，除 1933 年度外，县级政府对社会教育投入的资金总量超过省政府投入资金。各县社会教育经费具体用途见表 10：

表 10　1935 年度安徽省各县社会教育经费分配表③

类　　别	经费（元）	所占百分比
县级民众教育馆	150920	66.91%
县级民众学校	4228	1.87%
县级体育场	32926	14.60%
县级图书馆	3188	1.41%
其　　他	11235	4.98%
临时费	23072	10.23%
合　　计	225569	100%

在日本侵华战争期间，安徽省各县的社会教育机构几乎损失殆尽，正如安徽省教育厅在战后初期总结的那样，战前"县立民众教育馆，战前每县一所，共计 62 所，抗战初期，仅存安全县份民众教育馆 10 所。"事实上，随着抗日战争的发展，这些所谓安全县的县城及中心乡镇，也相继遭到日机的轰炸，设在那里的县立民众教育馆也同样遭到战火的摧残。

其他一些史料也证实了安徽县级社会教育机构在这场战争中的受损程度。

例如，1928 年起，六安各县分别设立县立图书馆，藏书千册至五六万册不等，1932 年皆并入各县民众教育馆。日军攻六安后停办。各县民众教育馆、各学校、机关及私人藏书在日军进攻时或被烧抢，或转移受损④。

---

① 中共芜湖市委党史办：《合肥市抗战时期人员伤亡和财产损失调研报告》，2008 年，第 11 页。
② 中共六安市委党史办：《六安市抗战时期人员伤亡和财产损失调研报告》，2008 年，第 30 页。
③ 安徽省教育厅编印：《安徽教育要览》第 3 回，1936 年，第 19—22 页。表中经费数为法币。
④ 中共六安市委党史办：《六安市抗战时期人员伤亡和财产损失调研报告》，2008 年，第 30、32 页。

1937 年 12 月，日军用飞机轰炸合肥，中和图书馆停办。合肥沦陷后，该图书馆被日军占为兵营，馆内珍贵书籍（5000 余册）被劫运日本按每 50 册为 1 箱，每箱 40.32 元计算，损失 4032 元①。

1938 年 11 月 14 日上午，21 架日机空袭太平县城，投弹近 200 枚，县政府及各机关房屋全部被炸毁②。

1941 年 4 月 19 日下午 1 时，3 架日本飞机从西北方向窜入太平县城上空，"共投弹 13 枚（内燃烧弹 2 枚），炸死民众 9 人，民众教育馆房屋家具及一部分图书被焚毁"③。等等。

除了以上损失以外，在抗日战争初期，省政府被迫将众多社会教育机构，尤其它们所收藏的图书、仪器向后方转移，其中包括将原设在安庆的省通志馆、省图书馆的重要图书转移至桐城花山（后被日军掠去）、罗家岭、黄甲铺等处，并将寿县楚器运至重庆由教育部送交故宫博物院寄存④。

鉴于在日本侵华战争之前，安徽省的社会教育机构每年耗资 30 余万元，其资产至少应是这一数字的 3 倍以上，即 100 万元左右。即使以总资产的 1/3 计算损失，安徽省社会教育机构在这场战争中的损失也应在法币 30 万元以上。

5. 省教育管理机关损失

事实上，安徽省教育界在日本侵华战争中的损失，除了上述高等教育、中等教育、初等教育和社会教育损失之外，还包括各级教育管理部门的损失。如前所述，由于安徽全部中心城市和多数县城在战争初期即被日军占领，其余各县或多次遭日军窜扰，或屡遭日军飞机轰炸，这些教育机构被遗弃，之后或毁于日本占领军的肆意破坏，或毁于日机轰炸。1943 年初，日军闯入立煌县，战争初期迁移到这里的包括省教育厅在内所有安徽省政府机构，被彻底焚毁。根据战后初期南京政府教育部统计处的统计，安徽省教育管理机关（包括教育所、局学术机关等）的损失约合 1945 年法币 4041755 元。其实，仅 1935 年度安徽省教育机关的行政办公经费就达 112773 元，占当年全省教育总经费的 3.86%⑤，约折合 1945 年法币 215084049 元，相当于南京政府教育部统计处公布的损失数的 53.22

① 中共合肥市委党史办：《合肥市抗战时期人员伤亡和财产损失调研报告》，2008 年，第 28 页。
②③ 安徽省档案馆、蚌埠市档案馆编：《日军侵华在安徽的罪行》，1995 年印行，第 73 页。
④ 中共六安市委党史办：《六安市抗战时期人员伤亡和财产损失调研报告》，2008 年，第 30、32 页。
⑤ 安徽省教育厅编印：《安徽教育要览》第 3 回，1936 年，第 6 页。

倍，因此，有理由认为安徽省各级教育管理机构在战争中的损失要远远大于这个数字。考虑到省教育厅战争初期从安庆城中仓促撤离，之后又在立煌县被焚毁；多数县教育局曾遭日机轰炸和或遭到其他战争破坏，我们以战前省县教育主管机构的三年经费计算其直接物资损失，其数额达 67764 万元（1945 年 9 月法币）。

6. 小结

总而言之，安徽教育界在日本侵华战争中曾遭受巨大损失，战后初期南京国民政府因各种条件的制约，对这些损失的估量仅仅是初步的，完全不能反映安徽教育界受损的真实情况。省立安徽大学的解体，安徽师范专科学校原校舍被日军焚毁，几乎全部省立中学和绝大多数县立中学、私立中学的迁移或停办，全部省立小学和绝大多数县立小学、区立小学的停办，全部省立社会教育机构的停办和大多数县级社会教育机构停办或被毁，几乎使安徽省自南京国民政府成立之后10 年间在教育中的努力和所耗费的金钱都付诸东流。

（作者单位：安徽大学）

附件：关于安徽省教育界在日本侵华战争中的各项损失的初步统计

表 11　日本侵华战争期间安徽省教育界财产直接、间接损失统计表

单位：万元（1945 年 9 月法币）

类　别	直接损失金额	事由	备　注	间接损失金额	事由	备　注
省立安徽大学	260386.1	学校因战争解体	数字为估算，方法见：正文第4页	4406.5	物资与人员从安庆迁徙至湖南与重庆费用	数字为估算，方法：正文第4页
安徽师范专科学校	3668.4	校舍和教学生活设施被日军焚	数字为估算，方法见：正文第5页	缺		

类 别	直接损失金额	事由	备 注	间接损失金额	事由	备 注
全省中等学校	260000	轰炸、焚毁、日军占领后破坏等	数字为估算,方法见:正文11\12页	288360.9	学校疏散及防空设施(仅1937—1939年)	数字为估算,方法:正文第12页
全省小学和幼儿园	17061.2	轰炸焚毁、强占等破坏	数字为估算,方法见:正文第17页	34173.1	战时临时小学费用	数字为估算,方法:正文第17页
全省社会教育机关	60089.1	轰炸、焚毁、强占等破坏	数字为估算,方法见:正文第17页	缺		
省、县教育管理机关	67764	轰炸、焚毁、强占等破坏	数字为估算,方法见:正文第17页	缺		
合 计	668968.8			326940.5		

（四）抗战时期黄河花园口决堤后安徽人口伤亡和财产损失

徐 京

日本发动侵华战争给中华民族造成了重大人口伤亡和财产损失。1938 年 6 月 9 日的黄河花园口决堤也给黄泛区造成了重大人口伤亡和财产损失。开展抗战时期黄河花园口决堤对安徽黄泛区人口伤亡和财产损失的调查研究，对于中华民族勿忘历史，振奋民族精神，发扬爱国主义精神，揭露侵略者的战争罪行，有着十分重要的意义。为了把这项工作做好，根据中央党史研究室《关于开展抗战时期中国人口伤亡和财产损失课题调研的通知》精神，我们开展抗战时期黄河花园口决堤对安徽人口伤亡和财产损失等课题调研工作。三年多来，我们从南京国家第二档案馆、省档案馆、省图书馆、省地方志，共计查阅档案 100 余卷，查阅党史、文史、方志、省情等书籍 30 余种，复印资料近 200 页，征集到了一些抗战时期黄河花园口决堤对安徽黄泛区人民造成的重大伤亡和巨大财产损失的资料，通过对这些资料的进一步研究整理，使我们对抗战时期黄河花园口决堤对安徽黄泛区人口伤亡和财产损失的情况有了一个较为全面的掌握。

1. 安徽黄泛区决堤概述

安徽黄泛区地处黄河中下游，主要位于安徽省北部，黄淮海平原南端、淮北平原的西部。西和河南接壤，南与淮河相接，东与江苏相接，在京广铁路、陇海铁路、津浦铁路和淮河圈成的四方形地带，地势平坦，土质肥沃，是皖北的富饶之地。

1938 年夏，中原战事正烈，日军自豫东连续占领商丘、开封，迫近郑州和平汉铁路之际，国民党军队在中牟赵口决堤未果，又奉命在郑州花园口决堤阻敌。于是，黄河挟其滚滚浊流，从花园口和赵口南下，经中牟、尉氏直泻而下，夺贾鲁河，篡涡河分流入淮。黄水所及之地豫东、皖北尽成泽国。刚刚经历过兵灾的泛区上千万人民又惨遭水患。因为黄河改道是人为的、有军事目的和极为秘密的，所以毫无防备的泛区人民在从天而降的黄水面前之悲惨是旷世未闻、古今仅见的。黄水所到之处，人畜、房屋、村庄、庄稼在瞬间不见了踪影，昔日的繁华成了今朝的黄沙浊流。就是位居泛区较高位置的黄泛区各县城，也不同程度地受到40%—80%的破坏。这场人为灾难，使安徽淮水流域18县被灾，"淹没田亩二千三百七十八万余亩，灾民达三百万人。"① 更为严重的是，这次事件，带来无穷的后患，加剧了自然灾害的频度，"嗣是而后，黄泛主流，因挟沙过多，淤垫甚速，侵夺河道"②，致使淮水支流频繁决堤，灾情惨重。如1939年，"阜阳被灾区域占全县十分之八，被淹田亩三百五十六万余亩，灾民七十余万；太和被淹区域占全县十分之七，待赈灾民四十余万；颍上被灾面积纵横百余里，灾民二十余万。"③ "凤阳、霍邱、五河、寿县、泗县、临泉、灵璧、盱眙等县，水灾惨重，一片汪洋，百万灾黎，无衣无食，疫疠丛生，饥寒交迫。"④ 又如1940年，"安徽所属之阜阳、临泉、亳县、太和、涡阳、颍上、霍邱、寿县、凤台等九县黄灾奇重，计阜阳被灾田亩四百七十余万亩，灾民六十五万余人；临泉被灾田亩五十三万余亩，灾民十三万五千余人；亳县被灾田亩十五万余亩，灾民一万三千余人；太和被灾田亩一百七十余万亩，灾民四十五万余人；霍邱被灾田亩二十八万余亩，灾民三万余人；寿县被灾田亩二十三万余亩，灾民二十余万人；凤台被灾田亩二百五十余万亩，灾民十五万余人。全区被灾共九县，被灾田亩共一千二百一十余万亩，灾民一百九十余万人。"⑤ 1941—1943年，淮河上游10县被灾田亩分别达为1448594亩、1514546亩和12488634亩⑥。

黄河改道后，日军飞机为阻击中国军队进入其占据的地方，不时对新黄河进行空袭。本来就是仓促修建的黄河数百里新堤更是千疮百孔，遇到洪水就决堤，一年数惊，从而进一步造成了黄泛区大量的人员伤亡和财产损失。在其后的数年里，黄流又多次冲破仓促修建的黄河新堤，因此黄泛灾区逐年扩大。这一切，都使安徽省黄泛区人民蒙受了空前的灾难。

①② 善后救济总署安徽分署：《安徽省善后救济调查报告底稿》第三章·结论，1946年4月，中国第二历史档案馆馆藏档案，档案号：二一(2)/209。

③ 《廖主席电为淮堤溃决灾情惨重请拨发急赈由》（1939年8月10日），中国第二历史档案馆馆藏档案，档案号：——六/425。

④ 《国民政府军事委员会快邮代电》（1939年10月17日），中国第二历史档案馆馆藏档案，档案号：——六/425。

⑤ 《内政部公函渝警2695号》（1940年5月11日），中国第二历史档案馆馆藏档案，档案号：——六/425。

⑥ 《六年来淮域各县受灾情况总表》，中国第二历史档案馆馆藏档案，档案号：二一/209。

2. 黄河改道给安徽造成的人口伤亡情况

　　黄河改道给安徽省黄泛区人民造成的人口伤亡和财产损失有不同时间、不同机构的调查，有着不同的调查结果。抗战胜利后，行政院善后救济总署对黄泛区灾害损失及救济进行调查统计。我们综合研究了这份调查材料，认为基于到目前为止较为准确的统计，黄河改道安徽人口伤亡应是 40 余万人。详见下表材料：

1938 年黄泛区人口、经济损失表①

区域	人口变动				各业财产损失		农业减收	
	逃离		死亡					
	人数	占原有人口千分比	人数	占原有人口千分比	价值(法币千元)	占原有财产千分比	价值(法币千元)	占九年净产值千分比
（1）	（2）	（3）	（4）	（5）	（6）	（7）	（8）	（9）
河南泛区	1172639	173	325589	48	249466	185	224527	197
安徽泛区	2536315	280	407514	45	326096	188	181046	168
江苏泛区	202400	57	160200	45	41460	42	69167	74
总　计	3911354	201	893303	46	617022	152	474740	151

　　在这份材料中我们可以看到：当年黄河花园口决堤造成了安徽人口伤亡数为407514，占原有人口的 4.8%；逃离家园人口达 2536315 人，占原有人口的 28%。这个死亡的 407514 人和 253 万难民是抗战期间安徽人口伤亡的一个重要组成部分。

3. 黄河改道给安徽所造成的财产损失

　　财产损失包括耕地、房屋、挽力、农具的损失，包括对难民、慈幼机构、卫生机构、学校和小型工赈的补助，以及黄河复堤等费用。

　　当时国民党安徽省政府所记载："二七年（1938 年）夏，倭寇铁蹄，践入中原，将黄河南岸河南省凌花园口、赵口两处堤防炸毁。黄水沿豫之贾鲁河南泛，侵入本省沙颍涡。各河、夺淮东溃。淮域口下游被灾县份，有太和，阜阳等 18县，被淹田地，约二千三百七十八万余亩，灾民达 300 万人，财产损失在二万万

---

① 本表第（2）、（4）两栏数据引自行政院善后救济总署周报第 41 期；（6）、（8）两栏数据引自钟万等编《黄泛区的损害与善后救济》一书。

五千余万元以上。"①

1938 年安徽省淮域受灾各县灾情一览表②

县　　名	受灾田亩	灾民人数	房屋损失（间）	牲畜损失（头）	损失总数（元）	备　注
霍邱	550000	100000	50000	20000	74000000	田亩损失以 10 元计，房屋每间以 30 元计，牲畜每头以 20 元计，表内各栏空未填者尚未具报
颍上	1790000	180000	30000	400	18808000	
阜阳	4742000	653000	90000		50100000	
临泉	540000	136000	693	21	5421210	
太和	1750000	458000	208000	7700	23894000	
亳县	160000	13000	5000	5000	1850000	
寿县	2540000	200000	50000	6000	27020000	
怀远	2240000	200000			22400000	
灵璧	2500000	200000			23000000	
凤阳	2150000	200000			21500000	
定远	300000	70000			2000000	
五河	70000	120000			700000	
泗县	150000				1500000	
眙盱	1260000	73000	3000	39300	13476000	
凤台	870000	548000	90000	30000	32000000	
涡阳	120000	76000	26352	60	1991760	
天长	250000	42000	18000		3040000	
合计	23780000	3569000			257100970	

　　安徽黄泛区的 18 个县中 17 个县的受灾情况在这份档案中基本上有些反映，而其中蒙城县当时不知是什么原因，受灾情况未统计在其中。17 个县共计受灾面积 15853.34 平方公里，受灾耕地 23780000 亩，受灾人口达 357 万人，直接经济损失达法币 2.57 亿元。

　　在安徽黄泛区所有县中，受灾面积最大的是阜阳，受灾耕地达 4742000 亩。阜阳当时为国民党统治区，是安徽省第三行政区政治、经济、文化中心，属国民党军第五战区管辖，下辖亳州、涡阳、蒙城、怀远、凤台、颍上、临泉、太和、阜阳 9 县。连续 9 年的黄灾，每年都产生出大量的灾民。1938 年，"河决中牟，黄水两股泛滥而下，至阜阳合流，遂以全量加诸颍、茨，不惟颍、茨不堪，且自城东三里湾倒灌泉河，大田集以西亦被波及，县城数濒危

---

① 安徽省政府秘书处编译室编：《安徽政治》第 5 卷第 2、3 期，1942 年 3 月，第 123—127 页。
② 安徽省档案馆馆藏档案，档案号：1—1—13。表中"损失总数"为法币。

殆，适逢汛期，数百里一片汪洋。其间村墟庐舍、禾稼牲畜，顷刻尽付洪波。……是以灾区民众老弱转死，少壮流离，滨河素称富庶之区，今则弥望不见村落，不闻鸡犬矣。"①

阜阳这次水灾灾情之重为历史所罕见。国民党阜阳县政府的报告称："全县102个乡镇，有80个乡镇埋于黄涛之中，最深者6米以上。淹没了2676092亩土地，漂走了166827间房屋，淹死3053人，有572385人无家可归，僵卧街头，惨不忍睹。"②

国民党《安徽经济年鉴》统计，1938年的黄河决口，太和县受灾田亩为1750000亩，受灾人口为458000人，占总人口的98%。战乱和黄灾，迫使大批民众远走他乡。惨重的战争和严重的水灾，使大批民众生活失其凭依，民众的住宿、生命财产和最低生活得不到保障，为避战乱，不得不远走他乡，另觅栖身之处。依据《安徽省善后救济调查报告底稿》记载③：阜阳县"人民流徙出境者，为数达263269人，占全县人口25%，大多逃入沦陷区及豫陕等地"。颍上"曾一度沦陷，而大患则在黄灾，故其县人民流徙出境达27%，即为92282人，初归豫境，终流陕中"。太和"虽仅一度沦陷，但被黄灾甚苦，其西北区则为泛区，一任洪流泛滥，故难民数达45%，计为213925人，大多流苏北及皖中安全地带，其走入后方者，则多寄居西安汉中，为数究不多耳"。临泉"曾一度沦陷，亦因黄灾致难民较众，计占全人口25%，计为183340人，其走入地区大致与太和同"④。

我们从阜阳、界首、太和等地这次抗战时期损失调研资料以及县志中看到黄河水灾给当地带来的影响：

首先是通货膨胀，农村破产，物价飞涨。如颍上县"县内商品价格早晚不同，有时一日几变。民国24年（1935年），粮价陡降，小麦、黄豆、大米每元3.3斗。民国33年（1944年），盐比油贵，12月24日，食油每50公斤53元；食盐每50公斤60元，12月25日，涨价为150元。《民国志》载：民国28年（1939年），城关市场，用银元计算，小麦每斗（15公斤）0.45元，黄豆每斗0.40元，稻每斗0.50元。当时的地主、资本家控制粮食等重要物资，哄抬市价，牟取暴利"。随着物价飞涨，公务人员的薪金由支付现金改为支付粮食，年

---

① ② 《阜阳县志》（1947），引自中共阜阳市委党史研究室：《阜阳市抗战时期人口伤亡和财产损失情况调研报告》，2008年。

③ 中国第二历史档案馆馆藏档案，档案号：二一（2）/209。

④ 引自中共阜阳市委党史研究室：《阜阳市抗战时期人口伤亡和财产损失情况调研报告》，2008年。

人均小麦在720公斤至1920公斤之间。1941年，阜阳县县长廖麟在《实施新县制以来所发生之利弊检讨》称："查近来物价飞涨，超过战前一百倍以上，一般公务员待遇连米贴在内，仅超过战前两倍，每月虽有公粮规定，只能维持个人生活，不能赡家养廉"。一般店员、工人之工资更是微薄，特别是农民已经挣扎在生死线上。阜阳城同仁堂药店有一店员，8年得工资9.3元（法币），最后得病不能干活，被老板赶走。农民生活更苦。1943年，阜阳县政府给安徽省邀功的报告说："今年黄水泛滥灾情空前，沿沙、茨、柳、泗、洪、淮、泉等诸河流域，先后成灾"，"灾民们横尸街头，惨不忍睹"。报告还说："本年二月间，成立民食平粜委员会，按照平价粜出粮食计1882石（40斤斗），救济贫民51825人，又冬赈会募放赈粮1828石6斗，发放赈款2793327元。共救济人数为93201人。县救济院所属6所儿童教养院，收容儿童125人；恤老所收养老年人20人；育婴所寄养婴儿125人；残废所收养残疾39人；贷款所贷款300余户（每户以6口计算，计1800人）。实救济95310人，尚有477075人挨饿"①。农业人口以90万计算且不加苛捐杂税，1945年，全县收粮10000万公斤，人均111.1公斤。许多人靠糠菜度日，全县有17161户85805人靠讨饭过活。天灾往往加上人祸，如1941年，阜阳县政府压价抛售高粱、黄豆23.64万公斤，作为"救济"。粮食进入市场被巨商豪绅抢购卖高价。4月和12月两次发赈灾款296.93万元，一半以上被乡、保长造册冒名领去。

1938年，黄水南泛入淮，蚌埠首当其冲。适夏季霪雨连绵，黄水大溜陡至，淮河水位日增，8月中旬最高水位达20.29米，超出1937年洪水水位（20.17米），破历年来之最高纪录。同时，外水倒灌市区，较低街道水漫成渠②。

其次是黄泛区疫情严重，特别是疟疾，几乎是人人难免。霍乱也时有发生，患疥疮、黄水疮的人很多，由于缺医少药，患病者只有听天由命。1942年春疫病流行，太和县死亡数万人，大多是泛区灾民③。

4. 皖淮工赈及黄泛区的灾情

黄河决口，祸及豫皖苏三省，灾情惨重。溃口急需堵填，灾民又急待赈济，而当时又处抗日战争最艰苦的时期，国民政府及安徽省政府遂成立治淮工赈组

---

① 阜阳县地方志编纂委员会编：《阜阳县志》，黄山书社1994年版，第80页。
② 安徽省地方志办公室编：《安徽水灾备忘录》，黄山书社1991年版，第97页。
③ 太和县地方志办公室编：《太和县志》，黄山书社1993年版，第111页。

织，决定沿溃水所到之处，以工代赈筑堤救灾，但收效甚微。

1939 年，安徽省成立淮域工赈委员会，以省政府主席兼任主任委员，民政、建设两厅厅长兼任副主任委员，主持工赈事宜。

1943 年，省水利工程处恢复，淮域工赈委员会工程事项划归该处继续办理。抗战胜利后，水利工程处于 1946 年改组为水利局，继续接办该项工程。同时，导淮委员会于 1946 年设淮河流域复堤工程局，配合水利局办理下游复堤工程。

在淮域工赈会成立之初，又于淮域各县设立工赈工程总队部，以县长兼总队长，另设副总队长。1943 年，改组为防黄工程处，直隶水利主管机构，办理该项工程。

安徽淮域工赈会成立之后，原定工程区域为受灾的淮域 18 县，后因经费困难，改为淮域上游的阜阳、太和、临泉、颍上、凤台、霍邱、涡阳、蒙城、寿县、亳县 10 县。抗战胜利后，由导淮委员会主持怀远、凤阳两县的工程，其余各县未予办理。据《寿县县志》记载："1938 年至 1945 年，日本侵略军三据县城。黄泛后淮淝河淤，堤防几度溃决，毁坏更甚。县虽成立淮域工赈工程总队部（后改为防黄工程处），8 年间实支工赈粮 1500 余万斤，（约损失价值为 930000元）工赈及防汛款 530 余万元，（约损失价值为 2646 元）累计完成土方 980 万立方米，（约损失价值为 14700000 元）但终因战乱、灾荒，复堤工程收效甚微。1942 年因县城为日本侵略军占领，为防寿西湖水上漾，在冯家圩至涧沟集修筑长 1.1 万米的防洪堤，称寿西复堤。（约损失价值为 33000 元）"[1]

根据当时安徽主管淮河工赈的盛德纯所记："淮域堤工二十八至三十三年，施工堤线共长 2000 余公里，完成土工 6000 余万公方。工程价值，照二十八年计划，每公方一角，应值六百余万元。二十九年以后之生活程度，每公方最少给价五角至八角，才能维持工人最低生活，则值价三千余万元。以中央所拨工款 130万元，与工程值价 600 余万元相较，只 1/6，与三千余万元，相较只 1/30，就是工夫领到一元三赈款，必须自己赔上 29 元多三人之伙食。换言之，工夫做成6500 余万公方，只有百余万元之代价，每方所得不过二分。一元工价，至少要筑土 50 公方，以每人每日可做三公方土计算，须要十七日才能做成五十公方，即工夫至少要做到十七日才能领到一元赈款。在今日人工之责，生活之高，老百姓对于淮域堤工赔累巨，可想而知。"[2]

---

① 寿县地方志编纂委员会编：《寿县志》，黄山书社 1996 年版，第 182 页。
② 安徽省政府秘书处编译室编：《安徽政治》第 5 卷第 2、3 期，1942 年 3 月，第 123—127 页。

"本省常办淮域工赈，二十八、九两年，中央先后拨发工款 130 万元。（三十年）西安淮域工程会议决定施工原则后，中央复一次拨发三百万元。（最近方领到 270 万元，拟由工赈会第五次委员大会议定配发）三年来，淮域数百万人民生活，由水深火热中渐趋安定，中原抗战形势，逐渐好转，军事、政治、经济各种设施，日益发展。淮域工赈工程之收效亦有莫大之关系。但淮域黄灾未能根绝，防黄工程，日趋艰巨，自应逐年根据溃水形势，计划培修堤防，疏浚河道，修建涵闸，以资防范。其工程经费，因工程之范围渐广，物价日高，所需数日亦必较以前更为庞大。三年来淮域老百姓于灾害之余，已担负数千万元之人力财力修筑堤防。自不能继续苛以重段，使之毫无生息机会。工赈会前，因多数地方沦为战区，省库奇绌，对于淮域工赈工程经费，未能筹措，现秩序渐定，似应上体中央德意，下疧淮域民力，于中央补助工款，及征集民力之外，自筹应需之工程经费，积极督导推进，方不致捐弃前功，而可继续收益于无穷也。"①

从 1939 年至 1947 年，经过 9 年时间，据安徽省政府当时公布的统计数字，淮域各县共筑堤 15387 公里，完成土方 201652031 公方，修建涵闸工程 33 座。

1938 年黄河决堤之后，安徽省政府虽动员民众进行筑堤防泛，但成效并不大，且仅限于上游部分地区，"其余凤台、定远、泗县、盱眙、五河、灵璧、怀远、天长等八县，因在敌伪窃据之下，无法施工，听任其流泛，灾情之重，尤甚于上游各县。"② 长江流域水灾虽无淮水流域严重，但"自为敌据后，沿江堤防，无法防护，且因盛涨冲刷与军事防御工程等关系，破坏甚大，故水患亦几年有所闻。"③ 如 1942 年沿江各县被灾田亩即达 498527 亩，灾民 263473 人④。

国民政府及安徽省政府虽然采取了上述工赈措施，但由于社会制度的腐败、工程技术的落后，加以当时又处战争环境，因此，经过 9 年时间才勉强使黄河重回利津旧道入海。

---

① 安徽省政府秘书处编译室编：《安徽政治》第 5 卷第 2、3 期，1942 年 3 月，第 123—127 页。
② 《六年来淮域各县受灾情况总表》，中国第二历史档案馆馆藏档案，档案号：二一/209。
③ 《安徽省善后救济调查报告底稿》第三章·结论，中国第二历史档案馆馆藏档案，档案号：二一（2）/209。
④ 《卅一年皖沿江水灾损失调查表》，中国第二历史档案馆馆藏档案，档案号：二一（2）/209。

安徽省淮域灾情概况表 1938 年度①

县境	河系	受灾原因	被灾户数	房屋财产损失数	需赈人数	工赈人数	工款总数（元）
总计			182590	256100970	6701000	4655742	6190000
寿县	淮河	黄河决口影响（下同）	70000	27020000	200000	150000	25000
凤台	淮河		—	32000000	3480000	212677	70000
霍邱	淮河		5200	7400000	100000	10000	62000
颍上	淮河						
	颍河		—	18808000	180000	465000	140000
阜阳	同上		100190	50100000	653000	2905054	150000
临泉	洪河			5421210	136000	5340	10000
怀远	淮河		—	22400000	200000	—	—
灵璧	池河		—	23000000	200000	—	—
亳县	涡河		—	1850000	13000	—	—
定远	池河		—	2000000	70000	—	—
凤阳	淮河		—	21500000	200000	—	—
五河	淮河		—	700000	120000	—	—
泗县	淮河		—	1500000	500000	—	—
盱眙	淮河		—	13476000	73000	—	6250
天长	淮河		7200	3040000	42000	—	5000
蒙城	涡河		—	—	—	1500	2000
太和	沙河			23894000	458000	886181	150000
涡阳	涡河			1991760	76000	20000	5000

　　长达 9 年的黄泛灾害给豫皖苏三省人民带来巨大灾难。滔滔黄水挟带大约 100 亿吨的泥沙，自久未修复的花园口奔泻南下入淮，淮河及其支流湖泊悉被淤

---

① 安徽省政府秘书处编：《安徽统计》，安徽省档案馆馆藏档案，档案号：JCM277。表中"工款总数"为法币。

塞，低洼平原，积水常年不退，水系混乱，桑田沧海，黄淮之间形成了 5.4 万平方公里的黄泛区。

黄泛 9 年，适逢淮域雨量偏多，黄淮合流并涨，中下游水道不畅，淮域水位居高不下，洪水泛滥连年，皖北无年不灾。其中直接受灾者为阜阳、太和、临泉、颍上、亳县、涡阳、蒙城、霍邱、寿县、凤台、怀远、蚌埠、凤阳、灵璧、五河、泗县、盱眙、天长 18 县市，间接受黄泛影响发生灾害者，为定远、宿县、嘉山等县，灾情以 1938 年、1939 年、1943 年为最。淹地数以决口初年为最高，达 2345 万亩，超过河南的淹地亩数，其次是 1939 年及 1943 年，被淹土地超过 1000 万亩，占耕地总数的 50% 以上。

1947 年，花园口虽被修复，但整个淮域黄泛区的广阔地带，已是荒野一片，不见村落。更有甚者，被黄河浸泡 9 年之久的淮域各河流湖泊，泥沙淤积，河床增高，水道不畅，淮河自此留下了永难熨平的创伤，并直接给 1950 年和 1954 年的淮河大水患植下了祸根。

5. 难民救助

安徽黄泛区的难民数为 356 万之多，是死亡人口的 9 倍还多。他们在黄水中侥幸逃生后大多南迁，开始长达八九年的流亡生涯。他们冒险穿过战火洗劫的千里赤地，躲避着抢掠，忍受着饥饿，来到苏北或皖中、皖南等地。在这些城市的街头，城外荒凉的村落，无遮无挡的公路上，到处是乞丐似的萎缩踟蹰的黄泛区难民，到处是扶老携幼、提箱背笼的黄泛区流亡队伍。1938 年 6 月 10 日，日军侵占凤台县城，烧杀抢掠，无所不为。天灾人祸，双管齐下，百姓流离失所，死者无数。据《凤台县志》稿记载："凤台城关，在 1938 年洪水时期，平地水深三尺左右，庄稼被淹光，房屋全部倒塌。当时，有 580 多户人家全部搬到山上。洪水过后，有 300 多户逃荒在外，病死、饿死的竟达百余人。刘福雪全家 7 口人，死在外地 6 口；张瑞氏一家 5 口人在外地回不来，卖了一个 3 岁的男孩才回到家。"① 从凤台县志记载的黄泛区难民的几个事例中，从中也可窥见安徽黄泛区的难民境况之一斑。

抗战胜利后，黄泛区人民仍然不能像中国其他地区的人民一样马上重建家园，过上正常生活，因为黄河河道归故需要巨大的工程和一定的时间。当流落他乡，大难不死的黄泛区难民满怀希望地憧憬从外地返回故乡时，迎接他们的不是

---

① 凤台县地方志办公室编：《凤台县志》，黄山书社 1998 年版。

久别的亲友和他们长期赖以生存的田地、房屋和村庄，而是汹涌澎湃的浊流和无风也起土的沙滩。在浊流和沙滩下面掩埋着他们的田地、温暖的家园、亲友的尸骨和祖先的坟墓。直到1947年初黄河归故成功、黄泛区大规模展开了重建工作后，他们才逐渐恢复正常的生活、生产。

1938年皖北各县灾情统计表[①]

县别	被淹面积（亩）	待赈灾民（人）	损失价值（法币元）
阜阳	4740000	572385	50100000
太和	1750000	126000	23894000
颍上	1790000	105000	18808000
霍邱	550000	缺	7400000
凤台	2230000	缺	32000000
涡阳	120000	缺	1991760
蒙城	210000	缺	2550000
亳县	160000	48750	1850000
寿县	2540000	38000	27020000
临泉	540000	缺	5411210
怀远	2240000	缺	22400000
灵璧	2300000	17500	23000000
凤阳	2150000	12000	21500000
五河	70000	81800	700000
泗县	150000	100000	1500000
盱眙	1260000	缺	12476000
天长	250000	32000	3040000
合计	23450000	（不全）	255640940

（作者单位：安徽省委党史研究室）

---

① 本表第一、第三栏数字引自《安徽省黄汛区水利工程实施计划纲要》（1948年），第二栏数字引自《鸿英图书馆辑藏资料》。转引自安徽省地方志办公室编：《安徽水灾备忘录》，黄山书社1991年版，第45页。该年度财产损失折算成1937年物价指数为法币192211233元。

（五） 抗战时期安徽省茶叶损失

胡　北

1. 安徽省茶叶损失概况

安徽一直以来是中国主要产茶区和茶叶出口省之一。近代学者夏燮说过："徽商岁至粤东以茶商致巨富者不少，而自五口既开，则六县之民无不家家蓄艾，户户当垆，赢者既操三辈之贾，绌者亦集众腋之裘，较之壬寅（1842 年）以前，何翅倍蓰耶！"① 由此可见，茶叶在徽商传统经营中占有重要的地位。中英《南京条约》签订后，对安徽茶叶生产起过刺激作用；近代之初，茶叶对外贸易盈利丰厚。据估计，19 世纪后期，安徽茶叶输出量占全国总量的 2/3②。而中国茶叶出口额最高达 230 万担，即使保守一点，安徽出口茶叶也应有 70 多万担。19 世纪 70 年代，安徽茶业呈现一派欣欣向荣的繁盛景象。在芜湖郊区，茶园不断扩张。在皖西产茶区，每逢采茶季节，人们夜以继日地加工茶叶，人力不足，就厚资雇佣客工。

第一次世界大战以后，由于印度、锡兰和日本等国种茶业兴起，占领了华茶的世界市场，加之政府当局对茶农和茶商又课之重税，安徽的茶叶生产和销售便开始衰退。省政府当局视茶叶为生财之源而倍加重视，在茶叶生产和运销方面采取了一些较为实际的措施。一是改进茶叶的栽培和培植技术，扩大外销市场比较好的红茶生产。二是组织茶叶生产合作社，将分散在茶农手中的茶叶相对集中加工，提高茶叶的质量。三是成立皖赣红茶运销委员会，减少中间盘剥，增加茶农收益，促进茶叶生产。这些措施一定程度上促进了安徽茶业的发展。

正当安徽茶业寻找出路之际，日本帝国主义发动了侵华战争。经过这场空前浩劫，安徽茶业急剧紧缩，到处一派萧条景象。

皖南泾县马岭坑新屋里一带，抗战前向以产茶叶著称，战后茶叶销贷停滞，市价大跌，过去 40—60 元一担的头茶，战后跌至 12 元一担。茶叶生产不敷成

---

① 王鹤鸣、施立业：《安徽近代经济轨迹》，安徽人民出版社 1991 年版，第 165 页。
② 王鹤鸣、施立业：《安徽近代经济轨迹》，安徽人民出版社 1991 年版，第 166 页。

本，茶农亏折严重，茶叶生产直线下降。战前马岭坑 96 家农户，年产茶 5 万担，到 1940 年，锐减为 300 担。皖西大别山区周围，抗战期间被敌人封锁，交通阻塞，致使皖西茶叶产销脱节阻滞，茶叶山价极低，茶农多放弃茶园经营，不得不将茶树掘除，改种杂粮。

1941 年 12 月太平洋战争爆发以后，沿海港口被日军占领、封锁，给安徽茶叶出口造成了很大困难。茶叶出口线路只有绕道大西南、大西北陆路，出口运输费用比战前提高近百倍，茶叶出口量大减①。驰名中外的祁门红茶"茶园已大部荒芜，蔓草丛生，甚至有些地方茶树在长草遮掩下，已无法辨认，茶农生活大都困苦不堪，自无力加以整理，影响茶产甚巨"②。日本侵略者除用炮火摧毁大量茶园、武力封锁茶区外，还利用奸商私贩茶叶到敌占区加工，然后销售，并向敌占区倾销日本茶。

抗日战争期间，安徽茶叶由于遭到日本侵略者的破坏，外销阻滞，产量锐减。战前安徽全省红绿茶产量在 30 万担上下徘徊；抗战爆发后，1938 年全省茶叶产量为 136905 担，1939 年全省茶叶产量为 179841 担，较战前减产一半③。皖南的茶场和合作社总数，1940 年为 382 个，1941 年减少到 113 个，年产量也由 8.4 万箱下降到 5.6 万箱④。皖西地区的茶叶产量，也由 1940 年的 9 万担下降到 1945 年的 5 万担⑤。

2. 安徽省各地茶叶损失分析

（1）黄山市茶叶损失

黄山市山地面积占土地面积 70% 以上。黄山盛产茶叶，产量占全省二分之一以上，"屯绿"、"祁红"更是名扬海内外。

抗日战争时期，黄山市是农耕自然经济，大宗产品以茶叶、木材为主，间以柚油、贡菊、蚕茧、苎麻为辅。茶叶产量占全省二分之一，"1936 年，茶园约 30 万亩，其中歙县 13.35 万亩，休宁 5.14 万亩，祁门 8.21 万亩，黟县 1.61 万亩，黄山区 1.4 万亩，屯溪 0.04 万亩，1939 年，据中茶公司屯溪分公司统计，茶叶

① 王鹤鸣、施立业：《安徽近代经济轨迹》，安徽人民出版社 1991 年版，第 174 页。

②③ 王鹤鸣、施立业：《安徽近代经济轨迹》，安徽人民出版社 1991 年版，第 165 页。

④ 吴觉民：《最近茶叶运销状况与今后对策》，载安徽省茶讯管理处编：《安徽茶讯》1941 年第 3 期，第 2 页。

⑤ 施立业：《近代安徽茶叶述论》，载安徽省社会科学院主办：《安徽史学》1986 年第 2 期，第 34 页。

达 38.46 万担，抗战爆发后，茶叶销路不畅，茶农弃茶种粮，茶园大片荒芜。"①
屯溪为皖南绿茶集散地，故而称之"屯绿"，抗日战争前，外销逐年下降，休宁
茶业同业公会统计，"1939 年 122152 箱"②，"至 1941 年只有 37700 箱"③。祁门
红茶主要靠外销，当时一般销往西欧等 50 多个国家和地区，以英国为集散地，
太平洋战争爆发后，茶叶外销困难，产量大幅缩减，茶厂纷纷停产。民国 27 年
祁门制红茶 48646 箱（每箱 55 斤），到民国 31 年制红茶 3971 箱，民国 34 年
2700 箱④。按每年减少 4 万箱计，"民国 31 年每担均价 222 元，损失 488.4 万
元，民国 32 年茶叶每担均价为 1111 元，损失 3444.2 万元，民国 34 年茶叶每担
均价 3889 元，损失 8555.8 万元"⑤，合计茶农受损失折合 1937 年法币为 27.248
万元。

"民国 29 年全县有茶号 369 家，民国 30 年只有 68 家。"⑥ 黄山区产太平猴
魁、黄山毛峰等茶，1935 年，全县茶园面积 4 万多亩，年产茶 1050 吨。抗日战
争爆发后，茶市萧条，茶园荒芜，1944 年全县茶园面积、产量分别降至 1203 亩
和 5.38 吨。"太平猴魁，1935 年有茶园 700.05 亩，产量达 500 余公斤，至抗战
时仅存 150 亩，年产仅 100 余公斤，如全国名茶之一黄山毛峰，1935 年产高级
毛峰 5 吨左右、年产普通毛峰 50 余吨，抗战后产量锐减，特级毛峰仅产百余
公斤。"⑦

1941 年监察院第一巡察团、休宁县茶业同业公会的一封电文写道"茶叶为
皖南大宗土产而外销绿茶居多数，近数年来因抗日战争外因国际风云遂令风雨飘
摇几至危险境地，影响后方民生极深。……总之，茶农茶商联系至深，当前情势
农商交困已达极端"⑧。电文真实地记述了当时黄山茶叶生产和销售的困境以及
对黄山人民生活带来的痛苦。

① 安徽省徽州地区地方志编纂委员会编、何警吾主编：《徽州地区简志》，黄山书社 1989 年版，第 88
　页。
② 《休宁县茶业同业公会调整本年度各厂号产额数量》，黄山市屯溪区档案馆馆藏档案，档案号：86—1—333。
③ 《休宁县绿茶厂号登记一览表》，黄山市屯溪区档案馆馆藏档案，档案号：86—1—335。
④ 《民国 17 年至 37 年红茶精制统计表》，载祁门县地方志编纂委员会办公室编：《祁门县志》，安徽人民
　出版社 1990 年版。
⑤ 《民国 18 年到 37 年红毛茶收均价表》，载祁门县地方志编纂委员会办公室编：《祁门县志》，安徽人民
　出版社 1990 年版。
⑥ 《民国 17 年至 37 年红茶精制统计表》，载祁门县地方志编纂委员会办公室编：《祁门县志》，安徽人民
　出版社 1990 年版。
⑦ 黄山市地方志编纂委员会编：《黄山市志》，黄山书社 1992 年版，第 203—236 页。
⑧ 《1941 年监察院第一巡察团、休宁县茶业同业公会电文》，黄山市屯溪区档案馆馆藏档案，档案号：
　86—1—364。

1）黄山区茶叶损失

黄山区境内产茶历史悠久，清光绪年间（1875—1908 年）太平猴魁、黄山毛峰、太平魁尖等名茶品牌逐步形成。1935 年，全县茶园面积 4 万多亩，年产茶 1050 吨。抗日战争爆发后，茶市萧条，茶园荒芜，1944 年全县茶园面积、产量分别降至 1203 亩和 5.38 吨，到 1946 年回升至 400 吨。如蜚声中外的太平猴魁（创制于 1900 年），1935 年有猴魁茶园 700.05 亩、产量达 500 余公斤，至抗战时仅存 150 亩，年产猴魁茶仅 100 余公斤。又如全国极品名茶之一的黄山毛峰（创制于 1875—1908 年间），1935 年年产高级毛峰 5 吨左右、年产普通毛峰 50 余吨，1937 年年产特级毛峰 5 吨余，抗战后产量锐减，特级毛峰仅产百余公斤[1]。

营销方面，境内茶叶均由茶号、茶庄、茶行（代客买卖，收取佣金的中间商），或地方银行物产运销处设庄收购。清咸丰至民国年间，太平旅宁（南京）茶商在南京开设的茶号、茶庄 50 余家，年销售茶叶 1000 吨。旅外茶商、外籍茶商每年来三龙（今新明乡）、三口、龙尧（今龙门乡）等地设庄（摊）收购毛茶，并加工"洋装"绿茶外销。太平猴魁、黄山毛峰闻名于世后，各地茶商纷纷前往收购，茶叶外销量随之增加，每年设在三龙的茶庄有 30 余家，年收购量约 11400 件（每件 50 公斤）。抗日战争爆发后，沿江城市被日军占领，茶叶滞销，外地茶商极少来太平收茶，外地来三龙收茶的茶庄仅 3 家，年收毛茶 1 吨余。茶叶主要运销北京、上海、南京、扬州、武汉、济南、南昌、福州、沙市、芜湖和东北各地，有的经上海出口远销香港以及南亚各国。1930 年出口茶叶 325吨，1938 年因上海沦陷，改由香港出口，年出口外销茶叶降至 60 吨左右。境内旅外商业相对集中的宁、沪、汉相继沦陷后，市场萧条，太平人在南京开设的茶庄、茶行纷纷倒闭。如著名旅外茶商刘敬之，在南京、扬州营销茶叶 30 余年，因"经营一落千丈"而返乡闲居。

抗战胜利后，由于多数商号元气大伤，资金短缺，加之在通货恶性膨胀的冲击下，旅外茶商很难恢复到战前的经营规模。茶叶外销受阻，价格跌落，产量锐减，使境内山区人民生活更加贫困。

2）祁门县茶叶损失

祁门是产茶大县，茶叶生产是农民收入的主要来源之一。为了支持抗战筹措资金以及积累外汇，自民国 27 年下半年起，国民政府对全国茶叶实行统购流销

---

[1]　黄山市地方志编纂委员会编：《黄山市志》，黄山书社 1992 年版，第 203—236 页。

政策，规定各产茶省成立茶叶经营机构，统一收购茶叶，集中运往香港，交由驻港的富华贸易公司，售于苏联及其他各国，茶区积极性相应地有所提高。尤其是上海的八一三事变以后，不少大中城市相继沦陷，许多政要商贾纷纷进往偏安一隅的江南，江南都市一度繁荣。古镇屯溪本是茶叶集散地，受此形势影响，更为空前热闹，以致有"小上海"的誉称。"祁红"外销得地利之便，拓展当然更快，产量逐年增长，由民国25年39656箱发展到民国29年60360箱，而经营茶叶的机构民国29年达到440家①。然而好景不长，到民国31年制红茶394箱，以后更是每况愈下，到民国34年制红茶2700箱，连续四年大减产②，给茶农收入造成了很大损失。

根据现有的资料，祁门抗战期间间接损失主要是茶叶。抗战初期民国27年祁门制红茶48646箱（每箱55斤），到民国31年制红茶3971箱，民国32年8818箱，民国33年940箱，民国34年制红茶2700箱③，连续四年减少4万多箱，给茶农收入造成很大损失，按每年减少4万箱计算，每箱茶叶55斤，按民国31年每担均价222元④，计损失488.4万元，民国32年茶叶均价为228元，计损失501.6万元，民国33年茶叶均价每担为1111元，计损失3444.2万元，民国34年茶叶均价每担为3889元，计损失8555.8万元，合计间接农民损失1.299亿元。根据我们调查了解，民国31年至民国34年这四年，祁门县茶叶减幅很大，其主要原因：祁门红茶主要靠外销，当时一般销往西欧等50多个国家和地区，以英国为集散地，据《祁门文史》第5辑记载，由于国际局势发生巨大变化，日本偷袭珍珠港，太平洋战争全面爆发，日本帝国主义入侵中国，特别是上海、武汉等口岸城市沦陷以后，祁门茶叶外销困难，不少茶商茶叶销不出去，造成茶厂纷纷停产，民国29年全县有茶号369家，民国30年只有68家，民国31年至民国34年，全县仅有2家。茶叶合作社也由民国29年71个，减为民国30年18个，民国31年8个，民国32年2个，民国34年1个⑤，使茶农茶叶无人收购，茶叶老在茶树上。因此，由于日军发动侵华战争，使祁门人民间接受到了战争灾害，间接损失达1.299亿元。

---

①② 中国人民政治协商会议祁门县委员会编：《祁门文史》第5辑，2002年印行，第41、42页。

③ 《民国17年至37年红茶精制统计表》，载祁门县地方志编纂委员会办公室编：《祁门县志》，安徽人民出版社1990年版。

④ 《民国18年到37年红茶收均价表》，载祁门县地方志编纂委员会办公室编：《祁门县志》，安徽人民出版社1990年版。

⑤ 《民国17年至37年红茶精制统计表》，载祁门县地方志编纂委员会办公室编：《祁门县志》，安徽人民出版社1990年版。

3）屯溪区茶叶损失

战争带来的交通不便、银根紧缩，严重影响了人们正常的生产、生活秩序。特别是对屯溪的茶叶影响颇大。1941年国民政府监察院第一巡察团、休宁县茶业同业公会所作的"茶业艰困乞赐设法补救以利农商电"很能说明一切。电中认为，"茶业为皖南大宗土产而外销绿茶尤居多数，近数年来因抗日战争外因国际风云遂令风雨飘摇几至危绝境地，影响后方民生极深……"，并把抗战前后的茶业生产、加工、销售情况进行如下分析：

"（甲）抗战前绿茶状况：一、出口：绿茶外销俱由上海出口且交通便利，由屯至沪水运车运莫不迅捷；二、资本：绿茶制造向系分批（如制茶壹千箱可以二百件或三百件分三四次制成）故成本虽大可以随制随运，随运随售，加之上海栈商前来产区放款，所以，制茶两千箱之厂号，仅备壹千箱之资本即能周转灵活运用裕如；三、价值：售价购价俱难稳定，盖受外商操纵农商皆无自主之权，但最低购价约为二、三十元，最高购价常有六、七十元，至售价方面高者曾达贰百余元。彼时物价低廉故属罕见耳；四、营业情形：商人自由贸易，购办方面多赴产区或由茶行，出售方面则由沪栈介绍；五、出产及数量：自婺源划归赣省后吾皖绿茶产区应以休宁出数最多，盖休属西、南、北三乡皆最盛产区，唯东乡产茶较少。歙县产量亦丰，但自前次欧战后有三分之一改制大方烘青等内销绿茶，产量因之减少，他如黟、祁、绩等县产绿茶为数已微，至统计数字，战前沪售年约三十万箱左右。六、种植经过：绿茶种植高山原地咸宜，栽种后每年须至少锄草两次并以肥料培土，经四、五年方可采摘芽叶。

"（乙）抗战后绿茶概况：一、出口：抗日战争以后绿茶外销市场转移于香港，至皖茶输出概由温、甬两海口；二、资本：物价日高，资本势须增加，虽蒙政府明令举办茶贷，但截至民国二十九年每箱贷款数额仍系依照民国二十七年成案。本年四行贷款每箱核定虽自二十四元增至三十五元，而一年来物价之飞涨，何仅超越所增数字，加之办理收购给发茶价莫不延滞，更不能若战前之随运随售，故资金周转大感艰困；三、价值：绿茶售价由收购机关规定标准价格，给予正当利润，农商两方固感稳定，但如本年所定毛茶中心价格仅八十六元，而实际上食粮一项，当采茶时价为一百二十余元，通盘计算农人采茶一百斤，必须三十个工，每工工资伙食等项约须法币四元，即采茶百斤实需成本一百二十元，试与中心价相较，茶农必致亏本数十元之巨。如绿茶收购之中心价现定一百八十五元，较上年虽已提高，然亦不能适合其他工料骤昂之指数。四、营业情形：自抗战后，政府为提倡生产，推展外贸，籍资易货还债，充裕资源。由贸易委员会统制运销，并于产茶各省设立茶管处，主持茶政，四年以来皆为就地收购。在厂商方面制造完成，即由收购机关评价收买，然后运港出售。五、产量：实施茶叶统制，始于民国二十七年虽以中途举办有一部分为自由运销，而婺茶亦有在屯出售，皖茶又多转在温甬两处出售（因已运出），故数量统计不易精确。迨二十八年休、歙两县绿茶出产约为十八万箱，二十九年约为十四万箱，本年因中茶公司规定收购九万箱，较上年又将缩减。

"（丙）现时绿茶概况

"本年制茶工作现正准备开始，但去茶期已经数月之久，以致多数毛茶尚存原户手中。茶农以销路呆窒，急于求售为状至为惨痛。然厂商艰困情形亦不亚于茶农，爰为如下之陈述，恳予亟谋补救。

"查本年绿茶迟未开制之原因固甚复杂，而主要之点则由于资金不能周转与乎，各项物价之超越常轨。盖绿茶厂商之金已如（甲）项第二款所述。故二十九年绿茶商资本统计依照茶管处登记数字尚不满二百万元，假以什一利润亦仅二百余万，然截至今日中茶公司结欠二十九年份绿茶茶价尚有二百二十万元。足见全部资金概遭搁置。遂使无法周转。至于贷款方面，初则中茶公司规定，本年停止制茶贷款（先贷后制）。嗣蒙场厂联合会介绍四行茶贷，方始有着。然每箱规定只法币三十五元，处于目前之工昂物贵制本激增，指数殊难适合，且中茶公司初议停贷犹以见箱贷款为原则（即照制成箱数贷放）。至于运销方面数年以来，皆不免延滞，因循难期速运速销，虽处此非常时期，交通不无梗阻。但在可能范围，似宜以力维国策，垂念民生为前提。总之，茶农茶商联系至深。当前情势农商交困已达极端，补救之方胥视乎主办茶政者洞察商情民疾。"[1]

全国抗日战争前，外销"屯绿"年产量30万箱，全国抗战以后沪杭沦陷，外销产量逐年下降，1939年11月休宁县茶业同业公会统计茶叶产量有122152箱[2]，至1941年只有37700箱[3]。1938年茶号（收购毛茶，精制后外销，产销一体）达287家，1941年只有29家。

4）歙县茶叶损失

抗战造成歙县茶叶外销途径中断，导致茶园大量荒芜，产量逐年下降，至民国38年累计荒芜茶园6.16万亩，当年产茶1200吨，茶农收入骤减，百姓生活

① 《1941年监察院第一巡察团、休宁县茶业同业公会电文》，黄山市屯溪区档案馆馆藏档案，档案号：86—1—364。
② 《休宁县茶业同业公会调查本年度各厂号产额数量》，黄山市屯溪区档案馆馆藏档案，档案号：86—1—333。
③ 《休宁县绿茶厂号登记一览表》，黄山市屯溪区档案馆馆藏档案，档案号：86—1—335。

水准跌入低谷。

据新中国《歙县志》一书载：民国28至29年有中央贸易委员会货款并包销茶叶，于是茶商纷起，全县外销茶庄百余家。民国28年，本县外销4.76箱；民国29年，外销5万箱，主要销往俄罗斯、德国、摩洛哥、美国、巴尔干、土耳其等国。由于受抗战影响，民国30年本县茶庄仅有20至30家，外销不足2万担；民国31年我县茶叶外销道路完全中断，已无人经销外销茶叶。据此，抗战期间，我县单茶叶外销方面造成外汇时价损失就达300余万元。

（2）六安市茶叶损失

茶叶是六安山区重要的经济作物，历史悠久，种类繁多，品质优良，驰名全国。历史上以生产"六安瓜片"、"黄大茶"、"绿大茶"为主。据史料记载，抗日战争以前，茶园面积曾达11.4万亩，后因战争因素，茶园尽数荒芜。

据《六安地区志》[①]记载，民国期间全区茶叶产量，民国8年1622吨，民国19年4112吨，占全省总产39.2%。抗日战争期间，民国27年3285吨、民国28年4326吨、民国29年茶园面积341979亩，其中六安114580亩、立煌92612亩、霍山88017亩、舒城46770亩，总产4477.6吨，其中六安1722.7吨、立煌1209吨、霍山1078.2吨、舒城467.7吨。民国三十三年总产4673.4吨，其中春茶占60.4%，子茶占35.5%，老茶占3.1%，片茶占0.9%，茶末0.1%，外销3738.5吨。当时全区有茶农467987人，茶工19031人。战后，粮价飞涨，茶叶滞销，茶粮比价失调，茶农多弃茶兴粮，大批茶园荒废，到1949年全区只保有茶园114004亩，总产2352.3吨，很多名茶失传。

（3）宣城市茶叶损失

抗战前，宣城市农作物以水稻、小麦、油菜、棉花为主，经济作物以茶叶、蚕桑、药材为主。林业以木材、毛竹为大宗。广德、泾县、宁国三县盛产毛竹。广德毛竹种植面积、产量及采伐量均居全省首位。抗战爆发，百姓流离失所，土地荒芜，各种农作物大幅度减产。抗战期间，日军对宣城市的侵略和破坏导致社会经济发生了巨大变化。

日军的侵略破坏，给农业生产的打击也是毁灭性的。人民或逃难，或被日军强拉为劳工，或充当劳力从事伕役，致使耕地荒芜，粮食减产。据统计，广德仅高湖、凤井、花鼓等11个乡就有13000多亩土地因战火而荒芜[②]；泾县在抗战期

---

① 六安地方志编纂委员会编：《六安地区志》，黄山书社1997年版，第115页。
② 《广德县因日军占据而致荒芜土地减免赋税清册》，民国36年7月，历史档案卷广德县全宗汇集。原件存安徽省档案馆，档案号：L24·1·136，见第1—2页。

间水稻减产 128000 石，小麦减产 10 万石，茶叶减产 3200 担①。

泾县地处皖南山区，物产丰富，盛产茶叶、竹木等特产，手工业也十分发达，特别是造纸、缫丝等。而这些产品大都是销往外地，从而带动了泾县商贸业的兴旺，县内商铺林立，全县有规模商镇 10 多个，商店 3000 多家，外出经商者遍及 18 省。

抗战爆发后，泾县周边的县市，宣城、芜湖、南陵相继沦陷，水、陆交通遭封锁，产品销不出去，各手工行业纷纷停产。货物不能进出，加上连年日机轰炸，商店也大都倒闭。泾县社会经济、文化教育等各方面都遭受了重大损失。蚕茧是泾县一大农产品，抗战前蚕茧年输出百万元，抗战后年输出仅是战前的二十分之一，仅此一项就损失 95 万元②。另有水稻减产 128000 石，价值 332800 元，小麦减产 10 万石，价值 28 万元③，茶叶减产 3200 担，价值 28160 元④。

（4）池州市茶叶损失

据 1919 年"安徽省六十县经济调查表"记载，至德县茶园面积 9902 亩，1939 年产红茶 50.5 万斤⑤，到抗战后，至德县茶园仅剩 8862 亩，茶叶产量只有 19.07 万斤。

青阳县民国二十二年（1933 年）全县有茶园 1600 亩左右，年产茶叶 500 石。日军入侵后，至民国三十年（1941 年）县境茶山面积仅剩 150 余亩，年产茶叶 306 石⑥。

3. 安徽省茶叶损失的不完全统计

根据现有档案材料，只有祁门、歙县、泾县三地茶叶损失有明确的统计数字：

祁门茶叶损失：抗战初期民国 27 年祁门制红茶 48646 箱（每箱 55 斤），到民国 31 年制红茶 3971 箱，民国 32 年 8818 箱，民国 33 年 940 箱，民国 34 年制

---

① 根据泾县地方志编纂委员会编：《泾县县志》，方志出版社 1996 年版，第 125 页，稻谷亩产 400 斤，抗战后减产 4 万亩，折算减产 12 万 8 千石；《泾县县志》第 126 页，小麦 1944 年产量约 5 万石，而据泾县档案馆民国档案 106 件《安徽泾县物产概况表》（二）（泾县县政府制，民国 30 年 2 月），1941 年小麦年产 15 万石，据此估算小麦减产 10 万石；茶叶减产出自《泾县县志》第 132 页。

② 泾县地方志编纂委员会编：《泾县县志》，方志出版社 1996 年版，第 320 页。

③ 稻谷、小麦的价格依据泾县档案馆民国档案 106 件《安徽省泾县物产概况表》（二）（泾县县政府制，民国 30 年 2 月，根据表中 1941 年 2 月的价格折算出 1937 年 7 月的价格）。

④ 泾县地方志编纂委员会编：《泾县县志》，方志出版社 1996 年版，第 132 页；《安徽泾县物产概况表》（一），泾县县政府制，民国 30 年 2 月，泾县档案馆民国档案 106 件（根据表中 1941 年 2 月的价格折算出 1937 年 7 月的价格）。

⑤ 池州市政协文史委编：《安徽文史资料全书·池州卷》，安徽人民出版社 2008 年版，第 503 页。

⑥ 池州市政协文史委编：《安徽文史资料全书·池州卷》，安徽人民出版社 2008 年版，第 512 页。

红茶2700箱①，连续四年减少4万多箱，给茶农收入造成很大损失。按每年减少4万箱计算，每箱茶叶55斤，按民国31年每担均价222元（法币，下同）②，计损失488.4万元，民国32年茶叶均价为228元，计损失501.6万元，民国33年茶叶均价每担为1111元，计损失3444.2万元，民国34年茶叶均价每担为3889元，计损失8555.8万元，合计间接农民损失1.299亿元。

歙县茶叶损失：据新中国《歙县志》一书载：由于受抗战影响，民国30年本县茶庄仅有20至30家，外销不足2万担；民国31年歙县茶叶外销道路完全中断，已无人经销外销茶叶。据此，抗战期间，歙县单茶叶外销方面造成外汇时价损失就达法币300余万元。

泾县茶叶损失：抗战期间，泾县茶叶减产3200担，价值法币28160元③。

因此，根据现有档案，抗战期间安徽省茶叶损失明确的总计达132928160元，而这个数字是一个非常不完整的数字。

（作者单位：安徽省委党史研究室）

---

① 《民国17年至37年红茶精制统计表》，载祁门县地方志编纂委员会办公室编：《祁门县志》，安徽人民出版社1990年版。

② 《民国18年到37年红茶收均价表》，载祁门县地方志编纂委员会办公室编：《祁门县志》，安徽人民出版社1990年版。

③ 泾县地方志编纂委员会编：《泾县县志》，方志出版社1996年版，第132页；《安徽省泾县物产概况表》（一），泾县县政府制，民国30年2月，泾县档案馆民国档案106件（根据表中1941年2月的价格折算出1937年7月的价格）。

三、档案资料^①

（一）安徽地理概述

一、沿　革

安徽位于我国东部，地跨江淮，取安庆徽州两府之首字而得名。在昔因安庆附近，旧为春秋时皖伯之国，故又简称皖省。以大江区分南北，江之南曰皖南，北曰皖北。或谓以皖山为南北之界划，实误也。

本省于禹贡为扬州及徐豫二州之域，春秋时分属吴楚二国，故迄今犹有吴头楚尾之称。战国时为楚地，秦置九江、泗水、颍川三郡。汉初为淮南国，后分属于扬、徐、豫三州，为庐江、九江、谯郡、汝阴、沛郡、汝南、丹阳、豫章、临淮诸郡。后汉三国，大都无所变易。晋分属晋熙、南谯、庐江、汝阴、南梁、陈留、谯郡、淮南、下邳，阳平、沛郡、顿邱、历阳、宣城、上党、新安、浔阳、临淮、钟离诸郡。南北朝多因晋旧，随置同安、宣城、新安、钟离、淮南、庐江、历阳、谯郡、汝阴诸郡。唐分属江南、淮南、河南三道，辖舒、庐、寿、颍、亳、宿、滁、和、濠、宣、歙、池、江、泗、扬诸州。五代大抵因唐之旧。宋为江南淮南二路，及京西北路。南渡而后，淮北之地入金。元时分属河南江浙行中书省。明初直隶南京。清初为江南省之西部，及康熙时，始析置安徽省，时称江南安徽省。省曾设怀宁县，旧为安庆附郭县，偏在全省西南，民国因之。原辖六十县。后英山划归鄂，婺源划入赣，复增设嘉山、立煌（二十一年）、临泉（二十三年）、岳西（二十五年）四县。今江之南为县二十有二，分隶六、七、八三行政区，江之北为县四十，分隶一、二、三、四、五五行政区。

----

① 以下档案资料中，涉及财产损失的货币统计数据,凡未标明币种者均为法币(亦称为国币),凡未标明货币单位者均以"元"为单位。特此说明。

二、疆　域

本省位于长江及淮河下游。东北界江苏，东南邻浙江，西南连江西，西接湖北河南。其自然区域分为北中南三部：

（一）北部：为淮河流域，在皖山山脉以北，地势平坦，实为中原平原之一部。风物土宜，与北部相近，农产物以小麦杂粮为主，风俗语言亦属于黄河流域。

（二）中部：界皖山与长江之间，湖泊罗列，川渠交错，风物土宜，与长江流域同，物产及住民亦然。

（三）南部：为黄山山地，岗陵起伏，间以沃野及盆地，为古代山越之地。物产近于闽越山地，人民语言，亦另成一系统。

三、面　积

1. 土地面积

本省土地面积，据前省陆地测量局之统计，共为 140.687 方公里，折合 562.747 方市里，居全国之第二十六位，合肥最大，计 6035 方公里，次为宿县，计 5781 方公里，又次为泗县，计 4447 方公里，黟县最小，仅 453 方公里。其余面积在 500 方公里以上，至不满 1000 方公里者：有望江、芜湖、繁昌、南陵、铜陵、舍［含］山、五河、东流、郎溪、旌德、绩溪等十一县。一千方公里以上，不满二千方公里者：有怀宁、巢县、滁县、天长、来安、全椒、和县、嘉山、颍上、亳县、青阳、石埭、至德等十三县。二千方公里以上，至不满三千方公里者：有太湖、潜山、宿松、当涂、无为、庐江、舒城、怀远、凤阳、太和、临泉、贵池、太平、岳西、宣城、广德、宁国、泾县、歙县、休宁等二十县。三千方公里以上，至不满四千方公里者：有桐城、六安、霍山、立煌、寿县、霍邱、凤台、定远、盱眙、灵璧、蒙城、阜阳、祁门、涡阳等十四县。

各县之面积比较如下表：

县别	方公里	县别	方公里	县别	方公里
桐城	3543	蒙城	3507	郎溪	834
怀宁	1912	怀远	2793	繁昌	877
无为	2919	凤台	3148	休宁	2408
庐江	2534	颍上	1770	歙县	2236
太湖	2129	宿县	5781	祁门	3188
宿松	2164	泗县	4446	黟县	453
潜山	1425	灵璧	3001	绩溪	978
望江	869	五河	793	旌德	833
六安	3793	全椒	1367	贵池	2625
合肥	6034	滁县	1572	至德	2171
寿县	3671	和县	1664	太平	2320
霍邱	3234	定远	3717	东流	943
立煌	3322	巢县	1587	石埭	1036
舒城	2672	含山	950	青阳	1270
霍山	2555	泾县	2008	铜陵	570
岳西	1778	宣城	2774	盱眙	3560
阜阳	3616	芜湖	615	凤阳	2702
临泉	2531	广德	2506	天长	1606
亳县	1834	当涂	2088	来安	1117
太和	2405	南陵	938	嘉山	1638
涡阳	2666	宁国	2676	合计	140687

2. 耕地面积

耕地面积计共37383611亩，居全国之第七位。合肥最多：计3157731亩；次为阜阳：计2929394亩；又次为宿县：计2776335亩；东流最少：计46745亩。

各县耕地面积之比较如下表：

县别	耕地亩数	县别	耕地亩数	县别	耕地亩数
桐城	418091	蒙城	748009	郎溪	401567
怀宁	363583	怀远	553730	繁昌	238544
无为	1297605	凤台	814623	休宁	480295
庐江	1035711	颍上	478419	歙县	490518
太湖	398683	宿县	2776335	祁门	214079
宿松	414887	泗县	252845	黟县	164977
潜山	283538	灵璧	1272643	绩溪	201471
望江	267046	五河	93760	旌德	225398
六安	1287788	全椒	120489	贵池	228261
合肥	3157731	滁县	385509	至德	99753
寿县	1925867	和县	339123	太平	162282
霍邱	131788	定远	1851300	东流	46745
立煌	209106	巢县	750247	石埭	67194
舒城	694877	含山	159699	青阳	174432
霍山	312679	泾县	349561	铜陵	135877
岳西	117749	宣城	1268400	盱眙	119570
阜阳	2929394	芜湖	306832	凤阳	848799
临泉	942749	广德	629838	天长	79541
亳县	540603	当涂	975936	来安	183559
太和	181611	南陵	567392	嘉山	190759
涡阳	746944	宁国	277215	合计	37383611

四、地　势

本省因长江淮河横贯境内，划全省为北中南三部。皖山脉以北，淮河流域，为中原平原之一部，大概为黄土层平原，淮河两岸，及皖苏交界处，略有丘陵点缀之，地理景相，完全与我国北部同一色彩。

皖山脉与黄山脉间，为皖南平原，不及淮河平原之平夷，长江贯注其间，湖连泊接，为本省人口最稠密及城市最集聚之所。

皖南大部分为山岭所蟠集，但山间小盆地甚多，为人口及城市密集之处。

兹并将山脉水道湖泊分述如左：

（一）山脉：本省山脉可分为两方面述之。

甲、在江北者：属北岭，为昆仑中支，计有大别山脉、皖山山脉、相山山脉、淮阳山脉，为江淮之分水岭，其高低因地方而差异，大约自一千六百公尺至三千三百公尺，为交通上之阻害不小，自大别山脉向皖山山脉转折处，为一大地震之震源。

（子）大别山脉：自豫鄂边境入省，丛错于立煌市北，与皖山山脉相接。

（丑）皖山山脉：分布于长江北岸，绵延于江淮之间，山势绵亘深远，望之山势潜伏，故又称潜山。其主峰崛起省西南潜山、岳西、霍山三县之间，削拔如柱，故又名天柱山，高一千五百公尺以上，汉武帝时曾封为南岳。其支峰在岳西与霍山二县间，是为霍山，与天柱同为皖北名山。

自此东出，分为二系：一走巢湖之南，而东延为北峡山，大龙山，迄江边而尽。一走巢湖之北，而东抵洪泽湖畔，为老子山。别支过合肥趋濡须水至和县为西梁山。

（寅）相山山脉：位于宿县，北跨苏境，西邻豫疆，至为巍峨。

（卯）淮阳山脉：自豫之桐柏山入境，循淮东下，至寿县为八公山。

乙、在江南者：属昆仑南支，有黄山山脉。

黄山山脉：来自浙赣间之仙霞山脉，盘郁于长江南岸，西起鄱阳湖畔，东北行接浙皖边境之天目山脉，为江浙之分水岭。主峰在歙、黟、太平三县之间，为花岗岩之山岭，有青鸾、紫石、朱砂、丹霞等三十六峰，高一千四百公尺。林泉洞壑，幽美绝伦，称皖南名山，现有关为公园之计划，故公路已通至其南北入山口，往游者极为便利。其支脉分布各处，几蔽有长江以南之全部，成复杂之山块。一走青弋江之西，至青阳为九华山，高九百公尺，为佛教圣地之一，至繁昌为桃冲山。一走青弋水阳二江之间，最著者曰华阳山。在宣城为敬亭山，千岩万壑，风景奇绝，谢眺李白之所嗟咏也。至芜湖当涂之间，为东梁山。东西二梁山夹江对峙，与采石矶，遥遥相望，为江防之重地。

（二）水道：本省水道可分为长江、淮水、徽港三系。

甲、长江水系：长江本流，自赣省彭泽东流入境，至望江县南，有长河引西岸感湖、龙宫湖、泊湖、漳湖，诸水入江，漳湖上承潜水及皖水，皆源出皖山脉，更分歧由安庆入江，长江更东北流至大通，右岸受九华山诸小水，西有枞阳白荡诸湖，分流入江。两岸皆低丘陵，多岩石突出，是名"矶"，即侵蚀未尽之残迹。自大通而东北，经铜陵西，江心沙洲不断，曲折至芜湖，江宽约三里。又东北至采石矶。此一段内，西岸以运漕河通巢湖。东岸入江之水以青弋江（即鲁阳江）最大，源出黄山山脉，凡三源：西名赏溪，出黟县西北；中名徽河，出绩溪；东名水阳江（即宛溪），出宁国东南之西天目山。赏溪东北流经太平至泾县，西纳徽水，分支北流。水阳江自宣城东北流，东纳南漪、固城、石臼诸湖之水，西与青弋江相会，复分歧由芜湖当涂入江。固城石臼诸湖，一面通水阳江，一方又有小河通江苏之宜兴与溧阳，以达太湖，即古代中江之遗迹。芜湖而下，东北流入江苏境。

乙、淮水系：淮河本流，自豫省东流入境，至颍上霍邱间，分为二文，其南有东西两湖，旋复合流至正阳关附近，北纳颍水、南收淠河，均为巨流。正阳关以下，水道曲折于寿县凤台间，南北来会之水，均名淝河。过怀远又纳涡河，过蚌埠至五河，又有北淝河，浍、沱、潼诸水，先后自北注入，茨河自河南注入。五河以下，河面甚阔，有如黄河。盱眙西北，更阔至十余里，即为洪泽湖。又北受睢水，下游入江苏境。其最大之支流所经各地及入淮点，分述如次：

颍水：自豫省入境，经阜阳至颍上入淮；

淠水：出霍山北流，经六安至寿县入淮；

西淝河：自豫省入境，经凤台入淮；

肥水：出合肥至寿县入淮；

涡河：自豫省入境，经涡阳至怀远入淮，茨河平行于其南，同在怀远入淮；

北淝河：自豫省入境，至凤阳入淮；

浍河：自豫省入境，至五河入淮；

史河：自立煌经豫之固始，至霍邱入淮。

淮河以北为一淮平原，又有冲积层，河之南有皖山脉，与长江分水，但淠河以东，低邱起伏，蜿蜒不绝，故支流不及淮北之多。淮水水面宽一里至二里，有航运灌溉之利，但因下游宣泄不畅，时多水患，泛滥之际，两岸三十里至六十里之间，忽成湖海之状，近日以黄河夺淮入海，致淮水倒灌，水患更大，故现时淮河下游之浚导，为极重要之事。

丙、徽港水系：南部诸水，东属钱塘江系，西则入鄱阳湖。钱塘江上流为新安江，一称徽港，故名徽港水系，出黄山山脉，上流有率水、丰乐水（称浙水正源）、扬之水等，至歙县附近，诸源相会，东南流至街口，入浙江境。两岸岩，水多湍急，古有三百六十滩之名，今人详测，谓有一百四十四滩，皆砾石壅积而成。自歙县而下，可通航运。西为昌江，源出祈门，与浙江之源隔一分水岭，西南流入赣，注鄱阳湖。

（三）湖泊：本省湖泊甚多，最大者为洪泽湖，亦名富陵湖，周七百余里，半在江苏，半在本省。古为洪泽村，淮水之所汇也。宋神宗时（金明昌五年）黄河南流夺淮，河床淤积日高，放道不能宣泄，遂反上溢，始成巨浸，潴为洪泽湖。明末清初，湖尚不大，迨清康熙十九年，淮水泛滥，泗州全城没入湖，遂成今状。湖当淮水下游，地势平衍，故湖水盛涨之际，横流旁溢，溃决堤防，滨湖之地，悉成泽国，所遭浸淫之害至烈，是以导淮计划注重沿湖也。

次为巢湖，周三百余里，在一局部盆地之中央，为一陷落湖。当合肥、舒城、庐江、巢县四县之间，古名焦湖，《陈书》樊毅领水军入焦湖即此。环湖皆低下之丘陵，湖水甚浅，入湖诸小水有肥水等，皆出皖山山脉，以濡须水及运漕河注入长江。

又次为湖泊，在望江县西，以长河注入长江。陵子湖在灵璧县北。石臼湖在当涂东。瓦埠湖在寿县东南。大宫湖在宿松东西（县南）。菜子湖在桐城县南，白荡湖在桐城县东。东西两湖，在霍邱县城之东西。南漪湖在郎溪之西。

五、地　质

本省地质因长江淮河之横贯，北中南三部，亦稍有差异。

（一）北部地带与华北平原相同，土壤为冲积层与黄土混合而成，地质时代为一广大之湖泊，后因旧黄河与淮河等之冲积而成平原。

（二）中部地带之山岭，为大别山之分脉，散布各处，而尽于洪泽湖畔。此等山岭，大概由沙岩、大理石、花岗岩等组合而成。巢湖附近有古代之水成岩。

（三）南部地带，大部分山地为浙赣二省山脉之分脉，山上有花岗岩、石灰岩、片岩等露出。

中部南部二地带间之长江一带，为膏腴之冲积层土地，为本省中最肥沃之农田。

六、人　口

1. 概述

本省人口，在民前一年，本省通志民政考户政篇所载，全省人口为16229052人。民五年内务部调查为20517496人。十七年各县实际调查为21174262人。二十二年为22159285人。二十三年为22696072人。三十一年调查统计结果，计 3669026 户，22642048 人，内男 12250951 人，女 10391097 人。男女比例为一百比九十二。平均每方公里约 160 人。其密集点，以长江沿岸，巢湖、青弋、水阳江流域为主，淮河流域次之。多住于乡村，无人口二十万以上之城市。各县统计，最多者为合肥，计 1274384 人。最少者为东流，计 24330 人。

2. 户口分布

各县户口之分布有如下表：

各县人口分布表

县别	人口数	县别	人口数	县别	人口数
桐城	899453	蒙城	518387	郎溪	127340
怀宁	663088	怀远	530128	繁昌	138979
无为	717504	凤台	541835	休宁	214447
庐江	512970	颍上	341788	歙县	343500
太湖	328777	宿县	1089825	祁门	85356
宿松	345229	泗县	619613	黟县	56761
潜山	265319	灵璧	556534	绩溪	97003
望江	205280	五河	129053	旌德	63741
六安	702306	全椒	181476	贵池	132866
合肥	1274384	滁县	145641	至德	81469
寿县	419475	和县	352731	太平	70115
霍邱	500516	定远	396326	东流	24330
立煌	65761	巢县	374424	石埭	47264
舒城	488747	含山	206461	青阳	113677
霍山	139880	泾县	207664	铜陵	162801
岳西	195959	宣城	290913	盱眙	269800
阜阳	1053087	芜湖	356173	凤阳	466282
临泉	729360	广德	159164	天长	231615
亳县	595870	当涂	347627	来安	127894
太和	475389	南陵	252152	嘉山	115906
涡阳	469499	宁国	161163	合计	21978167

（节选自安徽省政府编：《安徽概览》，民国三十三年出版，安徽省档案馆 1986 年翻印，第 1—7 页，标题由编者所加）

（二）安徽财政概述

一、改制前之省财政

本省财政原甚枯窘，战前全年收入不过五六百万元，抗战军兴，税收几濒绝境，自二十八年起逐渐整理，设局统一征收，除省税外，并奉令代征中央各税，整理结果，各项收入，逐年增加，至支出方面，战前不过千余万元，收不敷支，仰赖中央补助，战后军政各费，激增甚巨，较之战前数倍，然因收入丰裕，足资供应。兹将战后以迄改制前各项收支列后：

（甲）省税部分

子、田赋：二十八年 2962473 元，二十九年 2942477 元，三十年 3680332 元，三十年八月移交田赋管理处接征。

丑、契税：二十八年 403551 元，二十九年 1077337 元，三十年 2088447 元，与田赋同时移交。

寅、普通营业税：二十八年 283699 元，二十九年 587558 元，三十年 1604713 元。

卯、烟酒牌照税：二十八年 113414 元，二十九年 122218 元，三十年 187653 元。

辰、牙税：二十八年 190636 元，二十九年 241333 元，三十年 655501 元。

巳、茶税：二十八年 217614 元，二十九年 548635 元，三十年 686821 元。

上列普通营业税烟酒牌照税牙税茶税等项，均于三十一年一二两月间分别移交皖南北中央征收机构接征。

午、检查费及产销税：本省自二十八年举办检查费，收 2825162 元，二十九年七月改办产销税，连检查费共 6141858 元，三十年 12214461 元，三十一年一至四月 5083751 元，四月底奉令停征。

（乙）代征中央各税部分

子、烟酒税：二十八年 923106 元，二十九年 3772284 元，三十年 4852312 元，是年秋季移交中央。

丑、盐税：二十八年 436426 元，二十九年 624074 元，三十年 1162567 元，三十一年一至四月 938817 元，四月底由中央接管。

寅、统税：二十八年 83636 元，二十九年 1215066 元，三十年 1283623 元，是年八月移交中央接征。

卯、矿税：二十八年 2754 元，二十九年 1744 元，三十年无收数，与统税同时移交。

（丙）本省岁出部分

子、预算数：二十八年为 16106273 元，二十九年为 19838160 元，三十年为 55751836 元。

丑、库支数：二十八年为 14933133 元，二十九年为 16334251 元，三十年为 61792789 元。

二、改制后之协助国家财政

财政改制后省财政并归中央，省居于协助地位，兹述其协助事项如后：

甲、签发经费：自三十一年度财政改制，省级经费系经中央统筹时核定，再由财政厅依据公库法，及国库统一处理各省收支暂行办法，及其他有关公库法令，按期代理签发各机关经费。皖南及皖东北因交通阻隔，即变通办理，提前签发，以适应战时紧急需要，至各公营事业机关盈余，及各机关经费节余，严饬依法解库，并严禁自行收纳及自行支出保管，纳财政收支于正轨。

国库支库由本省地方银行办事处代理者，有阜阳潜山临泉全椒霍山岳西太湖桐城宿松霍邱祁门休宁宁国泾县至德宣城南陵青阳贵池绩溪太平黟县舒城六安庐江旌德石埭蒙城等二十八处，代办国库支库事务，兹将省库收支情形列表如后：

乙、筹募公债：本省战后筹募中央公债如下：

（子）二十六年救国公债定额 5000000 元，募起 2459620 元。

（丑）二十九年战时公债定额 1000000 元，募起 1346011 元。

（寅）三十一年同盟胜利公债核定额为国币 15000000 元，美金 3000000 元，截至三十三年三月止，募起国币 10364882 元，美金 230310 元。

（卯）三十二年同盟胜利公债核定额为国币 70000000 元，业经分配各县进行筹募。

丙、公益储蓄：本省公益储蓄，系依据中央颁布普遍推行全国各县（市）乡镇公益储蓄办法，遵照配额劝募俾达成任务，以巩固国家经济基础，发展地方生产，三十二年公益储蓄，奉核定八亿元，业根据各县人民财富及商业情形，分配各县储蓄额，积极策进，劝储对象侧重富有之农工商住户，不普及居民，以免十六年来省库支出表滋扰，而轻负担，实行持券收款，使券款两清，养起人民信仰，而利储政推行。经常派员赴各区督促发动，宣传与实际劝储同时并进。

饬各县依据各县（市）办理乡镇公益储蓄发券收款通则之规定，互推一代表邮政局或银行，为统筹发券及集中收款机关，嗣后各该县需用储券，即向该代表机关，依照核定储额预领，原规定各劝储单位由储款内提取百分之十五为乡镇造产基金，于缴款时领取存储经办行局，现以本省各县银行，已陆续成立，爰重规定凡县银行成立县份，该项基金即改存县行。

四联总处大批运皖储券，因受中原战争影响，一晌不能运到，而劝储工作各县已普遍发动，同感储蓄券款缺乏，阻碍劝储工作，纷纷请领储券，除电四联总处速设法运济外，一面洽商本省邮政管理局办事处将所存 28000000 元，中国农民银行所存 60000000 元，甲种节约建国储蓄券，加盖乡镇公益储蓄戳记，重新调整分配，配发一二区各县及涡阳蒙城等县邮局委托销售，并由中央银行立煌分行呈准总行自印 60000000 元储券备用。

但因本省富庶之区，大多沦陷，所存沓山陬贫瘠，频年以来，战时供应浩繁，民间盖藏已罄，加之水旱灾情严重，哀鸿遍野，厥状至惨，民力凋敝已极，故本省灾荒振济委员会，及豫鄂皖边区党政军工作检讨大会，均以灾情惨重，振济工作究为杯水车薪，不若溪〔悉〕免公益储蓄之实惠，业电请，行政院赐予溪〔悉〕免或缓办，俾苏民困。

丁、协助缉私：本省缉私工作，原由安徽省财政厅税务查缉总所担任，依据查禁敌货条例，及禁止物品资敌条例，及其他有关章则，禁止敌货入口，并防止敌人吸收我内地物资，以及奸商偷漏，充实抗战力量。民国三十一年财政部安徽缉私处成立，缉私工作遂移归该处办理，本厅即根据中央颁布缉私法令，负协助查缉之责，去年电请财政部缉私署检赐缉私法令汇编，以便依据协助本省缉私处查缉税收，防止物资走私，及战区经济封锁之任务。

其他协助国税征榷，从田赋征实，土地陈报等，均系照章协助各主管机关办理。

（节选自安徽省政府编：《安徽概览》，民国三十三年出版，安徽省档案馆 1986 年翻印，第 56—69 页，标题由编者所加）

（三）安徽金融概述

一、省银行

本省地方银行系二十五年于安庆成立，原订资金二百万元，未几因战事爆发，业务停顿，二十七年七月地总行复成立于立煌，各分行处亦次第恢复，三十年为开展业务，增拨资金三百万元，并于是年将旧债四百零三万八千五百二十元，扫数清偿该行，共成立分行为屯溪阜阳二处，办事处为霍山舒城庐江桐城潜山太湖宿松岳西六安寿县颍上临泉蒙城全椒霍邱休宁歙县黟县太平旌德祁门泾县宣城南陵广德至德青阳贵池绩溪石埭宁国麻埠正阳关界首叶集重庆婺源景德镇等三十八处。各分行处照章办理贴现汇兑存款放款储蓄信托等项业务，自三十一年度起代理省库业务结束，择省内重要行处代理国库支库，历年纯益均有增加，兹附五年来地方银行纯益比较表于后：

安徽地方银行近五年来损益情形

二十八年	益	939461.30	二十九年	益	551363.05
三十年	益	1981776.99	三十一年	益	2700032.38
三十二年	益	10162127.19			

二、县银行

本省县银行，于二十九年奉令筹设，惟各县因人材资金均感缺乏，不能如期完成。三十一年通令各县一律成立筹备机构，积极筹集资金，并由财政厅举办县银行行员讲习班一期，毕业学员七十三人分派各县协助筹备，计成立筹备机构者为立煌桐城太湖宿松望江潜山怀宁庐江六安合肥舒城寿县霍邱岳西阜阳颍上凤台怀远涡阳亳县临泉太和蒙城全椒含山泾县宣城南陵郎溪广德宁国休宁祁门黟县歙县绩溪旌德贵池青阳太平石埭至德等四十三县，各县资金最低额为六万元，最高额为一百万元，共计约一千余万元，至立煌等二十五县行，已收足资金二分之一，先行开业并代理县库业务。

（节选自安徽省政府编：《安徽概览》，民国三十三年出版，安徽省档案馆 1986 年翻印，第 70 页，标题由编者所加）

（四）安徽公粮划拨概述

一、省级公粮

本省公粮自三十一年度起，由粮政局办理，至三十二年九月田粮合并，公粮业务始由财政厅接管，关于省级公粮划拨范围及定量，系依照院颁各省（市）公务员役生活改善案（甲）项，暨省级公务员战时生活补助标准，订定省级公粮划拨程序为签发公粮之依据。

三十一年度省级公粮核定总额，为稻谷十四万三千市石，折糙米六万六千九百二十三市石（按稻每一市石收回基价三十元）。三十二年度核定额，为稻谷四十五万市石，折合糙米二十一万零六百市石。以上两年度经前粮拨发数量，正清结中。财政厅接办后，签发之粮，正审核各机关报销，汇报省府核销。三十三年度核定额为稻谷三十三万七千市石，折合糙米十六万七千五百七十一市石八十八市升，依照省府第 1076 次委员常会决议紧缩办法，搏节支拨，尚敷分配。

二、县级公粮

本省县级公粮，亦于去年划归财政厅接办，当即遵照中央颁布各省省政府处理县级公粮办法办理，并依据该办法及本省实际情形，拟订"安徽省政府处理县级公粮办法施行细则"颁饬各县自本年元月份起施行。嗣因县级公粮自三十三年起奉令不收基价，爰将本省前订"县级公粮仓库设置及管理暂行办法"加以修正，俾符实际，规定县级公粮仓库保管及修缮费，由县预备金动支，即由县政府自行设仓负责保管，县各机关领用县级公粮亦饬遵照规定，按期报核，并于年度终年将各该县县级公粮收拨冗余数量，依式造具年终四柱报表，以凭考核。兹将本省各县最近三年配征县级公粮情形列表于后：

本省各县县级公粮配征数额表年度

年度 县别	三十一年	三十二年	三十三年	备注
立煌	24020 石	21521 石	301130 石	稻
六安	40640	57578	69093	稻
舒城	24600	33714	48618	稻
霍山	11900	15270	19280	稻
岳西	15310	17987	19985	稻
潜山	13280	22303	24162	稻
太湖	18220	24885	27650	稻
霍邱	25410	38850	41176	稻
阜阳	39170	43996	61595	麦
颍上	18723	17994	20993	麦
临泉	19690	24424	31402	麦
太和	20004	19756	23043	麦
休宁	21330	21098	31647	稻
祁门	7990	12713	14529	稻
绩溪	8800	14272	12244	稻
歙县	21380	28787	35430	稻
黟县	5100	11450	10632	稻
泾县	18800	20448	22721	稻
太平	7330	12776	12776	稻
旌德	10790	12779	13575	稻
宁国	11257	15708	17297	稻
桐城	41890	35731	60297	稻
怀宁	19600	20132	25082	稻
望江	10610	12704	13987	稻
宿松	12770	18808	23508	稻
合肥	44210	47008	60452	稻
庐江	18720	23144	39797	稻
全椒	9450	12156	12763	稻
含山	8410	5323	8517	稻
巢县	8530	4882	9043	稻

年度 县别	三十一年	三十二年	三十三年	备注
亳县	7740	1089	6836	麦
涡阳	13920	3133	24266	麦
寿县	23250	7203 12934	25575 13378	稻 麦
凤台	1509	9221	20528	麦
蒙城	13850	13896	21651	麦
无为	14580	3135		稻
怀远		4006	8509	麦
和县		8025	8068	稻
贵池	8570	12285	17812	稻
青阳	10749	13682	14826	稻
铜陵	6023	2192		稻
石埭	28510	7996	9087	稻
东流	3530	2006	6241	稻
至德	4990	9815	10909	稻
宣城	18762	25057	30706	稻
繁昌	4460	9016		稻
郎溪	7800	15575		稻
广德	12580	17774		稻
南陵	11250	17882		稻
合计	稻 596109 麦 148188	728432 130605	837124 239245	稻 麦

（节选自安徽省政府编：《安徽概览》，民国三十三年出版，安徽省档案馆 1986 年翻印，第 71—73 页，标题由编者所加）

（五） 安徽田粮概述

一、组织及沿革（田赋粮食管理处）

1. 组织

本省田赋粮食管理处，于三十二年九月十六日奉令改组成立，其等级就本省赋粮征额核计，列为四等，设处长一人，副处长二人，下设六科及秘书会计统计人事工务督导六室，分掌各项业务。

2. 沿革

甲、田赋管理机构——本省田赋自三十年第三次全国财政会议，遵照第五届八中全会决议，全国田赋一律改征实物，暂归中央接管，设处专办，是年八月一日，本省田赋管理处奉令成立，各县田赋处亦先后成立，计四十九处，并经调整赋区配合乡保区划设乡镇分处，计241处，收纳仓库818座，分别办理田赋及收储事宜，此外于皖南设办事处于屯溪，就近督导皖南田赋征实事宜。

乙、粮政管理机构——二十九年十二月本省奉令成立粮食管理局，并于各县设置粮食管理委员会，于是粮政系统，亦渐趋完备，嗣于三十年十月奉令改为安徽省粮政局，并附设储运处，办理粮食储运业务，并于各县府内增设粮政科，关于田赋实物经收业务，由局于征实各县设立县实物经收所及分所，三十一年征收合并，经收业务划入经征机关。迨三十二年田粮两机构合并，本省田赋粮食管理处于是年九月十六日奉令成立，接办田赋处及粮政局全部业务，各县处亦于同年十月十六日及十一月一日改组成立，接收县田赋处及县粮政科经办业务，征收分处则改为乡镇办事处。皖南因大江阻隔，皖东因淮南路梗塞，指挥不便，政令传达，每多迟滞，均经呈准各设立办事处一处，就近督促，至粮食之集运调节等事务，则又分设储运处及立煌屯溪两调节处，专司其事，并于各该处之下，分设运输及供应等站，均归省处管辖。

二、田 赋

（一）征实征购粮食　本年度本省粮食征购总额，奉中央核定为军赋粮稻谷各 120 万市石，小麦各 20 万市石，县级公粮稻谷 60 万市石，小麦 10 万市石，折合稻谷共为 3711500 市石，遵经详加筹计，按原赋额每元配征赋粮稻三市斗七升，小麦二市斗六升，已办土地陈报县份，按增赋不增粮原则，尽量减低征率，分县核配军粮以随赋粮同额带购为原则，惟为适应产量丰歉及便利并调拨，特酌为增减或免配，藉谋调剂，嗣因人民自动请求，则又改购为捐，至县级公粮，以各县自给自足为原则，暨照中央每赋一元征稻一市斗小麦七升之规定，各县需要按赋核配，如属不敷，得酌提高标准，但最高以每赋额一元不超过征收稻谷二市斗或小麦一市斗四升为限，继因宜、郎、广三县于开征时受敌窜扰，影响征收，经呈请财部，于总额 3711500 市石内核减 25 万市石，计本年度应征总额实为稻谷 3461500 市石，截至本年三月底止，计征起赋粮稻 1067823 市石，麦 269407 市石，军粮稻 1000535 市石，麦 324724 石，公粮稻 431228 石，麦 12009 市石，折合稻谷共为 3518654 石，计已超额 57154 石。（附征收数额表）

（二）积谷募集查　三十二年度本省募储额，原配 927152 石，嗣准粮食部转奉委员长电令核配本省为 1300000 市石，转行各县补配，并同募集，因增配额各县奉到较迟，故尚未据报有成数，现正严催中，至三十一年以前历年积谷谷款，本省依照粮食部所颁清理调查表转饬各县认真清理，已有一部分报到。

（三）征收地价税　本省三十二年度，奉令办理城镇宅地整理，经择定六安等十五单位举办，并奉核定地价税及增值税征额共 110 万元，因本省情形特殊，又兼人材器之缺乏，推进较缓，现已大部完成，正筹划编造册据，定期开征。

三、粮 食

1. 稻谷加工

稻谷加工成米因中央不准设厂，并规定以交由民户办理为原则，而三十及三十一两年度，规定加工成米率系按每稻一百市斤折缴糙米 65 市斤，所有加工民户领稻还米，短程运费及加工工资工具租金概以副产品作抵，加工民户纵有亏累，为数尚微，本年度加工成米率，除少数山县及折征糙米县份外，其余县份均提高为每稻一市石折缴糙米 75 市斤，加工民户赔累实多，三十三年度稻谷加工拟购置工具，就仓办理，所需工资除以副产品作抵外，如不敷即照应需力资补足，以资改进。

2. 配拨军公粮

粮食划拨手续繁琐，如无完备之划拨制度，即难收有良好成果，三十一年度粮食拨交，系由县政府办理，多数县份不能按照规定程序拨交，甚至不分粮食年度，及粮食科目，任意支拨，据事后结报，极感困难，本处成立后首重在划拨制度之建立，经订定军赋粮划拨办法，并严切规定划拨粮食务须分清年度及科目，同时并将就地拨交之军公粮依照配定数量由本处填发准拨命令，其调运者则凭本处调运计划表拨运，如就地拨交或运交之粮，在超过准拨命令或调运计划表所列数量时，拨粮机关即应停止拨付，此外复又规定每月终了后，应将军公粮拨交调运数量，依照颁发表式填报本处查核，似此办理粮食年度及科目既免紊乱，拨交数字亦易稽核，年度结算当减过去之困难也。

3. 运输

本省粮运，除有少数河流可利用簰筏外，其余均赖民夫挑运，以粮食体积之笨重与调运数量之庞大，办理极为困难，三十二年度军公粮所需调运数量，除调鄂北军粮 6 万大包，经与五战区商定折价拨文外，其余军粮军麦，仍达 691102 大包之巨，更鉴于三十年度粮运系采径运方式，运输里程遥远，民夫困苦甚深，三十一年度系采递运方式，逐站转运，交收手续频繁，人力物力均多浪费，经改为递运径运兼施，其里程在二百华里以内者径运，二百华里以上者递运，并规定于各该调运县政府内附设粮运组，由县府负责办理，以增进粮运效率，一面订定运输实施办法，颁饬遵行，计江北现已设置甲等粮运组县份六个；乙等者四个，丙等者五个，另于转运地点，设置转运站一所，拨交站四所。至皖南方面已饬比照江北成案办理，惟据皖南田粮分处呈报，皖南情形特殊，施行或有困难，拟变通办理，尚未据将变通办法呈核。（附三十二年度军公粮调运表）

县别	类种	军粮				省级公粮	专案划拨粮	合计	备考
		五战区军粮	鲁苏豫皖边区军粮	第三战区军粮	小计				
立煌	米	5000			5000		8750	13750	
六安	米	61800			61800	34150	1770	97720	
舒城	米	35300 7617.7			35300	3510	1630	40440	上项五区米7617大包另140市斤归皖借配战军市系还北粮
霍山	米	6000			6000	720	1350	8070	
岳西	米	10000			10000	144	1350	11494	
潜山	米	15000			15000	4493	1460	20953	
太湖	米	42300			42300	1584	1920	45804	
桐城	米	31000			31000	3510	2220	36730	
怀宁	米	24000			24000	750	1440	26190	
望江	米	11000			11000	1650	1140	13790	
宿松	米	33000			33000	144	1500	34644	
庐江	米	34000			34000	750	2230	36980	
合肥	米	24000			24000	5100	1460	30560	
	米	14700			14700			14700	上项应肥征项划拨粮在东实下拨
无为	米	2000			2000	140	1110	3250	
全椒	米	7000			7000	6000	1350	14350	
含山	米	4800			4800	375	1140	6315	
巢县	米	4100			4100	150	1140	5390	
和县	米	8000			8000	375	1110	9485	

县别	类种	军粮				省级公粮	专案划拨粮	合计	备考
		五战区军粮	鲁苏豫皖边区军粮	第三战区军粮	小计				
寿县	米	12000			12000	702	1460	14162	
	麦	14984	1500		16484			16484	项边之五、○○麦改涡正兵洽中上配区一○○军拟配阳与站商
霍邱	米	13000			13000	20606	1680	35286	
	麦	9262			9262			9262	
阜阳	麦	68914	81000		149914	7105	5440	162459	
颍上	麦	24340	15000		39340	2030	2080	43450	项边之麦五、○○○包减五、○○○包蒙加正兵洽中上配区军一○○○大拟配大于城配与站商
临泉	麦	3000	72116		75116	1015	1990	78121	
太和	麦		56466		56466	2030	2130	60626	
亳县	麦	1300	6000		7300	203	1570	9073	
怀远	麦	700	7000		7700	1015	1530	10245	

县别	类种	军粮				省级公粮	专案划拨粮	合计	备考
		五战区军粮	鲁苏豫皖边区军粮	第三战区军粮	小计				
凤台	麦	13500	2000		15500	2030	1570	19100	
蒙城	麦	2000	29000		31000	1421	1990	34411	
涡阳	麦	2000	28000		30000	203	1710	31913	
休宁	米			12000	12000	13500	2089	27589	
祁门	米			3000	3000	430	1430	4862	
绩溪	米			3000	3000	440	11350	5790	
歙县	米			4000	4000	1650	2674	8324	
黟县	米			3000	3000	144	1350	4494	
泾县	米			15000	15000	1650	2122	18772	
太平	米			12000	12000	150	1350	13500	
旌德	米			10000	10000	150	1350	11500	
宁国	米			19000	19000	300	1460	20760	
贵池	米			5000	5000	1800	1430	8230	
青阳	米			20000	20000	150	1500	21650	
铜陵	米			500	500	150	1110	1760	
石埭	米			4000	4000	864	1110	5974	
东流	米			500	500	150	1060	1710	
至德	米			1000	1000	300	1140	2440	
宣城	米			5000	5000	150	1640	6790	
繁昌	米			3000	3000	375	1140	4515	
郎溪	米					375	1350	1725	
广德	米			5000	5000	150	1540	6690	
南陵	米			15000	15000	150	1460	16610	
总计	麦 米	405617.7 140000	298082	140000	545617.7 438082	108883 17052	66865 20010	721365.7 475144	

附注：

一、本省三十二年度奉配三战区军米 14 万大包；五战区军米 398000 大包、军麦 14 万大包；鲁苏豫皖边区军米 114000 大包、军麦 14 万大包。

二、应交边区之军米为便利补给减少运输困难经商准汤副长官于皖北改拨小麦并奉粮食部电规定折交小麦 158082 大包。

三、配拨五战区之军麦因皖北粮源不敷经于颍上借 2000 大包，临泉 3000 大包，涡阳 2000 大包蒙城 2000 大包，亳县 1300 大包，怀远 700 大包，共 11000 大包，此项借粮于舒城征实项下按照粮食部规定米麦折算标准（米一大包折麦 1.444 大包）折为大米 7617 大包，另 140 市斤运交各该原借县归还。

四、阜阳、颍上、临泉、亳县、怀远、涡阳、蒙城共配拨五战区军麦 10 万大包，此项配麦经五战区总监部与鲁苏豫皖边区总部洽定与边区豫麦兑换。

五、本表所列数字均以大包为单位，每大包净重 200 市斤。

三十二年九月十五日起至三十三年四月底止在旧赋项下拨
出三十一年度公囚数量表

科　　目	品　　名	数　　量	备　　考
省级公粮	米	（市石）	
司法囚粮	米	33218.920	
		298.231	
	麦	2380.200	
司法员工公粮	米	3682.567	
	麦	3446.531	
专案粮	米	6818.800	
合计	米	44018.518	
	麦	5826.731	

三十二年九月十五日起至三十三年四月底止就地拨交
三十二年度军粮数量表

科　　目	品　　名	数　　量	备　　考
		大包	
五战区	米	136714	
	麦	5000	
四省边区	麦	234518	
三战区	米	24158	
合计		400390	

科目	品名	数量	备考
省级公粮	米	145177.60	上项系三十三年一至十二月省级公粮一次拨交财政厅接收
司法囚粮	米	3360.00	上项系三十三年一至六月份囚粮一次拨存各县田粮处按月凭据拨发
司法员工公粮	米	4764.00	
专案粮	米	8233.00	
合　　计	米	161624.60	

4. 调查管制

甲、调查

（子）本省办理粮食调查，分粮产及粮情两部门。粮产调查又分全体调查及部分调查两种。兹分述之：一、全体调查即冬夏两季粮食作物收获陈报，冬季粮食，规定小麦、大麦、豌豆、蚕豆四种，夏季粮食规定籼稻、糯稻、玉米、高粱、大豆、甘薯六种，每年分六、十两月开始，以保为单位，按户陈报，由乡（镇）公所及县处编汇报表递报。除情形特殊地区外，计四十八县植粮面积：三十年为29116960市亩，三十一年为28761875市亩，三十二年为28406790市亩；产量：三十年为55712925市担，三十一年为46283386市担，三十二年为48198966市担（详数见附表）。本年又奉粮食部订颁粮食生产电报查报须知，由一、二、三、六、七等区专署根据辖县粮食生产情况，按月电报，内分雨量、面积、收成、产量及生产情形五项，现各区均已自一月份开办，据报各区冬季粮食生长甚佳，仅三区雨水稍欠，惟尚不至影响收成。二、部分调查即大粮户调查，凡业主所有自种或佃出田地合并计算在一百市亩以上者，均在调查之列。调查项目分粮名，粮额，田地坐落，面积及收益等，于每年年底举办一次，由乡镇长发给分户调查表责令粮户填报，汇转县处编制归户统计表具报。省处接到统计表后，查核材料精确程度，及调查时限办理竞赛，择优给奖。此项调查原名大户存粮调查，曾于三十一年办理一次，成绩优异者计有颍上铜陵旌德三县，业经分别颁给奖状，嗣于三十二年底奉粮食部改订为大粮户调查，其项目对象，均有变更，经饬立煌四十八县遵照查报，刻各县正在办理中。至粮情调查系采特约电报方式，原仅五个市场办理，自三十二年起增至三十六个市场。内分甲乙丙三类，甲类计立煌、六安、阜阳、屯溪、歙县五市场，按日电报中等米麦莣零售价格及运销累存数量，乙类计泾县、宣城、石埭三市场，按日电报米麦莣零售价格，丙类计桐城等二十六市场，每隔五日电报米麦零售价格。综观一年来全省粮价以皖北为最高，变动亦较剧烈，皖中次之，皖南最低（详见附表一、二）。

乙、管制

（子）粮管制：

本省实施粮食管制，经依据中央法令并参酌本省实际情形，原颁订安徽省粮食管理暂行办法，嗣于三十二年田粮机构合并，各级粮食管理执行机关多已变更，复将前项办法修正为安徽省粮食管理办法，以为本省粮食管制之主要根据，管理之粮食为谷、米、小麦、面粉、高粱五种，兹将实施情形分述如次：

安徽省各县粮食限价表（一）　　（本表系第一次核定之限价）

县别	稻谷限价（市斗）（元）	大米限价（市斗）（元）	小麦限价（市斗）（元）	面粉限价（市斤）（元）	备考
太湖	14.00	26.00	32.00	3.60	
潜山	12.00	30.00	24.00	2.40	
桐城		20.20	16.50		
怀宁		24.80			
宿县		32.00	26.00		
立煌		58.50	41.00	4.50	
六安		33.50			
合肥	11.80	23.50	21.00	2.30	
霍山		21.70	16.50		
舒城		19.00			
寿县		55.00	30.00		
阜阳			50.00		
颍上		44.50	30.00		
太和		56.20	54.00		
临泉		85.00	55.00		

县别	稻谷限价 （市斗） （元）	大米限价 （市斗） （元）	小麦限价 （市斗） （元）	面粉限价 （市斤） （元）	备考
蒙城		89.00	57.00		
涡阳		80.00	55.50		
亳县		82.00	42.00		
凤台		65.00	40.00		
全椒	10.50	21.00	10.20	1.50	
屯溪		32.00			
东流		12.00			
贵池		11.50			
青阳		25.50	23.00		
宣城		23.00			
歙县		16.00	15.00		
祁门	13.00	26.00	22.00	2.80	
黟县	15.00	22.90	19.20	2.40	
旌德		22.20			
太平		18.50			
石埭		18.00	13.50		
南陵		23.00			

安徽省各县粮食限价表（二）　（本表系第二次改订之限价）

县别	稻谷限价 （市斗） （元）	大米限价 （市斗） （元）	小麦限价 （市斗） （元）	面粉限价 （市斤） （元）	备考
潜山		65.00	75.00		
桐城		65.00	75.00		
宿松		75.00	85.00		
怀宁		60.00	70.00		
庐江		70.00	80.00		
太湖		70.00	80.00		

县别	稻谷限价（市斗）（元）	大米限价（市斗）（元）	小麦限价（市斗）（元）	面粉限价（市斤）（元）	备考
望江		65.00	75.00		以上七县稻谷限价已饬补拟订报核
合肥	33.30	69.60	60.80	6.02	
立煌	40.00		60.00	6.50	
霍邱	37.00	75.00	60.00	6.50	
合肥	35.00	70.00	65.00	7.00	
舒城	32.00	65.00	65.00	7.00	
六安	36.00	72.00	70.00	7.30	
霍山	37.00	75.00	72.00	7.60	
寿县	35.00	70.00	68.00	7.20	
岳西	37.00	75.00	72.00	7.60	
阜阳			100.00	7.90	
临泉			90.00	9.00	
颍上			100.00	9.70	
太和			90.00	9.00	
凤台			110.00	10.40	
怀远			130.00	12.00	
蒙城			120.00	11.00	
亳县			100.00	9.70	
涡阳			110.00	10.04	以上阜阳等九县稻米限价已饬补拟订报核
屯溪	（休宁）	86.00	67.00		
歙县		80.00	72.00		
祁门		62.00	65.00		

县别	稻谷限价 （市斗） （元）	大米限价 （市斗） （元）	小麦限价 （市斗） （元）	面粉限价 （市斤） （元）	备考
黟县		62.00	52.00		
绩溪		72.00	73.50		
宣城		63.00	58.50		
南陵		63.00	58.50		
宁国		77.00	78.00		
贵池		34.50	40.00		
东流		36.00	42.00		
石埭		46.00	52.00		
太平		48.00	57.00		
泾县		49.00	50.00		
旌德		53.00	60.00		
青阳		54.00	66.00		以上皖南各县改订之限价核定自四月一日公布实施
至德		34.50	40.00		

（节选自安徽省政府编：《安徽概览》，民国三十三年出版，安徽省档案馆 1986 年翻印，第 101—134 页，标题由编者所加）

（六）安徽水利概述

一、绪 言

本省襟江带淮，气候温和，农产物丰富，惟以河川交错，淮河分布皖北，长江贯通皖中，新安江分流于皖南，兼以山陵起伏峰峦绵延，地势既因之不同，而水利工程之设施亦因之而互有差异，沿江滨淮之区，全部农田端赖堤防为之屏障，而山区岗地一带，则又有赖于蓄水灌溉如塘堰等工程之兴修也。且本省江淮流域面积，约占全省总面积百分之八十以上，故江淮堤防之能否安澜，固直接足以影响农产物收获之丰歉，而对于本省整个经济之荣枯，亦有重大而密切之关系，历年以来，对于堤防培修之工程，均尽全力以赴，然因组织之欠健全，与夫人力财力之不足，致难获预期之成果，其他邱［丘］陵区域，对于塘堰坝土葛之修筑，亦关切要，并经督导各县积极推进，而负责主持全省水利工程者，在省为水利工程处。

本省于民国三年间成立省水利局，隶属于财政厅，设正副局长各一，局长由财政厅长兼任，副局长系专任，主要工作为督修江淮各县堤防，另于蚌埠设一水利局专司淮域各县堤工，测成淮域十八县平面图，其余蓄水灌溉及利用水力发展工业等水利工程均付阙如，此项水利机构直至北伐时，始行改组。民十六年间，改属建设厅，然历时不久即行归并，并于该厅成立设计委员会，分股办事，全省水利事业，统由水利股主持，至二十年大水灾后，始成立水利工程处，专司全省水利，水利工程处内设有测量队及设值雨量气象水文测站等，自二十二年起至抗战军兴止，所主办之工作计有江淮干堤之培修及测量，皖河之测量及疏浚，黄溢河区之整理工程安丰塘堤之修筑及建筑涵闸等工程，陈瑶湖区之水利查勘及测量工作，霍邱东西湖建筑涵闸之查勘，暨计划抽水防旱及开发垦区与整理巢湖等工程计划，迨至暴日入寇，本省沦为战区后，致使各项水利工程，无法赓续进行，故于二十七年九月间，该处奉命暂行裁撤，所有事业复减归建设厅第三科主持，嗣以环境日见好转，工作日渐开展，如淮域工赈工程之举办，江域干支堤防之培修及各县水利工程之推进，农田水利贷款工程之推行，工作亦日益繁重，遂于三十二年春间，将水利工程处恢复成立，继续专司全省水利工程。

二、淮域工赈工程

甲、工程推行及受益情形

二十七年夏，暴敌于黄河南岸花园口赵口两处炸毁大堤，致使黄水由豫贾鲁河南犯，侵入本省，夺淮东溃，酿成淮域各县空前水灾，被灾县份，计有阜太临蒙等十八县，被淹田地，共约2378万余亩，灾民达300余万人，田庐牲畜财产之损失，约在二万万五千余万元以上，当时情况，黄河溃口，既无法堵塞，而淮域各县占本省全面积百分之四十以上，且均系农产物富饶之区，对于本省经济及中原抗战前途影响极大。故于二十七年冬，在人力财力物力环境异常艰困情形之下，勉就可能范围内，周密详审，拟定工赈修堤计划，呈奉中央核定，组织淮域工振委员会于二十八年五月间着手兴工，原定施工区域为被灾之霍邱颍上阜阳太和亳县涡阳蒙城临泉凤台寿县怀远凤阳定远五河泗县天长盱眙灵璧等18县，但下游各县情势特殊未能依照计划全部施工，故仅就情势较好淮域上游之阜太临亳涡蒙颍凤霍寿等10县先行施工，并遵照委座指示于黄河溃口未堵之前，在军事民生兼筹并雇之原则下，沿溃水所到之处，加修干支堤防，并圈筑围垛，务使灾区不致扩大，自兴工迄今，计二十八、九两年共筑成堤长2500余公里，共成土工4000余万公方，保障田亩共3100余万亩，受益价值共约3万万余元，三十年度原计划堤线长2000余公里土工6000余万公方，惟因施工时期，因受军事征工破路及改变地形影响，进行较缓，计施工堤长2060余公里，完成土工2500余万公方，春季受益田亩计一千七百八十八万一千九百一十九亩，秋季受益田亩计一千九百六十二万零五百五十七亩，受益价值六万万二千五百一十四万九千七百九十元，三十一年度亦因军工影响，工程进行较缓之故，仅筑成堤长一千九百九十七余公里，完成土工计二千三百八十一万八千四百三十四公方，春季受益田亩计一千九百六十七万四千九百五十五亩，秋季受益田亩计一千七百五十六万八千六百二十二亩，受益价值计二十二万万五千九百八十七万五千元。卅二年度因受立煌元月事变影响，开工较迟，复因军工影响，工程进度，未能达到预期成果，仅筑成堤长一千八百九十三公里余，完成土工计三千零九十六万八千三百五十八公方，春季受益田亩计二千二百八十一万六千九百五十五亩，秋季受益田亩计一千六百一十四万五千零八十五亩，受益价值计一百二十万万八百一十六万九千七百九十元，自二十八年施工起截至三十二年年底止，总共完成土工一万万二千二百九十六万零二百一十九公方，受益价值总共一百五十二万万八百零七万七千五百一十元（见附表）。至中央拨发之工款，自二十八年起至三十二年止，先后共计一千四百余万元，内有三百五十万万元尚未汇到，实际汇到者仅一千余万元，而完成之土方，如平均以每公方一元计，则工程价值已达一万万余元，每方以五角计，需款亦达五千余万元，加以管理费及工程预备费等不敷极巨，此项不敷之数，悉由施工各县征集受益夫工忍饥耐寒辛苦工作所成。且黄河溃口，一日不堵，皖淮各县之灾患，势难根除，况黄河路道已为日寇堵塞，黄水全部入淮，防范疏浚及调节工程，益形重大，势非赓续办理不可，惟此项艰巨工程，所需工款至巨，必需仍请中央源源接济，始能顺利进行，裨益抗建大业也，故淮域工赈委员会于三十二年年底召开第六次委员会议时，曾决议恳请中央爰照豫省先例，将本省岁需防黄经费宽予列入国家总预算内，并在本省成立修防处，主持防黄工程全责，以利事功。

淮域工赈委员会第六次委员会议，对于淮域工赈工程过去工作详加检讨，关于今后工程进行方针，亦经缜密研究，所得结果，一致认为今后进行方针，必须依照下列几点：

（子）应加强分流工程藉以分泄黄犯减轻沙河壤防之担负。（丑）积极堵复溃口与培修堤防藉御黄流。（寅）疏滩淤塞河道以畅洪流之宣泄。（卯）取缔私堤拓宽堤距以增加行水之容量。（辰）建筑涵闸俾能调节水量以免内水成灾。

乙、淮域各河水准标高测量

筑堤防灾原为消极之治标办法，根本之策，仍在疏浚河道，俾增洪流容量，使汜水畅流，不致汜滥成灾。本省淮域各县河道交错，近年以还，因受黄水挟带沙泥沉淀之关系，致使河床增高，且有因河口淤塞，内水无法宣泄而改道者，影响航运，为害农田及交通，至大且巨，故各河水准标高极应测定，并须设置水位站，逐日观测记载，作为根本治导之准备。淮域干支河疏，除淮河三河尖以下，已由导淮委员会测有水准标高外，其余均未测定，故于二十九年十二月间组织淮域各河水准标高测量队二组，分赴淮域上游各县实地施测，第一组担任颍泉茨三河，第二组担任谷西泚涡三河，至三十年三月中旬，测量完竣。计测程共六百二十五公里，设置水位测站十五处，测定永久水准标高四十二个，临时水准标点五十五个，现新设置之各水位站，早已开始观测记载，按时呈报。兹将水准测量成绩统计表及水位站位置暨各级水尺，零点高度表，分列于后：

河系\类别 组别		水位测站	永久水准标点	临时水准标点	测程（公里）	备考
第一组	颍河	5	14	24	180	测程自八里垈至界首集
	泉河	3	5	5	60	测程自阜阳至临泉
	茨河	2	7	3	90	测程自茨河铺至秋渠集
第二组	谷河		2	1	40	测程自关集至□丈河
	西淝河	3	12	20	170	测程自西陈集至上淝河口
	涡河	2	2	2	85	测程自临湖铺经涡阳至蒙城
合　计		15	42	55	625	

安徽省淮域颍泉茨西淝涡等河水位站位置及各级水尺零点高度表

河系	站别	所在地点	水尺级数	水尺零点高度（公尺）				
				第一级	第二级	第三级	第四级	第五级
颍河	杨胡镇站	颍河左岸朱鸿声屋旁	3	17.48	19.26	21.50		
	颍上站	颍河右岸颍上东门外新河口东塞门附近	4	18.24	20.12	21.63	23.86	
	阜阳站	颍河右岸阜阳三里湾陀佛堵东边	5	22.31	24.21	26.18	21.10	29.84
	太和站	颍河右岸刘用昌屋西边	5	24.61	26.54	28.50	30.47	32.26
	界首集站	颍河左岸界首集西南边	5	27.46	29.33	31.23	33.13	35.09
泉河	泉河站	泉河右岸赵心亭屋东边	4	25.92	27.82	29.46	30.92	
	龙王堂站	泉河右岸龙王堂西边	3	27.05	28.85	30.80		
	临泉站	泉河右岸临泉城北边	4	28.90	34.83	32.74	34.26	
茨河	关集姑	茨河左岸关集与新关集之间	4	27.64	29.35	30.45	32.14	
	皇姑河口	皇姑河左岸李庄南边站	3	32.46	33.27	34.92		
西淝河	阚疃集站	西淝河右岸窖房北边马头桥附近	3	19.46	21.36	23.26		
	张村铺站	淝河左岸李家桥附近离张村铺两里	3	26.17	28.07	29.97		

178

河系	站别	所在地点	水尺级数	水尺零点高度（公尺）				
				第一级	第二级	第三级	第四级	第五级
	上汜河口集站	涡河左岸汜河口集南边	3	32.76	34.66	36.56		
涡河	涡阳站	涡河右岸涡阳县北关外济民桥碑东边	3	21.14	23.14	25.14		
	蒙城站	涡河右岸蒙城北关外大王庙与龙王庙之间	3	18.98	20.97	22.87		

三、长江流域及山区各县水利工程情形

本省长江流域各县面积占全省总面积百分之四十八强，干堤全长五百九十余公里，支堤纵横，保障生产极巨，抗战以前，两岸干堤，均经修筑完固，军兴以后，沿江堤防，无法防护，且因江淮盛涨冲刷与军事防御工程等关系，破坏甚大，迨至二十八年春，因局势稍定，遂就可能范围内与无资敌顾虑原则之下，订定督修长江流域干支堤防计划，派员分往大江南北可以施工之县份督导积极施工，并于二十九年冬于屯溪成立皖南水利工程督导处，负责指挥督导皖南各县水利事业直至三十二年三月奉命裁撤，业务由行署政四科继续办理，其最著者如关系舒庐无巢合和等七县安危之黄丝滩退建工程，于二十九年修筑完竣，计成土工八十六万余公方，关系鄂皖两省七邑利害之同马大堤，历年培修，完成土工甚大，收益极巨，其余如桐怀庐潜太岳舒合及山区等县堤防塘堰等及山区各县水利工程办理成绩亦均卓著，收益甚大，兹将其历年成绩列表于后：

县别	所成土方数（公方）					
	二十八年	二十九年	三十年	三十一年	三十二年	
宿松	464617	1439728	2378032	4347201	1528777	
望江	234537	1752957	3379120	5758000	1596262	
桐城	719700	764780	567600	270000	646949	
怀宁	1610000	1778260	120000	1086571	948991	
庐江	222265	281651	3513020	5918500	2735160	

县别	所成土方数（公方）					
	二十八年	二十九年	三十年	三十一年	三十二年	
无为	217852	1217853				二十九年土方内有黄丝滩退建工程八十余万公方在内三十年起因情势特殊迄无报告
和县	536519	704620	423580		22956	三十一年因情势特殊未据呈
贵池	126246	600000			16668	三十、三十一两年因情势特殊无法兴工
铜陵	212504	1400000				三十年起因情势特殊无法兴工
繁昌	177570	1300000				同上
宣城	126784	230345	340800	485200	431300	
南陵	2288933	1658343	3110390	1936210	1479570	
郎溪	200502	256413	455896	256572	223107	
太湖	624005		817372	542560	1365162	
岳西	200000		187072	1651000	1639231	
合肥	987621		1174044	2384044	1314800	
六安	1025100		536022	1995103	1130202	
潜山	98650	100000	9361	165392	1243668	
至德			32613	32240	42175	
泾县			549	698	721	
黟县			5371	5000	6250	
舒城	549200	786203	1213500	1369820	1012510	
青阳				3087	53171	
祁门				1011	1200	
休宁				15100	1007	
歙县				5490	4219	

县别	所成土方数（公方）					
	二十八年	二十九年	三十年	三十一年	三十二年	
霍山	201960	199782	186175	287900	356500	
广德	241780	201650	289100	326192	305406	
绩溪					2000	
旌德					12575	
总计	9706449	14672584	18730617	28743491 石工 280 公方	7228529	

四、农田水利贷款款情形

本省应行举办之农田水利贷款工程，自抗战军兴后，因农村凋敝各项应办之水利工程均以财政困难遂致无法进行，为繁荣农村，增加生产，把握民众，与充实抗战力量计，实有举办农田水利贷款之必要，经援照赣川黔等省先例，拟定计划呈经中央核定，与中央农行总管理处签订贷款100万元之合同，并另由本省自筹25万元，一并贷放，为普遍救济与安定社会把握一般民众，凡属一塘一堰亦可贷款举办，计先后贷款施工者有（1）霍山孤山堰，大沙埂水牮，洛阳河西岸水牮，移洋湾拦沙埂，西沟堰，四保公塘，崔家院五塘，杨家旱塘，八字塘，上草塘等十处工程，计关系田亩为6920亩，贷款数额二十二万六千四百二十九元，工程计划土方八万零一百一十公方，石方三千三。

（节选自安徽省政府编：《安徽概览》，民国三十三年出版，安徽省档案馆1986年翻印，第201—207页，标题由编者所加）

（七）安徽战贷概述

省府经办战贷情形

二十九年，中央四行联合办事总处举办扩大农贷，六月寄发同年农贷办法纲要及农贷准则到省，省府常以本省农贷将陷于停顿状态，亟宜设法开展，特依据中央办法，急电行政院及四联总处洽定该年贷额，于同年底，准四联总处电复允订本省普通区休宁等十县贷额500万元，其余五十二县战区贷款700万元，农田水利工程贷款100万元，合计1300万元，省府准复后，经即由驻渝办事处就近代表订约，订约手续办竣，即将该约定自三十年三月起实施，惟当时除皖南普贷部份由屯溪中国银行代表联行于二十九年开始放款外，战贷部分则延至三十年三月后其代表行中国农民银行尚未着手举办，农行始允就所设驻皖农贷办事处承办战贷，继忽变更办法商请由省府自办，该行皖处负就近拨款及稽核之责，省府为免业务停顿曾于建设厅内增设第五科正式经办农贷业务。兹将设科后办理各项工作分叙如次：

甲、设置并健全各种农贷机构。

建设厅于三十年十月，就江南北战贷县份划分为立霍、六合、舒庐桐、潜山、岳西、太湖、宿松、怀望、霍颍、寿台、阜太临、蒙涡亳、全巢含来、南繁铜、广郎、宣芜当、至东、贵青等十八县区，各设农贷经管员一人，配合各县地行办事处分办各县贷款收放调查稽考及帐务，嗣于三十一年一月，改划为立煌、六安、霍山、舒城、庐桐、潜山、宿松、太湖、怀望、岳西、霍邱、阜阳、颍上、太和、临泉、寿台、蒙涡亳、全巢含来、广郎、至东、贵青、南繁铜、宣芜当等二十三县区，设经管员二十三人，并于皖南南陵（后改设屯溪）设安徽省皖南农贷贷放专员办事处就近管理皖南十二县战贷事务，三十二年三月，复就原设农贷经管员县区调整改设立煌、霍山、六安舒城、庐桐、潜岳、太怀、宿望、霍颍、寿合台、阜涡蒙、太临亳、全巢含来、南繁铜、宣芜当、贵青、至东、广郎等十八个农贷处，将原设各县区农贷经管员分配于务农贷处，并增派人员加强工作，关于原设皖南战区农贷放专员办事处，以工作管理困难，乃自该年三月份起，经省府令饬裁撤，业务移归皖南行署统筹，于行署内配属农贷专员一人及佐理人员数人，自各县区及皖南农贷机构经分别改善充实后，各农贷业务，尚能顺利进行。

又本省各县在战前原有农民借贷所之设立，直接对贫农贷放小额资金，其基金系由县自筹，在战前已设立者，计有芜湖、青阳、郎溪、无为、颍上、休宁、宿松、南陵、歙县等县，战后各县农民借贷所业务，无形停顿，贫农无法就近借用小额资金，前为谋继续开展是项工作，特经严饬各县凡已设立者，迅将货金切实整理，恢复工作，未设立者，应赶筹基金，限期成立，现据报成立者，有阜阳等七县，然均限于基金过少，经费拮据，致组织业务未能健全发展。

乙、洽办农贷之经过。

（子）三十年十至十二月——建设厅农贷科成立，即依据省府与四联总处所订三十年农贷合约承办战贷700万元及水贷100万元，依照约定之贷款对象及种类，其包括范围原甚广泛因农行拨款机关当时限制较严，故实际放款对象，仅有合作社一种，放款种类亦仅定为直接农业生产及农村副业农产运销三种，截至同年底止，计就立煌等十二县贷出总额90余万元，普贷方面系由屯溪中国银行自办贷放，截至三十年底，计就休宁等十县贷出总额300余万元，详细数字未据列报，兹附战贷分县贷数字表如下：

三十年发放战贷各县贷款数额表

县名	款额	县名	款额	县名	款额	县名	款额
立煌	37600.00	舒城	103397.00	宿松	23000.00	太湖	75660.00
霍山	39845.00	六安	116710.00	望江	69840.00	怀宁	51340.00
潜山	21700.00	寿县	6100.00	颍上	68655.00	蒙城	17740.00
岳西	33800.00	合肥	22845.00	阜阳	19585.00	涡阳	57510.00
庐江	15060.00	凤台		临泉	77775.00	亳县	27050.00
桐城	6000.00	霍邱	16310.00	太和	26500.00	合计	934022.00

（丑）三十一年——在三十年底省府曾电中央四联总处及中国农民银行总管理处洽商增订三十一年农贷总额，彼时正值太平洋战事发生，中央金融机关采取紧缩方针，经准电复仍就三十年原订普战贷未放余额继续配贷，当将战贷余额600余万元，分配于皖西茶贷250万元其余200余万元配放各县农业生产及副业贷款，截至三十一年七日底即已放竣，后因农行皖处派员往洛阳农行运现，往返经三月之久，延至十月始将已核定之款陆续放出，该年战普贷共放出620余万元。

省府为预筹三十二年度农贷，特先期电商农行总管理处请增订普贷1000万元战贷2000万元农田水利工程贷借500万元，经迭商结果，农行允订普贷800万元，战贷1800万元，水贷200万元，该电到省，适值年底，致未及办竣订约手续。三十一年普战各县放款数额表如下：

三十一年发放各县贷款总额表

县名	款额	县名	款额	县名	款额	县名	款额
立煌	841436.00	宿松	110470.00	潜山	721300.00	寿县	32900.00
霍山	685759.00	望江	22630.00	岳西	184660.00	合肥	48985.00
舒城	416765.00	太湖	122700.00	庐江	262370.00	凤台	93030.00
六安	1026420.00	怀宁	33635.00	桐城	120950.00	霍邱	98505.00
颍上	158975.00	贵池	29000.00	全椒		歙县	85129.00
阜阳	105.050.00	青阳	41000.00	休宁	88140.00	绩溪	33320.00
临泉	133135.00	南陵	45100.00	黟县	142400.00	泾县	109810.00
太和	244790.00	繁昌	18750.00	太平	26150.00		
蒙城	142680.00	宣城	112000.00	祁门	34370.00		
涡阳	154758.00	广德	55500.00	石埭	25851.00		
亳县	61375.00	郎溪	9080.00	旌德	132715.00		
至德	62230.00	含山		宁国	72377.00	合计	6288200.00

（寅）三十二年——该年因立煌事变于二月中始赓续洽办增贷事宜，省府一面与农行皖处商订三十二年度普战贷及水贷2800万元之合约，一面筹设皖西茶贷春耕贷款，至五月间合约签订就绪，各种合约订就后，农行复允增订本省农业推广贷款300万元，农村副业贷款270万元，此款经附订于协议书内，惟此部份之合约未及签订。

该年约定款额除分配皖南战贷未曾放竣外，其余各县均照款额悉数放竣，其中如发放太湖潜山及淮域霍邱颍上阜阳太和临泉等七县灾区紧急贷款500万元，系派员就地查放，在短时间内即已完竣，其成效甚巨。省府于该年贷款甫放完竣之时，曾就近与农行立处洽订三十三年度普贷2500万元战贷4000万元农田水利贷款1500万元农业推广1000万元农村副业1000万元乡镇造产3000万元合计13000万元，经已签订协议书附同各种农贷推进计划由农行立处转报，迄未准农行总处核定。兹将三十二年及三十三年一至四月份放出普战贷款数额列表如次：（另附历年贷款统计表及安徽省建设厅经收经放战区农贷分类数字表）

三十二年发放普战贷各县贷款数额表

县名	贷款数	县名	贷款数	县名	贷款数	县名	贷款数
立煌	65607100	宿松	82950.00	潜山	650000.00	寿县	109850.00
霍山	1255456.00	望江		岳西	406900.00	合肥	31250.00
舒城	340450.00	太湖	672000.00	庐江	228100.00	凤台	111250.00
六安	430780.00	怀宁	42850.00	桐城	163850.00	霍邱	626750.00
颍上	800000.00	至德	171100.00	郎溪	40500.00	石埭	300180.00
阜阳	1396500.00	贵池	206430.00	含山	68500.00	旌德	476130.00
临泉	431200.00	青阳	112200.00	全椒	26650.90	宁国	268840.00
太和	129650.00	南陵	168240.00	休宁	1092051.00	歙县	539400.00
蒙城	118250.00	繁昌	48000.00	黟县	146751.00	绩溪	261530.00
涡阳	56810.00	宣城	30000.00	太平	381930.00	泾县	454290.00
亳县		广德	97600.00	祁门	34100.00	合计	1397238.00

三十三年度一至四月份发放战贷各县贷款数字表

县名	贷出数	县名	贷出数	县名	贷出数	县名	贷出数
霍山	752320.00	六安	488010.00	寿县	99510.00	凤台	154780.00
立煌	195000.00	含山	75600.00	黟县		歙县	
阜阳	452730.00	太湖	105250.00	太平		绩溪	
蒙城	213920.00	宿松	25000.00	祁门		泾县	
潜山	39480.00	怀宁	36400.00	石埭			
舒城	109270.00	颍上	103500.00	旌德			
涡阳	45390.00	休宁		宁国		合计	2896165.00

历年贷款分类统计表

年别	合计	生产	供销	消费	副业	信用
共计	29403730	17630984	6520456	799001	360060	4093229
二十三年	320417	2670	28410	1437		292900
二十四年	660924	10378	53641	1453		595452
二十五年	3234612	683035	746776	138949		1665852
二十六年	2638965	672983	984059	308940		672983

年别	合计	生产	供销	消费	副业	信用
二十七年	35354	2800	2754	850		28950
二十八年	770526	166412	149264	58634		396234
二十九年	721502	62451	75825	142368		440858
三十年	761992	513972	179990	61770	6260	
三十一年	6288200	3408945	2605755	84600	188900	
三十二年	13971238	12107338	1699000		164900	

安徽省建设厅经收经放战区农贷款分类数目表

自三十一年一月一日起至三十三年三月底止

	三十一年全年		三十二年全年		三十三年三个月	
科目	贷出数	收回数	贷出数	收回数	贷出数	收回数
生产	4324852.00	141569.42	3750631.05	1840543.75	600378.30	1851921.95
供销	328780.00	55427.09		40301.17		90808.36
消费	100340.00	3141.64	7000.00	21942.69		47710.00
运销	15000.00		314000.00	10000.00	173000.00	28883.92
副业	92260.00	4861.72	226801.72	7701.72	405000.00	19300.00
水利	45213.00		305838.00	32000.00	505655.00	17809.74
紧急			5000000.00			94800.00
合计	4906445.00	204999.87	9604210.77	195248933	1684033.30	2155233.97

附注 1. 本表收放数字仅限于登账之战贷款额，普通区收放款悉未列入。

2. 皖南战贷部份因交通关系尚有一部分收放数字未及登账，因此本表所列数字与其实际已收放之数字间有未符。

（节选自安徽省政府编：《安徽概览》，民国三十三年出版，安徽省档案馆 1986 年翻印，第 225—229 页，标题由编者所加）

（八）安徽交通概述

一、公　路

本省公路建设原由建设厅直接经营，民国十六年曾组织工程处，修筑安庆至合肥段公路。迨至二十一年为适应发展公路计划之需要，特设置安徽省公路局，掌理全省公路计划施工及行车等业务，该局直隶于建设厅，局长副局长之下，设置总工程师及总务工务车务一处，并分股办事，关于各路之兴筑，均视工程情形随时组织工程处，负责办理完成，各路之行车事宜，即设置车务管理处主持规划。至二十七年春以战局关系，各路工务车务相继停顿，工程处及车务管理处亦先后结束，嗣各路奉令破坏殆尽，公路局主管之业务至此毁灭无余，乃于同年九月间，呈准将该局裁撤，维时皖南有一部分完整路线照常行车，为便于管理起见，先于是年春就屯景路工程处改组为皖南养路处，主持皖南余存各路养护及行车事宜，及公路局奉令裁撤，该处即由建设厅直接监督指挥，历年以来，该处工程及行车业务逐渐发展，爰于三十二年八月间将该处改组为皖南公路管理处，以资应付，管理处设主任一人，综理处务，下置总务工务车务三课会计室及各工务段，并按行车需要分置车站及修车厂所。

本省公路自民国二十一年积极修筑以来，进展至为迅速，至二十六年底止已完成路线长达 5，500 余公里，迨省境沦为战区，已成各路，相继奉令破坏殆尽，维皖南一隅尚存有芜屯路绩屯段、省屯路太屯段、屯浮路歙卫段、屯浮路屯张段，计长 323 公里，各该余存公路历经破坏修复，目前皖南通车路线计有屯溪至丛山关段，歙县至威坪段，岩寺至汤口段，及屯溪至祁门段，计长 260 公里。江北公路原已全部破坏，嗣为适应皖西物资运输之需要，于民国三十年将立煌至流波礄段公路修复，继于三十一年修筑流波礄至界首段公路，以联络后方交通，该路流波礄至叶集一段因军事关系，奉令停修，叶集至界首段，已于三十二年七月完成，现本省完整公路如次：

皖南部分：

1. 屯溪至祁门段计长 60 公里
2. 屯溪至丛山关段计长 76 公里

3. 歙县至威坪段计长 63 公里

4. 岩寺至汤口段计长 52 公里

江北部分：

1. 立煌至流波䃥段计长 50 公里

2. 叶集至界首段计长 198 公里

二、道　路

本省县及乡镇道路，战前并未计划修筑，军兴以后，为应付军运之需要，迭经督责各县择段修整，惟此项道路均系就旧有小道，略事整理，并无相当规模，截至三十二年年底止，计有立煌等二十三县整理县道 1400 余华里，乡镇道 3100 余华里。按县道之修筑为实行地方自治之基本要务，亟应切实计划进行，用收实效，爰于本年春订定安徽省县道修治办法及人民兴筑道路奖励办法，提经省府委员会议通过，但以省境情况特殊，各该办法尚未付诸实施。

三、联络交通

甲、渡江管理：本省辖地因长江阻隔，形成皖南皖北两大区域，溯自抗战军兴，省境沿江城镇，相继为敌占领长江航权，旋亦被敌控制，皖南皖北交通遂告断绝，惟自安合弃守，省府即由六安西迁立煌，当时对于皖南各县施政之监督指导至感不便，二十七年秋曾计划以武力控制渡江交通，促进皖南北之密切联系，及订定进行要点，分电有关各县，迅速办理，终以沿江情形过于特殊，且各县力量有限，未著效果，同年十一月间议设专管机构，负责主持，乃订定安徽省战时货运渡江管理处组织办法，公布实施，并遴委干员为该处主任，积极规划，旋于二十八年四月在望江县境勘定处址，正式成立，当即建立渡线九处，经试渡结果，情形至为良好，立煌屯溪间之物品运输及行旅交通，得以畅便。该处创设之初，规模简陋，工作人员为数极少，警备区域所需之武力，悉由驻军或地方团队担任，嗣该处业务日趋发展，为健全组织以配合业务需要起见，于同年九月公布该处组织规则，除将主任改为处长外，设置总务运输警卫三股，并为保护交通安全规定得酌募警卫队，继即陆续编成警卫队一个中队，分配于两岸交通据点，担任警戒任务，三十一年七月复将该处组织，按酌实际情形加以调整，除处长改为荐任待遇外，并提高警卫队素质，裁撤警卫股，以统一警卫事权，原设之总务股依旧保留，运输股改为交通股，增设秘书一人襄理处务，此外为便利业务之进行，特添置情报人员，并于两岸分设专用电台，搜集暨传递沿江敌伪行动之情况，同时于两岸重要地点，分设办事处及渡站，递级管理各地区渡江交通事宜。

该处成立以后，经历次之切实调整，组织渐臻完善，卒于敌军势力所控制之范围内，完成渡江交通线网，对于立屯间之物资补给及两岸商品互易，已充分发挥运输效能，凡党政军因公往来之人员，尤属络绎不绝，安全通行，该处工作方式为利用灵活之情报，机动进行，虽出入于敌军封锁地区，亦鲜有阻障，皖南北战时交通，实赖以维系。

乙、淮南路越路交通：淮南铁道被敌修复行车后，即严加戒备防我破坏，以是皖东各县交通遽失联系，凡货运行旅均陷于停顿，爰于三十年九月筹议设置淮南路交通联络站，负责规划以资沟通，经订定淮南路交通联络站组织办法，公布实施，并令派合肥县长就近兼任站长，同年十一月择定站址组织成立，并于路东设置分站及支站，互为联络，交通线警备任务由合肥县政府调派队兵一班担任，迨三十一年五月该站业务日益发展，为适应联络之需要，增设支站三所，同年十一月复将该站站长改为专任，加强工作效率。

该站成立以后，即于该路东西地区觅定交通联络路线数处，并于适要地点配置支站及联络员，负越路指导任务，凡军公人员及部队物资，该站均能引导来往，协助运输，两年余以来，迭著成绩，惟该站组织简陋，武力薄弱，每值情况紧张之际，不免顾此失彼，卒赖沿线民众，不避艰险，热心协助，越路交通之管理，始得以顺利进行。

四、电　讯

本省禁江带淮，地居险要，而皖南北各县，又复岗峦起伏交通阻滞，为求便利政令宣达，及消息传递迅速起见，爰于民国二十年春间，举办无线电台，创设伊始，省辖电台，仅有安庆芜湖合肥蚌埠等处，各县电台，亦仅有庐江和县怀远阜阳郎溪等县，迨后逐渐整理扩充，省台计增至十二座，专县电台几普遍设立，此外复成立省总台，直接指挥监督各电台人事业务及设立侦察台，考核各级电信人员之勤惰，及随时协助各台工作，并在省训练班附设无线电组训练报务人员，设立修机室整修无线电机件。至电话方面战前各县，已成线路，约有22,300余公里，嗣以战事关系，除皖南休宁等十余县，未遭敌扰，电话线路，尚多存在外，其他各县，则多遭破坏，年来虽因政军通讯，择要修复，惟以经费困难，线条缺乏，仍未能恢复战前旧观，兹将最近概况分述于后：

甲、电台：

（子）省台：

本省无线电台现经调整，计立煌设立总台一座，第一、二、三、四、五分台五座，贵池设立第六分台一座，屯溪设立皖南分台一座，内设报机三部，（附表一）担任省内外政军通讯，并均配发15瓦手摇机，以节电科。

安徽省辖无线电台概况表（三十三年度）（略）

乙、电话：

（子）省有电话：

省电话分市区长途两种，市区电话，现有立煌屯溪两处。立煌市电话，由省电话局管理，屯溪市电话，由皖南电话局管理。长途电话，江北方面，省电话局管理者，计有皖中皖北立六汤縢汤立立叶霍磨等段，专供政军通讯。

皖南方面，系就十六县处县乡话线联缀而成，收取话费，由皖南话管局管理之。

安徽省电话局所属长途线路里程表（三十三年度）

段别	线质	里程（公里）	备　考
立麻	12 铁线	45.00	立煌至麻埠
麻六	12 铁线	52.50	麻埠至六安内六安附近有12号铜线五公里
六迎	12 铜线	60.00	六安至迎河集
迎正	12 铜线	30.00	迎河集至正阳关
正颍	12 铜线	30.00	正阳关至颍上
颍阜	12 铜线	60.00	颍上至阜阳
阜太	12 铜线	30.00	阜阳至太和
太亳	钢铁混合线	55.00	太和至亳县
麻流	12 铁线	20.00	麻埠至流波礓
麻江	铁质杂线	30.00	麻埠至江店本段就原县线整理收用
流霍	12 铁线	35.00	流波礓至霍山
霍河	12 铁线	27.50	霍山至东两河口本段就原县线整理收用
庐黄	12 铁线	22.50	庐镇关至黄甲铺本段就原县线整理收用
黄桐	12 铁线	12.50	黄甲铺至桐城本段就原县线整理收用
立南	12 铁线	15.00	立煌至南溪
南汤	12 铁线	15.00	南溪至汤家汇

段别	线质	里程（公里）	备　考
南丁	12 铁线	7.50	南溪至丁家埠
立吴	12 铁线	42.50	立煌至吴家店
吴塍	12 铁线	22.50	吴家店至塍家堡
立叶	铁质杂线	65.00	立煌至叶集
霍磨	12 铁线	27.50	霍山至磨子潭
合计		705.00	

（丑）县有电话：

江北各县电话，因事实需要，已逐渐整修 7700 余华里，皖南各县，则以多未遭敌窜扰，线路尚称完整，现时全省县与县间，大都能联络通话，县与乡镇间电话完成，亦有二分之一。（附表四）

安徽省各县长途电话站数及机线状况调查表

（三十二年度）　　　　　　单位：华里　　附表四

县别	站数	单机数	线路里程	县别	站数	单机数	线路里程
桐城	4	15	375	青阳			
怀宁		1	120	铜陵		2	25
庐江	3	18	315	石埭		12	373
太湖	4	5	265	绩溪	2		150
宿松	2	10	190	旌德	2	14	215
潜山	2	1	300	贵池	2	18	440
望江		3	70	东流		9	72
六安	4	24	300	至德	1	8	75
合肥	2	30	79	全椒		5	5
寿县	2	22	400	含山		3	70
霍邱	2	40	585	和县		2	6
立煌	2	21	104	巢县		4	25
舒城	3	23	700	泾县	1		266
霍山	2	34	480	宣城	1	20	350
岳西	1	14	260	广德	1		90

县别	站数	单机数	线路里程	县别	站数	单机数	线路里程
阜阳	4	55	778	南陵	1		180
临泉	3	31	500	宁国	3	9	325
亳县	1	22	215	郎溪	1	3	90
太和	2	16	500	繁昌	1		170
怀远		11	185	休宁	3		356
涡阳	3	20	433	歙县	3	8	240
蒙城	3		120	祁门	1	20	380
凤台	3	7	96	黟县	1		167
颍上	3	10	213	太平	2		300

附注：泗县、宿县、灵璧、五河、滁县、定远、芜湖、当涂、盱眙、嘉山、天长、来安、凤阳、无为均为游击区，县份电话线路破坏殆尽无法修复，故未列入。

（节选自安徽省政府编：《安徽概览》，民国三十三年出版，安徽省档案馆 1986 年翻印，第 231—235 页，标题由编者所加）

（九）安徽教育概述

一、组织（教育厅）

1. 沿革

本省于光绪二十七年，以办理大学堂司道，兼管全省地方学务。三十年大学堂改名高等；巡抚诚勋奏请专设学务处，以藩臬两司为总办，并设提调文案支应各一员。嗣后派员赴湘鄂调查，参照湘章，分设审订考验会计三科。审订考验两科，均用士绅，会计科，官绅并用，仍以文案拟批叙稿，另聘热心学务之士绅二人为参议。经费初由地丁项下，拨银一千二百两，嗣后加拨淮北盐斤加价银一万两。公所开办之初，仅设总务兼会计一科，普通兼专门实业一科，图书一科，科设正副科长各一，科员一至三人不等，另委收发及核对二人；旋以事务日繁，省视学自一人增至四人，并增设额外科员及差遣委员等。三十四年，部咨以各省学务人员名目，多有未合，亟应厘正。经提学使吴同甲裁撤额外科员，添设科员，每科三人，副长每科一人，省视学亦增至六人；并定常年经费，为三万六千两。越明年，教育官练习所遂附设焉。遴精于教育者，讲演其中，自提学使以次，所有学务职员，群聚讲习。提学使沈曾植以地方官皆有监督学堂之责，爰扩充办法，凡同通州县一经得缺，先饬到厅听讲，俾知教育行政之概要，然后赴任。其候补各员，有愿听讲者，均准其报名考验，分期入所练习。民国纪元，废提学使，改学公务所为教育司，委邓绳侯为司长。二年，邓辞职，以江玮继任。五年，归并巡按使署，改司为科。六年，设教育厅，由中央政府简任卢殿虎为厅长，下设三科，每科设科长一人，科员二人；并设办公厅，自厅长以次，同厅办公。十六年，国民政府成立，归并省政府改为科。嗣因省政府颁布"教育厅组织条例"十二条，复正式改设教育厅，以省委何世桢兼厅长，增设秘书二人，督学三人至五人，并置一二三科，各科设科长一人，科员事务员录事若干人，于是组织自此始臻粗备。

2. 组织

现设秘书室会计室督学室暨第一第二第三三科，并附设各种委员会。秘书室综核文稿计划业务，内分文书人事统计总务四股；会计室主管教育经费预算计算暨经费发放审核事宜，内分会计岁计二股；督学室由督学视导员分别督学视导各级教育规划考核及改进事宜；第一科主管国民教育及地方教育行政，并为配合国民教育师资计，师范教育亦划由一科主管，内分国民教育师范教育国民教育经费三股；第二科主管中学教育，内分教育行政教育经费学校考核及审查学籍三股；三科主管高等教育及社会教育，内分二股，附设各种委员会，如中小学教材补充编审委员会助学贷金委员会暨国民教育指导月刊编辑处。

二、国民教育

1. 行政

本省县地方教育行政，自三十年度起，除游击县区由县政府民教科掌理外，所有实行新县制及比较安全县份，计立煌等四十县，一律改由县政府设置教育科专管。其组织与人员，依照教育部颁办理县各级教育行政应行注意事项之规定，并斟酌本省实际之需要，订定一、二、三等县设科长一人督学二人科员事务员各二人，四、五、六等县设科长一人督学二人科员一人事务员二人。三十二年并斟酌半游击县国教进展情况，于怀远一县提前设置教育科。所有县教育行政人员之任用则依照中央颁布县行政人员任用条例，及省颁战地县行政人员任用办法等规定，由各县政府遴员报请省府核委，并于区署各设教育指导员一人，协助县教育行政推行。

乡（镇）保级原无教育行政人员之设置，自二十八年以后，乡（镇）公所设文化股主任一人干事二人，保办公处设文化干事一人，依照规定执行职务，其人选除未设校之乡保外，均由中心学校及国民学校教职员兼任。

综计全省共辖六十二县，除游击县外，计实行民教分科者四十一县，县教育行政人员318人，区教育指导员87人，乡（镇）教育行政人员4767人，保教育行政人员15618人。在此国民教育积极推行时期，学校数量激增，县为国教主管单位，其教育行政人员，实属不敷分配，此尚有待继续充实者。

2. 学校

本省国民教育之实施，系以过去小学教育义务教育及民众教育之设施为基础，此项教育设施原无深固基础，抗战军兴以后，复遭倭寇摧毁，经自二十八年度起，先后成立省立临时小学共 41 所，恢复普小 3038 所，短小 1517 所。旋以本省实施政教合一，原经恢复之普小短小，均改为所在地乡镇中心学校及保国民学校。至省立小学除省会及行署所在地立煌屯溪等四校仍继续办理外，余均改为所在地乡（镇）示范中心学校。三十年春教育部颁到国民教育实施纲领以后，经订定安徽省国民教育实施三年计划，规定自三十一年度起三年内全省共设中心学校 1446 所、国民学校 8765 所，期达每乡（镇）一中心学校，每两保一国民学校之规定标准。复按全省学龄儿童 2310000 人，失学民众 6160000 人分配于上述各校，便于三年内接受国民教育者，各达其总数百分之六十以上，并规定全省乡保学校设置小学民教两部各 1806 班。兹各县设校数目，截至上年底止，计有中心学校 1553 所，国民学校 9376 所，平均已超过规定标准，其班级截至现时止，计小学民教两部各办 17636 班，计可收教儿童 881800 人，连同已受国教者约占其总数百分之六十，收教民众 1410880 人，连同已受民教者，约占其总数百分之五十三。其历年设立学校及收教学生数量如附表。

六年来安徽省省立小学概况表

年 度 \ 数 字 \ 项 目	学校数			学级数				学生数				备注
	计	省立小学	附小	幼稚园	计	省立小学	附小	幼稚园	计	省立小学	附小	幼稚园	
二十八年	31①	26	3		258	242	16		12132	11477	655		
二十九年	43	41	2		261	250	11		12678	12304	374		
三十年	11	5	6		68	39	29		3404	1725	1679		
三十一年	10	4	6		58	28	29	1	2930	1411	1484	35	
三十二年	10	4	6		53	28	24	1	3021	1581	1410	30	
三十三年	10	4	6		55	28	26	1	3101	1471	1598	32	
说　明	幼稚园一班系附设于省立高琦小学内学校数栏从缺												

---

① 原文如此。

六年来安徽省各县乡镇中心学校保国民学校概况表

项目 / 数字 / 年度		二十八年	二十九年	三十年	三十一年	三十二年	三十三年	说明
学校数	共计	4067	5693	7716	10291	10929	10929	二十八二十九两年学级及学生数系以七年来安徽省各县乡保学校概况表为取材范围内无其他参考材料故仅列总数
	中心	1211	1522	1336	1510	1553	1553	
	国民	2856	4171	6380	8781	9376	9376	
学级数	共计	4190	8876	20750	25590	26508	35272	
中心	计			7990	8487	9037	12630	
	小学			3995	4342	5316	6315	
	民教			3995	4145	3721	6315	
民国	计			12760	17103	17471	22642	
	小学			6380	9493	10277	11321	
	民教			6380	7610	7194	11321	
学生数	共计	214794	355698	1348750	1632150	1652850	2292680	
中心	计			519350	535500	563480	820950	
	小学			199750	217100	265800	315750	
	民教			319660	318400	297680	505200	
国民	计			829490	1096650	1089370	1471730	
	小学			319000	474650	513850	566050	
	民教			510400	622000	575520	905680	
备注				注：本年芜湖等十八县未成立预算又其他安全县份乡镇区划复有变更故中心学校数略有减少				

3. 师资

战前省县区私立小学校，均设专任校长，二十八年实施政教合一，中心及国民学校校长均由乡（镇）保长兼任，自三十一年度起，依照行政院规定通饬各县分别改设专任校长。本省各县三十二年度计设置专任乡保学校长，计中心学校336人，国民学校481人。

至推行国民教育所需师资，经于二十九年举办小学教员总登记，计登记合格及代用教员共 10372 人，均由各县统筹任用。各类师范学校毕业生，则由省县教育行政机关分配服务。三十二年度一面令饬各县继续举办小学教员登记，特别以充实中心学校师资为其重要工作，一面限制各机关任用末届服务期满之师范毕业生。并通令各校不得发给临时毕业证明书，期能逐步调整师资，藉收服务管制之效。

4. 待遇

小学教员待遇，依照规定应及两倍衣食住三事之所费为其最低标准，战前各校教员待遇，难属微薄，尚能勉敷生活。抗战军兴以后，各地物价高涨，教员薪俸虽年有增加，并规定发给公粮及生活补助费，但终不及物价高涨之速，致教师生活日感不敷，此尚有待继续改善者。其待遇情形如附表：

省立小学教职薪津一览表

职别 \ 薪额 \ 年度	二十四年至二十六年	二十八年	二十九年	三十年	三十一年	三十二年	三十三年
校长	45 元	30 元	40 元	48 元	80 元	80 元	90 元
教导主任		25	35	43	70	70	80
级任教员	30	25	30	38	60	60	70
科任教员	25	25	25	33	50	50	60
事务员	25	20	20	28	40	40	50
说明	1. 依据二十四年九月公布之薪级表计分十三级本栏系按最低级填列每级差为五元 2. 教导主任由级任教员兼任不另支薪			每月每人发生活补助费二十元	1. 每人月发生活补助费三十元嗣增至八十元 2. 省会以外小学各减五元支薪	1. 每人月发公粮一市石及生活补助费九十元嗣十月份起增至一百八十元 2. 与上年度相同	1. 每人每月发生活补助费三百六十元公粮一市石 2. 同上年

乡镇中心学校及保国民学校（战前为县区立小学）薪津一览表

职别 \ 薪额 \ 年度		二十四年至二十六年	二十八年	二十九年	三十年	三十一年	三十二年	三十三年
县立小学	校长兼正教员	16元						
	正教员	16						
	副教员							
示范中心学校	校长						80元	104元
	级任教员					40	70	91
	科任教员					34	60	78
	事务员					26	40	52
中心学校	专任校长						70	91
	级任教员		18	20	20	30	56	72.8
	科任教员		18	20	20	30	50	65
	事务员		10	12	12	20	40	52
国民学校	专任校长						60	78
	教员		16	18	18	28	45	58.5
说明		校长薪给以一班为基准每增一班月加二元	规定薪给为十级由十元起支每级差数为二元	本年七月奉教育部颁地方津贴小学教员米谷办法规定每人每月津贴米一至三市斗	本年九月省政府规定每日发给食米二十市两教育部颁米谷办法停止施行	1.米谷津贴仍旧 2.兼教导主任每班津贴二元	1.米谷津贴改订月发给六市斗一升外余照省颁学生家庭补助教职员米谷办法规定补足 2.兼教导主任每班月津贴三元 3.乡校自本年九月份每人月发生活补助费九十元	1.米谷津贴规定为六市斗除发给公粮三市斗外余仍由儿童家庭补足 2.兼教导主任月支津贴四元 3.生活补助费仍旧 4.薪俸系照上年加三成发给

5. 进修

　　小学教员进修指导，计分举办小学教员暑期讲习编印国教指导月刊及举办通讯等二项。关于暑期讲习方面，在三十一年度内，省级于江北区调集中心学校教导主任讲习者共 1056 人，江南区因受浙赣战事影响，未经举办。县级计阜阳等十三县，调集国民学校讲习者共 1080 人。三十二年省级于江南江北两区，调集中心学校专任校长及教导主任讲习者共 2050 人，县级计六安等九县调集国民学校教员讲习者共 1129 人。关于国民教育指导月刊方面，在三十一年度，计发行至第一卷七期，期各 2000 份，自七期以后，因遭立煌事变，稿件散佚，未遽继续发行。三十二年度已自第二卷一期发行至十二期，期各 2000 份，本年部稿未到，尚未开始编印。关于通讯研究方面，经于三十二年度制订安徽省国民教育通讯研究办法通饬遵行，其已遵照实施者，计有临泉等七县。

6. 经费

　　普及国民教育，必需大量经费，本省对于是项经费筹集，已尽最大努力。惟以战时财政关系，县地方预算，虽属年有增加，终以物价高涨，仍难适应事业需求。兹学田拨充学校校产，成立教育经费特种基金两项工作，已先后转饬各县遵照力谋实施，乡保学校基金，亦自三十年度起开始筹集，并经制颁安徽省各姓祠产捐助收益，充作保国民学校及乡镇中心学校基金办法等两种，通饬施行。其实施情况如附表：

安徽省国民教育经费一览表

经费项目 ＼ 年度	二十八年	二十九年	三十年	三十一年	三十二年	三十三年	备注
省立小学经常费	52104	214722	262884	108819	172494	299302	
国民教育临时费	219420	38602	55718	51988	104871	166818	三十年以前为省立小学临时费科目
推行初步义教经费	160000						
国民教育视导费			28200	48000	92808	169760	

年度 经费 项目	二十八年	二十九年	三十年	三十一年	三十二年	三十三年	备注
国民教育暑期讲习班经费					120000		
国民教育指导月刊经费					96000		
国民教育研究会经费				12000	6000		
合　计	251524	253324	346802	230887	592178	685880	
附　注	三十一年度小学教员暑期讲习班经费计七万元国教指导月刊经费计四万五千元均由部拨国民教补助费项下支给						

安徽省各县国民教育经费一览表

年度 经费 项目	二十八年	二十九年	三十年	三十一年	三十二年	三十三年	备注
乡镇示范中心学校经费				248116	472704	771764	县预算二七二八两年未成立故从缺
乡镇中心学校经费		1179417	1550034	3003120	7162174	13046802	
保国民学校经费		260113	1058650	3468480	7929448	16208239	
成人班津贴		44496					
民教经费						1095120	
教育机关修添费		46602	60757	90564	306270	293260	
民教课本费			56904	76472	119130	292708	
中心学校设备费					420000		
合　计	3104975	1530628	2726345	6889752	6409726	131707892	二十六年数字系本省教育文化费总数

三、中等教育

本省中等教育，于抗战初期，几全停顿，自战局趋于稳定，即积极恢复，并择要增设，迄于今兹，校数已超过战前多多，且分区设置，以求人材平衡发展。近年虽仍求数量之扩充，而对师生素质之提高，学校内容之充实，尤悉力以赴，俾质量并进，以奠定高等教育之基础，造就基层干部之人材，惟以限于人力财力之不足，致未能尽达原订计划。兹将战后历年设施情形分述于次：

1. 中学及职业教育

甲、设置

战前本省公私立中等学校共88所，（师范学校在内）502级，学生约19000余人。二十六年夏抗战军兴，迄冬迫于战局，除皖南少数学校尚能继续维持外，其余各校均无法赓续课业，比特订定非常时期临时保管办法，分别派员保管。二十七年春，犹令饬平靖地区之徽州中学及颍州中学等七校开学上课，同时更于立煌舒城宿松至德等处，筹设临时中学四所，以收容各停办学校之失学青年。是年夏本省江淮沿岸各县，多相继失陷，事势所迫，八皖弦歌，几全中辍，而风鹤之余，尚能苟延文化于一脉者，仅皖南徽州数校而已。迨二十八年春，鉴于失学青年过多，长此辍学，至堪危虑，乃一面登记失学员生，一面积极规复学校，至秋全省中等教育机构，复具规模，兴灭继绝之宏图，于焉肇始，是年恢复及新设者共57所。二十九年以原有学校不敷容纳，又增设九所，以资收容，此一阶段可谓复兴时期。全以抢救青年免资敌用为前提，故学生程度不免降低，而以本省位置前方，设校须地择安全校址亦稍嫌集中。至三十年本省战局已趋稳定，复鉴于中等教育为人材教育，关系綦重，质量应求并进、方可作育人材、蔚为国用，故于求数量扩充外，尤注重各校师资素质与学生程度之提高，并严督各校加强训导，充实设备。同时并遵照中央分区设校之规定，就现有行政区九区划分中学区及职业学校区，按照计划设置调整，以期各区教育得以平衡发展，此一阶段可谓整顿及改进时期。兹为求明了本省中等教育战后历年演进情形起见，将中等学校设置概况表列于次：

五年来安徽中等学校校数及班级学生数比较表

项别			二十八年度	二十九年度	三十年度	三十一年度	三十二年度
中校	学校数	省立	13	13	13	13	14
		联立	4	4	5	5	4
		县立	24	26	32	33	40
		私立	16	23	27	24	43
		合计	57	66	77	75	101
	学级数	省立	124	201	123	123	114
		联立	36	41	38	47	52
		县立	103	184	214	234	294
		私立	80	148	164	148	302
		合计	343	574	539	552	762
	学生数	省立	6512	10737	6283	6000	5361
		联立	1726	2105	1903	2000	2320
		县立	4920	10684	10441	2304	14540
		私立	3746	8521	8200	7800	15078
		合计	17103	32047	26827	27103	36299
职业学校	学校数	省立	1	2	3	5	6
		联立	1	1	1	1	1
		县立	2	2	2	2	3
		私立	1	3	3	3	8
		合计	5	8	9	11	18
	学级数	省立	6	12	23	30	32
		联立	5	5	5	4	3
		县立	7	7	11	14	13
		私立	2	8	8	8	31
		合计	20	40	47	56	84
	学生数	省立	232	580	739	1500	1238
		联立	175	204	194	200	111
		县立	257	286	423	713	805
		私立	80	371	392	417	1264
		合计	744	1441	1748	2830	3413

五年来安徽中等学校校数及班级学生数总比较表

年　　度	学校数	学级数	学生数	备　　　　注
二十八年度	62	363	17847	系中学与职业学校合计
二十九年度	74	614	33488	
三十年度	86	586	28575	
三十一年度	86	608	29933	
三十二年度	119	846	40717	

乙、教学

抗战军兴，本省有"非常时期教育实施纲要"之制颁，其内容着重于抗战教育之实施，二十八年复根据教育部颁之"国立中学课程纲要"订定本省"临时中学课程纲要"，通饬施行。惟教学时效，多就一时之权宜，分配未能尽臻完善，殊足影响学生学业之进度，故于三十年春严饬各校恪遵教育部先后颁发修正各科课程标准，及各学期各科每周教学时数表实施，不得稍有变更，并饬于每学期开始时，应将各利课程预定进度，切实按照实施，并于教学时，随时将实际进度填列，以资考核复分饬各校遵章组织各科教学研究会，改善教法，同时为提高学生程度起见，除饬各校加强教学，并严督学生做寒暑假作业外，特于三十一年恢复会考制度，是年暑期举行战后第一届会考，寒假第二届会考事宜，均筹备就绪，以敌伪进扰大别山内外围，致未果举办。三十二年分寒暑两期分别举办，先后计举行三届，凡每届未被抽考之初中毕业学生，则派各校所在县之县长亲往主试，并饬将结果报核，以昭郑重。至中等学校教职员，战前数达 1800 余名，且多合格，军兴后多相率达离省境，一时师资顿感缺乏，虽多方招致培养，以校数日增，迄今仍感不敷，故年来不断设法向后方聘请优良合格教师回皖，以资补救。最近两年计聘回 56 名，三十一年每名发旅费 1000 元，二十二年每名发旅费 3000 元。兹将五年来毕业学生数及两年来会考概况分别列表于后：

三十二年度安徽中等学校毕业学生会考概况表

年度	期别	会考地点	校数	班数	学生数	备　注
三十一年度	寒期	立煌 桐城 霍邱 休宁	15	31	1141	师范学校在内
三十二年度	暑期	阜阳 立煌 桐城 六安 休宁	21	28	1715	师范在内
	寒期	立煌 阜阳 桐城 六安 太湖 屯溪 泾县	26	34	2709	师范不在内

五年来安徽中等学校毕业学生数比较表

项别	二十八年度	二十九年度	三十年度	三十一年度	三十二年度	备注
中学	280	2636	1846	7211	6711	二十七年各校均无毕业生
职业学校	76	67	148	377	452	
合计	356	2703	1994	7588	7163	

丙、训导

本省位置前方，沦区亦广，前为抢救青年学生，招生标准较之战前不免稍微降低，索〔素〕质既差，管训自难，近两年来，迭加整顿，除饬各校对不守校规破坏风纪之学生，予以严惩不稍姑息外，并饬切实实施新生活及精神总动员与劳动服务训练，而对导师制尤督饬励行，并加强军童训及高中新生入学训练，以造成淳朴之学风，而提高学生之素质，于党国活动方面，除将国父纪念周对学生精神训练讲演材料厘订计划通饬实施外，并饬各校员生入党入团，分别组设学校区党（分）部及学校分团部，此外于三十一年由教育厅会同省党部及三民主义青年团安徽支团部筹备处商订"推进本省中等以上学校党务团务实施方案"，并由教育厅制颁"各校员生办理党务团务考核办法"及"各校员生假期工作办法"通饬各校遵行，同时饬各校对思想错综不易感化之学生，一律遵照中央令颁特种办法办理，以一青年思想，经此整顿，学生素质日有进步，学风亦为之不变，至各校之公民教员及训导人员，责在阐达三民主义，指导青年思想，故于三十一年特组织本省中等学校训导人员及公民教员资格审查委员会办理各该项人员资格之审查与登记，并于是年就地方行政干部训练团第八期办理教育组一组，调集各校公民教员及训导人员 150 名予以两个月专业训练，以加强其训导知能，凡未经训练及受该委员会审查合格之公民教员，非经教育厅核准不得聘用，以重党化教育之实施。三十二年以经费紧缩，将该会经费停支，所有业务，则并归教育厅第二科继续办理。兹将该会近两年来审查合格人数表列如次：

最近两年审查合格公民教员训导人员人数比较表

年度	高初中公民教员	初中公民教员	高初中公民教员及训导人员	高初中训导人员	初中公民教员及训导人员	备注
三十一年度	28	7	20	5	5	
三十二年度	14	12	21	43	8	初审结果
合计	42	19	41	48	13	

丁、待遇

本省中等学校教职员待遇，历年来均随物价指数随时予以增高，省校教授费二十八年每小时为七角五分，递增至三十二年为每小时三元五角；职员薪金二十八年最高额为120元，递增至三十二年最高额440元，职员为专任，教员生活补助费，则由每人月30元，增至每人每月360元，食米自三十一年即比照省级公务员发给。此外自三十一年起职员及专任教员每年制发单棉布制服各一套，至联县私立中等各校则饬各县政府或校董会负责，比照省校支给标准及津贴办法，随时予以增高，至少不得少于省校百分之八十。此外自三十二年起，复由本厅订定联县私立中等学校征收学米办法通饬遵行，以资补救，而安定教职员之生活。

五年来安徽省立中等学校教授费比较表

类别	科别	每小时教授费（元）					备注
		廿八年度	廿九年度	三十年度	卅一年度	卅二年度	
高中	普通科	0.9	1.10	2.10	2.75	3.50	自三十年度起教职员除支教授费及薪给外并比照省级公务员给予生活补助费及公粮
初中	普通科	0.75	0.90	1.50	2.00	2.50	
高职	普通科	0.90	1.10	2.10	2.75	3.50	
	职业科	1.10	1.35	2.40	3.10	4.00	
初职	普通科	0.75	0.90	1.50	2.00	2.50	
	职业科	0.90	1.10	2.10	2.75	3.50	

五年来安徽省立中等学校职员俸给比较表

职别	廿八年度		廿九年度		三十年度		卅一年度		卅二年度		备注
	九班以上	九班以下	九班以上	九班以下	九班以上	九班以下	九班以上	九班以下	九班以上	九班以下	
校长	120	100	120	110	160	150	240	220	280	240	校长俸给之外每月有特别办公费
教务主任							110		150		
教导主任	100	90	60	50	90	80		100		150	
训导主任							100		140		
训导组长					80	70		90		120	

职别	廿八年度		廿九年度		三十年度		卅一年度		卅二年度		备注
	九班以上	九班以下	九班以上	九班以下	九班以上	九班以下	九班以上	九班以下	九班以上	九班以下	
事务主任	90	80	50	40			100	90	130	120	
注册组长							80		110		
教导员	30	30	40	40	60	55		70		100	
设备组长							80		110		
体育卫生组长							40	30	52	40	
文书组长							70		100		
文书	30	30	40	40	45	45		60		80	
庶务组长							60		80		
出纳组长							60		80		
会计员	50	50	50	50	60	55	80	70	110	100	
会计助理							60		80		
校医	30	30	40	40	60	55	80	70	110	100	
级导师			15	15	15	15	20	20	30	30	
办事员			30	30	40	40	50	50	70	70	
技士					60		80		110		
营业组长							70		100		
社教主任干事	50	50	60	60	65	65	80	70	110	100	
童军团长					80	80	100		130		
童军教练					60	60	80		110		
专任公民教员									200	160	
女生指导员			20	20	60	55	80	70	110	100	

戊、考核与奖助

　　本省对联县私立中等学校，向均予以经常补助，以扶助其发展，此种办法，虽可收辅助之效，究难获激励之功。故于三十一年起将各校经常补助费一律取消，就原预算所列之款悉数改为奖助金，专奖助办理成绩优良之学校，其办理不善者，则不给予，以示鼓励。其奖助金核发办法，系由教育厅制订"中等学校总考绩百分数比率量表"及"中等学校督导要点"，饬由督视导人员每年分上下两期分赴各校依据要点严予考核，并将各校办理成绩，依表评定分数，于七月及十二月上旬报厅，经厅依据两次量表及报告，详加复核后，分别等级给予奖助金，凡成绩列丁等者概不发给，以资警戒。兹将最近两年核发奖助金概况表列于后：

三十一、三十二年核发奖助金概况比较表

项别	成绩	三十一年度		三十二年度		备注
		校数	每校奖助额	校数	每校奖助额	
中学	甲	17	4000	7	4800	办理成绩特优之学校除照等给予奖助外并予特别奖助其金额 2000 元至 3500 元三十一年受特奖者八校三十二年受特奖者七校核发总额计三十一年度为 188130 元三十二年度为 260000 元
	乙	21	3200	18	4000	
	丙	17	2400	35	3200	
职业学校	甲	5	4800	2	5600	
	乙	1	4000	1	4800	
	丙	2	3200	3	4000	

己、青年救济

抗战军兴，本省就学外省之学生多纷纷回省就读，比由教育厅订定"中等学校借读办法"饬各校遵办，二十七年度全省学校多告停办，青年学生几全失学，逃亡川湘一带者约数千人，当于湘省设国立安徽中学两所，予以收容，惟留居本省之中学生仍在万人以上，于二十八年春就教育厅及各县县政府设立中学学校登记处，办理学生登记及通讯联络事宜，所有登记学生，均分别送入省立各临中及各联县私立中等学校就学，并饬各校酌予减收或免收学杂等费，对贫苦之学生，复半数津贴膳食制服书籍等费。当以各校学生来立煌及屯溪两地为数特多，特于该两地设立招待处，供给短期膳宿，其不能容纳者，则每人发给六元以资维持生活。二十九年春除令各小等学校增七十三班，以资收容外，复以沿江及皖东北各县横遭敌伪匪军蹂躏，失学青年为数亦多，特会同中央救济会，设置招致站，招致皖东北失学学生，转送省立第五临中收教达千余人，然失学者仍多，遂令公私立中等学校增设秋季班九十二班，广为收容，是年并设救济站八处，以谋

广事救济。三十年下期教育厅奉教育部令饬增班增校收容战区失学青年，当即遵照增设省立第一临时师范学校一所，以资收容。三十一年上期，又派员筹设省立第一临时职业学校一所，以收容鲁南苏北豫东南及皖北各战区失学青年，所有该两校收教学生各项费用，均由学校全部供给。是年下期，为救济皖东北失学学生，特饬省立第五临时中学继续全部免费收容皖东北灵璧等十四县失学青年。同时遵教育部令饬公私立中等学校免费收容沪港澳退出之失学青年，更饬各校对沦区来归之失学学生转学内地请求插班者，无论有无证件，姑准一律觅保甄试就读，以示奖励。此外复会同省党部组会招致本省各战区失学学生保送后方升学或就业，并会同招训分会办理一切招训事宜，三十二年于第五区七县联中第十一中学两校增公费班十二班，继续收容皖东北沦匪区失学学生，免资敌匪利用，并遵教育部令将战区学生指导处原设于本省境内之临泉登记处立煌界首阜阳三招待站接管，故对于青年救济工作较前益形开展。是年元月四日立煌一度失陷，所有大别山内外围各地同受波荡，迨立煌收复，被灾各校青年学生，劫后归来，食宿无着，当以安抚救济，责有攸归，遂请准省府于立煌寇灾救济费内划拨 10 万元，会同省党部及三民主义青年团安徽支团部设所收容，以免流离，自二月十日开始登记，随到随收，供给食宿，嗣后均分遣各回原校继续学业，本省战后青年救济工作之演变，大率如此。

历年来凡被救济之失业青年，则分别为之介绍职业，至被救济之失学青年，除分送各校就读外，对其所需各项费用，并酌予减免津贴，庶教养兼施，以宏作育而培国本。其津贴情况，为省校二十八年各师范学校学生除制服书籍费每人每期津贴 10 元外，复每人每月另给膳食津贴 5 元 5 角，二十九年上期膳食津贴由 5 元 5 角增至 8 元，下期更由 8 元增至 10 元。三十年上期由 10 元增至 12 元，下期复由 12 元增至 20 元（江南 24 元）。职业学校学生则比照师范生待遇，分甲乙丙三等津贴：三年级学生给予甲等津贴（即比照师范生津贴数额全部津贴），二年级学生给予乙等津贴（即比照师范生津贴数额给予三分之二），一年级学生给予丙等津贴（即比照师范生津贴数额给予二分之一）。此项办法，迄今仍旧。至沦区学生之在普通中学，其家境清寒者，二十九年每名每期津贴 35 元，三十年上期增至 40 元，下期增至 50 元。三十一年，师范学校学生除主食由中央拨给公粮外，每名每月复津贴副食费 30 元；职业学校学生主食亦由中央拨发公粮，其副食费则比照师范生副食津贴标准，照一二三年级分甲乙丙三等给予；普通中学沦区清寒学生津贴，则由每名每期 50 元增至 60 元，是年上期各校所收容之沪澳港退出学生，则请教育部每名每月发膳食费 40 元，下期除比照师范生给予副食费外，并请本省粮政局拨发公粮。三十二年，师范生除公粮外，其副食费每名每月津贴 60 元，职业学校学生亦比照增加，普通中学之沦区清寒学生，则每名每期津贴 80 元，沪港澳退出学生之副食费，仍请教育部比照师范生待遇发给。至就读于联县私立中等学校之沦区学生，除由省给予部份津贴外，对其学杂费则饬各校酌予减免，以资救济。但沪港澳退出学生，则仍比照省立师范学校学生待遇予以津贴。兹将五年来救济概况列表于下：

五年来安徽救济失学青年人数比较表

类　　别	二十八年度	二十九年度	三十年度	三十一年度	三十二年度	备注
沦匪区失学青年	5000	9250	4730	8268	12429	
沪港澳退出失学青年				127	112	三十一年开始
登记处及招待站招致青年					2603	三十二年开始
合计	5000	9250	4730	8395	15644	

庚、经费

本省中等教育，历年均有增加，但以物价日益高涨，不敷仍巨。兹将五年来经费数分别列表于后：

五年来安徽中等教育经费数比较表　　　　　　单位：元

立别	类别	经费数					备注
		二十八年度	二十九年度	三十年度	三十一年度	三十二年度	
省立	中学	756995	704363	1445746	2072493	3797352	
	职业	46558	70462	254443	581317	7889456	
	合计	803553	774825	1700189	2653810	5686808	
联立	中学	32174	76845	189650	169745	482470	
	职业	2920	4651	13096	13096	29800	
	合计	35094	81496	202746	182841	512270	
县立	中学	139440	202898	425084	696890	2657983	
	职业	7780	10073	23483	35120	169139	
	合计	147220	212971	448567	732010	2827122	

立别	类别	经费数					备注
		二十八年度	二十九年度	三十年度	三十一年度	三十二年度	
私立	中学	117581	248961	419717	446094	4009655	
	职业	10078	5838	25000	18490	397730	
	合计	127659	254799	444717	464584	4407385	
总计		1113526	1324091	2796019	4033254	13433585	

2. 师范教育

甲、行政

师范教育为中等教育之一部分，本省教育厅为统一中等教育行政，所有中学教育师范教育职业教育行政，向由第二科主管。自推行国民教育以来，欲求师资之培养与训练，能以配合需要。爰自三十一年起将第二科主管之师范教育划归第一科主管，俾与所管之国民教育取得密切联系，以增强国民教育实施之效率。至各县地方训练师资，系依照中央规定原则，察酌各县实际情况，指挥县政府办理之。

乙、设置

抗战以前，本省师范教育原已树立，划分师范学校区单独设校之制度，军兴之时，在江南一隅教育机构，尚能保持原状，而江北各级教育，以敌蹄之践踏摧毁，几乎完全陷于停顿。迨二十八年度，因积极兴复小学教育，形成师资之缺乏，除皖南原有省立徽州师范及省立陵阳乡村简易师范（自二十九年度起增招师范班更名为省立池州师范学校）两校外，当以人力物力关系，权就省立临时中学酌设师范班及简易师范班，二十九年度始就省会所在地设立省立立煌师范学校（三十年度迁移霍山更名为省立霍山师范学校）一所。三十年度按本省现有行政区，划分为九个师范区，并在第一师范区增设省立太湖师范学校一所，第三师范区增设省立颖州师范学校一所。又依照教育部指定在第三师范区设立省立第一临时师范学校（三十二年度取消临时二字更名为省立第一师范学校）一所，专为招收苏北鲁南豫东南及皖北战区中等学校失学学生，连同第二师范区已有之省立徽州师范，及第八师范区已有之省立池州师范，共有省立师范学校六所。至各县方面，除就各县县立中学酌设简易师范班外，三十年度设立霍山县立简易师范学校一所，三十一年度增设潜山岳西两县联立简易师范学校及立煌县立简易师范学校两所，三十二年度除准潜山岳西两县联立简易师范学校改为分县单独设立外，复增设合肥六安阜阳涡阳蒙城石埭桐城庐江宿松凤台宿县宣城等县立简易师范学校十二所，共有县立简易师范学校十六所，尚有舒城寿县霍邱临泉太和宁国休宁等县立简易师范学校七所，均在筹备中。又为迅速造就国民学校代用教员以应当前需要，三十一年特就潜山桐城庐江怀宁六安涡阳蒙城太和颍上等九县，各办半年制国民教育师资短期训练班一班；三十二年复就太和桐城两县续办一年制国民教育师资短期训练班各一班；并就绩溪县新办半年制国民教育师资短期训练班一班。兹将五年来设校情形表列于后：

类别			校数	班级数	教职员数	学生数	备注
二十八学年度	共计		2	18	76	900	中学附设师范班不计校数并入师范学校班级数计算以下各年同
	省立	师范	师范科	2	9	76	450	
			简师科	（与上合）	9	（与上合）	450	
	县立	简师					
	短训						
二十九学年度	共计		3	39	159	1973	县中附设简师班不计校数并入师范学校班级数计算以下各年同
	省立	师范	师范科	3	17	150	850	
			简师科	3	19	150	950	
	县立	简师		3	9	173	
	短训						
三十学年度	共计		7	88	332	4400	
	省立	师范	师范科	6	28	268	1400	
			简师科	（与上合）	39	（与上合）	1950	

	类别		校数	班级数	教职员数	学生数	备注
	县立	简师	1	21	64	1050	
		短训					
三十一学年度	共计		9	109	433	5024	短训班系附设县中或简师学校办理故只计班数不计校数以下各年同
	省立	师范 师范科	6	29	273	1229	
		简师科	（与上合）	39	（与上合）	1797	
	县立	简师	3	32	142	1548	
		短训		9	18	450	
三十二学年度	共计		22	136	501	6533	
	省立	师范 师范科	6	26	278	1213	
		简师科	（与上合）	40	（与上合）	1814	
	县立	简师	16	67	217	3370	
		短训		3	6	136	

丙、辅导与研究

师范学校应接受师范学院之辅导，而师范学校对于地方教育应尽：先辅导区内各中心学校，后如何辅导国民学校，故师范学校在各级辅导组织中是立于中坚之地位。本省依照教育部三十二年五月"修正师范学校辅导地方教育办法"，通令各师范学校遵照办理，各校均已遵照规定组织辅导委员会，计划实施。

师范学校各科教员，乃师资之师资，故平时在校教学时，对于所任学科必须从事研究以求改进，庶几其所训练之师资，始可臻于健全。本省依照教育部三十年五月颁布之"中等学校各科教学研究会组织通则"，通饬各师范学校按照所设学科组织各科教学研究会，并着重专业之教育学科教学研究会，俾各科教员于课余之暇，均能潜心进修，切实从事各项研究。

丁、专业训练

师范生之异于普通中学生者，以其须受专业训练；故师范学校对于学生之专业训练，除研究教育学科外，尤须着重实习。本省除通令各师范学校依照教育部三十一年二月颁布之"师范学校（科）学生实习办法"切实办理，并注意各师范附属小学之设施，如单式复式单级二部制之学级编制，以及实验研究工作之进行等，务使足供师范生之实习，以增强专业训练之效能。

戊、服务统制

本省在抗战前，对于师范生服务，原已实行统制，如每届师范毕业生，均由省政府统筹分配各县充任短期小学教员。军兴之时，各级教育均陷停顿，迨三十一年为配合国民教育师资需要，依照教育部是年二月颁布之"修正师范学校毕业生服务规程"通饬各师资训练机关及各县县政府，对于师范毕业生服务三年在服务期内不得从事小学教员以外之职务，及师范生毕业证书呈由主管教育行政机关验印保存，俟服务期满发由原校转给等规定，切实施行。三十二年三月本省复订定"师范学校毕业生服务实施细则"，凡师范毕业生在毕业前三个月应由学校调查各该生服务志愿及地点，省立学校报请教育厅分派服务，县立学校报请各该县政府分派服务，并将分配情形呈报教育厅备查，以加强师范生服务之统制。

己、公费待遇

师范生按照规定，所有书籍制服膳食应享有免费待遇，惟本省限于经费，每年除津贴学生膳食外，其书籍制服则仅酌予补助，年来物价增涨，各校学生膳食，亦深感不敷支应。兹将历年待遇情形列表于后：

待遇情形 项目\年度	二十八年度	二十九年度	三十年度	三十一年度	三十二年度	三十三年度	备注
省校	每名每月津贴膳食费五元每学期津贴书籍制服费十元	与二十八年度同	每名每学期津贴膳食费五十元书籍制服费十元	每名每月津贴膳食费三十元每学期津贴书籍制服费十元	上半年每名津贴副食费一七八元公粮每月二市斗一升下半年每名津贴副食费三六〇元公粮每月二市斗三升书籍制服费每名每学期津贴十五元	每名每月津贴副食费六〇元公粮二市斗三升书籍制服费每学期十五元	

待遇情形 / 项目 \ 年度	二十八年度	二十九年度	三十年度	三十一年度	三十二年度	三十三年度	备注
县校			每名每月津贴膳食五元	每名每月津贴膳食十元按十个月发给	每名每月津贴副食费十五元公粮二市斗一半年增至二市斗三升均按十个月发给	每名每学期津贴副食费一二○元每月公粮二市斗三升	廿八廿九两年各县简师未成立故待遇从缺

庚、经费

本省师范教育经费，省立学校由省预算列支，县立学校由县经费支给；年来经费虽均有增加，但物价增涨，仍感不敷支应，兹将历年经费情形列在于后：

经费数额 / 项目 \ 年度		二十八年度	二十九年度	三十年度	三十一年度	三十二年度	三十三年度	备注
省立师范学校	经常费	56400	92892	117966	411260	53025	1002247	中学附设师范班经费未便划分并列入中学经费内
	临时费		17260	293200	609088	1916850	2519302	
	小计	56400	110152	411166	1020348	2669875	3521549	
县立简易师范经费			51950	3675	272392	606932	1773904	二十九年度为师资短期训练经费本表依据预算填列
合计		56400	162102	414841	1292740	3276807	5295453	

（节选自安徽省政府编：《安徽概览》，民国三十三年出版，安徽省档案馆 1986 年翻印，第 255—274 页，标题由编者所加）

（十） 安徽保安概述

一、保安部队

甲、保安团

本省保安团队，孕育于民国十七年，当时于省成立两个警卫营，担任省方绥靖事宜，与保安团队，名殊而实同。二十一年春，奉颁民团整理条例，将各县庞杂之警备队、商团、民团及其他民间武力，一律改编为保安队，由县指挥，同时于省成立第一二两团及一特务大队。二十三年秋，军事委员会南昌行营颁布各省保安制度改进大纲规定各县之保安队，先统一于县，进而统一于区，再进而统一于省，以达到国家管理最终目的。本省即于是年冬将各县保安队改编为团，由区保安司令部指挥调遣，在统一于区时，共计保安团九，独立大队十六，独立中队八，迫炮中队一，特务中队一。二十四年七月将区保安统一于省，计成立十个团，两个独立大队，连同原有第一二两团及一特务大队，共为十二团两个大队。二十五年，中央为实施警察制度，令饬将保安团队还县改警，本省遂于二十六年春，将三至十二团，拨还各县，改为保安警察队。二十六年七月抗日军兴，复将各县警察队集编为十二个团，一特务营，仍属于省，为指挥便利计，并设立三个支队司令部，第一支队辖三四两团，第二支队辖五六七等三团，第三支队辖八九两团，其余各团及特务营，仍直属于全省保安司令，惟支队司令部，系临时组织，未几即行裁撤。二十七年二月及九月间，先后奉令将第十、第十一、第十二及第二、第五、第七等六个团，拨补国军，同时以第三团兵数过少遂予裁撤，拨补其他各团、仅存第一、第四、第六、第八、第九等五个团，及一特务营。旋以民厅所属之省警察大队，改编为特务第二营为适应于管理训练指挥作战起见，除保一团开驻皖南归第三战区指挥，及特务营仍直属于省保安司令部外，复于二十八年春，将第四八两团，编为第一支队，第六九两团，编为第二支队。二十九年春，以兵力不敷分配，将两个特务营及第三区特务大队，改编为一个团，初称为特务团旋改为第二团，同年奉颁保安团队调整办法，将两个支队司令部裁撤，各团均直属于全省保安司令部，三十年六月，驻防皖南之保一团，为第三战区改编为兵站监护团，当因环境需要，复在江北另行成立第一团，仍为六个团，嗣又先后成立巢湖警备大队，泊湖水警大队，及沿江特派员办公处之巡警队，旋因各区保安部队，尚未划一，经于三十一年四月将皖南行署及各区保安司令部直属部队重加调整，计行署及一、二、五、九等区，各有保安独立一大队，三、四、六、七、八区，各有保安独立一中队，番号编制，亦归一致。三十二年春，因保安经费不敷，将原有之六个保安团及一二两区之两个独立大队，沿江特派员办公处之巡警队合并改编为保安第一二三四等四个团及一个特务大队，另就皖南行署原有之独立大队扩编为保安第五团，至巢湖警备大队，原系湖匪收编，野性难驯，扰民如故，经于三十二年八月间，予以剿除，并将其番号撤销。三十三年四月第九区之独立第四大队，随专保公署，同时裁撤，现存有五个保安团，三个独立大队。至于团队之编制，在二十一年冬，成立保安第一二团时，每团三营，营为四连，连为三排，排为三班，班十四名。二十三年团队统一于区，依保安制度改进大纲之规定，每团辖三大队，每大队辖四中队，特种兵按照情形，得编一中队。二十四年团队统一于省，每团辖三大队，每大队辖四中队，二十五年因经费不敷，将各团之特务中队撤销，此时本省共有保安团十二、特务大队一，共官佐一千零六十五员，士兵一万六千六百九十五名。二十六年每团辖三大队，一迫炮中队，一机枪中队，每大队辖四中队，每中队辖三分队，每分队辖三班，每班十四名，共官佐一千一百六十五员，士兵一万八千九百一十一名。二十七年于团以上增设两个支队司令部，并将大中队改为营连排，且于每团增通信担架等排，及无线电台，每连增设战斗兵十八名，共计官佐六百二十七员，士兵一万零七百一十七名。二十八年按照国军编制，又将各团机枪连，改为机枪排，担架排改为担架队，归支队司令部节制，共计官佐七百四十员，士兵一万一千零四十六名。二十九年五月，遵照中央颁布保安团队调整办法，将支队司令部裁撤，营连排仍改为大队中队分队。并于每团成立一机枪中队，共计官佐七百八十一员，士兵九千零四十四名。三十一年每团辖三大队，机炮各一中队，大队辖三中队，中队辖三分队，分队辖三班，班十二名，计六个团，七个大队，五个中队，共有官八百一十四员，兵一万二千零一十一名。三十二年改为五个团，四个大队，五个中队，共计官佐六百四十一员，士兵九千三百九十七名。但抗战军兴，本省行署部队，区属部队，县属部队，以及特种部队，亦各有演变，其演变情形，于后列各节述之。

乙、行署部队

本省自转入战区，省府西迁，交通梗塞，尤以大江南北，及淮河地域为最，故二十七年春，于屯溪设立皖南行署，定远设立皖北行署，因环境与事实之需要，经准该两行署各编特务一中队，继以皖北情形特殊，扩编为一大队，二十八年二月，为统一编制，均缩编为一分队，二十九年三月，皖北行署撤销，所辖特务分队，编并于第五战区第十二游击纵队，同时将皖南行署特务分队恢复为一中队，并另准成立一警察队（辖两分队）以维屯市之治安，三十一年春，复准皖南行署将保安独立一中队，扩编为一大队，至三十二年春遂将独立大队，扩编为保安第五团，经常驻于皖南。

丙、区属部队

本省保安团队，统一于区之际，各区兵力，尚称雄厚，自团队统一于省，各区乃分别编组常备队，当时多为一中队，二十七年十一月间，均扩编为一大队，旋因经费关系，于二十八年二月，将皖南各区一律编为一特务分队，江北各区，如专员兼任游击纵队司令者，改编为特务一中队，不兼者，准编为一特务大队。计在二十九年时，第一二两区，各为一大队，第三五六八等区，各为一中队，第七区为□分队，三十年至三十一年时，第一二五九等区，为独立大队，第三四六七八等区，为独立中队，三十二年缩编后，第五九两区为独立大队，第三四六七八等区，为独立中队，第一二两区之大队，复于三十二年四月改编为团，现已无特务队之设置。

丁、县属部队

本省各县武力，自集编为团后，县属部队，为壮丁常备队，二十七年一月，为发动全民抗战力量，乃遵照第五战区司令长官部命令，成立抗日人民自卫军，各县设立司令部，辖常备后备各队，以县长兼任司令，另设副司令辅助之，常备队按各县财力，编为若干大队，后备队则为无给制，尽由各区乡保甲之壮丁编成之，武器则使用民众私有枪炮或戈矛等。二十八年一月，依照中央颁布战时国民军事组训，整备纲领，将本省各县抗日人民自卫军，改为各县国民兵自卫队，由县长兼任总队长，社训教官兼任副总队长，并设总队附一员以资助理，旋为节省经费，统一事权，乃将总队部，合并于县府，所有事务，由军事科兼办，以收军政合一之效。嗣又将各县分为甲乙丙三等，全省计甲等县十八，乙等县二十二，丙等县二十二，按其等级财力，规定常备队数目，为有给制，预备后备等队仍为无给制。二十九年春，奉中央颁发国民兵团组织管理教育实施纲领，会同军管区将各县自卫总队改为国民兵团，其组织与系统，大致与自卫队相同。县长改为兼团长，副总队长改为副团长，总队附改为团附，惟其性质，则重于兵役补充，故将原有常备对改为自卫队，专负地方治安之责。现本省县各级部队，担任警卫者，在县为自卫队，在乡镇为清乡队。从事国民兵训练者，在县为国民兵团，在乡镇为后备队，各县清乡队，已于三十二年春，改为警备队，至各县之预备队，徒有其名，实即为以前之清乡队也。

戊、特种部队

本省自沦为战区，淮上健儿，情绪激昂，为适应抗战需要，除各县自卫队外，另由国军委宋世科，程守之分任合肥定远警备司令，石德纯、余要农、岳相如等为一二三路指挥官，孙伯文、季光恩等为第五战区游击司令，在津浦路东西沿线游击。二十七年二月间，本省省政府改组，由李司令长官兼任主席，所有地方武力，乃移归省政府，重新改编委石德纯、李武德、方钦、岳相如、余要农、宋邦翰等为第一第二第三第四第五第六等六个抗日人民自卫军指挥官，在淮河两岸地区向敌游击。八月间，因第六路质量太差，予以裁撤，所属部队拨归六安县长指挥整理，九月间，因第三路军纪废弛，亦将其名义取消，所属部队，拨归第七区专员指挥整理，此时适当武汉危急，商麻失守，本省已陷入敌人后方，国军大部西移，大别山形成孤立，所赖以打击敌人，撑持政局者，除中央酌留国军外，即有待于地方武力之发动，除将原编各路自卫军切实整理，又将各路编余及地方武力，改编为抗日人民自卫军，第一二两个总队，分别以汤承斌、唐养吾为总队长，七个模范大队分别以郑抱贞、张献庭、储造时、荆有章、潘节三、童汉章、姚燕如等为大队长，二十八年二三月间，第一二四五各路及一二两总队，或以素质太差，或以纪律不良，从新编整，第一路编为五个大队，第二路为三个大队，第四路为四个大队，第五路为八个大队，并收编凤定嘉游击司令高平甫部八个大队，第一总队取消，模范第六大队及第二总队缩编为六个中队，改为第三区常备第一二两大队，又因合肥情形特殊，军事政治，亟待整理，乃成立合肥政军整理处，将地方武力如袁斗枢、夏叙唐马斌等部，归该处指挥整训，旋以各自卫军多未遵令整编，为统一整训指挥作战计，除将宋世科、程守之等部拨归国军指挥外，乃拟定整理办法，移请第二十一集团军总司令部负责整理，适又奉五战区司令长官部命令，将本区所有各游击部队，统一调整，确定番号名称及编制经费，所有各路各总队大队等等之庞杂组织，彻底加以改造整编，以后计委季光恩为第五战区第八游击纵队司令，陈树森为第五战区第九游击纵队司令，本省第五区专员李本一兼第五战区第十游击纵队司令，第三区专员李盛宗兼第五战区第十一游击纵队司令，皖北行署（后裁撤）主任颜仁毅兼第五战区第十二游击纵队司令，黄师岳为第五战区第十三游击纵队司令，盛子瑾为第五战区第十四游击纵队司令（嗣盛叛变，明令通缉，并更委马肇亨），赵凤藻为第二十游击纵队司令（后亦裁并）。斯时本省各区县庞杂之武力，均已纳入各游击纵队编制之内矣。

二、训　练

1. 军事训练

本省保安团队，自二十一年八月正式成立以后，即轮流抽调各县保安中分队长送往豫鄂皖三省团队干部训练班训练，二十三年依照保安制度改进大纲，对于团队之训练，分军官与士兵两种。关于士兵方面，第一二两团，由团自行拟定课目进度，分期办理，各县保安队，由各区保安司令部，照省颁课目进度分期办理，军官方面，则由省分别保送中央军校特别训练班、军官训练班、高等教育班、陆军大学受训。二十四年保安团队统一于省，关于官兵训练，分为官长、班长、部队三种。官长训练，仍照以前办法办理，班长则于省设立班长训练所轮流调训，部队则由各团自行利用机会教育。抗战军兴以后，为加强团队作战力量，于二十七年五月举办团队干部教育班，一所内分军官两队，军士三队、学兵一队。嗣因时局紧张，省府西迁立煌，仅办一期，即行停顿。二十八年一月，于各支队司令部，设立短期干部训练班，抽调各连排长特务长轮流训练，每期一个月，计分五期，于是年五月间先后训练完毕，其连长以上之军官则轮流抽送至第二十一集团军总司令部之军官大队及干训连分别受训，犹恐不济，另于省会设立军事教育团，分期调训各县干部及保安团队官兵举办两期，以本省统一干部训练，即行停止。二十九年七月，乃于本省地方行政干部训练团，附设警卫组，以资训练，旋将该组并入第五战区干部训练团。自是以后，均按期轮流抽调各团中校以下干部前往受训，三十三年度并将各团独立大中队，及各县地方部队抽调该团受训，以期普及。此外并遵照上峰规定陆续遴选各级优秀干部，分别保送陆军大学、陆大参谋补习班、高等教育班、步专将校班、军校联训班受训，俾深造诣。关于士兵训练，在二十八年时则设学兵队于支队司令部，支队司令部裁撤后，则设学兵队于各团，以抽训优秀列兵为原则，订定三个月为一期，每期学兵名额为一百一十名。部队训练，则由省订颁教育计划大纲由团实行集中训练，并与抗敌剿匪之暇利用机会教育，使训练与作战，得以兼筹并顾。

2. 党政训练

二十二年秋，本省成立保安特别党部，当在第一二两团及特务大队，各设直属区党部，以连为单位，划分三十七小组，连同团营部，共四十七小组，以小组会议方式进行训练，每周举行讨论会一次，以灌输主义政治之知识，增强国家民族之观念，抗战军兴，为提高官兵对于抗战建国之认识，及激发战斗精神起见，乃成立各国党务指导员办事处，以资指导。二十八年七月，奉令改为团营连党部，本省六个团，四十八个连，均先后改组成立，旋为提高军队之政治认识，复于是年八月，设政治部于省保安司令部，设指导员于团与连，从事官兵之政治训练。三十年奉令将政治部撤销，与特别党部合并，各团政工人员，改为党工，各中队党部均设干事，分别训练，训练之方式、设备、教材如后：

甲、方式：（子）利用小组会议，举行专题讨论，及讲读党义。（丑）组织军民俱乐部，召开军民同乐会发动士兵协助民众耕作。（寅）切实举行国民精神总动员会，阐述动员要义。（卯）于各中队选出优秀士兵，组织军纪风纠察队及密查小组。（辰）规定各中队士兵演讲竞赛办法，训练士兵言语技术。

乙、设备：各级党部成立中山室，内分文化、娱乐、体育三组，文化组掌理书报刊物，与小组会议参考材料之购置、保管、编审、出版及书报刊物之检查等。娱乐组掌理音乐、弈棋、平剧、话剧、摄影、杂耍、绘画等。体育组掌理体操、国术、网球、篮球、足球、排球、台球、骑射、田径、游泳等。

丙、教材：（子）每月由特别党部拟定宣传指导，小组会议指导大纲，政治问答，每周工作口号，分发各团遵照训练宣传。（丑）由特别党部刊行军报，征印总理遗教、总裁言论以及各种刊物，分发各官兵阅读，并印发士兵识字课本，规定每兵每日识字数目。本省保安团队历年官兵训练数字如附表：

安徽省保安团队抗战以来官兵训练人数统计表 训练部门表（一）

时期 官兵别 训练机关		廿六年七月至廿七年七月	廿七年七月至廿八年七月	廿八年七月至廿九年底	三十年	三十一年	三十二年	合计	备考
保安团队干训班	官	280						280	
	兵	560						560	
保安支队部短期干部训练班	官		101					101	
	兵		789					789	
二十一集团军总部干部训练班	官		112					112	
	兵								
二十一集团军总部军官大队	官		50					50	
	兵								
安徽军事教育团	官		255	215				470	
	兵		679	556				1235	
皖干团警卫组	官			52				52	
	兵								
西北游击干训班	官			15				15	
	兵								
第五战区干部训练班	官				203	97	40	340	
	兵								
保安各团学兵队	官								
	兵				729	780	630	2139	
保安处轻机枪训练班	官					11		11	
	兵					176		176	

训练机关 \ 官兵别 \ 时期	官兵别	廿六年七月至廿七年七月	廿七年七月至廿八年七月	廿八年七月至廿九年底	三十年	三十一年	三十二年	合计	备考
保安处轻机训练班	官								
	兵								
中央军校高等教育班	官					1		1	
	兵								
中央训练团	官					2		2	
	兵								
西安军需学校第一分校	官					5		5	
	兵						3	3	
合　计	官	280	518	282	203	116	43	1442	
	兵	560	1468	556	729	956	630	4899	

三、人　事（略）

四、经　理（略）

五、卫　生（略）

六、抗　敌

1. 保安部队抗敌经过情形

抗战军兴后，保安团队之任务，除肩负平时之绥靖事宜，并兼任对敌作战与备战之一切任务，虽装备不良，而官兵敌忾同仇，英勇奋斗，不稍后人，历年配合国军，与敌周旋，或歼敌主力，或转我危局，其辉煌之战果，与忠勇之事迹，不一而足，兹将其荦荦大者分述于后：

甲、前保安第九团：本省保安团最先参加抗敌者，为保安第九团（即今保四团）。当"八一三"沪战初起之际，该团即奉命开赴本省最前线之广德，直至京芜沦陷，仍在宣城一带与敌作殊死战，追次年二月间，始渡过长江，开驻皖东，在含山、和县、全椒各县转战数月之久，二十七年五月，敌由含和进犯合肥，并以重兵分犯无为，该团扼守含和至无为必经道路之黄雒河，与敌激战两昼夜，强渡该河之敌，葬身鱼腹者数百名，卒能阻敌于河东，使无法西窥，同年冬复在含和不断袭敌，亦迭有斩获。二十八年四月，该团扼守亳县，敌以三千余人，附炮多门，装甲车二十余辆，并配合空军，由豫东永成归德分三路向亳县猛扑，该团以军薄之兵力，当陆空联合之敌，在城郊激战三昼夜，巷战五六小时，虽因敌众我寡，被逼撤退，然亦予敌重创。同年十一月初旬，寿县凤台，相继失守，该团由涡亳星夜反攻，旋将寿凤克复，歼敌颇众。嗣防守寿城，不时与敌接触，二十九年四月，京芜之敌，啸集蚌山，大举犯寿，水陆并进，直逼城郊，该团官兵，奋勇迎击，血战一昼夜，歼敌四百余名，嗣敌续增援兵，并以猛烈炮火轰城，突破一角，斯时我守军伤亡殆尽，该团赵团长亲率特务排与敌巷战，卒因弹尽援绝，团长赵达源，与团附黄怒涛，均壮烈殉职，该团官兵之忠勇牺牲，实属可歌可泣。三十二年元月，该团与进犯立煌之敌，在鄂僧塔寺瓮门关等处作战，予敌以重大创伤。是年四月改编为保四团，先后在庐江宛家墩一带，袭击敌伪，亦获良好之战果。

乙、前保安第八团（今保三团）：自抗战开始后，在舒城、桐城、庐江、无为、怀宁、巢县、和县、含山、全椒等县，不断与敌接触，屡予敌以重大打击，二十九年元月，驻防柘皋，袭击炯杨河敌军，颇有斩获，敌为报复起见，遂于一月间集结淮南路线之敌约三千余人，分两路猛扑柘皋，该团官兵，异常沉着，除以一部迂回敌后抄袭外，其余均预伏阵地，不轻还击，俟敌接近时，始以猛烈火力，向敌射击，同时跃出战壕，投掷手榴弹，与敌肉搏，并与我迂回敌后之一部，双方夹击，激战三日，卒将该敌击溃，敌死伤八百余名，遗尸二百余具，并虏获轻机枪步枪甚伙，是役，奉委座电令，嘉奖。三十二年四月，该团编为保四团，于八月间进击众兴集敌军，敌凭坚固工事顽抗，该团官兵奋不顾身，猛力冲杀，突破其铁丝网，越过其围墙，与敌激战竟日，将众兴集收复，伤亡敌伪百余名，俘获伪军二十余名。

丙、前保安第六团（今并编为保三团）：于抗战军兴后，转战于舒城、六安、合肥、霍山等县，厥功甚伟，尤以合肥大蜀山之役，该团配合国军，以机动战术，歼敌过半，获枪甚伙，二十八年间驰骋于涡阳、蒙城、亳县、凤台、怀远、寿县一带，以少数之兵力，担任极大之防务，俱能达成任务，并于是年五月，先后进击桐城、纵阳、合肥岗集及安庆之敌，均有斩获，二十九年春，该团驻防凤台，敌以二千余众进犯，该团奋勇迎击，当场毙敌三百余名。

丁、前保安第一团：自抗战开始后，即奉令开驻江南归第三战区司令长官部指挥，担任皖赣闽浙四边区之守备监护工作。

戊、前保安第三、四团：在京芜沦陷后担任江防，从无为至安庆，长约四百余里之江岸，均归该两团扼守，保三团在含山运漕无为一带，牺牲最大，功效亦宏。保四团除于二十七年八月参加保卫武汉外围战役，并于二十九年一二月间，五次攻击安庆，四次进取纵阳，均著奇绩。同年七月敌联合步炮骑一千三百余，炮十余门，飞机四架，向无为县属之襄安石涧埠进犯，保四团还击于防地，战况至为激烈，是役毙敌二百余名，我方亦伤亡官兵一百四十余名，嗣该团集结整理，奋勇反攻，复歼敌四百有奇。

己、前保安第七团：在抗战开始以后，先后在舒城、桐城、庐江、无为、怀宁、含山、全椒等县，不断配合国军击敌，或单独与敌作战，均能予敌以重创。

庚、保安第二团：于三十二年先后在沿江一带，进击庐江黄姑闸、盛家桥、梅山等处敌伪，毙敌百余名，击沉敌船数艘，是年十月间该团乘夜雨之际，击溃敌盐田部队二百余人于潜山许毛山蛇吉岭之间，使敌寇抢掠物资之企图，卒不得逞。然本省保安团之抗敌战绩，尤以二十七年八月安庆、太湖、潜山、桐城、舒城、合肥等县，相继沦陷，敌主力移向皖西，经六安、固始、商城会攻武汉之时，国军急于平汉路南段及鄂东之应战，而保卫大别山之根据地，及牵制六固商线之敌军，则赖我保安团队，斯时本省保安第一二三四五六七八九等团进出于霍山，担任南至桐城，北至六安之广大正面，对合肥舒城之敌游击，先后接触于青山、夏布桥、马厂岗、后庙白兰山一带地区，与敌作殊死战，使大别山转危为安，并将先后沦陷各县，次第予以克复。三十一年十二月底，敌寇乘我大别山空虚，抽调津浦路南京及鄂东之兵力，分三路向立煌进犯，我保安第一、四、九等团配合国军，分别予以截击，敌到立未遑喘息，即狼狈溃退。以上所述，盖为保安团之抗敌经过，而各县自卫队、清乡队，年来袭击敌伪，亦著功绩，如三十二年四月间，宿县自卫队歼敌官兵三百余名于该县之大顾庄。同年十月间复配合国军两连，与伪军第十五师窦光殿部（约五百余人）在该县五沟集激战四昼夜，卒将该伪军击溃于五沟之北予以重大之创伤。三十三年元月间，无为县自卫队围攻伪军于该县之梳庄台，生擒伪保安分队长一员，获枪九支，并迫使驻土桥之敌（梳庄台附近）自向铜陵撤退。同月间我滁县白贯区区队袭击该县乌衣附近之敌伪，毙敌数十名，获枪十余支。怀远自卫队袭击该县包集区火星庙一带之敌伪，击毙敌兵数十名，破坏其工事多处。蒙城自卫队及警保队，在该县边境之界沟与伪军第十五师千余人激战半日毙敌甚众。三十三年三月间，宿县涡阳两县自卫队将袁家店之伪军，合力击溃，并夺获战马两匹、步枪十一支。三十二年五月间，凤寿涡蒙之敌，向我阜颖等县，大举进犯，各该县自卫队配合国军，分头予以痛击，使侵犯阜颖等县之敌，均先后溃退。惟本省各县自卫清乡等队，年来配合国军及保安团袭击敌伪之役，诚难枚举，而逼近敌区各县，与敌伪之接触，尤为频繁。本省保安团队历年抗敌战果如附表（一）。

2. 建立游击根据地

本省自沦为战区，所有对敌作战，多采游击方式，经于二十七年分令各专县各就辖境内选择具有军事价值三个以上之地点，分别建立第一第二第三游击根据地，以备攻守，其选择要领与设备如后：

甲、地势偏僻险要敌难接近者。

乙、四周便于构筑工事及阻绝交通者。

丙、物资足以自给者。

丁、便于进出及迂回策应者。

戊、重要文卷及笨重物品，尽先迁移储藏。

己、构筑相当工事。

庚、屯〔囤〕积辖境人口六个月以上米盐。

辛、预想敌情，拟订游击计划。

壬、定期举行游击演习。

上项规定颁行后，各专县均能遵照办理，现各专县均有一至三个游击根据地，裨益抗战，实非浅鲜，惟屯储米盐，或因环境关系，或因经济限制，尚未能达到预定数量。

3. 破坏敌伪交通

本省为便利我军作战，阻止敌寇进犯起见，于战事发动以后，对于各县公路道路及大小重要桥梁，即遵照中央指示要点、规定标准，通饬各县彻底予以破坏，以免为敌利用，其敌人强行修筑之公路与铁路，本省各级部队，亦均随时予以破坏，使其无法完成，历年来破坏敌伪交通情形如附表（二）。

4. 拆除各县城垣

敌寇占据之县，其城垣即为利敌工具，本省于抗战后，即拟具办法，饬县拆除，当时除江南各县，已由第三战区办理完竣，凤台、盱眙、五河三县原无城垣，亳县、宿县、灵璧、泗县、天长、嘉山、滁县、全椒、怀远、凤阳、合肥、巢县、寿县、怀宁、望江等县被敌占领，无法拆除，阜阳、颍上、太和、潜山、太湖等县，已拆至最高水位，以防水患外，其余江北各县，均一律拆除完竣。

5. 捕杀敌伪汉奸 （略）

6. 策动伪军反正

　　敌在我沦陷地区，利用土匪及流氓地痞与不肖之徒编组伪军，实施以华制华之毒计，本省发现伪军在境，即秘密督饬各机关部队特工人员进行策动反正工作，二十八年八月奉中央令颁策动伪军反正办法，反正官兵奖励办法、暨同年九月第五战区司令长官部颁发第五战区策动伪军反正办法实施计划更积极办理，其被策动反正之重要者如：伪皖北绥靖司令路家云，安庆伪建国军第一师师长郝文波，灵璧伪知事兼反共青年团团长雷杰山，伪长淮水巡第一大队长陆介岑、杨华亭，伪绥靖第三团以及含山、定远、怀远、田家庵、当涂、全椒、和县、亳县等县伪自卫团、自卫队、绥靖队、警察队等为数甚多（详另表），屡次反正时，均予敌伪以重大打击，所有奖金，遵照规定呈由第五战区司令长官部转请中央发给，嗣以办理手续繁琐，奉长官部令改由第二十一集团军总司令部就近代办。

安徽七年来各保安团暨地方武力抗敌战果　抗敌部门表（一）

项目名称 敌我方			合　计	各保安团队	各县地方 自卫部队	备注
敌 方	俘获敌伪 军人数	计	6364	2711	3653	
		官	381	180	201	
		兵	5983	2531	3452	
	歼灭敌伪 军人数	计	56283	15816	40467	
		官	2291	802	1489	
		兵	53992	15014	38978	
	夺获敌伪军用品	步炮（门）	12	3	9	
		枪杀　计	4317	905	3412	
		重机枪	17	4	13	
		轻机枪	125	15	110	
		步枪	3949	870	3079	
		手枪	226	16	210	
		弹类　计	245260	42771	202489	
		炮弹	1600	686	914	
		步弹	231232	40789	190443	
		机关弹	3779	794	2985	
		手枪弹	8649	502	8147	
		车辆	50	11	39	
		马匹	286	15	271	

敌我方	项目名称			合　计	各保安团队	各县地方自卫部队	备注
敌　　　方	消灭敌伪军用品		飞　机	8		8	
			步　炮	25	8	17	
		枪类	计	4172	924	3248	
			轻机枪	80	42	38	
			步　枪	3760	684	3076	
			手　枪	332	198	134	
		弹类	计	377490	162075	215421	
			炮　弹	34067	9187	24880	
			步　弹	321307	147400	173847	
			机枪弹	9306	1376	7930	
			手枪弹	12816	4052	8764	
			车　辆	46	17	29	
			船　只	134	31	103	
我　　　　　方	我方伤亡官兵数	伤	计	11585	4364	7221	
			官	1043	554	489	
			兵	10542	3810	6732	
		亡	计	8672	3703	4969	
			官	231	86	145	
			兵	8441	3617	4824	
	损失军用品		迫击炮（门）	3	3		
		枪类	计	1342	522	870	
			步　枪	1108	384	724	
			手　枪	211	129	82	
			机　枪	23	9	14	
		弹类	计	829280	381591	447689	
			炮　弹	907	907		
			机枪弹	168484	70841	97643	
			步　弹	423256	215437	207819	
			手枪弹	182870	75432	107438	
			手榴弹	53763	18974	34789	

破坏敌人交通成果抗敌部门表（二）

年 度	破坏时日	破坏地点	成 果
二十九年度	一月十四日	巢县炯阳河段	触我地雷炸毁敌车头一辆车皮三辆
	一月十九日	裕溪口沈家庵间	触我地雷炸毁敌车头一个铁轨数十丈
	二月九日	铜陵管家湖江面	触我水雷炸毁敌艇两艘
	二月十日	铜陵紫沙洲	触我水雷炸毁敌运输舰一艘
	二月十六日	铜陵油坊嘴	触我水雷炸伤敌舰一艘
	三月八日	贵池前江口江面	敌大连丸载敌五百余及军用品由九江下驶经前江口触水雷全部炸毁
	五月三十日	合肥长临河	拆断淮南路电话线六十余丈
	六月一日	合肥岗集	拆断岗集董部电话线五十余丈
	六月三日	合肥双墩集	触我地雷炸毁火车头一辆毙司机二名
	七月一日	宿县任桥以北	拆除路轨约五十余公尺
	七月二日	宿县西寺坡	拆除路轨约百余公里
	七月四日	宿县新马桥	破坏铁路廿余丈五日午敌北上车行至该处出轨
	八月六日	芜湖竹丝港	触我地雷炸毁敌车两辆毙敌二十三名
	八月十三日	无芜缪家庄	破坏江南路缪家庄至十八号涵段交通线夺获铁丝百余丈
	九月五日	合肥老岗集铁路间	触我地雷炸毁敌火车厢两辆铁轨二十八丈死敌三十余人
	九月五日	合肥桥头集撮镇间	桥头集至撮镇炸毁敌铁轨二十余丈
	九月十三日	合肥南十里铁路	触我地雷炸毁敌车六节毙敌甚多
	九月十六日	东流江面	触我水雷炸沉敌船两只死敌军约二十余
	九月十七日	贵池黄溢江面	触我水雷炸毁敌运输舰一艘
	九月十八日	合肥双墩集	触我地雷炸毁敌火车一列
	九月十九日	合肥十八岗附近	触我地雷炸毁敌车厢四辆敌兵伤亡甚多
	十月四日	芜湖竹丝港铁路	触我地雷炸毁敌车两辆毙敌约三十余
	十月十二月	东流历山附近	破坏敌公路十余里及电杆五十余枝
	十月十五日	合肥双墩集	触我地雷炸毁机车四辆伤敌伪及工人四十余人

年　度	破坏时日	破坏地点	成　果
	十月二十八日	东流江面	炸毁敌舰一艘
	十一月一日	芜湖缪家庄小河口段	炸毁铁路九公里
	十一月一日	含山青溪口	触我地雷炸毁汽车两辆敌兵七十余名全毙
	十一月十一日	淮南路南段	破坏铁道约五华里电话线约五百余斤电杆数十根
	十一月十三日	安庆上游江面	触我水雷炸沉敌隆和号兵舰一艘内载敌二千余损失颇巨
	十一月十三日	东流江面	炸沉敌小型炮舰一艘
	十一月十四日	东流江面	炸毁敌运输舰一艘
	十一月十九日	东流江面	炸沉敌兵舰两艘
	十一月十七日	和县姥白两镇间	破坏电杆三十余根获铁线五千余斤
	十二月三日	铜陵坝埂头	敌运输舰触我水雷炸沉毙敌千余
	十二月二十日	合肥北三十里	触我地雷炸毁敌车厢八辆敌兵伤亡极重
	十二月廿三日	淮南路桥头集撮镇间九连塘附近	炸毁敌铁轨二十余丈敌车不能通行
	十二月廿五日	东流附近江面	触我水雷炸毁敌运输舰一艘
三十年度	一月十五日	合肥城至兴集	破坏公路一里电话线百余斤
	一月十七日	东流下游附近	敌运输舰二艘触我水雷沉没
	一月二十五日	合肥至十五里河	破坏合肥至十五里河公路获电线四十余斤
	一月三十日	巢县炯阳河	破坏铁轨五十余丈
	二月十日	巢县戴家桥	炸毁敌车一辆毙敌三十余人
	二月二十四日	合肥桥头集附近	炸毁敌火车三辆
	三月十八日	和县至全椒	将敌人所筑炮垒及公路破坏
	四月二日	淮南路	破坏二十余里
	四月二十日	寿县田家庵至平山子	破坏公路丈余
	五月七日	亳县大阳镇赵三河大桥	破坏敌修大桥一座
	五月十三日	盛家桥支路	破坏支路一段
	五月二十日	亳夏公路	破坏公路一段

年　度	破坏时日	破坏地点	成　果
	五月二十一日	合肥董家铺至岗集一段	破坏该段电话线及公路
	五月二十三日	庐江县至裴家园及无为山带	破坏公路计二十公里
	五月二十七日	庐江县城往铺冈至三叉路冈	破坏公路计二十七公里
	五月二十九日	庐江县三十里至棂凤岭	破坏公路计二十七公里
	六月二十四日	宿县五沟南乡至张圩子	破坏公路一段
	六月二十五日	亳县大杨集丁固寺	破坏公路一段
	六月二十五日	合定公路严桥北	破坏公路二公里
	六月二十八日	合肥岗集	五次共破坏铅网四五百斤
	七月三十日	寿县双庙区新集西北	破坏公路约四华里
	七月三十日	淮南路朱家庵北	破坏电话杆四根
	八月五日	津里至三孔埠西	破坏公路三处
	八月二十六日	寿县土山寺东	破坏电话线二十余斤
	八月二十九日	田家庵淮河上游	言沉敌运输拖船二只
	九月一日	涡阳丁家集至吴桥寺公路	逐段破坏
	九月六日	涡阳吴桥寺	破坏吴桥寺西大桥一座
	九月八日	合肥土山寺公路	破坏十余公里
	九月十五日	寿县吴山庙冈集公路	破坏十余公里
	九月十八日	安庆五里墩至十里埠	破坏电话线约七里之长
	九月十九日	合肥冈集	破坏电话杆四十余根
	九月十九日	寿县新集	破坏公路约二里
	九月二十四日	寿县枣林乡	破坏电话公路约二十里获电话杆百余根
	九月二十四日	寿县吴山庙至高塘集	将该段电话完全破坏

年　　度	破坏时日	破坏地点	成　　果
	九月二十六日	合肥岗集至土山寺	破坏公路约二十里
	九月二十七日	大蜀山至董埠	破坏公路数十处
	九月二十九日	涡阳交界赵屯	除破坏寨墙堡垒外并将通义门集大小道路全部破坏
	十月二日	淮南路北段	破坏铁道十余里
	十月五日	淮南路南段	破坏铁路十余丈并获电话线百余斤
	十月二十七日	肥南韦桥至烟墩集	破坏公路约十余里
	十月二十七日	肥南烟墩集至二十埠	破坏公路约十余里
	十月二十八日	合肥土山寺至汪集	破坏电线线约十余里
	十一月二日	宿县袁店至临涣	破坏该段电话线
	十一月四日	大蜀山至二十埠封锁河道	破坏三十里
	十一月五日	二十埠至韦桥河道	破坏四十里
	十一月二十日	烟墩集至胡小兴河道	破坏十余里
	十一月二十日	合肥双墩集至淮南铁路	拆断十余里
	十一月廿四日	合肥撮镇至店埠公路	破坏十余里并将电线砍断
	十一月廿五日	韦桥河至二十埠	破坏河道十余里
	十一月廿五日	大龙乡境至朱山冈	焚毁敌区房屋
	十一月三十日	合肥土山寺至董埠	破坏河道四十里并将敌工人房屋焚毁
三十一年度	一月二十日	宿县西寺坡附近	触我地雷毁敌兵车一列内有机枪数挺小炮二门步枪百余枝
	一月二十日	贵池莲花尖	破坏敌人铁丝网两道
	二月十八日	合肥冈集至董埠	填平敌壕八里余并拆毁碉堡三座

年　度	破坏时日	破坏地点	成　果
	二月三十日	合肥三里庵至七里塘	拆断敌电话五里余
	四月一日	合肥兴集五里河间	破坏电话线甚多
	四月三日	合肥冈集至三十里埠河道	填平敌挖河道三里余
	四月二十一日	合肥冈集至三十里埠河道	填平敌挖河道三里余
	四月二十三日	凤阳新马桥南谢桥	炸毁敌车头水柜一节货车三辆出轨并炸毙敌兵六人
	四月二十七日	怀远新马路附近铁道	炸毁铁路一段翻毁敌车一辆
	四月二十七日	宿县西寺坡南八里王营孜	触我地雷炸毁敌车一辆列车六辆并伤敌大尉一名兵二十余名
	未　　详	寿县李山庙至小甸集	破坏两集间公路电话线甚多
	五月二十六日	寿县下塘集附近	袭击铁路敌兵列车毙五六人并破坏电话线二里许获铁丝一百八十余斤
	五月二十七日	寿县下塘集附近	破坏铁路数处并获电线百余斤
	五月二十八日	寿县下塘集附近	炸毁敌车一辆敌伤亡四十余并破坏铁路数处拆去电话线三里许获铁丝四百余斤
	六月七日	全椒外围斩龙岗等地	将各据点电话线拆去甚多
	六月十一日	寿县下塘集附近	炸毁铁路数段敌车不能通行
	六月十一日	寿县下塘集附近	拆除电话线数里获铁丝七百余斤
	七月十五日	巢县东里彪	淮南路下行车一列经巢县东里彪时被我炸毁车头一个
	七月十五日	巢县东站附近	触我地雷炸毁敌车一列毙敌机师二名兵九名
	七月十九日	合肥城西南数里	该处电话线全被我破坏
	七月二十一日	寿县李山庙	触我地雷炸毁敌汽车一辆毙司机一名兵九名夫五名马二匹
	七月二十一日	寿县古路岗	触我地雷炸毁敌汽车二辆毙敌五名
	七月二十二日	寿县古路岗老牛山	触我地雷炸毁敌汽车一辆毙敌九名伤二名

年　度	破坏时日	破坏地点	成　果
	七月二十八日	望江老虎镇至七里岗	破坏公路三段
	八月一日	怀远马头集	破坏马头集敌工事甚多
	八月三日	巢县炯阳河附近	触我地雷炸毁敌车三辆毙敌二名
	八月三日	合肥撮镇至西山驿	破坏电杆电话线五里许
	八月二十九日	蚌埠至巢老集之间	触我地雷炸毁敌货车十二辆伤司机二名
	九月三日	合肥下塘集北三里井	炸毁敌火车一列毙敌甚多
	九月四日	无为黄姑闸至西河	拆毁该处电话十余丈
	九月八日	寿县至田家庵	将寿田公路电线破坏一段
	九月十八日	巢县北门外附近	触我地雷毁敌车一列毙敌司机三名兵八名
	十月十一日	巢县中杆附近	炸毁一千五百吨敌车一列毙敌司机三名兵十六名
	十月十二日	合肥二十埠至双墩集	破坏该段电线二里
	十月十五日	合肥桥头集相山口附近	炸毁敌车一辆毙敌司机一名伤助手五名
	十月二十二日	合肥岗集至高桥湾	将该段电线破坏三华里
	十二月十八日	合肥烟墩集至二十埠河道	填平该河道约七华里
	十二月廿二日	合肥双墩集南	在该处炸毁敌车三辆
	十二月廿二日	亳县十字河北	破坏该处约五华里
三十二年度	三月四日	无为宛家墩	破坏敌人电线数丈电杆数根
	三月二十日	庐江黄姑闸	夺获食米十石击沉敌船二只毙敌伪七名伤十余名
	三月二十一日	宿县大雇家附近	破坏敌人交通公路里许
	三月二十九日	宿县张集附近	拆断敌人电话线数丈
	五月十二日	望江君王山	破坏敌铁丝网数处
	六月十二日	望江君王山	破坏敌阵地铁丝网

年　　度	破坏时日	破坏地点	成　　果
	六月十九日	寿县河北横塘集北庄子	拆断电线约一华里获铁丝十余斤
	七月十六日	合肥罗集附近	敌车经罗集被我炸毁四段
	七月二十三日	合肥众兴集附近	破坏敌人电线线十余丈
	八月十三日	合肥众兴集附近	破坏敌人铁丝网及工事多处
	九月二十一日	合肥双墩集	破坏敌人电话线数丈并公路二段
	十月一日	合肥钟油坊东	将该处约离一里远之洋桥全部炸毁
	十月十九日	宿县五沟东北孙圩	破坏该圩敌人工事多处并拆断其电线
	十一月一日	合肥至双墩集间	破坏铁路一里许
	十二月十二日	安庆东门外	烧营房数间并将垄子桥折断

（节选自安徽省政府编：《安徽概览》，民国三十三年出版，安徽省档案馆 1986 年翻印，第 290—309 页，标题由编者所加）

（十一）安徽防空概述

一、积极防空

积极防空为歼灭敌机防止空袭之唯一手段，惟关于该项武器之购备，部队之训练，需款更多，又须时日，实非本省财力所能及，因而各项组织设备，均付阙如，不无遗憾。兹将本省历年积极防空设施情形，略述如后：

甲、对空射击部队

本省高射部队之编组，及高射武器之购办，在二十六年春，即已拟定计划，筹备进行，七月间并派员商请军政部转向丹商订购苏罗通高射小炮四门，附弹一万二千发，订于二十七年一月，在香港接收，嗣以时局骤变，交通阻隔，兼以购置费二十余万元，省库一时无法筹拨，武器现未购到，部队亦未编组，然而敌机来袭，率皆低空盘旋，任意肆虐，补救之计，即于二十八年一月先就省府驻地——立煌警备部队以现有之轻重机关枪，加以高射装置，并配设步枪班分别授以对空射击技术，俾敌机来袭时，担任低空射击，以资掩护。

二十八年五月间，军事委员会颁发普通城镇编组训练防空步枪机关枪高射组暂行办法，比即既发各专保公署各县政府及保安团队切实编练，惟因本省处境特殊，敌伪匪环伺，部队调动频繁，编组训练诸多困难。现时全省各安全县份共编有八十三班，计官兵九百七十四员名，轻机关枪四挺，步枪八百零九枝。

乙、对空警戒

查敌机空袭期间，社会秩序最易紊乱，汉奸盗匪多欲乘机活动，企图扰乱。二十八年复奉，中央电示敌寇正积极训练降落伞部队，随时有降落各地扰乱破坏可能，遂于十月编拟对敌空军陆战部防剿纲要，颁发各县政府各部队及防空监视队哨，并规定应密切联络切实注意。

二十九年一月，为加强各地对空警戒力量计，复拟定防空警备纲要，规定各县以县城为中心，向外推广至周围若干华里以内地区为警备区，并根据区域大小，自然地理行政组织及军事价值等划为若干分区，每区内设警备指挥官，负本区对空警备一切事宜。至防剿交通通信空袭时各部队之动作等，均经详细规定，饬由各县政府会同当地驻军及地方武力切实办理，自实行以来，颇著成效。三十年复由防空科中校科员蒋元炳编著"空军陆战队概论"一种，经审核即颁各部队参考实施。

丙、防空演习

民国二十六年春，奉军事委员会令规定是年秋季举行江浙皖三省联合大演习，比即拟定演习计划，呈奉核准，积极筹备，嗣以抗战军兴，奉令停止。然而检讨省会防护团组训设施状况计，特拟定各别演习计划，于八月间先后举行警报传递、灯火管制、交通管制、避难管制等演习，其他各项演习，则以军事日趋紧张，防空科工作骤形繁重，未能实施。

自省府迁驻六安后，复派员督促防护团，加紧编组训练，于二十七年五月二十四日举行联合演习一次，惜以筹备时间短促，且为财力所限，不无缺点。六月间复拟筹备第二次联合演习，旋以省府迁驻立煌，遂告停止。

立煌方面虽经迭饬该县防护团筹备演习，终以种种困难，仅能举行各个别演习，迨三十年六月始会同第二十一集团军总司令部举行大规模防空演习一次，对于敌降落伞部队及第五纵队之防剿等亦分别演习，成绩颇为良好。三十一年十二月又会同立煌警备司令部举行大规模防空演习一次，成绩较前进步。三十二年省府集中办公，为加强各级公务人员自身防护技能起见，由防空科派员会同省政府于七月三日举行小规模演习一次，成绩亦极美满。

至其他各县在抗战初起，即拟派员分赴芜湖蚌埠等地督导筹备演习，旋以军事紧张中止，二十八年规定各地每年秋季应举行一次规模较大之防空演习，以检讨一年来之组训设备状况，惟确能遵照实施者，殊不多见，是亦因种种困难使然耳。

二、防空情报

本省防空情报业务，在战前虽为经费所限，未能充分建立，然已略具雏形，战后赖各级官兵之努力，对于敌机行动监视情报传递等工作，颇著成绩，曾蒙委员长传令嘉奖，颁给奖金（官佐五元士兵一元），嗣因各县沦入战区，所有派驻各地监视队哨，或遭敌机轰炸，哨所化为灰烬，或以敌骑压境，官兵同罹于难，或以通讯设施破坏，不能工作，兼以经费之困难，队哨屡经裁减，通讯之阻滞，监视区域日见缩小，种种艰苦，笔难缕述，兹将历年经过情形，分述于后：

甲、防空情报区域

本省在抗战以前，全省仅规定为一个情报区，自沪战爆发后，敌机进袭，日必数次，为适应环境需要计，经将全省划为三个情报区：第一情报区，以安庆为中心，第二情报区以蚌埠为中心，第三情报区以屯溪为中心，按照各区实际情形，配备监视队哨，担任对空监视及情报连络，嗣以蚌埠沦陷，铜山退守，该区队哨全部撤回，时省府已由六安转移立煌，复将情报区重新划分为皖西皖南两区，皖西区以立煌为中心，皖南区仍以屯溪为中心，现仍维持原状。

乙、防空监视队哨

本省在民国二十四年间，亦已有防空监视哨之设置，惟仅为配合首都防空演习而设，员兵均系调用，演习完毕即告停止，迨二十五年始训练情报人员，筹办各项器材，设置正规监视队哨，树立防空情报之基础。

（子）配备：本省抗战以前，原设防空监视队十二队，防空监视哨六十一哨，分布全省各要地，专司对空监视勤务，迨沪战爆发，敌机进袭频繁，原有配备不足应付，始陆续增至二十一队一百十六哨，嗣以敌寇大举进犯，本省水陆交通线路，几全被侵占，所有派驻各地之队哨，无法工作，先后撤回，重新调整，截至二十七年年底止，全省仅有六队五十一哨，二十八年复根据实际情形，改设为七队四十五哨，分布皖南皖西及豫鄂边境各地。二十九年以鄂东滕家堡为鄂皖枢纽，特将该地原设监视哨改为监视队，指挥鄂东各哨，遂成八队四十四哨，三十年奉令巩固衢县空军基地，又于皖南增设一队六哨，共计九队五十哨，三十二年复于皖西区增设二队十一哨，其分布情形，计皖南五队二十五哨，皖西五队二十四哨，鄂东一队八哨，豫南四哨，共计十一队六十一哨。现仍维持原状。

（丑）编制：本省队哨编制，在战前队设上尉队长、中尉通讯员、少尉情报员各一员，上士班长一名，哨兵七名，炊事兵一名，均为专任。哨设中尉哨长一员，中士班长一名，哨兵五名，炊事兵一名，除炊事兵外，均由各县政府及各保安团队之分别调兼。二十六年战事爆发，调用各官兵纷纷回原部队服务，于九月间，即将各哨一律改为专任，哨兵名额，亦遵照中央规定，分别增加，计队部增二名，哨所增四名，俾能昼夜工作。二十七年奉令紧缩，队部裁减哨兵二名，哨所裁减二名。二十八年除将队部通讯员裁撤外，队哨各裁减哨兵二名。现时队部，计上尉队长少尉情报员各一员（三八两队各增设中尉情报员一员），上士班长一名，哨兵六名，炊事兵一名。哨所计中尉哨长中士班长各一人，哨兵四名，炊事兵一名。全省共计官长八十五员，士兵四百五十四名。

（寅）经费：本省战前队哨经费，计队部月支二〇七元八角，各哨除炊事兵外，仅支从业津贴，每月共支二十六元，自二十六年起，队哨员兵一律改设专任，经费逐年遂有增减。

（卯）训练：本省防空情报人员训练，始于民国二十五年七月间，设防空情报训练班两班，学员队调集各保安团队上尉以下军官，及各县警佐巡官，并招考中等学校毕业学生，及通讯技术人员，共一百零三人，施以四周之严格训练，学生队则调集各保安团队士兵，及各县警察，施以两周之短期训练，两共四百四十八名。毕业后分发防空情报所及各监视队哨服务，抗战军兴，奉令增设队哨，人员不敷分配，复办第二期，毕业学员一百五十四员，嗣因队哨撤回，无法安插，陆续遣散，致人员缺乏，三十一年考选各保安团队编余军官十二员，加以训练分发各队哨服务，现时各队队哨军官八十五员，经过训练者仅七十三员而已。

（辰）考核：本省各队哨员兵工作考核，原由防空情报所负责查考转报，分别奖惩，嗣以省境沦入战区，队哨驻地，转移靡〔靡〕定，兼以通讯滞阻，监督考核困难，遂于二十八年秋派员视察皖西区各队哨，以资查考，二十九年复饬各县政府认真监督，随时查报，所有情报人员之勤惰，均经分别予以奖惩，如附表。

丙、防空通信

本省防空通信设施，以经费所限，未能架设专线，直接联络，大都利用中央及地方原有者，在战前原以有线电话为主，无线电报为辅。后所有通讯线路，以军事关系破坏殆尽，不得已权以无线电报为主，有线电话为辅，实行以来，困难倍增，嗣会同建设厅，多方调整，无如本省环境特殊，兼为财力物力所限，购运均极棘手，迄今仍难达成迅确要求。

（子）有线电话：本省原有九省长途，本省长途，及各县乡镇电话等线路，抗战初期，稍加调整，颇称灵活，自敌寇侵入后，率皆破坏，防空通信，突告中断。二十八年春，局势好转，始会同建设厅，先将各主要干线逐渐恢复，二十九年复电饬各县政府限期将收复地区电话线路架设完成，恢复通讯，嗣又严饬边区各县集中力量，迅将省际间联络线路设法沟通。惟因全部工程浩大，经费材料均感不易，未能全部完成。三十年以后，注重原有线路之调整，如不必要者拆除改架，不良者重新调整，并商借军用线路，严禁沿途搭线挂机等，均经会同有关部门，尽最大之努力，逐步实施，自今虽未能达成防空通讯要求，然较诸二十九年间之通讯实感便利。

（丑）无线电台：本省无线电通讯，在战前除利用省县电台外，并于安庆防空情报所，附设五十瓦无线电台一座，其余广德宣城芜湖巢县合肥六安泗县等防空监视队，亦各配属五瓦电机一部，抗战军兴，应事实之需，复于屯溪蚌埠两队盱眙马家霸古城等哨各增配五瓦电机，情报传递，尚称便利，嗣因军事转移，沦陷区各队哨先后撤回，仅屯溪阜阳两队各配属电机一部而已。迨至二十八年二月，立煌防空情报所裁撤，所两电台，奉令拨交建设厅办理，屯阜两台亦相继撤回，改利用省有电台，维持通信，然以本身电务繁重，对于防空通讯，事实上无暇兼顾，故与中央防空情报所，及各省防空司令部失却联络，二十九年原拟恢复立煌电台，又未能做到，不得已权同保安处商借一台，办理防空通讯事宜，以五瓦电机电力微弱，各地联络时告中断，三十年鉴于敌机情况不易明了，各县所报情报亦多失时效，拟于立煌设防空总台，屯溪及安庆芜湖蚌埠附近各设分台，直按报告敌机动态。惟因经费无着，未能举办，三十一年设法改装十五瓦电机一部，末及架设，立煌即遭事变，三十三年原借电台，奉令归还建制，无线电通讯，遂告停顿矣。

（寅）有线电报：本省有线电报，在战前尚称灵活，自沦为战区后，电局大都撤退，线路亦多破坏，二十八年以后，虽经当局锐意恢复，终以线路有限，即或利用，不过系为短距离通话而已。

（卯）防空专用话线，以经费所限，未能大量架设，在战前仅将安庆防空情报所，与安庆飞机场，各通信机构，及重要机关之联络专线，分别架成，至各监视队哨，与当地通讯机关联络专线，饬由各县政府负责架设，抗战开始，关于广德芜湖全椒凤阳合肥歙县等处队哨，与当地空军场站联络专线，由各该县府星夜抢架完成，嗣因军事转移，各地场站，率皆废弃，队哨亦相继撤回，原架专线，亦破坏无余。

丁、防空警报

本省防空警报设施，抗战军兴时，于省会——安庆装置五马力电动警报器两部，连同新运会原有报时警笛均由安庆防空指挥部直接操纵，另以各处警钟担任补助，音响尚能普及全市，自省府迁移立煌后，各机关散处城郊，兼以堪供利用之警报器，极感缺乏，几经设法装置，仍难普及，三十年由正阳关搜集钢轨四条，装成警报器四十二只，于立煌附近，择要配设，警报哨由防护团团员轮流值守，与防空科及防护团警报告密取联络，自实施以来，音响当可普及全区。

至各县县城及重要乡镇，则规定设主钟一座，由当地防护机关，指派团员驻守，并与当地防空情报监视机关，架设电话直接联络，俾能适时发布警报，其余各钟，则按照规定符号，相继鸣钟使民众周知，准备避难。三十年以各地发布警报时间，漫无标准，影响甚巨，复规定各地防空警报圈，如敌机进入第一圈（距中心区一百五十里），发布空袭警报，进入第二圈（距中心区八十里），发布紧急警报，敌机逸出第一圈后，则发布解除警报。自实施以来，各地虽以通讯之阻滞，不免仍有延误，但已较前周密甚多。

戊、防空情报器材

本省为谋防空情报所及各防空监视队哨工作便利，收效宏远起见，关于监视通讯情报等应需各项器材，均经统筹购办，分配应用，其分配情形如下：

（子）各监视队：十（五）门电话总机一部，单机一部，七倍望远镜一部，指北针二只，时钟一座，时表一只，定向仪二幅，安徽省实勘图一幅。

（丑）各监视哨：电话机一部，八倍望远镜一部，指北针二只，定向仪二幅，时钟一座，时表一只，安徽省明细图一幅。

其余各种情报用纸队哨配备图等，亦经统筹制发，后队哨骤增，原有各件不敷分配，复先后向沪汉两地采购补充，嗣因各队哨奉令撤退，时以情况紧急，或被敌机炸毁，或遭匪军抢劫，多遭损失，二十八年又奉令拨借一部，交保安团队使用，致分发殆尽。屡思补充，终以经费无着，购运困难未能做到，三十一年始由金华购到少数零件。分别加以修理，勉强使用而已。

至通讯所需电料，在战前原由各队哨自行购用，抗战后鉴于电料来源缺乏，于二十六年冬及二十七年春两次向汉口购到 A 电七五二筒，B 电二零零块，由各队哨按月价领，三十一年复向金华采购小电池一六八打，至三十二年以电池价昂，队哨价领不易，于五月起规定每队月发小电池四只，哨发两只，购置费用，列入省预算内，作正式开支，惟今后电料来源断绝，防空通讯，更难于维持。

三、消极防空

本省积极防空，既以经费所限，未能筹办，而对于消极防空，各项设施，自应努力推动，以应事变，俾减损害，惟此项业务范围更广，动员亦多，兼以敌伪匪环伺，时局靡定，难骤臻至完善。兹将本省历年设施经过，分述如后：

甲、防护部队

本省迄今尚无专任防护部队之编组，大都利用民众团体商店店员及民众编组而成，故组织更难健全，训练亦欠严密，兼以战时人民移动频繁，致困难较前尤甚，兹分别列举于后：

（子）安庆：省会——安庆于二十五年八月间，即着手组织各种防护大队，由防空科直接指挥，旋以省会防护团组织成立，为统一指挥起见，按照防护团编组办法，重新调整，以省会警察辖区分设四个区团，各区团之下，分设警报警备消防救护防毒工务灯火管制交通管制避难管制配给等十种班，担任各项勤务，抗战开始，复于安庆对江大渡口增设第五区团，办理该地防护事宜，共有团员2680人，二十六年八月二十四日敌机首次进袭安庆，各团员尚能克尽厥职，曾经省政府传令嘉奖，自首都沦陷，省府西迁后，该团仍留原地，从事防护勤务，直至安庆沦陷，防护团撤回，各团员始分别散去。

（丑）六安县防护团：自省府迁驻后，始由防空科派员主持，按照城厢区域，分设两个区团，以下各编警报警备消防救护防毒工务交通管制灯火管制避难管制等九种班，并积极训练举行演习，唯时未久，省府转移立煌，该县一度沦陷，原有组织无形解体，二十八年五月仍由该县自行编组训练。

（寅）立煌：立煌原仅有防护团之名义，二十七年六月始由防空科督促编组训练，下设三个分团，负责指挥所属各班，三十一年改为直属防护团，复按警察辖区分设三个区团，指挥八个分团，并斟酌实际需要，编组警备警报消防救护交通管制避难管制工务等七种班，分任各种勤务，除由该团自行训练外，仍由防空科派员协助，各团员尚能勤奋达到要求。

（卯）屯溪：屯溪防护团，于二十九年八月成立，归皖南指挥部直接指挥，共编警备交通管制灯火管制避难管制防毒消毒抢救救护挖埋工务警报消防配给等十二队，二十九年至三十年敌机屡次轰炸，赖该团人员努力抢救，厥功甚伟。

（辰）各县：各县防护部队，大都依照规定编组十种班，分任各种勤务，三十年鉴于各县防护部队种类虽多，缺乏实际，因规定一律改组，仅编警报消防救护防毒工务交通管制避难等七种班，各班人员以三十名以上为原则，以求实用，至重要乡镇区分团，则一律编组警报消防救护避难管制等四班，现时全省防护团员共有11719人。

乙、防护设备

本省防护设备，以省会——安庆较为完善，次则为芜湖蚌埠两地，惜均以军事关系，大都损失破坏，目前立煌虽为省府驻地，惟因限于经费，及种种困难，虽经极力筹设，但与吾人之理想相差仍远．兹分述于后：

（子）消防：消防设备，在战前以安庆芜湖蚌埠三地稍具雏型，除警察局消防队外，民间救火会之组织，亦甚完善，乃自相继沦陷后，原有组织均告涣散，器材亦皆散失，其余各县本极简陋，复遭损坏，并以经费困难，购运不易，无法补充，年来所能做到者，仅下列数事耳：

1. 调查登记现有水井池塘，加以保护疏浚，并发动各地民众自行开掘池塘或水井，以免水源缺乏，商店住户等则规定一律设置太平水桶（以能容水三至五担为限），以补水源之不及。

2. 各防护团消防班及各机关学校团体公共场所，均设置简单之消防设备。

3. 各机关学校团体商店住户公共场所，均经常准备细砂，至少四十公斤左右，以防燃烧弹之蔓延。

4. 规定各地新建房屋时，由县政府切实筹划，预留火巷，其已建成者，如认为必要，亦须拆留火巷，以防不测。

5. 尽量利用原有消防用具，及设法购置。

（丑）救护：本省救护设施，以安庆较为完备，然仍利用公私各医院为基干，所需急救药品及材料，亦系捐助，自省府迁移立煌，一般药品既无来源，医务人员，亦感缺乏，且县防护团力量薄弱，实难普遍救护。二十八年二月间，即将在立有医务设备机关，组织立煌防空救护所，并按城厢区域，划定四个救护区，每区就原有之医务机关担任分所，另由区内各机关各编成担架队一队（担架床四十付），由分所直接训练指挥，担任空袭灾害发生时，受伤人员之急救治疗与搬运，在当时曾收获最大之效果。二十九年以原有组织太小，各该机关医药费有限，难负此艰巨任务，复遵照航空委员会规定会同省赈济会及有关机关组织空袭紧急救济联合办事处，担任空袭时负伤者之医治，死亡者之掩埋抚恤，以及难民之收容救济等业务，至灾区内之急救担架等，仍责成防护团及各机关原有担架队担任，事权既明，收效甚巨，三十年省立医院逐渐充实，关于受伤者之治疗，复交由该院负责。

至各县救护设施，虽亦有空袭紧急救济联合办事处之组织，及防护团救护班，然无专人主持，救护经费亦感缺乏，大都因陋就简，未能尽适合二十九年所颁救护设备标准。

（寅）避难：本省避难设备，类皆防空洞壕，对于大规模之避难设备，尚付阙如，抗战军兴，鉴于各地所挖防空壕坑，大都不合规定，易遭损害，特编印说明书附具图说，分送各机关及县政府设法普遍构筑，并鼓励民众自动挖掘，以保安全，十八年以敌机施放空中爆炸弹，复规定防空壕以加构掩盖为原则，或利用山势挖掘防空洞，以免危险，三十年根据各县所报数字与当地人口比例，相距甚远，即规定每五家应联合构筑简易防空洞（壕或防空坑）数处，以能容纳该五家全部人口为原则，饬由县政府督促强迫实施，年来虽已增至七千五百七十五处，惜因土质不良，设备简陋，时有损坏，仍难符合人口比例，其各县避难设备数目如附表（一）。

丙、防毒

本省防毒业务，在战前即未能积极办理，战后又以防空经费一再紧缩，且乏专业人员，以是无长足进展，年来所能做到者，约有下列数项：

（子）机构：本省防毒勤务，原由各地防护团救护班兼办，二十六年十月始规定防护团增设防毒班，办理防毒消毒等勤务，三十年鉴于敌机迭在各地施放毒物，因于九月间会同有关各机关组织防毒设计委员会，办理研究防毒学术，改进防毒设施，训练防毒技能，普及防毒常识等业务，三十一年三月间，奉令于防空司令（指挥）部内，增设防毒科（股），并须编设防毒队若干队，担任防毒业务，比于防空科内设中校上尉科员各一人，皖南防空指挥部增设少校中尉科员各一人，专办防毒业务，至立屯两地防毒队则以所需经临费四十八万余元，无法筹借，迄今仍未编组成立。

各保安团防毒部队，则于三十一年规定，每团设消毒排一排，侦毒班三班，所有官兵仍由各该团原有官兵抽调编组，办理防毒勤务，惟以种种困难，殊少成绩，现正充实改善。

（丑）设备：本省防毒设备，始于民国二十六年，曾统筹向上海民营化学工业社购办防毒面具一二〇部，防毒口罩一七〇只，防毒眼镜一五五付，分发各机关部队备用，抗战开始，鉴于一般民众缺乏防毒用具，因会同陆军第二十医院筹制简易防毒面罩二八零二，口罩五〇〇，眼镜五〇〇，廉价出售，俾民众普遍购用，旋以省府西迁，始告停顿，三十一年又由航空委员会领到防毒面具一五〇部，防毒衣一〇套，防毒靴一〇双，本省仅制就零星用具而已。

（寅）训练：本省防毒干部人员训练，迄未举办，然为普及防毒知识起见，所有各种训练机构，均经防空科派员前往讲授防毒课程，三十二年以防毒队无法成立，因由保安司令部特务大队立煌督察局抽选士兵警察，施以严格训练，俾能担任立煌附近防毒勤务，于五月十七日起至十月十日止，训练官兵三二〇员名，警察二〇〇名，九月一日复实施民众训练，至十一月十五日止，共二〇六〇人，至各县防毒训练，则伤由县府督促防护团负责办理，总计全省曾受防毒训练之民众，已达八五八〇人。

丁、防空疏建

本省各重要城镇以人口稠密，每遇敌机空袭，秩序紊乱，损害惨重，为防患未然计，于二十八年二月间，电饬各县政府应将老弱妇孺及重要物品，移至城镇以外，五月间复奉中央电饬办理人口物资疏散，比即制定资源城镇防空疏散办法，饬县遵办，并由各行政专员督导实施，防空科亦派员出发抽查，旋以各地多未认真实行，复制颁重要城镇防空疏建实施办法，由各县政府参酌实施，惟仍有少数县份以环境特殊，不易彻底做到。兹将历年办理情形分述于后：

（子）规定应行防备城镇等第：二十八年奉颁全国应行防备城镇等第表内，规定本省立煌屯溪两地为乙等，应于令到两个月疏散完竣，正阳关歙县两地为丙等，三个月内疏散完竣，当以立煌县属麻埠，正值茶市，人口骤增，舒城县城中梅河为县府驻地，商业极盛，均列入乙等，又岳西霍山六安阜阳等地，均属重要，分别列入丙等，饬依限疏散完竣，其余各县则由县政府斟酌实际情形自行限期疏散。

（丑）筹设郊外市场：二十八年六月规定各县于城郊十里左右筹设临时市场，所有摊贩一律迁至临时市场营业，立煌方面，由防空科会同建设厅立煌县政府及县商会于立煌城郊择定地点，分设九个市场，划定段落，由商民按照规定，自行建筑市房营业，三十年复增设王家湾一处，三十二年以市区重新划分，现时仅存戴家岭石稻场包公祠龚家畈塔子河及城市等市场。

（寅）规定城内商店营业时间，二十八年规定各县城内商店每日八时起至十八时止，一律停止营业，以防空袭，二十九年一月鉴于商店早晚营业，长期管制，困难更多，影响尤巨，且非永久之计，因而通令废止。

（卯）规定疏散限期：二十九年鉴于各地办理疏散，殊鲜成效，特规定自一月一日起至三月底止，为自动疏散期间，由县政府督促民众自动离开城镇，向疏散区域转进，逾限则由政府执行强迫疏散，嗣据各县呈报，或以淮水为灾，县境尽成泽国，或以邻接敌区，匪伪出没无定，或以地方经费困难，建筑费用无着，或以敌寇劫后，居民寥落，已成废墟，种种困难，无法彻底执行，故强迫疏散，始终未曾做到。

（辰）执行资源物品疏散：本省各地人口疏散，更以种种困难，无法彻底执行，三十年即偏重于资源物品方面，规定各机关重要文件及物品，以及工厂商店之原料货物，应自行设法移至城郊十里以外，各乡村择地储藏。

戊、（略）

己、防空宣传

防空业务，在我国本为新兴事业，本省尤属创举，故在战前即由防空协会拟具宣传工作大纲，编印各项宣传品，颁发各县政府，并规定二十五年九月全省各地同时举行防空宣传，复会同军事委员会防空处在安庆举行防空展览会，经此次大规模宣传后，民众对于防空之重要，及一般常识，已能领会，嗣又向中央订购防空器材模型三部，于安庆设防空展览室，陈列一部，整日开放，并由管理人员随时讲解，其余二部则分发芜湖蚌埠两地省立民众教育馆，分别陈列，俾一般民众自由阅览，直至各该地沦陷，始行停止，该项器材模型图表等，亦因搬运不及，全部遗失。

二十八年鉴于敌机普遍轰炸我内地各大小城镇，企图扰乱我社会秩序，阻碍我抗建伟业，为防患未然，并减少损害计，编印空袭时人民应注意之事项，市民对于消防应遵守之事项，简易防毒法，及防空标语，并翻印委座为制止敌机轰炸告国人书，颁发县政府督促防空协会县支会会同有关机关普遍宣传，广为张贴，俾家喻户晓，以收实效。

二十九年奉令规定每年十一月二十一日为防空节，各地应扩大举行防空宣传，特编印第一届防空节宣传大纲，国民防空常识问答，民众对于消极防空应有之认识，防空节告民众书，自制防毒面具法，及防空常识画报等多种，除于立煌散发张贴外，并分发各县政府，大量翻印散发，以广宣传。

自此以后，除规定每届防空节，应举行扩大宣传外，并应利用各种纪念集会，宣传之重要性，以及一般之常识，俾民众能彻底明了。

四、敌机空袭概况

溯自抗战军兴以来，敌机进袭本省，几无虚日，损失甚巨，伤亡亦重，兹为明了敌寇暴行起见，特将历年空袭概况综合叙述于后：

甲、空袭目的

抗战初起，敌寇原拟恃优势之空军，将我空军一鼓聚歼，获得绝对制空权，短期内即可使我屈服。故对我各地空军场站，如本省广德芜湖安庆蚌埠合肥等地不断轰炸，其他水陆交道要地，亦时遭敌机袭击，自武汉退守后，敌因实力损失过半，无力进犯，始以空军滥炸我后方城市，欲使社会秩序紊乱，抗战信心动摇，以遂其侵华目的，故本省各地，莫不惨受其祸。

综合言之，敌机过去轰炸范围为要重都市及主要交通线，今则展延为面的轰炸，其范围遍及各小城市及乡镇，过去轰炸目标属于军事地点，今则为文化区商业区，过去轰炸以破坏为手段，今则以烧杀为手段，由此足见敌寇阴谋毒计之一斑。

乙、空袭航路

空袭本省各地之敌机，大都以安庆为主要根据地，次则为芜湖蚌埠等处，合肥亦间或有之，其由外省侵入者，似由南京杭州信阳孝感武汉南昌等处。

（子）安庆　由安庆起飞，南向进袭东流至德等地，东向进袭贵池青阳石埭太平旌德黟县休宁歙县等地，西向进袭怀宁太湖望江宿松等地，西北向进袭潜山岳西立煌霍山等地，北向则进袭桐城舒城合肥六安等地。

（丑）芜湖　由芜湖起飞，东南向进袭南陵泾县宣城宁国广德等，西向进袭无为庐江等地，北向则越长江进袭和县。

（寅）蚌埠　由蚌埠起飞，西北向进袭蒙城涡阳亳县一带，西南向则进袭寿县六安等地。

（卯）南京　由南京起飞，经全椒西进，袭击合肥及皖中一带，或则继续西进，直趋鄂境，往来滋扰，窥其所负任务，多以传达及运输为主。盖每次机数仅及一二架，亦并未施行轰炸。

（辰）杭州　由杭州起飞之敌机，大都进袭广德歙县等地，但为数并不甚多。

（巳）信阳　由信阳东进，侵入本省，大都袭击皖北各地。

总之敌机进袭，为避免我监视哨视听起见，无不极尽迂回曲折之能事，然而细加检讨，亦自有其常经之航路，如山脉河流，或铁路公路等。

丙、空袭行动

抗战军兴以来，敌机侵袭本省行动，除二十六年二十七年及三十一年各月份敌机动态之纪录，以立煌事变焚毁外，其余各年度，兹分别于后，详细情形如下：

二十八年敌机进袭六百二十二次，飞机一千三百零八架，调动四百八十九架。

二十九年敌机进袭一千四百零四次，飞机三千二百三十七架，内作战三十七架，轰炸五百七十八架，运输六百八十九架，侦察二十九架，调动七百九十七架。其他经过本省者，一千一百零七架。

三十年敌机进袭一千四百六十五次，飞机二千九百四十八架，内作战八架，轰炸五百三十架，运输二百七十一架，侦察一百三十一架，调动二百五十架，其他经过本省者一千七百五十八架。

三十二年敌机进袭九百七十次，飞机一千四百二十架，内轰炸一百零五架，侦察三十二架，其他经过本省者，一千二百八十三架。

丁、空袭地区

抗战以来，本省各地靡不遭受敌机轰炸，兹为明了各年度被炸地区起见，特依年度分列于后：

二十六年度怀宁芜湖广德宣城

二十七年度桐城怀宁六安合肥立煌

二十八年度桐城至德青阳宣城亳县东流无为广德南陵铜陵太湖宿松贵池怀宁潜山望江立煌泾县太平宁国全椒来安繁昌定远六安舒城天长郎溪临泉凤台怀远合肥阜阳歙县黟县等三十五县

二十九年度无为宿松太湖潜山青阳望江太和东流贵池怀宁至德桐城宣城南陵涡阳休宁泾县广德太平绩溪石埭歙县宁国临泉霍山六安霍邱郎溪铜陵合肥繁昌等三十一县

三十年度怀远亳县太和阜阳颍上寿县全椒立煌霍山桐城庐江歙县贵池宿松潜山休宁等十六县

三十一年度立煌全椒广德南陵含山巢县合肥宁国宣城歙县绩溪阜阳等十二县

三十二年度宁国宣城怀远涡阳亳县青阳太平歙县合肥寿县六安桐城等十二县

综观以上所列被炸地区，本省六十二县各重要城镇，固难幸免，即穷乡僻壤，亦莫不波及，足证敌寇残暴行为之一斑。

戊、空袭损害

本省自二十六年八月间敌机首次轰炸广德后，其他各地相继被袭，兹将各年度损害情形分列于次：

二十六年八月至十二月敌机在本省各地共投弹1973枚，我方死伤816人，损毁房屋17386间，平均每百枚炸弹，死伤41人，毁房屋880间。

二十七年敌机在本省各地共投弹9017枚，我方死伤8093人，损毁房屋89056间，平均每百枚炸弹死伤891人，毁房屋9709间。

二十八年敌机在本省各地共投弹2281枚，我方死伤2026人，损毁房屋6588间，平均每百枚炸弹死伤88人，毁房屋289间。

二十九年敌机在本省各地共投弹2420枚，我方死伤1387人，损毁房屋6896间。平均每百枚炸弹死伤57人，毁房屋285间。

三十年敌机在本省各地共投弹1939枚，我方死伤1713人，损毁房屋4974间。平均每百枚炸弹死伤98人，毁房屋256间。

三十一年敌机在本省各地共投弹388枚，我方死伤173人，损毁房屋1920

间，平均每百枚炸弹死伤 44 人，毁房屋 495 间。

三十二年敌机在本省各地共投弹 761 枚，我方死伤 204，损毁房屋 1531 间，平均每百枚炸弹死伤 27 人，毁房屋 210 间。

共计六年零六个月，敌机在本省各地共投弹 18779 枚，我方死伤 14412 人，损毁房屋 128351 间，平均每百枚炸弹死伤 56 人，毁房屋 683 间。其财产损失，当不可数计，逐年详细情形如附表。

己、（略）

（节选自安徽省政府编：《安徽概览》，民国三十三年出版，安徽省档案馆 1986 年翻印，第 309—320 页，标题由编者所加）

（十二）安徽银行概述

安徽银行概述安徽地方银行历年底各项

放款及投资余额统计表　　　　　　　　单位：国币元

年度 金额 科目	三十年	三一年	三二年
合　计	18449905.30	26119932.46	102368442.53
定期放款	1567255.08	3070295.72	9840735.72
活期放款及透支	5955964.08	12766921.14	42103748.96
存放同业	11810456.22	6850004.07	32605933.49
各项投资	500000.00	14547208.48	17818024.36

民国三三年四月填报

安徽地方银行储蓄部历年底各项储蓄存款余额统计表

年度 金额 科目	三十年	三一年	三二年
合　计	667721.79	815921.72	773026.84
活期储蓄存款	563809.80	722695.33	742581.94
定期储蓄存款	103911.99	93226.59	30444.90

民国三三年四月填报

安徽地方银行历年底各项存款余额统计表

科目 金额 年度	三十年	三一年	三二年
合　计	33126622.71	50169255.63	73460385.02
定期存款	60546.84	30621.61	301019.58
活期存款	31303946.75	45896931.09	69901022.94
同业存款	176129.72	4241702.93	3258242.50

民国三三年四月填报

安徽地方银行历年汇兑款统计表 单位：国币元

年 别	合 计	汇出汇款	汇入汇款
总 计	571683838.58	559724062.98	11959775.60
二五年	13840054.85	12564658.28	1275396.57
二六年	31829718.67	30811664.25	1018054.42
二七年	11185119.55	9493820.52	691299.03
二八年	18926799.07	9931971.49	8975025.58
二九年	—	—	—
三十年	79311340.16	79311340.16	—
三一年	63117585.71	51047318.68	12070267.03
三二年	366543489.60	366543489.60	

民国三三年四月填报

安徽地方银行历年发行钞券一览表 单位：国币元

发行额 面额 年别	合计	壹元券	伍角券	贰角券	壹角券	伍分券	壹分券
总 计	12500000	5000000	4000000	1600000	1500000	360000	40000
二五年	2500000	—	1000000	800000	700000	—	—
二七年	2500000	—	1500000	400000	400000	180000	20000
二八年	7500000	5000000	1500000	400000	400000	180000	20000

民国三三年四月填报

安徽地方银行历年各项公积统计表 单位：国币元

科目 金额 年度	合计	公积	特别公积
总 计	2722243.72	1931552.63	490411.09
二五年	37582.90	11505.90	26077.00
二六年	83379.13	24291.47	59087.60
二七年	50565.79	17949.08	32616.71
二八年	105162.20	93946.13	306206.07
二九年	221627.00	55136.30	166490.70
三十年	728710.80	728710.80	—
三一年	1200025.90	1000012.75	200012.95

注：三二年度盈余尚未分配故未列入　　　　　　　民国三三年四月填报

安徽地方银行代理国库支库经收库款一览表　　　单位：国币元

库　别	金　额
总　计	107387485.43
阜阳支库	34199203.88
岳西支库	149616.35
潜山支库	1498740.80
宿松支库	1403638.14
太湖支库	1111342.88
桐城支库	765342.21
庐江支库	3583349.98
霍山支库	482990.27
六安支库	14221465.21
舒城支库	8531913.38
霍邱支库	2051261.32
寿县支库	1012891.31
蒙城支库	11254232.50
全椒支库	1845702.55
临泉支库	2720716.35
颍上支库	2038448.46
怀远支库	11274.00
太和支库	99691.01
宁国支库	1968596.06
宣城支库	1387462.99
贵池支库	920221.42
祁门支库	3402556.19
至德支库	3410046.45
太平支库	904070.09
广德支库	1546259.89
青阳支库	670839.98
黟县支库	529771.35
石埭支库	842833.72

库　别	金　额
旌德支库	971784.87
南陵支库	1342471.35
休宁支库	173006.95
绩溪支库	1652624.91
泾县支库	683128.11

注：本表所列各支库经收之数字系自三十二年度四至十二月份止，一至三月份之数字依照卅一年度国库收支结束办法之规定应仍属于卅一年度故未列入。

（节选自安徽省政府编：《安徽概览》，民国三十三年出版，安徽省档案馆1986年翻印，第146—148页，标题由编者所加）

（十三）安徽省各地遭敌机轰炸情形文电摘要

（1937—1941 年）

歙　县

1937 年 12 月 27 日上午 11 时 10 分，敌机 1 架，侵入歙县县城内投弹 6 枚，炸毁房屋 3 间，炸死 5 人，伤 7 人。

1938 年 1 月 10 日上午 9 时 15 分，敌机 1 架，侵入本县旧府城西街，投弹 2 枚，炸毁房屋 1 间，炸伤 1 人。

1938 年 2 月 27 日上午 9 时 40 分，敌轻、重轰炸机共 3 架，侵入本县旧城城内，投弹 18 枚，炸毁房屋 23 间，炸伤 6 人。

1938 年 3 月 24 日 11 时 5 分，敌轻轰炸机 1 架，侵入本县桂林新管山，投弹 2 枚，因均落在空地，本次轰炸无损失。

1938 年 5 月 29 日 9 时 10 分，敌轻轰炸机 2 架，侵入旧府城，西城坊等地，投弹 12 枚，炸毁房屋 2 间，无伤亡。

1939 年 12 月 3 日下午 1 时，从东北方向突来敌轻轰炸机 7 架，侵入徽城镇府城及县城各区，投轻磅炸弹 24 枚，并以机枪扫射约半小时始去，计炸毁民房 42 间，天主堂之圣母院被炸毁，一防空壕被命中，炸死 21 人，伤 35 人。

1940 年 3 月 12 日 9 时 39 分，敌侦察机 1 架，轻轰炸机 2 架，侵入本县富碣镇致建乡，投弹 11 枚，炸毁房屋 14 间，炸死 3 人，伤 8 人。

1940 年 10 月 5 日 7 时 50 分敌侦察机、轻、重轰炸机共 5 架，侵入徽城镇府城内投弹 28 枚，炸毁房屋 33 间，炸死 12 人，伤 16 人。

1940 年 10 月 9 日 9 时，敌机 5 架，侵入歙县府城内，投重量弹 7 枚，毁房屋 20 余间，伤 1 人。

1941 年 3 月 3 日下午 1 时 20 分，敌侦察机、驱逐机、轻轰炸机各 1 架，侵入本县徽城镇旧府城，投弹 2 枚，炸毁房屋 3 间，牌坊 1 座，伤 1 人。

1941 年 5 月 20 日 9 时半，敌机 6 架，由汤口方面窜入，投烧夷弹、爆炸弹 10 余枚，嗣又侵入 3 架，投弹 10 余枚，往返 4 次，历时 2 小时始向西南逸去。

计查得两城内外共投弹 59 枚，重伤 14 人，轻伤 14 人，死 10 人，县城被炸 13 处，旧府城被炸 15 处，被烧毁 36 家，计 300 余幢房屋，监狱中弹炸毁，死犯 3 人，看守 1 人，伤 6 人，逃跑 70 余人。

蚌 埠

1938 年 1 月 7 日 10 时，有敌机 2 架，在蚌埠市太平街、正平街、国货街、华利街、中山街、华丰街等处投弹 16 枚，炸死 30 余人，伤 35 人。

1938 年 1 月 13 日 10 时许，敌机 3 架，在下洋桥、萃芳里、大观园、富润里等处，投炸弹 7 枚，燃烧弹 1 枚，毁房屋 10 间，死 5 人，伤 6 人。

1938 年 1 月 22 日 8 时、10 时均有敌机飞来蚌埠市上空盘旋侦察，下午 1 时许有敌机 3 架，在洋桥东首、四马路、裕华、永昌两骨堆站、合兴纽扣厂等处投弹 20 余枚，毁房屋 20 余间，死 4 人，伤 30 余人。

寿 县

据寿县红字会正阳关分会 1945 年 12 月统计，正阳关遭轰炸，人口伤亡数字如下：1938 年 4 月 30 日，全镇被炸，死 114 人，伤 133 人。同年 6 月 3 日正阳关北门外被炸，死 12 人。伤 36 人。1944 年 5 月 6 日、12 日全镇被炸，死 26 人，伤 54 人。

青 阳

1938 年 7 月 2 日午前敌机 6 架，在青阳县城低飞，用机枪扫射，并投炸弹 10 余枚，死伤 20 余人。

1939 年 12 月 4 日 12 时 40 分，敌轻轰炸机两架，由东南方向飞向陵阳镇附近，陵阳中街投弹 5 枚，伤亡男女各 3 人，损毁房屋 5 间，震倒 3 间；又在下沿冲投弹 5 枚，伤亡男女各 1 人，损毁房屋 3 间，震倒 7 间，在风树柯投弹 2 枚，死亡妇女 1 人，损毁房屋 1 间，震倒 4 间，共计伤亡 9 人，炸倒房屋 23 间。

1939 年 12 月 4 日下午 2 时，敌机 3 架，在青阳隆阳镇投弹 4 枚，继而又在石村空袭，投弹 2 枚，两次共炸伤 15 人。

1939 年 12 月 5 日下午 1 时 10 分敌机先后在青阳庙前、赵村、戴村、老田村空袭 4 次，每次均出动敌机 5 架，共投弹 13 枚，炸毁房屋 27 间，死 3 人，伤 4 人，死牛两头。

1939 年 12 月 6 日 9 时 15 分，敌轰炸机 1 架在木镇上首倪家冲投弹 5 枚，死亡2人，伤6人，损毁民房5间，震倒4间。

1939年12月7日9时55分，敌轰炸机两架，由西向东航行，在本县江村、朱备店、龙口三村一带盘旋，投弹12枚，炸毁房屋10间，炸死8人。

1939年12月17日下午2时，有敌机4架，在青阳五溪后村董家园投弹10枚，炸毁房屋2栋，死伤9人。

1939年12月19日有敌机10余架，分向河口、云冲、底岭、赵村、奄叶村一带投弹10余枚，炸毁房屋甚多，死1人。

1939年10月21日上午有敌机12架，反复3次在青阳芙蓉桥投弹60多枚，炸毁房屋40余所，死19人，伤10余人。12时50分敌机1架，在青阳至陵阳公路间投弹2枚，炸死1人，伤2人。下午，又有敌机12架，在陵阳镇投弹2枚，死1人，伤1人。

1939年12月25日午后，敌机5架，在青阳城内投硫磺弹30余枚，庙前投10枚。青阳大火彻夜，房屋烧完。

1940年1月统计历次空袭损害情形：空袭52次，投弹3633枚，死亡462人，伤189人，炸毁烧毁房屋共计11704间。

1940年8月，敌机1架在本县柏架桥投弹1枚，伤妇女1人，后在西乡老田投弹2枚，死伤平民3名。

1940年10月7日正午，敌机3架，在青阳柏架桥投弹数枚，炸毁房屋10间，死4人。

1941年4月16日下午1时，敌机两架，由南阳湾飞向谢家村侦察，投弹4枚。后复投弹8枚，炸死孩童3人，伤2人，炸毁房屋7、8间。

1941年6月13日8时10分，敌机5架，由贵池窜抵陵阳镇河墩乡所属狮门保投弹3枚，受伤3人。谢家村投弹4枚，受伤2人，毁民房3间。华家坑投弹3枚，炸毁民房1间，受伤1人。上连保投弹3枚，炸毁房屋2间，伤2人。

铜 陵

1938年7月5日晨6时许，午后4时许，共有敌舰4艘，在铜陵县北梗村一带上游沿江两岸用机枪扫射，并炮击，敌机连续不断。

1938年11月16日，敌水上机6架下驶，有3架在本县第一区陆家村投弹2枚，烧毁瓦屋9间，死1人，又在谢家祠投弹1枚，毁民房1所。又11时30分，仍有水上机3架在史家村投弹3枚，炸死平民5人，伤10余人，毁屋3间。

1939年4月8日6时，敌机6架，于县府、行署所在地新屋岭盘旋，共投弹

50 余枚，伤分队长 1 人，伤亡民众 30 余人。

1939 年 8 月 12 日 12 时，敌机 2 架，飞袭铜陵县城，在钟鸣街天主堂各地投弹 5 枚。下午 2 时复有敌机 2 架，飞袭顺安，投重量炸弹 3 枚，童源帽店屋及天主堂被毁甚多，神父中弹殒命，并炸毙居民不少。

宿　松

"宿松县敌机空袭统计表"记载：1938 年 7 月 15 日至 10 月 8 日共遭空袭 27 次，敌机 47 架，投弹共 177 枚，炸毁房屋 156 间，震倒 103 间，死亡 41 人，伤 20 人。1939 年 4 月空袭 8 次，敌机 2 架，投弹 4 枚，炸毁房屋 12 间，震倒 27 间，死亡 8 人，伤 3 人。

1940 年 6 月 13 日 9 时，宿松县立中学全校教职员学生 400 余人，正在上课，忽有敌机 6 架，围绕县中狂炸，全校房屋被毁十分之六，死学生 3 人，受重伤 12 人，轻伤更众，其余伤亡正在调查。

1941 年 6 月 10 日，敌机 6 架窜至宿松县北山中学投重量炸弹 13 枚，毁房屋 80 余间，器具、图书损失极重，重伤校工 1 人。

石　埭

1938 年 11 月 2 日 8 时，敌机 6 架，窜至石埭县城上空，投弹 14 枚，炸毁县府大堂法庭及总办公厅文卷室、经征处、行政警察队政警、传达各室，并监牢署囚舍及看守室、戒烟所、钱粮柜、第一区署一部及公房 30 余幢，又炸毁东、西街商店 10 余家，后溪巷祠堂 1 所，民房两幢。炸死 2 人，囚房被炸，29 名囚徒除炸死 1 名外，余均脱逃。县政府、县党部、财委会、监狱署、一区区署等机关被迫于当晚迁至城外柳村孙家祠办公。5 日下午 3 时又遭轰炸，敌机 3 架，投弹 3 枚，炸毁商店及军运代办所房屋 10 余幢。6 日 9 时 30 分敌机 5 架，再次飞临县城及城郊投弹 8 枚，炸毁商店及民房 10 余幢，同时用机枪扫射。

1939 年 12 月 4 日 10 时 5 分，敌轰炸机 3 架，投弹 17 枚，炸毁民房 10 余间，伤亡 11 人。

1940 年 10 月 5 日 12 时 30 分，敌机 9 架，窜入石埭县城上空，投弹 50 余枚，炸毁房屋数十间，死 10 人，伤 20 余人。

1940 年 10 月 5 日 12 时 30 分，敌机 9 架，在石埭县广阳镇投弹 54 枚，毁房屋 333 间，死 10 人，伤 14 人。

1941 年 3 月 1 日下午 1 时，敌机 4 架在石埭七里镇、香皿□□房等地，投弹

9 枚，炸毁房屋 17 间，炸毁民船 3 只。

东　流

1938 年 11 月 6 日下午敌机在东流县一区长安埠投弹数枚，炸死 19 人，伤 5 人，毁民房 119 间。同日下午 2 时，本县三区张溪镇亦被炸，敌机投弹 9 枚，炸死 18 人，伤 17 人，毁民房 40 余间。

1940 年 10 月 27 日晨，敌机 5 架，向行署隔壁张氏宗祠投弹两枚，又在附近村庄轰炸扫射达 4 小时，炸毁房屋百余间，伤亡 10 余人。下午 3 时又有敌机 1 架，盘旋侦察，并散发传单威胁民众他迁。

1941 年 2 月 25 日 9 时，敌机 2 架，在东流白湖坡用机枪扫射，打死 1 人，伤 2 人。

1941 年 2 月 27 日 8 时，有敌机 2 架，在洋湖投弹 5 枚，炸毁房屋 3 间，死 1 人，伤 1 人。

1941 年 5 月 26 日 11 时，有敌机 4 架，飞到东流洋湖镇，投燃烧弹 3 枚，炸弹 8 枚，炸死 3 人，重伤 3 人，轻伤 10 余人。下午 1 时又来敌机 4 架仍在该镇投弹 10 余枚，伤 1 人，惟所有房屋尽被烧毁，厥状极惨。

宣　城

1938 年 11 月 11 日，敌机 3 架，在县城投弹 4 枚，向南陵飞去，复折回，投弹 3 枚，计死伤民众各 3 人，县府办事处及自卫军司令部墙壁均被炸毁。

1940 年 2 月 16 日上午敌机 2 架，飞水东侦察，投弹 3 枚，死民众 17 人，重伤 11 人，轻伤 19 人，毁民房 4 间，死牛 3 头。旋飞杨柳铺投弹 10 余枚，损失待查。下午敌机 2 架飞青弋江投弹 7 枚，死民众 10 余人，伤 10 余人。

1940 年 2 月 18 日 9 时，敌机 2 架在南、宣交界清弋江投弹 3 枚，居民死 2 人，伤 1 人。下午 3 时许敌机 5 架，在城内投弹 12 枚，军民死 13 人，伤 32 人，被毁房屋 30 余间。

1940 年 2 月 19 日下午 1 时许敌机 1 架，在宣城北门外西头湾、双桥等处，投弹 5 枚，炸死 1 人，伤 5 人。2 时许又有敌机 6 架，狂炸西河，共投弹 20 余枚，其中燃烧弹多枚，毁房屋 90 余幢，炸死 65 人，伤 11 人，炸毁民船 1 只，损失惨重。

1940 年 2 月 20 日敌机 1 架飞孙家埠投弹 6 枚，居民重伤 1 人，轻伤 2 人，毁房 3 幢。

1940 年 2 月 21 日正午敌机 6 架，狂炸本县孙家埠，投弹 14 枚，炸毁房屋百余间，死 6 人，伤 11 人。

1940 年 2 月 22 日 12 时，敌机 6 架袭新河庄，投弹 14 枚，居民死 10 人，伤 6 人，毁房 20 余间。同时敌机 5 架狂炸西河，投燃烧弹 11 枚，居民死 8 人，伤 4 人，毁房百余间。下午 1 时许敌机 1 架，袭县府所在地周王村，投弹 2 枚，毁民房 8 间。至 1 时半，该机又袭溪口，投弹 5 枚，居民死伤各 4 名。

1940 年 2 月宣城共被敌机空袭 11 次，敌机 33 架，投弹 183 枚，炸毁房屋 409 间，死亡 118 人，伤 72 人，

1940 年 4 月 24 日 11 时，敌机 4 架，由杨柳铺窜至周王村，于第三区署四周投弹 5 枚，内有燃烧弹，焚毁民房 90 余间，区署全部被毁，所有民众事前疏散，无伤亡。杨柳铺亦于 10 时被炸，损失正在调查。

1940 年□月 7 日早 10 时，敌机在周王村掷弹 10 余枚，伤平民 1 人，士兵 4 名，死士兵 4 名。午后又有敌机 3 架在县府盘旋，并掷弹近 30 枚，死平民 10 余人。

1941 年 2 月 21 日午 12 时，敌机 7 架对本县新田山镇进行轰炸，下午 1 时继又向孙家埠轰炸，两次共投弹 49 枚，炸毁房屋 147 间，炸死 27 人，伤 19 人。

1941 年 2 月 22 日 1 时，敌机 6 架在孙家埠投弹 20 余枚，死民众 12 人，伤 11 人，毁民房百余间，损失极重，又同时在新田屯投弹 12 枚，居民死 7 人，重伤 4 人，毁民房 10 余间。

1942 年 3 月 15 日 7 时 30 分，敌轰炸机 3 架，由芜湖窜至本县西门，盘旋约 1 小时，投弹 7 枚，炸伤 1 人，毁房屋 1 间。

太 平

1938 年 11 月 13 日午后 1 时，敌机两架飞临县城上空，投弹 6 枚，县府办公厅及监所等均遭炸毁，军运代办所，四十兵站医院一部分房屋亦被炸毁，伤、亡民众各 2 人，县府勤务 1 名被炸伤。

14 日 8 时半，敌机 21 架骤至城厢上空，密集投弹一百数十枚，历时 1 小时半始去，县府及各机关房屋，四十兵站医院全遭炸毁，城乡商店住宅，被毁三分之一，死亡驻军士兵 2 名，留院伤兵 50 余名，壮训队丁 1 名，民众 5 人，炸伤驻军兵士 2 名，民众 2 人。县府甘棠镇同日亦被敌机掷弹 1 枚，毁市房 1 所。

18 日上午 9 时，敌机 7 架，又临县城投弹 14 枚，南门石桥炸断，残余房屋又被炸毁大半。

三次轰炸，敌机投弹 200 余枚，全城各机关及商店、住宅房屋炸毁殆尽，损

失惨重，实为空前浩劫。

1939 年 7 月 26 日 8 时，敌机 1 架飞来县城上空，先后投弹 5 枚，并用机枪扫射，县府落弹 1 枚，房屋被毁。9 时许复来敌机 3 架，在县城关各地投弹 18 枚，并用机枪扫射，政警队及常备队住舍均被炸毁，死伤民众各 1 人，炸毁民房 13 间，震毁民房 50 余幢。

1939 年 12 月 3 日 12 时，敌机 1 架，先后两次轰炸太平县城，共投弹 6 枚，伤 1 人。

1939 年 12 月 4 日，敌机 8 架，在太平县城投弹 30 余枚，炸毁房屋数十间，死 1 人。

继而又有敌机 3 架，在本县甘帆岭投弹 9 枚，伤 2 人。

1939 年 12 月 6 日 8 时敌机 1 架，由西北窜到穰溪上空，投弹 4 枚，炸死 2 人，伤 4 人。

1940 年 3 月 10 日 8 时许，敌机 10 架，自西北方飞来，投重量炸弹五、六十枚，约 1 小时始去，县府及县城东半部房屋已被摧毁殆尽。约 12 时，复有敌机 9 架，飞临城郊上空，先用机枪扫射，继投炸弹及烧夷弹约四、五十枚，城内及近郊之水东园、许家村、项家村、孙家村、六角亭等地房屋被毁大半。下午 1 时许，又有敌机 17 架飞来，城内及水东园复被轰炸，城西之岘村亦落弹 6 枚，下午 5 时，始解除警报。三次总计敌机 36 架，共投弹 188 枚，炸毁震毁房屋 1220 间，炸死及压死民众共 23 名，炸伤及压伤民众共 15 名，损失之巨，空前未有。

1940 年 10 月 6 日 7 时 30 分，敌机 8 架，由石埭、泾县飞临太平城厢上空，投弹 20 余枚，炸毁房屋 20 余幢，死伤 8 人。

1941 年 1 月 14 日 9 时敌机 4 架窜入县城盘旋，于麻村投弹 8 枚，死 1 人，伤 5 人，炸毁房屋 10 余间。

〔1941〕年 4 月 19 日下午 1 时，敌机 3 架，由西北方向窜入本县城厢，共投弹 13 枚（内燃烧弹 2 枚），炸死民众 9 人，伤 4 人，民众教育馆房屋家具及一部分图书悉被焚毁。

南 陵

1938 年 11 月 14 日下午 2 时半，敌机 6 架，飞临县城上空，投弹 6 枚，炸毁地方银行旧址及县政府东首民房 30 余间，死 1 人，伤 1 人。

1938 年 11 月 19 日晨 9 时半，敌机 8 架飞临县城盘旋，4 架向泾县方向飞去，4 架投弹 20 余枚，由县府东首横街起至东门止，炸毁及燃烧正街商店民房

200 余间，死 3 人，伤 3 人。

1939 年 5 月 22 日 11 时，敌机 2 架飞临城空盘旋，投弹 4 枚，共计炸毁房屋 40 余间，炸死难民 9 名，受伤 9 名。

1939 年 12 月 7 日 10 时，敌机 1 架在南陵县城投弹 6 枚，伤 1 人。

1939 年 12 月 7 日下午 3 时，敌机 7 架在南陵城区内外投弹 30 余枚，炸毁房屋 10 余间，死数人，伤数人。

1940 年 2 月 18 日 11 时，敌机 1 架在南陵县青弋江投弹 5 枚，炸死 4 人，伤 3 人，同时，窜入县城上空盘旋 10 余分钟离去。同日下午 1 时，敌机 6 架，在县城东北一带投弹 40 余枚，炸死 10 余人，伤 7 人，并散发传单。

1940 年 2 月 21 日 10 时，敌机 4 架，侵入南陵县城投弹 30 余枚，损失待查。22 日又遭轰炸，共投弹 30 余枚，炸毁房屋 100 余间，死 3 人，伤 4 人。

1940 年 3 月 18 日 8 时，敌机 6 架狂炸县属三里店，计投弹 30 余枚，夹以烧夷弹，同时，孔村亦遭炸，计投弹 10 余枚，并以机枪扫射，区署及全镇房屋大半炸毁，民众死 19 名，伤 11 名。

1940 年 10 月 5 日 8 时，敌机 3 架窜至南陵县城东门投弹 10 余枚，炸死 11 人，伤 1 人。9 时敌机 1 架复窜上空，在县府左右投弹 7 枚。10 时敌已占领本县黄墓渡，刻正向县城内进攻。

1941 年 5 月 11 日 1 时 22 分，敌机 3 架在南陵城内投弹 10 余枚，炸毁房屋 80 余间，死 7 人，伤 5 人。

□年 2 月 20 日，敌机 3 架盘旋城市上空，散发伪报并投轻磅弹 10 枚，毁草房 66 间，军民死 22 人，伤男女 4 人，损失财物待查。

泾　县

1938 年 11 月 14 日下午 3 时，敌机在泾县县城投弹 2 枚，炸毁房屋 11 间，炸死 2 人，伤 5 人。

1938 年 11 月 19 日 9 时，敌机在泾县县城投弹 2 枚，炸毁房屋 55 间，炸死 8 人，伤 3 人。

1940 年 2 月 18 日上午 9 时、下午 3 时先后在泾、南、宣交界清白〔弋〕江和县城进行轰炸，敌机共 7 架，投弹 15 枚，炸毁房屋 30 余间，死军民 15 人，伤 33 人。

1940 年 4 月 25 日午，敌机 2 架轰炸泾县城，在县府四周投弹 6 枚，毁民房 4 间又在城南投烧夷弹 5 枚，毁茅屋 31 户，死 7 人。

1940 年 5 月，泾县遭敌机空袭 3 次，共有敌机 6 架，投弹 33 枚，其中燃烧弹 22 枚，炸毁烧毁房屋 111 间，死 8 人，伤 3 人。

1940 年 10 月 10 日，敌机 39 架，除掩护其部队退却外，以专署为目标轰炸，附近屋宇均被炸毁，大火至午夜始熄，死 12 人，伤 20 人，西班牙神父被炸死。

1940 年 11 月 1 日 8 时 40 分，敌轰炸机 5 架，在震中乡投弹 2 枚，震倒房屋 3 间，伤 4 人，财产损失 1500 余元。

1941 年 7 月 11 日 6 时 30 分，敌水上轰炸机 4 架由安庆起飞在泾县西乡章渡镇、云岭、董村一带盘旋，在黄村投弹 4 枚，炸毁宗祠 1 座，民房 1 间，死伤共 7 人。投弹后向城市进袭，投弹 2 枚，一落东街，一落北街后稻田内，炸倒民房 5 间，死妇女 1 人。

至 德

1938 年 12 月 3 日晨，敌机 6 架轰炸至德县城，毁尧渡街民房数百间，死伤俟查详报。

1939 年 4 月 7 日 8 时 25 分，由北飞来敌轻轰炸机及驱逐机各 2 架，在尧渡镇投弹 7 枚，炸死平民 6 人，毁民房数间，又于城内及南门外投弹 4 枚，伤平民 2 人，区警士 1 名，毁民房 5 间。

1940 年 1 月 25 日 10 时，敌机 4 架在本县永镇、松阳桥、林家坊三处各投弹数枚，毁民房数 10 间，死伤居民 20 余人，驻军死 4 人。本日午刻敌机 3 架，在县城盘旋，在尧渡街投弹 1 枚，无损失。

1940 年 3 月 25 日 8 时 35 分，敌机 8 架由安庆方向飞来至德县城和尧渡街，计投弹 14 枚，毁民房 30 余间，死 3 人，并炸毁一段电话线。

1940 年 9 月 14 日午前敌机 1 架，在石埭城西门外投弹 2 枚，毁民房 30 余间，16 日午后 2 时，敌机 4 架，由南面侵入城南尧渡镇，投弹 7 枚，燃烧民房 10 余栋，毁民房 50 余间，死 4 人，伤 2 人。

1940 年 9 月 28 日午，敌机 8 架在至德城内尧渡土桥慰等处，投弹 16 枚，炸毁民房 5 间，死 2 人，重伤 2 人，轻伤 3 人，弹落荒郊者 12 枚。

1940 年 10 月 27 日上午，敌机 2 架，至德县城投弹 7 枚，炸毁房屋 20 余间，死 1 人，伤 2 人。

1941 年 1 月 23 日 12 时，敌机 4 架，在至德尧参乡尧渡镇河西保投弹 7 枚，炸毁房屋 32 间，死 2 人，伤 2 人。

1941 年 2 月 24 日，敌机 2 架，在至德梅□投弹 2 枚，炸毁房屋 2 间，死 2

人，伤5人。

1941年3月25日7时23分，敌机1架，在至德尧渡街先后两次轰炸，共投弹4枚，炸毁房屋18间，死2人，伤2人。

1941年4月22日本县被炸，计毁民房20余间，炸死运输兵2人，平民1人，伤11人。

1941年5月27日，敌水上轻轰炸机4架，由北窜至洋湖陂，投弹7枚，毁民房20余间，死5人，伤10余人，于11时向北窜，12时该4架复来，又投弹10枚，毁民房20间，伤1人。

1941年5月29日9时半，敌机4架由安庆窜入至德县城东门徐村投弹8枚，并以机枪扫射，计毁民房145间，死5人，伤6人，约30分钟后向东流方向逸去。

贵　池

1939年4月7、8、9三日，敌机盲炸县城，详情如下：7日九甲徐投弹6枚，焚民房10余栋，杨田镇投弹数枚，死军民11人，毁民房2栋。四器村、尚家村投弹各1枚，死男女孩各1人。抓溪桥投弹3枚，伤亡居民各1人，竹溪村投弹2枚，伤居民1人。8日敌机4架，在木镇投弹11枚，死居民3人。9日敌机4架在窝髦江投燃烧弹1枚，焚草屋8栋，又向焦家埠浮桥投弹2枚，无损失。元桥弋投弹数枚，毁草房数栋，死连长1人，排长1人。篆溪村小冲一带投弹数十枚，伤亡若干，并散发传单。

1939年12月敌机轰炸第四区唐田、灌口各乡共投弹56枚，毁房屋344间，死亡3人，受伤4人。第三区石城乡投弹24枚，毁房屋230间，死亡7人，伤10人。

1940年4月23日下午2时半，敌机2架，在贵池刘街投空中爆炸弹3枚，炸毁民房2幢，轻重伤12人。

1940年4月23日起，连日遭敌机轰炸，第72保境内，在大路孙、黄家店等处先后投弹40余枚，炸死兵士1人，炸伤居民10余名，震倒10余家。在77保大路金、白沙铺、东塘孙、竹园韩等处投弹三、四十枚，竹园韩炸死兵士数人，炸伤居民数人，震倒房屋二、三十间，炸烧民房数间，大路金炸死1人，伤民夫2人。白沙铺等地投弹数10枚，震倒房屋数10间。

1941年1月6日上午，由安庆方向飞来敌机3架在唐田乡各保临空盘旋，滥施扫射轰炸，至下午4时始向原方逸去。此次轰炸，唐田保最甚，共投弹20枚，将原存断垣残壁之房屋均变为焦土，各保人民死伤、财物损失、投弹数量，待依式填表详报。

1941 年元月，本县高垣镇、唐田、斗坑、汪村、凤凰岭、东坑、牌楼等处共遭空袭 22 次，敌机 28 架，投炸弹 30 枚，炸死 1 人，伤 6 人，炸毁房屋 102 间，烧毁房屋 7 间。

本县殷家汇在未失陷前、先后被敌机轰炸 6 次，全镇已成焦土。第 1 次为〔1938 年〕8 月 10 日，敌机 3 架，仅用机枪扫射未投弹。第 2 次为 8 月 12 日 12 时，敌机 7 架投弹 32 枚，第 3 次为 10 月 4 日 14 时，敌机 5 架，投弹 12 枚。第 4 次为 10 月 4 日 16 时，敌机 6 架投弹 8 枚。第 5 次为 10 月 16 日 14 时，敌机 1 架，投弹 3 枚。第 6 次为 10 月 17 日 8 时 40 分，敌机 5 架，投弹 50 余枚。18、19 两日，敌机则终日轰炸扫射，毫无止息。总计死伤平民 300 余人。

同年 2 月，后溪、梅村街、乌石、灌口、潮溪、桂村保等处遭空袭 19 次，敌机 19 架，投弹 35 枚，炸死 2 人，伤 10 人，炸毁烧毁房屋 42 间。

1941 年 6 月 7 日，敌机 4 架在上清溪、山口施一带投弹多枚，死 7 人，毁民房 20 余间。

1944 年 4 月 13 日午时，敌机 3 架窜入上空，在刘街西首板桥、刘村、庄岭、姚村等处，共投弹 11 枚，毁房屋 10 余间，死伤 15 人。

立　煌

1939 年 6 月 30 日，敌机 22 架两次侵入立煌县城上空，低飞盘旋滥施轰炸。第一次敌机 11 架，于上午 8 时 30 分侵入市空，投弹 40 余枚，炸毁吉平街、永西门、佛川街、后街等处民房 35 间，立煌大旅社全部被毁。第二次敌机 11 架，于 12 时 30 分侵入市空，返复 4 次共投弹 20 余枚，中正街、民旅街等处炸毁民房 40 余间，县政府以西介石门以东各商店、住户及飞机场一带草房完全被焚毁。本日两次被炸，据统计共死 55 人，轻伤 20 余人，重伤 20 余人，炸毁焚毁房屋 200 余间。

宁　国

1939 年 7 月 16 日，敌轰炸机 3 架，投弹 10 余枚，炸死 8 名，重轻伤 13 人，重伤毙命 4 人。又小胡村路山一带投弹 7 枚，无损害。

1940 年 2 月 18 日下午 2 时，敌机 5 架，由宣城飞经本县，在港口镇一带投弹 6 枚，毁民房 7 间，死 10 人，伤 5 人。

1940 年 2 月 20 日，敌机 7 架突来肆炸，死 20 余人，伤 10 余人，毁店屋 40 余间。

1941年2月21日午12时，敌机4架由北方袭入本县上空，在河沥溪镇投弹14枚，炸毁及震倒民房38间，死2人，伤5人。

1941年3月25日8时，敌机6架在宁国河沥溪投弹22枚，炸毁房屋30间，死2人，伤2人。

1941年5月22日上午7时，敌机10架，由南方袭入本县上空轰炸，又由东南方飞来敌机7架，先后在县属城外及河沥溪镇共投弹64枚，内河沥溪投弹5枚，共炸死14人，伤2人，毁民房155间。

1941年5月22日上午7时，敌机20余架侵入东、西津两镇上空，投弹近百枚，西津镇城厢保炸毁房屋百间，津南津北保炸毁房屋数10间，死亡22人，重伤4人，轻伤1人，东津镇炸毁房屋约10间以上。

1942年5月22日6时25分，本县城西门外、甲路、周湾、尘岭脚、蜀洪等处，遭空袭，敌机投弹10枚，炸死13人，伤4人。

屯　溪

1939年7月22日上午9时半，屯溪突来敌机5架，狂施轰炸，死30余人，伤60余人，毁屋百余幢。

1940年10月10日上午7时，敌机6架，由东北方侵入本市上空投弹盘旋，并散发荒谬传单，用机枪向地面扫射。查此次敌机袭屯，计投烧夷弹4枚，爆炸弹9枚，被炸毁房屋8间，焚毁房屋67间，被灾户数91户，被灾难胞男347名，女120名，共计467名，炸死男5名，女1名，炸伤男9名，女6名，炸毁大小汽车3辆，此次被炸损失房屋财物价值约60余万元。

1940年10月26日上午8时28分，敌机7架，由殷家汇窜至本市，临空滥肆轰炸约20分钟，共投弹19枚，炸毁财政部贸易委员会皖南办事处、养路处、乞丐教养所、屯溪劝业场、新舞台、屯溪饭店等12处，炸毁房屋17间，炸死5人，伤14人，并散发大量宣传品及伪钞。当日下午1时20分，仍是7架敌机，再次窜至本市交通路、老交通路旅馆、车站、启明小学、菇古堂等11处，共投炸弹16枚，燃烧弹1枚，炸毁房屋28间，炸死3人，伤1人。

黟　县

1939年12月3日9时，敌机1架，两次轰炸黟县县城，共投弹5枚，炸毁房屋1间，死1人，伤2人。

1941年5月1日7时30分，敌机3架飞临本县上空，投轻重炸弹20余枚，炸毁房屋40余间，炸死13人，伤15人。

郎 溪

1940年2月20日10时，敌机6架在郎溪东、南门内外投弹20余枚，损失待查。

1940年2月20日，敌机4架临城空，首次狂炸计受伤贫民36人，死亡损失正在详查。

1940年4月22日10时，敌机9架轰炸郎溪县城，投弹10枚，继又轰炸梅渚，投炸弹及燃烧弹10余枚，炸毁房屋10余间，炸死9人，并散发传单。郎溪县战区进出货物检查处周围落弹多枚，并遭敌投以巨石一块，重200余斤，幸由天井落下，损失幸微。

1941年3月24日9时，敌机16架，在郎溪县城投弹40余枚，炸毁房屋数百间，死数10人，伤数10人。

广 德

1940年2月20日12时半，敌机1架在广德县城投弹9枚，炸毁房屋30余幢，死伤10余人。22日敌机7架，侵入广德杨杆镇，投弹3枚，炸毁房屋数间，死2人。

繁 昌

1940年2月22日，敌机掩护日军攻击，城内外投弹百枚，毁民房400余间，炸死炸伤30余人。

旌 德

1940年7月29日8时，敌机6架窜抵旌德上空，投弹11枚，计炸死男女28名，伤41名，炸毁房屋90余间，又县府背后及附近宝塔脚下各投弹1枚，计炸伤3人，震倒房屋1间。

休 宁

1940年10月28日下午2时，敌机5架，在休宁县城投弹9枚，炸毁房屋数10间，伤1人。

绩　溪

1940 年 11 月 5 日 8 时 15 分，敌水上轰炸机 8 架突来绩溪上空轰炸，历时 40 多分钟，投炸弹 19 枚，燃烧弹 2 枚，并用机枪扫射，计毁民房 45 间，烧两栋，炸死 25 人，伤 18 人。县府亦中弹 1 枚，毁办公室 2 间。

1942 年 5 月 22 日 11 时许，敌机 6 架由歙县窜入本县临溪镇上空，投下燃烧弹 2 枚，炸弹 5 枚，毁店房 2 幢，炸死 3 人，伤 2 人。

1942 年 6 月 2 日 10 时零 5 分，敌机 5 架由歙县窜入本县上空大肆轰炸，约 30 分钟计投弹 13 枚，毁民房 35 间，死 1 人，伤 2 人。午后 1 时 25 分，敌轻轰炸机 1 架经歙县窜至本县上空盘旋 20 分钟左右，投弹 2 枚，毁汽车 1 辆。

桐　城

1940 年 11 月 20 日，敌机 3 架，飞袭桐城县城，县立中学被炸，毁校舍 11 间，所有校具及学生书籍衣物等件损失甚巨。

1941 年 4 月 4 日 8 时，敌机 4 架，两度轰炸桐城县，计投弹 10 余枚，据中心镇中心学校报称：该校被炸毁房屋 3 间，内部教具全部毁坏。

1941 年 5 月 28 日上午 8 时，敌机 6 架轰炸桐城县私立浮山中学，投弹 12 枚，本校东部职教员住室、女生寝室、教室完全炸毁；10 时半，又来敌机 6 架，投巨型弹 16 枚，二次投弹共 28 枚，炸毁校舍全部 120 余间，所有历年校内设备以及员生书籍衣物等一律无存。

巢　县

1941 年 3 月截至 24 日止，巢县柘皋有 8 天遭空袭，敌机投弹 15 次，计百数 10 枚，毁房屋 30 余处，计 200 余间。9 日、15 日两次被炸最惨，计炸死约 30 人，伤 10 余人。

舒　城

1941 年 7 月 20 日 7 时 50 分，敌机 4 架，窜至本县上空，投弹 8 枚，炸毁房屋约 20 余间，炸死 3 人，伤 2 人。

合　肥

1943 年 7 月 27 日上午，敌机 5 架袭击梁园 4 次，投弹 50 余枚，毁房屋 40

余间，死5人，伤10余人。29日上午，敌机5架两次袭击肥东石塘镇，投炸弹、燃烧弹300余枚，毁屋400余间，死伤各20余人，同时，梁园复遭敌机袭击，投燃烧弹百余枚，该镇房屋毁十分之八，该机均由肥城机场起落。

（录自安徽省档案馆、蚌埠市档案馆编：《日本侵华在安徽的罪行》，1995年印行，第65—82页）

（十四） 日军在安徽各地罪行录

（1938—1945 年）

南 陵

1939 年 7 月 6 日上午 9 时，敌 50 余名进攻南陵县境马家园镇，该镇被敌放火烧去联保办公处及瓦草房 20 余家，死伤居民三名。

1940 年 4 月，南陵敌大肆拉夫数百，四处强奸妇女，强奸后加以残杀，并火焚民家，南青途中焚烧无遗，惨不忍睹。敌在南陵强迫士绅刘少轩、陈德全等组织维持会，限一周将外逃居民全数招回，以左臂绕以白布，上画红【 】辅记，并需每日交纳国币 3000 元，牛 3 头，猪 5 头。

1940 年 10 月 7 日上午 8 时，三里店之敌在草屋店枫树岗一带与新四军发生遭遇战，下午 2 时许箬坑失守，全村付之一炬，烽烟弥漫，竟达一昼夜之久，三里店及箬坑之民众被惨杀者各 2 人。

戴家汇之敌计分五批向三里店方向前进，每次均有五、六百人，或千余人不等，骑兵甚多，沿途居民损失极大，稻米均被喂马，钱财衣物掳掠一空。

1941 年 3 月 3 日至 26 日，伪绥靖团三、四百人到本县金阁区奎湖乡盘踞，计挑去食米三、四百担，并掠去王佐财等 10 余人。

1943 年 11 月 14 日，盘踞芜属夫子土癸等处敌伪军会集约四百余人由芜湖新塘湖，王塘埂、马家园三路进攻。至属乡三合保所属之八尺口杨家园、俞家埠、谈村及邻潭保所属之沙坝、朱沙坝、郭阮村渡暨浮城保所属之东塘何滕村等地横肆烧杀、掳掠，历下午 2 时许始撤退至芜湖胡家湾等处，凡被敌军扰之地尽成焦土，人民扶老携幼流离失所，无家可归，最可惨者被敌屠杀之民众，尸横遍野，触目皆是，不下三四十余人。据报称：彻查该地，计遭惨杀 41 人，负重伤者 13 人，被烧房屋 40 户（共 156 间），现值寒冬，被灾难同胞啼饥号寒，无以为生。

自抗战发生南陵县共沦陷三次，第一次于民国 29 年废历寅筱失守，旋于□日克服。第二次于 29 年废历申鲁，敌人涌入南陵，当由东门窜至鹅岭进犯泾县。第三次于上年卯寒沦陷至本年未梗收复。沦陷期间全面损失数字难获精确统计，仅暂就调查所得列报如次。残杀平民约 500 名，猪牛驴马等类约 1000 头。地方自卫枪支 128 支，机枪 5 挺，手枪 24 支。焚毁公私医院 2 所，稻谷仓库 11 所，民营工厂 17 所。破坏机关 14 处。炸毁公共机关 9 所，民房 2800 家。征发稻谷 25 万石。

宣　城

1939 年 3 月，敌进犯西河镇，将该镇商民财货掳掠一空，分载民船 8 艘。并枪杀民众 8 人，带走妇女 2 人，分水陆两路向湾沚退却，沿途大肆烧杀，厥状至惨。

1940 年 2 月，敌袭仁村湾，人民未及逃避被惨杀 300 余名，焚毁房屋 300 余间。

1940 年 3 月筱（17）日，九里敌 30 余到桃花乡各村庄抢劫财物，并勒令组织伪第 16 组。哿（20）日敌复将该乡民房焚毁 40 余间，并烧毙女子 1 名。

1941 年 6 月巳灰（10）拂晓，由湾沚方面来伪军 500 余名，进占裘公渡，肆意焚杀抢掳，绑去富户四、五十人，一时枪声四起，居民逃避一空。讵哿（20）晨又突有敌军若干由水阳进犯至距新渡庄三里许小村开炮 20 余发，死伤居民二、三十人。

1942 年 4 月俭（28）日，水阳、新河庄敌伪会犯狸头桥，到达后即大肆焚烧掳掠，狸镇商民货物被劫一空，所有防御工事及学校悉被毁无遗，计损失约 7 万余元。

1942 年 10 月 21 日上午 8 时，新河庄敌数十余身着便衣，乘汽艇两艘驶至仁村湾、李湾一带焚烧抢掠，当时火光熊熊黑烟弥漫，事后查因李湾保长李剑青等拒绝附逆，参加新河庄伪组织，致遭敌恨，李保长宅首先被焚。

九里山敌组织伪三元乡公所，禁止粮食出境为中心工作，并每日派敌兵下山砍伐树木，加强工事。

1943 年 2 月，敌在湾沚区、红杨树、新河庄、水阳、高淳等地采购小麦、杂粮约有 4 万石。新河庄敌寇近日在四乡抓壮丁充当敌兵，装至江北，而沦区民众纷纷逃避。

1944 年 10 月，宣城城内之敌伪军向商民索取 150 万元，限月底交清，商会负责人俟允筹缴 30 万元，旋逃匿。又向其控制乡保，每保每日迫办猪 4 头，牛 2 头，鸡鸭无数，近又摊派每保制交棉军服 60 套，征送旧便衣 20 套，团山乡长拒办，皓（19）日敌伪百余蜂围其屋，并拟放火，嗣迫乡长全家他迁，经本地人民出面哀求，方愤愤而去。敌伪掠得物资尽量装船，继续外运，并在芜湖以汽艇拖带空木船数十只开往东夏一带，装运物资。

朞（20）日出扰本县南乡之敌，劫去人民耕牛及财物不计其数。

芜 湖

1938 年 11 月 13 日，敌分水陆两路攻据芳山，水有汽艇 3 只，陆有步兵百余，日本进据六连圩虫段鱼沟一带，附近房屋几被烧尽，人心甚惶。

1939 年 4 月灰（10）日 5 时，有敌军 40 余名，带有机枪 4 挺在本县白沙圩，束家坝、冯家墩一带放火，被烧冯家墩一家，束家坝 34 家，百姓被毙 4 名。

1939 年 4 月 11 日 10 时，敌军由杨家老屋过河经夫子关，又过河至束家坝，共有 6 船约 212 人，内有百姓 10 余人，至下午 1 时在束家坝放火烧瓦屋 20 余家，茅屋 12 家，并枪毙百姓束为和、为珠、国德、国春等 4 名，束家坝仅存瓦屋 3 家未烧。

1939 年 5 月，敌酋通告各区，凡芜居民须打针两次，否则不准通行。市区现每日上午 8 时起至下午由敌派医率同伪警署及警局派警保卫县立医院暨敌军施疗所之中日医生，在通衢僻巷强迫打针，以致市面紊乱，商店几乎停业。据云长街中英药房之某孕妇被打针后即堕胎丧命。大东门亦有同此情形。故对孕妇现免打针。所有青年、中年之男子均不敢进城，或逃避他处。

伪警备部便衣探对回芜之难民及乡村小康之居民，均诬为中国兵密探或便衣队，倘能贿款即能释放，否则带至警备部或宪兵处施以惨刑，九死一生。

驻防乡镇之敌对我民众稍不如意，轻则拳打脚踢，重则刀戮枪毙，遇见稍具姿色之女子，即随地宣淫，逼将衣服脱尽，迫令其行走，彼则拍手欢笑，如稍违其意，即遭枪杀。

南乡伪 6 区区长周镜如（即周正银）和劣绅高齐英、周自元、姚阶贵等与敌兵及照相馆串通，威逼居民赶速照相，换领安居证。乡兵到城必受检查，持有相片条，打针条、良民证始可放行。缺一即着警丁役报日军带至区公所罚款，并具结，限期照相打针。

现芜米商替敌收买大批米粮，每石价值 12.5 元，以致贫苦居民零买维艰。

近来芜城常发空袭警报，午后 6 时至 10 时沿环城马路检查行人，铁路外之居民不准入市，即市内居非点有店号灯笼亦不准行走，12 时后抽查户口极严。

1939 年 7 月，敌近日在芜湖长街收买四乡积米，用麻袋包装再用卡车装至沿江，（因沿江戒严），不知运往何地，在平日运米数目不大明了，扛米小工言端午一天尚运 1 万石，芜湖用斗量不用秤称，每石重量 145 斤，售价 15 元以上。

敌在芜抽丁甚为紧张，年龄在 15 至 35 之壮丁均属难免。

凡在芜之男子必须每月纳税 1 角，合龄壮丁每人每月需纳税 5 角。

7月15日起，废除良民证，一律改用安居证，颁发机关为伪芜湖县政府，领取手续须照半身像片两张，一贴安居证上，一留存根。安居证系硬纸做成。

敌在芜征兵声浪日高，在芜之一般青年现纷纷向外逃避，芜湖各处征兵数目有说每方（每联保为一方）4名，有说每保2名。征兵的用意是调往南京训练6个月后，再分发各地。

现在日军计划进行中，所属人民安居证、预防针证书一律取消，无论男女老幼每人在左臂上嵌"大日本"三字，因此敌境人民纷纷潜逃。

1940年2月，芜湖敌近派铁船两艘，汽艇20支梭巡江面，严行封锁。并在获港扣留货船800余支，用铁丝连锁，并在各江渡口每晚均有铁船、兵舰、汽艇停泊，用探照灯射放，遇有民船开枪扫射。

1943年10月29日上午，敌军入属乡东溪保、朱墩保、茅家渡保大肆烧杀，至3小时之久，再分退至肖家渡，查此次共计烧毁民房数10户，民众伤亡10余。

1943年11月14日凌晨，敌伪800余名由湾、奎潭、埭南3处进攻我乡朱墩、东溪、西溪、天井坝等4保，恣行烧杀掠劫。其损失情形如下：十连乡东溪保灾民30户，受灾人口165人，死亡6人，烧毁房屋92间，财物损失1464000元。十连乡朱墩保：灾民26户，受灾人口134人，死伤各2人，烧毁房屋72间，财物损失595000元。十连乡天井保：受灾9户，人口47人，伤1人，烧毁房屋30间，财产损失236000元。十连乡西溪保：受灾4户，人口17人，死亡1人，伤亡3人，烧毁房屋4间，财产损失10000元，以上总计灾民69户，363人，死亡9人，伤亡6人，房屋烧毁198间，财产损失235000元。

贵 池

1940年8月铣寅（16日），敌200余在唐田乡沙山嘴登陆，将沙山嘴及蒋冲包围，所有乡村全被焚毁，人民未逃出者多被杀死。

铣申（16日），敌汽艇5支，民船10余，载敌500余，由水路向唐田进攻，并将白云保长以及民众10余人掳去。唐田及周围山形黄龙各山均被占领，附近许村、宋村、夏村、张村均被焚毁。

1941年1月亥感（27日），齐山之敌分有10余人由伪保长章春狗领导游击天井堂一带，俘虏我良民7人，并先将手膀割下后，将该民等一一就地枪杀，至为可惨。

1941年10月26日拂晓，敌分五路进攻唐田乡，一路由东流侯家店经本乡茅岭保约四五百人进攻桥头，一路由东流坦白乡欧村经本乡扬名保会合桥头，一路由东流石湖乡大斗岭经本乡扬名保梅峰尖约二三百人直达桥头，一路由本乡乌沙保高岭约百余人到达唐田街，一路由吴田乡小河经水源保约二三百人直达尚书保，以上 5 路计敌千余人，沿途烧掠，本乡所有各保除乌沙保已沦陷外，其余各保均遭烧掠一空。计毁大小村庄 18 个，约三四百户，尤以扬名保汪村、潘村、尚书保林村、程村、尚书店为最。至未被烧村庄粮食财物，亦均遭抢掠。

1943 年 5 月，敌捉去民众数 10 名，送至安庆现已解回贵池，用机枪射杀计 42 名。

1945 年 10 月，抗战期间，本县损失情形兹据各乡镇公所先后电报到府，详加统计，分陈如下：人 4900 口，马 36 匹，武器损失步枪 2610 枝，弹药 116000 发，装具 4000 具，器材 3120 种，医药计 102300 元，人力车 8000 辆，积谷仓 20 所，农场 5 所，造林场暨电灯场各 2 所，米厂炸毁 2 座，汽车站 4 所，电话局暨电报局各 1 所，拆毁电线 5000□，炸毁大小船只 1220 支，要塞 3 处，船坞 2 处，修理机械所 1 所，停船所 2 所，拆毁火车铁轨 15 公里，采矿机械 15 部，白煤 5000 吨①，公私有财产 22000000 元。

繁　昌

1940 年 5 月，此次敌进扰我县，民众遭敌惨杀近百人，房屋被烧近千家，总计共损失约百万以上。

1943 年 11 月 5 日，荻港敌伪军约 200 余人游击本县孙冲乡甘村保一带，并在甘冲保艾村纵火烧毁民房 15 间，所有食粮用具什物田产契据等件全被一炬。

1945 年 9 月，本县初返县境，对敌人罪行调查正在进行，据各方材料参考：杀人 500 名，因敌机轰炸死亡 400 余人，放火焚毁房屋 6 万间（瓦屋 15000 间，茅屋 45000 间）。因房屋被焚及家具衣物粮食财货等物资计值 6 万万元。抢劫 1 万万元，敌伪征用稻谷 48 万石（以 3000 元一石折价）。敌伪征用财物 3 万万元。征税 3 万万元。机枪 3 挺，步枪 94 枝，手枪 5 枝，损失板船 2600 只，手车 4200 辆，中心工厂及供应新屋宇并器具约值 20 万元，拆毁中分村田粮仓库 1 所，电机、电线、电杆约值 320 万元，炸毁医院 1 所。

广　德

1943 年 10 月呈报，查广德四经沦陷，受灾最酷，前三次均在秋季之后，灰烬之

---

① 编者注：原文数字如此，疑有误。

余，尚有尽藏。本年秧苗虽经插下，得雨较迟，正值收割之际，突来敌寇三路侵犯，广泗路，宜广路以北全部沦陷。柏垫、化古、笄山、双溪、独村、苏村6乡烧杀淫掠蹂躏殆遍，较大村落一无幸免，尤以柏垫、王岭、戈岭、戈村一带灾情为最重，稻谷萎弃于田野，人民逃避于山林，风餐露宿，无衣无食，瞬届隆冬，将无噍类。

广德县各乡灾民损失概况表

地 区	事实面积	受灾时期	受灾户数	人口数	死伤数	财产损失数
柏垫乡	该镇柏垫、青洪、黄柏、天桥、施汤等保全面遭敌蹂躏，作战数次，尤以柏垫保受害为最惨	10月3日至10日	七百余户	约三千人	死伤共约一百二十余人	焚毁房屋三百余家
独树乡	该乡棋杆、刘村、福巡、月湾、独树、西坞等保遭敌烧杀掳掠最惨	10月3日至23日	八百余户	约三千人	死伤共约二百五十余人	焚毁房屋五十余家
苏村乡	该乡苏村、乌沙、溪口、龙口等处全被敌盘扰	10月3日至12日	三百余户	约一千人	死伤共约二十余人	焚毁十余家
地区	事实面积	受灾时期	受灾户数	人口数	死伤数	财产损失数
化古乡	该乡戈村、第村、化古塘、十八里店均受敌烧杀，戈村因江南行署驻地，灾况最重	因接近县城仍不断打房	四百余户	约一千余人	死伤共约三十余人	焚毁房屋一百八十余家
凤井乡	该乡全境十保均遭蹂躏	距城过近，时遭掳劫	二千余户	约三千人	死伤共百余人	焚毁房屋百余户
笄山乡	该乡里方、戈源、粮长、唐山、后流、王岭等处均被敌盘踞烧杀，其王岭为忠救军总部驻在地，受灾更重	在王岭盘踞十余日，其里方、戈源等处时常窜扰	一千余户	约三千人	死伤二百余人	焚毁房屋二百余家
双溪乡	该乡清方、卢村、水田、竹桃、陈坞、甘溪等保均全面遭敌践踏，尤以许家湾、卢村受害为最重	在卢村盘踞四十余日	一千余户	约三千余人	死伤共约一百余人	焚毁公私房屋一百余家

地　区	事实面积	受灾时期	受灾户数	人口数	死伤数	财产损失数
东亭乡	该乡宋村、三市岭、毛丹冲、李家祠等处遭敌寇烧扰	十余日，李家祠、毛丹冲等处仍不断窜扰	一千余户	二千余户	死伤十余人	焚毁房屋三十余家

附：查景贤镇（即县城）及公路北之门口塘、流洞、杭村、西湖、山北、高湖、誓节、开化等处均仍被敌伪盘踞及匪军窜扰，受灾状况因交通阻隔基层被摧，详情暂难查报，至柏垫等八乡镇灾民户口册已饬各乡镇查报，一俟复齐即汇案补报用，谨登明。

广德县战时损失统计：

一、人员：战斗官兵及公务员死 6000 余人，伤 3000 余人（包括地方团队及国军，平民死伤尚不在内）。

二、武器：长短枪 15000 余支，轻重机炮 300 余挺。

三、装备：军服，军毯各 12000 余套（其余无法统计）。

四、医药：公有药材损失以现价估计约值国币 100 万元。

五、场厂：电灯厂 1 所，纺织工厂 2 所，碾米厂 3 所，农林场 2 所，体育场 1 所（上列各场厂所有设备均被炸毁，全部损失）。

六、车辆：手车 1500 余辆，汽车 3 辆，人力车 60 辆，脚踏车 200 余辆。

七、炸毁院站：汽车站 5 所，军合站 12 所，驿运站 1 所，卫生院、贫儿院、育婴院、救济院各 1 所。

八、电讯设备：电话总机 1 架，电话机 72 架，电线 2500 余斤，大干电池 230 筒，电杆 4000 余根全部损失。

九、飞机场：飞机场两处所有场内设备完全损失。

十、防空设备：防空监视哨一所及城镇公有防空洞壕之设备完全损失。

十一、物资：各项被劫被焚物资其名称难以尽述，以现价估计约值国币 180000 万元。

十二、其他建筑物财产等项：被炸被焚公私有房屋约 8 万余间（内存物资全部损失）桥梁 40 余座，计自抗战开始截至胜利日止，本县四度沦陷，所有被敌焚掠之民间物资不可数计。

青　阳

一、青阳县人口伤亡汇报表

事件：敌机轰炸，敌寇进犯

日期：二十六年七七至三十二年七七

伤亡人数：

	重伤	轻伤	死亡
男：	53 人	107 人	430 人
女：	11 人	23 人	123 人
童：		31 人	135 人

不明：67 人

二、民营财产直接损失：

商业部分：

分类	价值
共计	4162000 元
店房	350 万元
器具	估计约 105000 元
现款	无
存货	估计约 50 万元
运输工具	估计约 57000 元
其他	

农业部分：

分类	价值
共计	140 万元
房屋	估计约 80 万元
器具	估计约 30 万元
农产品	估计约 5 万元
林产品	3 万元
水产品	2 万元
畜产品	8000 元
农具	10 万元
渔具	2000 元
牲畜	估计约 4 万元
运输工具	约 1 万元

报告者：青阳县长唐克南

青阳县有关敌人罪行及军事损失调查统计表

中华民国 34 年 10 月制

类别	损失数目	类别	损失数目
人马	人 1083 口，马 23 匹	船只	144 只（大小不等）
武器	枪 79 支，弹 12820 发	船舶所	4 所
装具	衣被 380 件	防空设备	13 座（壕洞及内部设备）
仓库	九座（乡保积谷仓）	物资	稻 234500 担，米 11563 担
炸毁站院	汽车站六所，医院一所	其他	民房 13413 户，牛 1538 头
电讯设备	电话机 18 架		
要塞	砖城一座，土城两座，碉五座		

铜 陵

1943 年 7 月 7 日夜，有倭敌及伪军约 30 余人，突击大队由顺安出动，窜来属保第四甲庵门口萧村四面包围，强将各户门叫开，肆行搜索。众住民见势不佳即行逃避，未能逃出被捕者计有 14 人，齐押至该村萧举成宅前悉令跪下，当以刺刀乱戳，刺死萧有科、施刚秃、丁兴根、张机匠 4 人，其余萧家顺等 9 人均被刺伤甚重，继将该处百子堂葛齐公捕至顺安，现尚未放回，生死不明。

1945 年统计抗战时期损失情形如下：人口伤亡 1 万余人，武器轻机枪 3 挺，步枪千余支，旧式钢炮 5 门。棉单军服四五百套，棉被 300 余床。器材约 10000 万余元。医药约 20000 万余元，黄包车 100 余辆，人力车千余辆，仓库 6 所，积谷仓库约计稻 3 万石，轰炸毁医院 4 所。电话机 10 门，总机 1 架，五门分机 3 架，话机 10 架。电线皮丝 23 石。电杆 1 万余根。大小木船 500 余只，物资及其他建筑财产：房屋 70 余万间，大小桥梁 30 余座，田地被改建公路者千余亩。

东 流

1940 年 7 月号（20）日檀村敌以汽艇载敌伪军七八十向我大路咀、羊峨头沿河一带进犯，杀伤民众 10 余，焚毁房屋百数 10 间。

1940年8月铣（16）日敌汽艇20余艘载兵200余人，由白石、坦埠等处登陆扰乱廖村、刘村、沙山咀一带，并有飞机2架盘旋助战，民众伤10余人，死数人，抢去财物甚多。同时，青山敌炮击张溪镇，死1人，伤数人，毁屋数间。

1940年11月21日，敌攻占洋湖镇，纵火10余处，凡公务员在前线住宅及民房均遭焚毁，计共烧去千余间，损失极重。

1943年5月，敌在檀家村设有小学1所，校长胡定华，学生约有六、七十人，教科书内容迎合日寇心理，并每日授习日语1小时。伪政府在陷区内征收种鸦片烟捐，每亩收1000元，充作伪组织经费。敌寇近来运到大批蓖麻子种，分交给各伪乡长转给保甲长交挨户分种，每户必须兴种34粒，所收获蓖麻子仍运回。日寇为制造汽油原料。

1945年9月28日，东流县抗战时期损失情况：官兵伤亡约30余人，老百姓被屠杀者约300余人。损失枪支80余支，服装60余套，被敌抢掠电话机10座。电线杆被撤毁者约50华里，敌在陷区每年征收稻麦约2万石左右，被敌焚毁房屋约300余。

汤家沟敌军兽行奸辱民女

一、4月28日，有汤家沟农民韩猴子之姊，年20余，颇有姿色，于是日因事外出道经敌军驻地，数敌持枪拦阻，令其解衣检查，女在此威胁之中未敢违抗即将外衣裙裤亲自解脱，不意暴敌横行仍钦令女将衬衣上下全脱，当此青天白日行人不绝之中处此大辱之下，女当坚持拒抗，敌以未遂其愿即硬行将该女衣撕下，全身赤体于腹部臀部之间以手叩击，旁观之敌则鼓掌大笑。

二、4月29日有驻汤家沟之敌小太星（指其小官）1人兽性狂发巡奸5女，内有饶氏之女年22岁，妖冶可掬，于今年2月新嫁刘某，是日夫导之归宁行经长河圩堤，复被该敌瞥见，藉检查为名，将女衣解尽，野淫未绝尤为上下抚弄，并以手捶击女之秘口而令其夫跪于道旁鼓掌作笑，暴敌兽行无耻已极，维时被我游击队章干部便衣队窥悉，一枪将敌击毙，诚为大快人心。

合肥敌强迫民众注射毒针

合肥敌现对城内居民，无论老幼，均迫令注射药针，注射后遍体冰凉，精神疲倦，过3日后，敌复为之注射1针，始恢复常态，考敌所注射者，为绝育针，致青年男女，越城逃避者甚多，敌之阴谋，在绝我中华民族之生嗣。又芜湖、宿县等沦陷地区均有上列事件发生云。

（摘自《大别山日报》1939年6月14日）

颍川报社发现毒碗

界首颍川日报社前于该埠购得外为古铜色带黑花内白色之饭碗，经查里层孔隙甚多，含有黑色物质，甚为疑惑，嗣经将该碗置大炉上炙之，少倾果见黄色液体由隙孔中流出，旋即变黑，奇臭难闻，据悉确系敌人特制碗为毒害我民族者。又据颍上县江口集某氏使用该碗中毒情形，开始头痛，心脏衰弱，四肢无力，不久即行毙命。

（摘自民国 32 年 12 月 9 日《安徽日报》）

（录自安徽省档案馆、蚌埠市档案馆编：《日本侵华在安徽的罪行》，1995 年印行，第 10—23 页）

（十五）安徽省战时损失概况（摘录）

（1945 年 8 月 1 日）

安徽省政府秘书处汇编

［前略］

本省战时破坏情形

一、沦陷区域

1. 全部沦陷者

宿县、泗县、灵璧、五河、滁县、定远、芜湖、广德、当涂、郎溪、盱眙、凤阳、天长、来安、嘉山等 15 县。

2. 大部沦陷者

无为、全椒、和县、巢县、含山、宣城、东流、铜陵等 8 县。

3. 半部沦陷者

桐城、怀宁、望江、合肥、寿县、亳县、怀远、南陵、繁昌、贵池、至德、青阳等 12 县。

4. 小部沦陷者

庐江、宿松、涡阳、蒙城、凤台等 5 县。

5. 曾遭敌人窜扰现已完整者

太湖、潜山、六安、霍邱、立煌、舒城、霍山、岳西、阜阳、临泉、太和、颍上、泾县等 13 县。

6. 迄未遭敌人窜扰而完整者

宁国、休宁、歙县、祁门、黟县、绩溪、旌德、太平、石埭等 9 县。

二、敌人在各县破坏之情形

1. 粮食生产工具损失

县　别	牛（头）	犁（把）	锄铲等农具（件）
总　计	397385	99077	2956073
桐　城	10731	4815	189264
怀　宁	8295	2367	91916
无　为	10592	4432	117146
庐　江	7101	1267	88143
太　湖	5968	1021	33149
宿　松	6540	566	43278
潜　山	3354	368	91300
望　江	789	1180	47542
六　安	8154	2252	92679
合　肥	71287	5290	211505
寿　县	8227	2245	89084
立　煌	1136	146	2354
舒　城	4124	224	1868
霍　山	4156	160	1546
岳　西	3124	135	1807
亳　县	3180	3230	127304
太　和	3186	180	2640
涡　阳	7165	1264	93225
蒙　城	6806	850	75321
怀　远	8131	2210	85257
凤　台	6955	960	76477
颍　上	3463	468	3874
宿　县	18863	9870	199276
泗　县	14536	5624	110729
灵　璧	13197	4240	83950
五　河	10181	1252	23631
全　椒	10831	1460	35515
滁　县	11741	1376	26821
和　县	8773	2854	73950

县　别	牛（头）	犁（把）	锄铲等农具（件）
定　远	8506	2632	50134
巢　县	8099	2142	55981
含　山	8637	1654	43683
泾　县	8460	1482	1264
宣　城	8603	3508	96091
芜　湖	9646	2538	52929
广　德	11675	1740	33519
当　涂	7019	3120	50384
南　陵	7174	1254	46989
郎　溪	7369	1421	27396
繁　昌	9003	1132	40120
贵　池	1364	1426	54567
至　德	1404	450	17391
东　流	1868	864	23150
青　阳	1692	684	27717
铜　陵	1762	1852	46989
盱　眙	12361	2431	47238
凤　阳	12666	2873	53331
天　长	11578	1674	31576
来　安	10856	890	17137
嘉　山	10927	1004	19936

2. 粮食生产方法［毁粮田种鸦片］

县别	强迫稻田改种鸦片（亩）	县别	强迫稻田改种鸦片（亩）
总计	17532	滁县	380
合肥	1500	和县	340
寿县	980	定远	1800
亳县	864	巢县	500
涡阳	374	含山	160

县别	强迫稻田改种鸦片（亩）	县别	强迫稻田改种鸦片（亩）
怀远	320	宣城	1200
凤台	210	芜湖	300
宿县	2500	广德	600
泗县	260	当涂	1000
灵璧	1300	郎溪	300
五河	124	繁昌	200
全椒	345	盱眙	200
凤阳	1200	来安	200
天长	150	嘉山	250

3. 棉田

县　别	棉田面积（亩）	县　别	棉田面积（亩）
总　计	12180	泗　县	360
桐　城	350	灵　璧	210
宿　松	470	五　河	160
合　肥	580	全　椒	250
寿　县	390	滁　县	360
亳　县	240	和　县	620
涡　阳	350	定　远	320
怀　远	420	巢　县	180
凤　台	130	嘉　山	250
宿　县	240	含　山	210
宣　城	240	至　德	280
芜　湖	370	东　流	680
广　德	360	青　阳	540
当　涂	240	铜　陵	350
南　陵	180	盱　眙	240
郎　溪	150	凤　阳	340
繁　昌	280	天　长	310
贵　池	700	来　安	280

4. 织布工厂

本省战前有组织之纺织工厂计39家，悉被敌破坏。

5. 平民住宅

县别	平民住宅（户）	县别	平民住宅（户）
总计	450022	立煌	462
桐城	21293	阜阳	3595
怀宁	10296	舒城	1611
无为	39537	临泉	2033
庐江	4959	亳县	14322
太湖	2822	太和	1797
宿松	2106	涡阳	3748
潜山	1284	蒙城	1401
望江	4787	怀远	9592
六安	8342	凤台	4302
合肥	23728	颍上	699
寿县	10005	宿县	44388
霍邱	1460	宁国	450
灵璧	18790	郎溪	6174
五河	5318	繁昌	5459
全椒	3996	贵池	6139
滁县	6035	至德	2182
和县	12430	太平	285
定远	11281	东流	4479
巢县	9447	石棣	166
含山	9000	青阳	3118
泾县	861	铜陵	7929
宣城	16216	盱眙	10629
芜湖	11104	凤阳	12405
广德	7542	天长	7105
当涂	13587	来安	3856
南陵	5287	嘉山	4477
泗县	24914		

〔中略〕

四、敌人搜括〔刮〕政策

1. 搜括〔刮〕些什么

敌人在本省沦区搜括〔刮〕物资之对象：

（1）粮食以米、麦、杂粮为主。（2）矿产以煤铁铜。植物油以油菜子、花生、大豆、芝麻、桐油、柏油为主。纤维以棉花、大麻为主。

2. 搜刮了些什么

敌人在本省沦区内除强征农民粮食外，并发行大量纸币，高价收买，运往东北及其本部。

矿产二十七年下半年敌人占领淮南煤矿后，即恢复开采，据估计日产煤 6 千余吨，以开采 7 年计，共搜刮煤 151，200 吨①。

如宣城水东煤矿及宿县、濉溪镇煤矿亦由敌商组织公司开采。

本省当涂铁矿与敌国铜铁事业有密切关系，二十七年敌商亦组织公司开采，数年来开采矿砂 8 千余吨，如沦区内之各种铁器如庙宇内之铁钟，住宅之铁窗栏俱为敌人没收。至于沦区内之铜器及铜币亦均为敌人搜刮净尽。

植物油原料是纤维原料，敌人除强迫征收外，并以食盐与沦区奸商交换，每年被搜刮之数量亦极庞大。

〔后略〕

（录自安徽省档案馆、蚌埠市档案馆编：《日本侵华在安徽的罪行》，1995 年印行，第 1—9 页）

---

① 原文数字有误。

（十六）皖东皖北各县调查报告

本署前为明瞭皖东皖北各县灾情，及一般经济状况起见，特派经济调查室技士张开还、丁湛明等二员，前往调查，计调查县分，有巢县、含山、和县、滁县、怀远、蒙城、涡阳、亳县、临泉、凤台、寿县、颍上、阜阳、太和等十四县，兹将调查所得，择其重要者，编为报告，并附如后：

巢　县

甲、灾情

一、县城于廿七年四月卅日沦陷，光复前敌以及共军盘距〔踞〕一五八七方公里面积之百分之八十。

二、县城内房屋损失约占全数百分之三十，东北门一带房屋楼毁殆尽，县中校舍全部被敌拆毁，损失房屋一百二十间。

三、本县死伤同胞经查计二一六一人，以县西中埠乡孙河口诸村受害最惨。

四、城南浮桥被敌焚毁，计损失大船十七艘，桥板三十六方丈，约值国币三千五百万元。

五、县境内为巢合巢巢含铁公路桥梁全部破坏。

六、湖堤年久失修，拓皋河口水闸，亦被破坏。每逢下雨，氾滥堪虞。

七、本县居民逃难后方者经查计一八七六〇人，（夏阁镇义民留桂欲回不得者为数甚多）现纷纷回归，多数无屋居住。

八、基督教来复会所设立之普仁医院，战前病床会运一百八十张以上。（据该院副院长张文林言）并有 X 光及冷藏设备现仅余西式楼房两座，器材药品及门窗玻璃坏净尽。

乙、紧急需要

一、普仁医院战前设备良好地方人士亟盼该院早日恢复。

二、城南浮桥□□卅县交通要道，可拨款若干助其早日修复以利交通。

三、柘皋河东开闸关系该县农田、水利甚巨，亟宜早日兴修。

含山县

甲、灾情

一、县城于二十七年三月十六日沦陷，光复前敌伪及共军盛掳地区占全县九五〇方公里面积之百分之七十二。

二、城内及附郭被毁房屋总计占全数百分之六十五以上，现仍瓦□□□，多数伤民均无屋居住。

三、本县耕牛损失八千头，多被敌运往南京一带宰杀。

四、昭□距城十五里，为皖东交通要道，敌军数度侵援，□内外房屋多数被焚。

五、全县无一医院，现恶性症疾异常盛行。

六、廿七年三月十三日，城内遭敌狂炸死伤各二百余人。

乙、紧急需要

一、需要耕牛最为迫切。

二、和含两县共有之德□河（计长七十华里）于塞日久亟待疏□。

三、希望迅速设立规模较大之医院或□生院一所，并盼多发奎用，治疗恶性症疾。

四、该县房屋破坏太多亟需添建平民住宅。

和　县

甲、灾情

一、县城于廿七年四月廿四日沦陷，光复前敌伪及共军盘距〔踞〕地区共占全县一六六四方公里面积之百分之九十。

二、本县房屋被破坏者远百分之四十以上。

三、本县耕牛损失九千余头，犁锄□□等大小□具损失约八万件。

四、本县救济院战前乡里所有成绩，现该院除□老□□□□□外，其除育婴所、施医所、孤儿所，及本民□□□□□。

五、本县战前米和棉花出□均富卅四年受水旱蝗□□□□□□□。

乙、紧急需要

一、本县境内裕溪至驻为河江堤（计长九十华里）□□□□□。

二、救济院乡理得人，（院内经费多半由院长吴蜀侯私人捐助）□盼发款修建被毁房屋，并盼发棉衣五十套，棉被五十件，代乳粉若干瓶，救济该院现已收容之老弱残疾四十二人。

三、耕牛损失太多急盼设法救济。

滁　县

甲、灾情

一、县城于廿六年十二月沦陷，光复前被敌伪及共军盘距［踞］地区近百分之九十以上，现四乡较远乡镇仍在共军手中。

二、本县房屋损失约五万间，西南乡损失尤重。

三、本县地居要冲，收复后驻军云集，日俘亦集中于此，境内食粮消耗殆尽。

四、耕牛多被敌奸贩商宰杀，现有牛数不及战前二分之一，农具损失大小近二万余件，耕牛损失四千七百头。

五、战时本县逃出之难民约五万人，现已纷纷回籍，城内老弱残疾漂泊无依者约有三百人。

六、收复期间人民被乱军杀害者二百余人。

乙、紧急需要

一、稻种耕牛需要最为迫切（稻种二千石耕牛二千五百头）。

二、□款充实救济院，收容老弱残废及孤苦无依之难童。

三、目前天花盛行，需要大批痘苗及治疗药品。

怀远县

甲、灾情

一、县城于廿七年二月二日沦陷，光复前敌伪及共军盘距［踞］地区共占全县面积百分之八十以上。

二、全县分四区共四十四乡镇，受水灾者近三十乡镇，其军现尚占有仓南九乡镇。

三、淮河南岸已滥区八年未有收种。

四、受水灾□□□□为上窑龙岗包集马头河溜等五乡镇。

五、湖淡区于□年四月间曾受雹灾，有四保全部被毁。

六、民望医院□□极为完善，病床近三百张以上，该院诊治痞块及膀胱结石□症最为有名，现院中药品器材全部损失，仅房屋尚存。

七、敌占淮南煤炭后，七年间共开拓煤一五一二〇〇吨。

八、日军中有绰号大阎王三阎王二人，残暴凶恶，近于极点，乡民无辜被杀者总计在二千人以上。

九、据县府估计公私财产损失计达国币七百万万元。

乙、紧急需要

一、治河为第一要务，淮河南堤，□河南堤，涡河北堤，石香堤均急待培修。

二、民望医院急待恢复，沿淮各县痞鬼症甚流行，目前最需要之药品为《新斯锑波霜》，系治痞鬼症之特效药剂。

三、农村所需为粮食、种子、抽水机等。

蒙城县

甲、灾情

一、县城于廿七年四月九日沦陷，先后共沦陷四次，经河北有四个乡镇现尚在共军手中。

二、战时被敌机轰炸三十余人，城内房屋损失计一四〇一户，死伤人数共四二四人。

三、牲畜损失六千余头，农具损失八千余具。

四、迭受荒旱、□雹灾尤甚，三十二年春难民饿死者比比皆是。

五、光复前本县游击队最多驻至五个机队，卅七个单位，人民负担过重，有数保乡民全数集家逃亡。

乙、紧急需要

一、年年受旱需要大量水井。

二、耕牛农具损失甚多，需要小型新式农具。

三、工业方面最需要者为轧面机、小型面粉机、□□□□。

四、该县冲生院主持得人，设备良好，可多发药品器材以充实。

涡阳县

甲、灾情

一、县城于廿七年四月沦陷，先后共沦陷五次，现涡河北二十里之外仍为共军盘距〔踞〕。

二、本县先后被敌轰炸廿一次，炮击卅七次，城内公私房舍半遭炸毁。

三、涡南有九个乡镇连受水灾四年，卅二年春饿死者近四千七百余人。

四、光复前本县过军太多，供应告急，驻军近游击队在内，最多时近十万人。

五、战时因开掘战□，耕地多被破坏，现急待填平，需工甚大。

六、疟鬼症流行，缺乏新斯锑波霜等治疗药品。

七、农具损失八万余件，帆船损失五百余艘。

乙、紧急需要

一、修建涡河及南沘河。

二、□井（一井需砖一万左右，共百个。）

三、开关集体农场，□□式农具。

四、育幼所办理得□□□□良好，该所现有难童九十一人（内山东籍六□□□□阜阳一人，女生二名，余均本县人）因经营□□□□不完，亟盼救济。

亳　县

甲、灾情

一、县城于廿七年四月卅日沦陷，全县共四十乡镇，全沦陷者二十六乡镇，半沦陷者十一乡镇，完整仅八乡镇，光复后县北尚有五乡镇为共军所据有。

二、公私房屋损坏一千四百余户，（城内房屋破坏较少）一部分系被水冲没。

三、涡河沿岸十七乡镇因受水灾淹没田亩九一五九市亩，淹死八十二人。

四、耕牛损失三千余头。

五、三十三年"豆□"为灾，夺食红芋（皖北一带人民之主要食粮）灾况前所未有。

六、过境军队之补给，最多时日需面粉八万斤，卅四年十至十二月间支付驻军各种粮款不下一万万元。

乙、紧急需要

一、疏□涡河。

二、□井

三、食粮缺乏，在春荒期间，至少需接济面粉二千万斤。

四、本县据疾盛行需要□□药品。

临泉县

甲、灾情

一、县城未沦陷，县境曾受敌□□摄。

二、驻军最多近八万人，共四十余单位，人民肩负奇重，仅烧柴量最多时每月一万万斤。

三、黄水改道后泉河下游淤塞，（阜阳以西廿里自三里□□□全部游塞）沿河谷地常受水灾，二十七八年间□□□□。

四、黄水改道前本县用量颇足，近则还闹旱灾。

乙、紧急需要

一、□井 本县对□井过去极为努力，限于财力，□□□□所□均系土井，计十余万口，多已崩坏）现□□□□□量□□□□井，技术工人不难□□，简易汲水机件□□□□就地裂造，该县建设科长张□南，技士刘毓□、□□□□□年，对□井甚有经验。

二、疏□泉河于塞□。

三、医药设备毫无，四乡小孩死亡率甚高，急待药品救济。

凤台县

甲、灾情

一、二十七年四月县城沦陷，先后共沦陷四次廿六七年间迭遭敌机轰炸城内房屋多成焦土，损失近百分之七十以上，现仍瓦□□冲，（城内平民住宅共损失五二五○间）。

二、本县自廿七年起年年遭受水灾，水灾区域占全县面积百分之六十以上，受灾最重者为永安东石峡鲁孔王姚高店大田新□中山等八乡镇，（全县共分二区二十八乡镇）

三、人口因兵灾水灾死亡者共四○五五人，受敌匪残害者三九五○人（中山伤柳林保受害最惨）被水淹者计一○五人。

四、耕地被灾面积计三九五九○○市亩。

五、自沫口至田家庵淮堤多在本县境内，（计长百余里）堤岸崩坏，居民逃亡，无力修□。

六、牲畜损失三二八○头，农具损失一万余件。

乙、紧急需要

一、淮堤六坊堤菱湖堤均急特培修。

二、需要□种四○○○市石。

三、需要牲畜（牛、马、虎、骡）一六○○头。

四、平民住宅三○○○间。

寿 县

甲、灾情

一、县城于廿七年六月沦陷，先后共沦陷四次，敌伪及共军盘距〔踞〕地□□□□三六七一方公里面积之百分之三十。

二、本县自□□□□受水灾，尤以菱角嘴，枸札团，□桥，三十□□□□□□及正阳开附近受灾量重。

三、城□□□□百分之八十。战前政府机关及县中校址均集中该点，□□□□一片瓦砾。

四、三□寺桥头集一□□□。

五、基督教会所设立之春□□□□□设备良好，病床近五十余张以上现药品器材全部损失。

乙、紧急需要

一、修建堤防（正南淮堤，□西淮堤，□堤等）。

二、疏□河道。

三、春华医院亟待恢复，请求救济药品器材。

四、救济院经费困难，院内收容婴儿卅十名，嗷嗷待哺，请求拨发代乳粉，牛奶棉被等以备救济。

五、修建县中校舍。

颍上县

甲、灾情

一、本县沦陷为期甚短，廿七年五月近遭两次轰炸，西门外及沿淮两岸房屋，焚毁百分之七十。

二、本县廿七廿八两年全县被淹，未受黄灾者一个半乡镇。

三、廿九年堤岸兴成六百余华里，水灾较减，全县三十乡镇仍有十三乡常受水灾现县北有三乡，县南有二乡仍在水中，尤以八里集乡灾情最重。

四、灾区平民住宅被水冲毁七百余户。

五、牲畜损失三千余头，农具损失三千余件。

乙、紧急需要

一、济北唐集洪家沟三堤亟待培修。

二、疏□正阳间附近淮河游塞□。

三、水灾区建兴平民住宅。

四、充备县救济院。

阜阳县

甲、灾情

一、县城未沦陷，但廿七、廿八两年间遭敌狂炸，城内房屋损失约百分之卅。

二、廿七、二十八年受水灾之地区约占全县可耕地总面积百分之八十，卅二年之灾区约有四百万亩。卅三、四年之灾区约有二百万亩。

三、房屋冲毁三千余户，被灾人口每年约自五十万至七十万。

乙、紧急需要

一、培修堤防（颍堤、淮堤、泉堤）。

二、修建间口（颍堤上之白□、庐桥、龙□、淮河堤上之涧河嘴、箭□、泉堤上之卅里河等闸口均待建修）。

三、充备冲生院。

太和县

甲、灾情

一、本县曾□□□□□所经之处，房屋多年被焚，计损毁一千余户，□□□□□□被焚。

二、本□□□□□□□廿八年受灾区域近百分之八十以上。

三、□□□□，计长一千余里，每保须兴堤一千五百立方公尺，人□□□□□□太重，痛苦不堪。

四、黄水改道后本县连受旱灾。

五、农具损失二千余件，耕牛损失三千余头。

乙、紧急需要

一、西北李与光武□等五个乡镇，至今仍在水中，需聚集救济。

二、母渚港堤工□系阜阳太和两县，急待培修，需款约二千万元。

三、灾区难胞无处存身，急需建立平民住宅。

四、该县□□□集□农场需要新式农具。

五、□□以代□井防□荒旱。

皖东皖北各县灾情，约如上述，此次调查，每至一县，最多只留居三数日，各县幅员辽阔，遗漏自不待言，惟就亲察所及，见《修立堤防》《疏□河流》备为刻不容缓之本，而《□□》《□井》《救荒防旱》，亦□同时推行，至含、和、滁各县之耕牛补给问题，淮北各县之□□冲生问题，亦为当务之急。经之灾民受苦已深，仅除一息，救济工作，备为刻不容缓云。

（编者注：由于年代久远，原稿中一些字迹无法辨认，我们在收录时用□代替）

（《善后救济》月刊，第一卷第二期，善后救济总署安徽分署秘书室编，1946年5月31日出版）

（十七）战区各县敌情

	抗战第一周年		抗战第二周年		抗战第三周年		抗战第四周年		
县别	县城沦陷日期	县城收复日期	县城沦陷日期	县城收复日期	县城沦陷日期	县城收复日期	县城沦陷日期	县城收复日期	县境敌情概（况）
桐城	二十七年六月十二日	二十七年六月二十五日	二十七年八月五日	二十七年八月十五日					棕〔枞〕阳汤家沟两镇仍为敌盘距〔踞〕沦陷面积占全县面积百分之七
怀宁	二十七年六月十二日								县城及杨家亭□□□镇洪镇各区点仍为敌盘距〔踞〕沦陷面积占全县面积百分之三十
无为			二十七年八月十四日	二十七年八月十五日			二十九年七月十七日		县城及里安黄姑闸各据点仍为敌盘距〔踞〕沦陷面积占全县面积百分之二十
太湖			二十七年七月二十六	二十七年八月十七日					现县境无敌踪
宿松			二十七年八月四日	二十七年八月二十八					县境污池区之振武淮滨两乡为敌盘距〔踞〕沦陷面积约占全县面积百分之十五

表头标题：战区各县敌情（表一）

战区各县敌情（表二）

县别	抗战第一周年		抗战第二周年		抗战第三周年		抗战第四周年		
	县城沦陷日期	县城收复日期	县城沦陷日期	县城收复日期	县城沦陷日期	县城收复日期	县城沦陷日期	县城收复日期	县境敌情概（况）
潜山	二十七年六月十九日			二十七年十月三十日			二十九年十月十七日	二十九年十月十九日	现县境无敌踪
望江			二十八年二月二十日						县城及吉水华阳等镇为敌盘距［踞］沦陷面积占全县面积百分之二十
六安			二十七年八月二十九日	二十七年十月十四日					现县境无敌踪
合肥	二十七年五月十四日								县城及桥头集南州埠大蜀山小土山各据点仍为敌盘距［踞］沦陷面积占全县面积百分之三十
寿县	二十七年六月十五日	二十七年七月三日	二十八年二月五日		二十八年十一月六日	二十九年四月十二日			县城及二区与怀定交界地三区沿淮南路下城东以南各据点为敌盘距［踞］沦陷面积占全县面积百分之二
霍山			二十七年八月三十日	二十七年十月十一日					现县境无敌踪

	战区各县敌情（表三）								
县别	抗战第一周年		抗战第二周年		抗战第三周年		抗战第四周年		
	县城沦陷日期	县城收复日期	县城沦陷日期	县城收复日期	县城沦陷日期	县城收复日期	县城沦陷日期	县城收复日期	县境敌情概（况）
舒城	二十七年六月八日			二十七年十月十七日					现县境无敌踪
亳县	二十七年五月三十日		二十八年四月二六	二十七年九月九日					县城及张溪镇北关大寺镇各据点仍为敌盘距〔踞〕沦陷面积占全县面积百分之四十
涡阳	二十七年五月三十日	二十七年七月□□日					二十九年十月十九日	二十九年十月十九日	沦陷面积占全县面积百分之三十五
蒙城	二十七年八月二十日		沦陷面积占全县面积百分之三十						沦陷面积占全县面积百分之三十
怀远	二十七年二月二日								县城及田家庵九龙岗马头城火星庙法庄寺等据点仍为敌盘距〔踞〕沦陷面积占全县面积百分之六十五
凤台	二十七年六月四日		二十七年九月二日	二十七年七月四日	二十九年十一月五日	二十九年五月三日	二十九年五月二十二日	二十九年五月四日	县城及中山镇硖石口山王集四顶山烟顶上资寿寺石头埠蔡家岗等据点仍为敌盘距〔踞〕沦陷面积占全县面积百分之十三

县别	抗战第一周年		抗战第二周年		抗战第三周年		抗战第四周年		
	县城沦陷日期	县城收复日期	县城沦陷日期	县城收复日期	县城沦陷日期	县城收复日期	县城沦陷日期	县城收复日期	县境敌情概（况）
宿县	二七年五月二十一日	十月十日							县城及南坪临汉淮溪黄山须夹沟
泗县			二十七年十一月八日						县城及县西各据点仍为敌盘距〔踞〕沦陷面积占全县面积百分之三十
灵璧			二十七年十一月八日						县城及双沟固镇各据点仍为敌盘距〔踞〕沦陷面积
五河			二八年五月二二日	十月十日					县城及张溪台各据点仍为敌盘距〔踞〕沦陷面积占全县面积百分之十五
全椒	二十六年十二月二十日	二十七年五月十五日	二八年四月二六日	十月十日					县城及东乡全公路等据点仍为敌盘距〔踞〕沦陷面积占全县面积百分之二

战区各县敌情（表四）

县别	抗战第一周年		抗战第二周年		抗战第三周年		抗战第四周年		
	县城沦陷日期	县城收复日期	县城沦陷日期	县城收复日期	县城沦陷日期	县城收复日期	县城沦陷日期	县城收复日期	县境敌情概（况）
滁县			二十八年二月二十日						县城及担子街乌衣腰補沙河集各据点仍为敌盘距[踞]沦陷面积占全县面积百分之五十
和县	二十七年四月二十四日		二十七年九月二十二日	二十九年四月二十七日					县城及裕溪镇黄山镇沈南镇雍家□百荡乡黄马乡各据点仍为敌盘距[踞]沦陷面积占全县面积百分之三十
定远	二十七年一月三十一日		二十七年七月十二日	二十九年五月十三日					县境西北边境仍为敌盘距[踞]沦陷面积约占全县面积百分之二十
凤阳	二十七年二月一日								县城及蚌埠临淮□各据点仍为敌盘距[踞]沦陷面积占全县面积百分之三十
巢县	二十七年四月三十日								县城及各据点为敌盘距[踞]沦陷面积占全县面积百分之三十

战区各县敌情（表六）

县别	抗战第一周年 县城沦陷日期	抗战第一周年 县城收复日期	抗战第二周年 县城沦陷日期	抗战第二周年 县城收复日期	抗战第三周年 县城沦陷日期	抗战第三周年 县城收复日期	抗战第四周年 县城沦陷日期	抗战第四周年 县城收复日期	抗战第四周年 县境敌情概（况）
含山	二十七年四月二十六日			二十七年九月二十一日					县境东□铁林头镇长岗乐各据点仍为敌盘距〔踞〕沦陷面积占全县面积百分之二十
泾县							二十九年十月十八日	二十九年十月十九日	现县境无敌踪
宣城	二十六年十二月六日		二十七年十一月十四日；二十七年九月二十日	二十八年一月四日；二十七年十二月三日		二十九年一月五日	二十九年十一月十二日	二十九年十一月十四日	县境内九里山以北至湾止等据点仍为敌盘距〔踞〕沦陷面积占全县面积百分之十五
芜湖	二十六年十二月十日								除白沙上连两乡保外其余县城及各市镇均有敌踪沦陷面积占全县面积百分之九十五
广德	二十六年十一月三十日	二十七年三月二十一日	二十七年一月十三日	二十七年三月二十五日			二十九年十一月十二日	二十九年十一月十四日	现县境无敌踪

县别	抗战第一周年 县城沦陷日期	抗战第一周年 县城收复日期	抗战第二周年 县城沦陷日期	抗战第二周年 县城收复日期	抗战第三周年 县城沦陷日期	抗战第三周年 县城收复日期	抗战第四周年 县城沦陷日期	抗战第四周年 县城收复日期	抗战第四周年 县境敌情概（况）
当涂	二十六年十月八日								县城及龙山桥新造桥薛镇护驾墩章汉桥采石矶湖霍□汉塘查家湾黄池乌溪大江村青山街马家桥大陇口丹阳口口另埂仍为敌盘距〔踞〕沦陷面积占全县面积百分之九十五
南陵					二十九年四月二十四日	二十九年四月三十日	二十九年十月十七日	二十九年十月十日	现县境无敌踪
郎溪	二十六年十二月五日	二十七年二月五日	二十七年三月二十五日				二十九年十月十八日	三十年二月十日	现县境无敌踪
繁昌	二十七年十月二十日	二十六年一月六日	二十九年二月十九日	二十九年四月二十四日	二十九年六月二十六日	二十九年二月二十三日	二十九年五月一日	二十九年六月二十六日	县境内获港桃冲□江陇三山横山桥峨桥伏龙山小准乡入溪仍为敌盘距〔踞〕沦陷面积占全县面积百分之六十

战区各县敌情（表八）

县别	抗战第一周年		抗战第二周年		抗战第三周年		抗战第四周年		
	县城沦陷日期	县城收复日期	县城沦陷日期	县城收复日期	县城沦陷日期	县城收复日期	县城沦陷日期	县城收复日期	县境敌情概（况）
贵池			二十七年十月二十八日		二十九年六月二十一日	二十九年六月二十一日			县城仍为敌盘距［踞］沦陷面积占全县面积百分之六十
至德									县境及历山一带为敌盘距［踞］沦陷面积占全县面积百分之□
东流			二十七年十月二十八日						县城及蟹于坑泉塘□湾窑下九陇桥大渡口乐村枇村仍□□盘距［踞］沦陷面积占全县面积占百分之七十
青阳									县境内往通博爱利民三联保店门口乌龙塘各据点仍为敌盘距［踞］沦陷面积占全县面积百分之十

战区各县敌情（表九）

县别	抗战第一周年		抗战第二周年		抗战第三周年		抗战第四周年		
	县城沦陷日期	县城收复日期	县城沦陷日期	县城收复日期	县城沦陷日期	县城收复日期	县城沦陷日期	县城收复日期	县境敌情概（况）
铜陵			二七年十二月十六日						县城及张家冲新庙□陇山蒋家湾天门山毛竹圆唐家桥大通和悦洲各据点仍为敌盘据〔踞〕沦陷面积占全县面积百分之八
盱眙	二七年一月三十一日	二七年三月三十日			二八年三月十四日	二八年六月十七日			县境各据点仍为敌匪盘距〔踞〕沦陷面积占全县面积百分之六十
天长	二六年十二月十二日	二七年一月十三日	二七年十二月二十四日						县城及县东仁和集□龙人和□□各据点仍为敌盘距〔踞〕沦陷面积占全县面积百分之三十
来安	二六年十二月十一日	二六年十二月十七日			二八年九月三日	二八年九月□日	二八年十一月二十三日	二九年□月三日	县城及县境各据点仍为敌盘距〔踞〕沦陷面积占全县面积百分之六十

（安徽省政府秘书处编译室编印：《安徽政治》第 4 卷第 7 期，1941 年 7 月）

	抗战第一周年		抗战第二周年		抗战第三周年		抗战第四周年		
县别	县城沦陷日期	县城收复日期	县城沦陷日期	县城收复日期	县城沦陷日期	县城收复日期	县城沦陷日期	县城收复日期	县境敌情概（况）
嘉山	二十六年十月二十九日		二十七年十月十七日		二十八年十一月十三日	二十九年三月十二日	二八年十月十二日		县城南自张八岑北抵明光沼铁路东西附近各村镇□□光阴部石塌迎北之魏桥各据点仍为敌盘距［踞］沦陷面积占全县面积百分之四十

战区各县敌情（表十）

（十八）有关抗战时期淮南煤矿人口伤亡和财产损失的一组档案文献资料

1. 日本侵略淮南煤矿节略

中国之实业团体于 1930 年，于皖北怀远县九龙岗及大通两区勘得煤田，滋事开发。并于 1933 年，兴筑自矿区迄于扬子江口岸芜湖对面裕溪口，长达 214 公里之铁路线。上项工程于 1936 年完成。其时，煤矿月产烟煤 15 万吨，由铁路运入扬子江出口，借配各地。所有矿路设备均依照此项产运量而配置。

1937 年，日人占领皖北，所有矿路设备尽遭毁坏，于是停产此凡一年。嗣于 1939 年，日本组织"淮南煤矿股份有限公司"恢复开采，于是年 6 月出煤。该公司又名"淮南炭矿株式会社"，隶属于"中支那赈兴株式会社"，受军事管制，并对日本驻华大使负责，所有煤产均交"石炭贩卖联合会"配拨军用。

在日人开采期间，所有采矿设备均由他处凑集陈旧搬运而来。而该矿原有机械、工具及车辆等等均无一幸存，铁路桥梁尽毁，路基亦被改作公配行驶之汽车道，自水家湖至裕溪口 188 公里间之路轨亦尽为日人囊括而去。矿路原有厂房、宿舍、车站等建筑 300 余所，非毁即倒，不能复用。上项损失约值当时中国之币贰仟万元，当美金六百六十万元之巨。

在日人开采期间，对井下工程既不开拓，亦不保养，以致井洞巷道腐败不堪，而采取不照常规，煤脉断丧尤甚。1945 年冬，战事结束后，该矿原主前往接收时，发觉 180 米以上各层已无煤可采，估计被日人数年来采去之煤约四五百万吨，因矿脉断丧而不能复采之煤约五六百万吨。

该矿蒙受如此重大之损失，故战后复产【】【】【】【】，其业主"淮南矿路股份有限公司"现已订完计划，努力复兴，以所需器材及资金之庞大，筹措费时，故刻与复兴之目标距［踞］离尚远。此为淮南煤矿侵略之前后概况也。

（淮南市档案馆馆藏档案，档案号：100—1—89）

2. 发展中之淮南煤矿

（一——三略）

四、沿革

……兹将战前淮南、大通两矿历年产煤量，统计于次：

年　度	淮南	大通	全年合计量（吨）
二十年	30995	137400	168395
二十一年	66973	100988	167961
二十二年	164812	209000	373812
二十三年	217700	228000	445700
二十四年	290480	238000	528480
二十五年	446144	364000	810144
二十六年	610086	435078	1045164
总　计	1827190	1712466	3539656

五、复员

廿六年全面抗战发生，廿七年淮河流域地区，即沦陷敌手，两矿场奉命破坏。敌人为供给华中煤斤，恢复产煤，兼并淮南大通，由日本财阀三菱、三井等支持，组织淮南炭矿股份有限公司于上海，并在矿区设立淮南矿业所，从事掠夺两矿煤藏。于廿八年春方开始出煤，至吾国胜利后卅四年十月始交还。敌人共计经营七载，极尽掠夺之能事，而管理上、工程上缺点甚多，其产量最高额年产约八十余万吨，较之战前淮、通两矿合产一百万吨，迄未达到水准。且灾害频发，效率低落，回采率不及百分之四十。沦陷期间，共被掠取或断毁之煤斤达一千二百卅余万吨。兹将敌人历年产煤量纪录统计于次：

年度	全年产煤量（吨）
廿八年	143798
廿九年	435057
三十年	771485
卅一年	895554

年度	全年产煤量（吨）
卅二年	878350
卅三年	882046
卅四年（至九月止）	255901
总　计	4262691

自卅四年八月十五日，日本无条件投降后，日人淮南矿业所即告停顿。政府虽一再传令照常生产，静待接收，惟日员纷作归计，而华籍员工亦不愿在日人指挥下工作，故八月下旬及九月份生产几全停顿。幸接收人员于日军撤退前两日到达，在国军协助下，矿区情形未陷混乱。接收人员于九月廿九日到达矿区，十月一日成立督导处，一面接收，一面继续生产。当时矿场险象丛生，井下风道时断，水仓淤塞，巷道崩坍，井身歪斜，随时有停工之虞。工程亟待改善，而政府需煤孔亟，不容停顿，为生产与修理兼顾，员工备尝辛勤，卒渡险境。自接收后从未有一日停顿，产煤量日渐增加，十月份产煤8381吨，十二月份增为26511吨，增加三倍余。卅五年四月一日淮南煤矿局正式成立，日籍员工完全撤退，月产煤25081吨，至十二月份即增为62046吨，增加率约二倍半。卅六年十二月份月产量均在十万余吨。本年八月份月产量即超过122000余吨，平均日产量均在4000吨以上，比之接收时月产量约为15倍。

淮南矿路特别党部印

中华民国 37 年 10 月

（淮南市档案馆馆藏档案，档案号：100—1—50）

3. 万人坑

"走投无路把炭掏，窑下掏炭命不保。病残老死无人问，万人坑里把命抛。"这首矿工歌谣是旧社会矿工悲惨遭遇的真实写照。淮南煤矿过去有两处万人坑。一处在大通矿，另一处在九龙岗矿。

大通矿万人坑在大通矿南，舜耕山下。这里过去是一片低洼的荒地，如今长成了青葱的树林。树林内至今还有三个未填平的大坑，里面白骨累累，颅骨成堆。成千上万被民族敌人和阶级敌人残酷压榨和迫害而死的矿工，都抛在这里。有被日本鬼子杀害死的，有被监工、把头打死的，有饿死、冻死、病死的，有干活累死的，也有被井下石头砸死的、水淹死的、火烧死的、车轧死的。这里每一寸土地都浸透了矿工的鲜血，每一根白骨都暴露了旧社会的罪恶。

说是万人坑，其实被残害致死的矿工何止万人呢？在日本鬼子统治时期，无数的穷苦人们，被鬼子、把头用强拉和欺骗的手段赶进矿山，过着非人的生活，被折磨致死的光是1942年到1943年就有13000多人。当时大通矿居仁村有个"第八道工房"，原来住着500余名矿工，几个月内就被资本家折磨死光了。敌人为了掩盖他们的滔天罪行，用刺刀逼着工人挖了几个长20米、宽5米、深3米的大坑，把矿工的尸体全部扔进这些坑里。后来，人们把这些坑叫做"万人坑"。

数万劳动人民被骗入火坑

日本鬼子占领淮南煤矿以后，为了贪婪地掠夺我国资源和残酷榨取人民的血汗，曾经派出许多汉奸、把头、流氓，在淮河两岸、徐州、开封、德州和枣庄等地，设了专门招骗工人的机构"出张所"，用花言巧语欺骗那些走投无路的劳动人民到淮南来下窑。

九龙岗大把头胡大忠，在开封街头向那些无家可归的灾民们，花言巧语地说："到淮南干工可好啦，吃的是大米洋面，烧的是煤炭，下井坐电梯，干活穿6个鼻子的大皮靴，推4个轱辘的电车，想推就推，不想推用棍子一打就跑。"其他的一些把头也都采用了相似的手法诱骗工人。无数穷苦的人们，怀着一线生机，抱着闯闯看的希望，在把头印好的"劳动合同"上按了手印。

把头怕招骗来的工人，半路上跑掉，说什么"人生路不熟，上车容易失散"，就用绳子系住每个人的胳膊，扶老携幼，拖儿带女，成批成批、成串成串地被锁在"罐头车"里。许多人挤在车厢里，闷得连气都透不过来。途中一连几天不给吃，不给喝，不准出来，人们大小便也只得拉在车里。据九龙岗老矿工张兆乾的回忆，当年同他一块被招骗来的80多个穷苦兄弟，一路上连渴带饿，到九龙岗车站下车时，就已经死掉7人。

这就是日本鬼子统治时期被骗进入火坑的经过。据矿工敌伪时期的档案记载，从1939年到1943年间，招骗来矿的工人达36000多人。

凄惨的"大病房"

工人们进矿后，没有人身自由，受尽非人待遇。住的是八面透气的大窝棚，日不挡风，夜不蔽露。吃的是每顿饭只发给两个鸭蛋大的霉面馍，面霉的污黑、成块，里面满是白虫，吃到嘴里又苦又涩，咽到肚里像火烧一样难受。喝的是井下的污水。当时流传着这样的歌谣："吃的生虫黑霉面，穿的透风麻袋片，喝的污水拌煤渣，潮湿大土炕上眠。"这是工人对旧社会的控诉。就是在这样恶劣的环境里，工人还得在鬼子、监工、把头的皮鞭下，每天要劳动十四、五小时，慢一点皮鞭和棍棒就会打到头上。

由于繁重的劳役，野蛮的毒打，饥寒交迫的生活，许多人得病而死。再加上矿区疫病流行，经常有成批矿工死亡。

1942年矿上瘟疫流行，谁得了这种病就浑身发高烧，不断抽筋，最后吐一滩血就死去。鬼子怕这种病传染给日本人，就派人到处搜集病人。不管得的什么病，全部强迫集中在一个"大病房"。病人一被鬼子拖进"大病房"，那就九死一生了。

所谓"大病房"是个临时搭成的芦席棚，鬼子强行把几百个病人关在里面。潮湿的地上，横七竖八躺满了人，挤得连插脚的空也没有。里面有活的，也有死的，有喊爹叫娘，有的高呼要水喝，有的低声呻吟，情景十分凄惨。

"大病房"的外面拉着电网，门前有矿警站岗，不准病人出去，不准病人的亲属进来探望。病人大小便都在里面，臭气冲天，苍蝇嗡嗡，蛆虫乱爬。这里没有医生，没人护理，病人发高烧连口水也喝不到，实际上成了活活逼死矿工的"杀人场"。

现在谢三矿的采煤工人张志成，就是侥幸从"大病房"里爬出来的。他老家在河南禹县，1942年被把头招骗来后，吃了霉面，喝了井下污水，再加上把头的鞭打、劳累，不久就病倒了。一病倒就被鬼子拖进了"大病房"。他发高烧，烧得迷迷糊糊，满嘴起血泡，只是想喝水。他心里想：能让我喝上一口开水，就是死了也闭眼了。但有谁来给他送上一滴水呢？他想喝点小便，但是他已经三天没解小便了。

有一天夜里，外面突然打了几声炸雷，大雨跟着落了下来。这时张志成有点苏醒，他想爬到外面去喝点凉水。他翻身向外爬，却爬不动，到屋外只有10多米远，却像隔了万水千山。他咬紧牙关向外爬，用尽了最后的一点力气，终于爬到外面，扒在一汪水上喝个够。喝过水他淌了一身冷汗，感到轻松些了。就在这个雷雨的夜里，他同另一个伙伴关志江，偷偷地爬出了"大病房"，才侥幸没被活活折磨死。

当时，像这样的"病房"，淮南煤矿共设了 36 个"卫生夫"，专门从"大病房"里向万人坑拖运死尸。最惨无人道的是，当"病房"挤不下时，鬼子、把头把许多还活着的人，用芦席卷起来，直接扔进万人坑。从河南招骗来的青年工人周玉生，才病倒两天，就被把头卷进芦席里拖往万人坑。当把周玉生拖到万人坑时，周还在芦席尽力挣扎、呻吟着："我……还能活……呀……好了……还能挖煤……"万恶的把头学着日本鬼子的腔调："死啦死啦的顶好，三条腿的蛤蟆难找，两条腿的人大大的有！"说着狠命地跺了几脚，把周玉生踢进了万人坑。

像周玉生这样惨死的就只是他一个人吗？不！让我们看一看骇人的数字吧！有一年从河南招骗来 660 人，从押送来矿的路上，就开始有人陆续被折磨死，经过 1942 年那一场瘟疫后，只剩下王金田一个人。大通矿的把头李小楼，1941 年从河南开封招骗来矿 220 人，不到两年时间，死得只剩下方宏亮一个人。后来矿工为了纪念死去的阶级弟兄，就把王金田叫做"六百六"，称方宏亮为"二百二"。

窑下掏煤命不保

资本家只顾要煤，不管工人死活。巷道长年失修，经常几十米不架棚子，洞里满是污泥臭水，生产条件极端恶劣。垮掌子、透水、水灾、瓦斯爆炸等事故经常发生。工人的生命安全毫无保障。

那时，掌子面（采煤工作面）根本没有通风设备，温度经常达到三十五六度，热得像锅炉一样。（下略）

（摘录自中共淮南煤炭分公司委员会矿史编写组编：《煤海深仇》，安徽人民出版社 1966 年版，第 11—15 页）

（十九）有关抗战时期马鞍山市铁矿资源损失的
一组档案文献资料

1. 华中矿业股份有限公司所属各矿概况

（1946 年 6 月）

一、华中矿业成立时间

民国二十七年（1938 年）四月八日，创立华中铁矿股份有限公司，由日人矶谷光亨主其事，其后，于同年十二月十六日，因营业目的之改变，改组成华中矿业股份有限公司，其负责人仍为矶谷光亨。

二、如何攫取矿产

1. 马鞍山矿业所

该矿业所范围包括：南山铁山、二十七年四月以前为福利民铁矿公司所有，代表徐国安。大凹山铁山、（二十七年四月以前原为宝兴铁矿公司所有，代表章兆金）、马鞍山运矿铁路（原为益华铁矿公司所有，代表人赵文起）及其后于民国三十一年五月为华中矿业公司所发现开采之向山硫化铁矿。以上各矿自二十七年四月以至三十四年三月，共被开采了 3345617 吨。其中除大凹山铁矿以含磷过多，仅供日本钢管股份有限公司鹤见工场专用外，其余各铁矿均由华中矿业公司交中支贸易联合会由该会统筹分配日本各铁厂应用。至于向山所产之硫化铁矿则悉供南京永利化学厂提炼硫磺之用。

2. 桃冲矿业所

该矿业所以长龙山之铁矿为主，而该矿前实为裕繁铁矿公司所经营。其后于民国二十八年二月始为华中矿业公司所攫取，开采，迄民国三十四年三月止，共开采 32335 吨，悉数交中支贸易联合会转配日本各厂。

3. 凤凰山矿业所

该矿系日本政府交华中矿业公司代为经营。矿区包括凤凰山、牛首山、牛头山、小山、静龙山、龙旗山等。于民国二十八年十一月开始开采至民国三十四年三月止，共被开采 119576 吨，悉数由中支贸易联合会转运日本。

4. 太平矿业所

该矿业所前身为中日合办之中日实业公司（负责人为森恪）。于民国二十八年四月归并华中矿业公司接办。迄民国三十四年三月止，共被开采 822766 吨，悉由中支贸易联合会运往日本。

5. 铜官山矿业所

（1）铜官山铁矿：该矿系日本政府交华中矿业公司代为经营。于民国二十九年十二月开始采矿，试行开采后，以矿质不佳，即停止开采，出矿总数仅345 吨。

（2）铜官山铜矿：该矿系华中矿业公司于民国三十二年三月发现后投资开采，矿砂含铜百分之三、四，先后共出矿约 3000 吨，悉数运往日本。

6. 栖霞山锰矿矿业所

该矿系华中矿业公司发现后，于民国三十一年四月开采，其产品之一部系供上海中山制钢所及中华制铁所应用，然大部则系运往日本。被采总量约为40000 吨。

附注：所有各铁矿、锰矿均由日本中支贸易联合会转运日本八幡、釜石、广火田、户火田等制铁所。

7. 萤石矿山

华中矿业公司所经营之诸萤石矿山均由日本政府委托营办。

（1）湖州矿业所，被采量约 30000 吨，民国三十年二月开采。

（2）象山矿业所，被采量约 100009 吨，民国三十年二月开采。

（3）武义、义乌矿业所被采量约 30000 吨，民国三十一年九月开采。

以上各处所产萤石除一小部分运该矿公司浦东选矿所精选外，余均由日本萤石统制组合运往日本精选。本文原附在华中矿务局筹备处接收报告之后，根据其内容，当为留用人员所写情况简介。

三、（略）

（录自安徽省档案馆、蚌埠市档案馆编：《日本侵华在安徽的罪行》，1995 年印行，第 96—98 页）

2. 华中矿业股份有限公司掠夺矿产概况

（1946 年 6 月 12 日）

民国二十六年（1937 年）十月国军西撤后，日本军阀为企图完成其"大东亚迷梦"，加紧榨取吾国物资以济军需起见，乃于二十七年成立中支赈兴株式会社，举凡交通、运输、水电、矿产、水产以及蚕丝、化工等均属其事业范围，分别设立企业机构，以遂其侵略目的。对于华中铁矿及其他与矿产有关事业，设立华中矿业公司以经营之，其设立经过及攫取吾国矿产情形有如下述：

一、华中矿业公司之设立

民国二十七年四月八日，由日人矶谷光亨主持创立华中铁矿有限公司，嗣于同年十二月十六日企业扩充，改组成立华中矿业股份有限公司，资本日金二千万元，由矶谷光亨担任董事长，迄至投降。

二、攫取矿区范围及矿产种类

矿 区	矿 山	种 类	开采年月	备 考
马鞍山矿业所	南山	铁矿	二十七年四月	原经营者福利民铁矿公司代表人 徐国安
马鞍山矿业所	大凹山	铁矿	二十七年四月	原经营者宝兴铁矿公司代表人章兆金，马鞍山运矿铁路原为益华铁矿公司所有，代表人 赵文起
马鞍山矿业所	向山	硫化铁矿	三十一年五月	华中矿业公司发现
桃冲矿业所	长龙山	铁矿	二十八年二月	裕繁铁矿公司
凤凰山矿业所	牛首山	铁矿	二十八年十一月	日本政府委托经营
凤凰山矿业所	牛头山	铁矿	同上	同上
凤凰山矿业所	小山	铁矿	同上	同上
凤凰山矿业所	静龙山	铁矿	同上	同上
凤凰山矿业所	龙旗山	铁矿	同上	同上

矿 区	矿 山	种 类	开采年月	备 考
太平矿业所		铁矿	二十八年四月	前为中日合办之中日实业公司，负责人为森恰
铜官山矿业所		铁矿	二十九年十二月	日本政府委托经营
铜官山矿业所		铜矿	三十二年三月	华中矿业公司发现
栖霞山矿业所		锰矿	三十一年四月	华中矿业公司发现
湖州矿业所		萤石矿	三十二年二月	日本政府委托营办
象山矿业所		萤石矿	三十二年二月	日本政府委托营办
义乌矿业所		萤石矿	三十一年九月	日本政府委托营办

三、攫取矿产数量

矿 区	开采始迄年月	攫取数量	备 注
马鞍山矿业所	二十七年四月起至三十四年三月止	3345617 吨	除大凹山铁矿以含磷过多仅供日本钢管股份有限公司鹤见工场专用外，其余各铁矿均由华中矿业公司交中支贸易联合会分配日本各铁石应用外，硫化铁矿则供南京永利化学厂提炼硫磺之用
桃冲矿业所	二十八年二月起至三十四年三月止	32335 吨	悉数交中支贸易联合会转配日本各厂
凤凰山矿业所	二十八年十一月起至三十四年三月止	119576 吨	悉数交中支贸易联合会运往日本各制铁所
太平矿业所	二十八年四月起至三十四年三月止	822766 吨	同上
铜官山矿业所	二十九年十二月起因矿质不佳即停止开采	铁 345 吨	交中支贸易联合会运往日本
铜官山矿业所	三十二年三月起	铜 3000 吨	悉数运往日本
栖霞山矿业所	三十一年四月起	约 40000 吨	一部分系供上海制钢所及中华制铁所，大部分运往日本

矿　区	开采始迄年月	攫取数量	备　注
湖州矿业所	三十年二月起	30000 吨	除一小部分由该公司浦东选矿所精选外余匀由日本萤石统制组合运往日本精炼
象山矿业所	三十年二月起	100000 吨	同上
武义、义乌矿业所	三十一年九月	30000 吨	同上

（录自安徽省档案馆、蚌埠市档案馆编：《日本侵华在安徽的罪行》，1995 年印行，第92—95 页）

3. 马鞍山铁矿被掠夺数量

（1938—1943 年）

矿区：凹山

年　份	矿量（吨）	金属量	品位（％）
1938 年	19295	11476.88	59.48
1939 年	42762	23430.98	54.29
1940 年	115240	64858.82	56.28
1941 年	135781	74725.1	55.03
1942 年	137083	74397.38	54.27
1943 年	46720	25738.67	55.09
（上期）			
累计	496881	274627.53	55.27

矿区：南山

年　份	矿量（吨）	金属量	品位（％）
1938 年	69572	44175.05	62.5
1939 年	116696	71917.76	61.63
1940 年	292107	182157.73	62.36
1941 年	933216	572934.87	61.39
1942 年	593997	365223.23	61.48
1943 年	254546	156857.15	61.62
上期			
累计	2260134	1393265.79	61.65

矿区：钟山

年　份	矿量（吨）	金属量	品位（％）
1939 年	9223	5104.33	55.34
1940 年	79978	45339.63	56.69
1941 年	138022	75916.15	55.00
1942 年	150733	82545.15	54.17
1943 年	82338	45303.68	55.02
上期			
累计	460294	254208.94	55.23

矿区：小姑山

年　份	矿量（吨）	金属量	品位（％）
1940 年	39955	21298.24	53.30
1941 年	68915	35099.19	50.93
1942 年	74220	38014.44	51.25
1943 年	10870	5666.55	52.13①
上期			
累计	193960	100105.42	51.61

---

① 编者注：本件是根据华中矿业股份有限公司卷内的原始记录整理，原件为铅笔手写，以昭和纪年，无记录者姓名和任何文字说明，尚有一些无法辨认和确定其所记录的数字出自哪一个矿山的，均未摘录。

矿区：梅子山

年份	矿量（吨）	金属量	品位（％）
1941 年	228252	112416. 32	49. 25
1942 年	23940	12912. 8	53. 93
累计	252192	125329. 18	49. 69

矿区：桃冲

年　份	矿量（吨）	金属量	品位（％）
1939 年	17015	9189. 03	54. 01
1940 年	37140	18789. 03	50. 59
1941 年	59080	27241. 89	46. 11
1942 年	60284	30298. 71	50. 25
1943 年	49011	24938. 89	50. 88
上期			
累计	222530	110457. 46	49. 64

（录自安徽省档案馆、蚌埠市档案馆编：《日本侵华在安徽的罪行》，1995 年印行，第 131—133 页）

4. 日本投降后未及运走的矿石数量统计[①]

（1945 年 8 月 15 日）

贮矿量调书[②]（民国三十四年八月十五日）					
铁矿	山上贮矿	江岸贮矿	浦口贮矿	合计	备考
南山	181907 吨	184654 吨	15950 吨	382511 吨	江岸贮矿中国金矿放业 40000 吨
凹山	64125	31804		92929	放业 29000 吨

---

① 标题为编者所加。
② 调书，日文，意为调查记录。

铁矿	山上贮矿	江岸贮矿	浦口贮矿	合计	备考
东山	72299	34592		106891	放业 33500 吨
梅子山	4119	2530		6649	
凤凰山	30942	46415		77357	
钟山	51671	32784		84455	
小姑山	4692	15779		20471	
桃冲	14827	100671		115498	
樱桃园	5205	7641		12847	
铜官山		5946		5946	
合计	429787	462817	15950	908554	

硫化铁矿 向山	山上贮矿 1800 吨	江岸贮矿 4.075 吨		合计 5857 吨
铜矿 铜官山	山上贮矿 粗矿 14172.5 吨 精矿 465.0	江岸贮矿 37.65	马鞍山贮矿 177.70	合计 14172.5 吨 2279.65 吨
金矿 铜井	山上贮矿 705.75 吨			合计 705.75 吨

（日安部四方治、五十岚善之丞：《贮矿量调书》，安徽省档案馆馆藏档案，档案号：50—1—210）

5. 1940—1945 年间日本帝国主义
掠夺桃冲铁矿砂二十六万余吨

（1946 年 5 月）

钧会申支秘乙电饬查明本处所接收之器 5 材设备中，如具有凭证确定为敌人迁移回国者，克日详细填报以凭核办，等因。奉此，业经饬属查报去后，兹按本处马鞍山分矿及铜官山分矿管理所先后报称，经查该矿所有器材设备尚无为敌人拆去或迁移等语。又按本处桃冲分矿管理所报称，该所接收之各项器材尚无发现为敌人拆移回国之确证，惟根据前华中矿业公司桃冲矿业所移交之"桃冲矿业所事业概况"内载，自民国二十九年至三十四年止，共计开采铁矿砂 365228 吨，而接收实数为 100000 吨，其余 265228 吨，当系敌人运往日本或他处熔炉各等情。

（安徽省档案馆馆藏档案，档案号：50—1—34，标题为编者所加）

6. 华中矿业股份有限公司调整要纲修正草案

（1941 年 3 月 14 日）

查民国二十七年四月六日中日商人矶谷光亨、白石元治郎、袁乃宽等于上海北四川路阿瑞里二号设立华中铁矿股份有限公司，呈请前维新政府实业部准予备案。于同年月七日，前维新政府实业部工字第五号捐令准予备案。同年月日该公司呈请发给登记执照，同年月日前维新政府实业部发给该公司登记执照一纸。于民国二十七年十二月十六日，该公司召开临时股东会议，修改章程并改华中铁矿股份有限公司名称，为华中矿业股份有限公司，呈请前维新政府实业部变更登记，于二十八年二月八日前维新政府实业部对于该公司变更登记予以照准，于同年四月十日前维新政府实业部以部令公布该公司规程十一条。于同年四月十四日该公司以前照遗失呈请补发新照，前维新政府实业部未予批示。于同年七月二十七日，该公司召开临时股东大会更改章程，增加董事及资金，呈请前维新政府实业部准予备案。于同年九月十五日前维新政府实业部呈请前行政院将该公司民国二十七年十二月十六日暨民国二十八年七月二十七日股东会议修正条文申请书，提付议政会议。于同年九月十九日前维新政府实业部奉前行政院第一七〇七号指令，前案提出民国二十八年九月十六日议政府委员会第一二三次会议议决，矿业公司法先送立法院，余俟公司法通过再议。予民国二十九年一月八日，前维新政府立法院致前维新政府行政院元字第四号公函，前案提出于民国二十八年九月二十三日第七十一次立法会议，同月三十日第七十三次立法会议，十月十六日第七十四次立法会议及十月二十七日第七十七次立法会议议决结果，均予以否决。国民政府审察结果，该公司几度变更，情形复杂，除前维新政府不予认可部份自难认可外，其经明令认可部份，姑照本调整要纲予以调整之。

壹、资金之调整

一、公司资金中日出资比率，应遵照五十一与四十九之原则，依下列办法处理之：

甲、日方以现金出资占百分之四十九，华方以现物出资（即本矿矿产作价）作为百分之四十九。

乙、余额百分之二，华方以现金补足之。

丙、公司因事业扩张增加资本时，其出资比率及办法仍照甲乙两项办法。

二、公司原有矿山设备，应由中日双方合组委员会重行评价售与公司应用，评价委员会之组织规程另定之。

三、公司华方股票由国民政府行政院财政部保管之，但属于民股部份，由农矿部依合法手续发给原矿业公司或原矿权人。

贰、矿权之调整

一、公司以开采及贩卖南山、大凹山、黄梅山、钟山、小孤山、桃冲、凤凰山、铜官山及其他截止调整开始日已施工之各矿山之铁砂为限，其未施工各矿山依矿业法另案呈请核定之。

上项所称加工各矿山，系指该公司调整开始日为止正式采矿之矿山，其仅施工调查探钻者不得以施工论。

二、采矿年限得分别依原设定矿业权之年限办理，限满后经中日双方股东之同意，得遵照国民政府颁布之矿业法呈请延展之。

三、凡截至调整开始日，该公司已施工各矿山之矿业权尚未设定者，其设定手续另案办理之。

叁、组织之调整

一、公司董监事会之组织如下，

董事长一人、副董事长一人、常务董事三人、董事四人、监察四人。副董事长一人、常务董事长一人、董事二人、监察二人均由日方推举，由公司呈请。农矿部指派之余考，均由农矿部指派华员充任之。

二、公司设总经理一人，副经理一人，均由董事长任命之，总经理以华员充任之。

三、公司各地办事处负责人，以任用华员为原则。

四、公司原用日籍技术人员以尽量留用为原则。

肆、矿产之调整

矿产之利用应尽先供给中国本身之需要，由国民政府主管机关统筹支配，并得照公司所定山价直接收买处理之。

伍、其他之调整

一、公司执行业务应遵照下列各种法令办理：

矿业法及矿业法施行细则；

公司法及公司法施行细则；

其他有关之各项法令。

二、公司为维持矿厂治安起见，得设置矿警，但须遵照国民政府颁布之矿业警察规程办理。

三、公司应遵照国民政府法令缴纳各种矿税，其欠缴部份另订办法处理之。

四、公司于调整完毕应将经过情形分别呈请主管部备案，由主管部核准备案日起该公司始取得国民政府法定之资格。

（录自马鞍山市地方志办公室编：《马鞍山市志资料》第 1 辑，1984 年印行，第 235—239 页）

7. 审查华中矿业公司财务报告

（1945 年 11 月）

华中矿业公司创立于民国二十七年四月八日，当时资本定为日金一千万元，先交日金 250 万元，民国二十八年增资为日金二千万元，至民国二十九年十一月份收足其资本，内容约如下表：

类　别	股　数	金　额	百分比
伪政府	121223	日金 6061150 元	30.30575
华中赈兴公司	69900	3495000	17.475
中国民资	89777	4488850	22.44425
日本民资	119100	5955000	29.775
合 计	400000	20000000	100

中国方面，伪政府与民资占全额 52.75%；日本方面，华中赈兴公司与民资占全额 47.25%。而该公司全受日方统治，由军部支配，所产以铁、铜、萤石、硫化铁为大宗，完全供应日方军需之用。后因需要变更，铜及硫化铁相继停顿，而着意

于锰旷之开采。其所属矿区计有马鞍山矿业所、桃冲矿业所、铜官山矿业所、义乌矿业所、武义矿业所十一处。支社分设于上海、徐州、金华、芜湖等处，江宁县有中央工作所专修机件，上海并有中央仓库及研究所，设立规模完备而宏大。

该公司财务部份接收情形，除上海支社及在原地撤离来沪之太平矿业昕二处，所有现金、有价证券、簿册已接收并呈报在案，其余各区表报仅至八月十五日止，以后未有续来，故仅就其已来部份汇编报告。自八月十六日起，该公司财务状况业经派员赴各地实地调查，当再另行汇编呈报，

专门委员会焦雨亭（签字、盖章）

中华民国三十四年十一月

（录自马鞍山市地方志办公室编：《马鞍山市志资料》第 1 辑，1984 年印行，第 288—289 页）

8. 裕繁铁矿股份有限公司盛衰记（节录）

凌运舟　夏孝富

......

1937 年卢沟桥事变以后，日军大举侵华，国民党军队纷纷退却，日本侵略军节节逼进，很快就吞并华北广大地区，并向长江流域推进。裕繁总经理霍守华等偕同矿山职警弃矿出逃，矿工也被迫纷纷逃生。至此，裕繁铁矿股份有限公司结束了 23 年的历史而倒闭。

日军侵占夺矿源

1938 年 2 月 24 日夜，日军占领获港地区，桃冲铁矿区沦陷。

1938 年 3 月至 9 月间，日军派遣随军地质人员尾崎博对桃冲长龙山铁矿床进行了长达半年的地质调查，为在裕繁原有基础上恢复开采做准备。

1938 年 4 月，日本"中支那赈兴会社"在上海成立了华中铁矿股份有限公司，同年 12 月改组扩充，成立华中矿业股份有限公司、华中矿业股份有限公司桃冲矿业所。裕繁总经理霍守华闻之，凭借昔日与日本各界的老关系，向日方提出将矿山设备转让，要求日方付给设备转让费。日本方面有关人员念其旧情，为照顾霍守华个人，就答应除每月付给霍守华 3000 元外，余款全部抵旧债，并单

· 320 ·

方面拟定了《桃冲铁矿山处理要领》及欲与霍签订"契约案"。此文本经日"兴亚院"华中联络部审核后呈送日本东京"兴亚院",以求日本政府承认,由于日本政府强调军事占领优势,拒绝审议此案,最后不了了之。

1939 年 3 月,华中公司赈出工作班子进驻矿山,由原在裕繁应聘的安部四郎出自桃冲矿业所所长,开始了在裕繁原有基础上进行改造、修建,以恢复矿山采运系统。

1940 年 3 月,矿山恢复工程结束并正式开采。日军侵占开采时、日本对桃冲矿山历年投资总额,据他们自称为 7884189.9 元。日本除修复利用裕繁留存现有生产设施外,还建有发电厂和洗矿设备等。

1941 年,日本在长龙山继续露天开采的同时,进行井下巷道掘进,掘成各类主要巷道 2731 米(不包括裕繁原掘 200 米)。

1940 年至 1941 年,共产铁矿石 30 万吨运回日本。1942 年至 1945 年共产矿石约 6 万吨,因海运无法运走,分别积存于采场和江边码头。

1945 年,日本侵华战争失败,日本人被赶出桃冲矿,从而结束了日军侵占桃冲的开采历史。

(录自政协马鞍山市委员会编:《安徽文史资料全书·马鞍山卷》,安徽人民出版社 2006 年版,第 464、465 页)

9. 向山硫铁矿的建矿与发展(节录)

向山硫铁矿史志办

......

向山矿位于马鞍山市郊,有得天独厚的自然地理条件。沪铜铁路和宁芜公路纵贯全市,水路有马鞍山港口,可停泊万吨轮船。水陆交通的便利,为发展矿山建设创造了良好条件。可是在旧中国,由于工业生产极端落后,我国虽有丰富的矿藏资源,但自己却无力开发与利用,即使有少量的小型开采,也不能直接用来制造各类工业产品,造福于人民。抗战前,硫铁矿多依赖外国辖人。由于政治上的腐败和经济上的拮据,只有山西、四川等地少量利用煤系硫铁矿炼磺，以供民用。实际直接供国内制酸的仅宁草河口硫铁矿和向山硫铁矿。抗战爆发后，日寇用武力霸占我国矿山，推行"以战养战"的罪恶阴谋，掠夺的矿藏资源多用于制造军火，发动侵略战争。1939 年，日寇在向山地区进行铁矿资源勘探，于 1940 年底发现了硫铁矿床，将原大帽山改称向山。1941 年 10 月 13 日，日华中矿业股份公司董事长矶谷光亨，给汪伪国民政府行政院呈文，申请在向山设立硫铁矿开采权。据呈文中记载："查得安徽省当涂县霍里镇东南乡之向山地方，发现埋藏硫铁矿矿源，其区域邻近本公司所经营之同县南山铁矿矿区。该矿矿床蕴藏奥秘，地面绝无表征，故以前迄无所知，经本公司数度查勘，施行物理探矿并继之以试锥工作，始勘明该处有相当巨量之硫铁矿资源，实有从速开发利用之必要"。1941 年 11 月 18 日，汪伪国民政府行政院院长、大汉奸汪精卫即指令伪实业部："应准如拟办理"。1941 年 12 月，日寇正式破土凿井，开采硫铁矿。

由于日寇采用"把头包工"的血腥采矿政策，向山矿便出现了一批招工头子，专门外出诱募拐骗破产农民。采矿工人均为"包工制"，包工是最廉价的劳动力，包工头就把他们分成若干铺，每铺 30 至 40 人不等，由一小包工头监管，每天由监工驱赶着，像死囚的罪人，在阴暗、狭小的矿井下进行牛马般的苦役，矿工们没有做人的权利，受尽肉体的折磨和经济上的剥削。为了强化对矿工的控制和监视，日寇规定工人进出矿山脖子上都要挂着木牌，作为苦力的标记，并接受搜身检查，如不服从，即被罚工、罚款。采矿方法极其落后，矿工用平锤、钢钎等原始生产工具，在岩壁布凿炮眼，装进炸药引爆。崩落下的矿石均由工人用铁箕子搬入小矿车，推至井口车场注入吊桶，用小型卷扬机提升到地面，再由装卸工人转装上小火车运往江边码头上船，经连云港运往日本。日寇在向山矿实际开采 4 年，共掠走含硫 40% 以上的原矿 60 多万吨。

……

（录自政协马鞍山市委员会编：《安徽文史资料全书·马鞍山卷》，安徽人民出版社 2006 年版，第 492—493 页）

10. 日本掠夺开采时期的姑山矿

志 杰

1938 年 4 月 6 日，中日商人矾谷光亨、白石元治郎、袁乃宽等人在上海四川路阿瑞里 2 号设立华中铁矿股份有限公司。7 日，南京汉奸政府中华民国维新政府（即梁鸿志维新政府，在汪精卫伪政庒之前）实业部工字第 5 号指令批准。同年 12 月 6 日，华中铁矿股份有限公司改称为华中矿业股份有限公司。这是一个日本在华掠夺安徽、江苏、浙江三省矿产资源的经济侵略机构，其股份总额为日金 2000 万元，日方投资现金 1000 万元。出资者，华中赈兴公司 450 万元，日本制铁公司 300 万元，余下 250 万元，由日本钢管浅野制铁、中山钢业、小仓制钢及中日实业公司等分担；中方以江浙皖三省铁矿及其附属铁路车辆等实物作价 1000 万元投资，股份分为 40 万股，中方 20 万股。当涂的商办矿山，以小姑山、大姑山、钟山、钓鱼山、凹山、南山作股，其中福利民公司占 54415 股，折日金 2720750 元；赈冶公司占 14102 股，折日金 705100 元。时方履中遗孀方吴玉华、幼弟方宜中、长子方望隆住上海薛华立路 169 号，私下各得 2100 股、1600 股、1000 股。梁鸿志的维新政府出卖国家矿山，以伪实业部名义入股，其实业部部长个人占 13222 股。

华中矿业股份有限公司下辖 11 个矿业所，计有马鞍山矿业所（包括南山、凹山、东山、向山、梅子山），太平矿业所（包括钟山、小姑山、钓鱼山），桃冲矿业所，铜官山矿业所，江苏江宁栖霞山矿业所，浙江、武汉矿业所，景牛山矿业所，象山矿业所，湖州矿业所等。

另外公司还在南京、徐州、芜湖、上海分设 4 个办事处，除此还有南京板桥中央机械厂、上海中央分析所、上海浦东选厂、铜官山选厂、马鞍山制铁场等附属研究、冶炼、机械修理工厂及企业。

华中矿业股份有限公司的董事长为矾谷光亨，副董事长麦静铭，常务董事长细木盛枝、冈部楠男。

华中矿业股份公司成立之后，首批占有的矿山，有福利民公司的小姑山、南山，宝兴公司的大凹山，益华公司的黄梅山、萝卜山，赈冶公司的钟山，长城公司的景牛山，秣陵公司的凤凰山及三山镇的矿山。

1938年9月日本人驻进钟山，设立了钟山事务所（亦称采矿所）。1939年4月正式开采钟山、大姑山。同年又开采钓鱼山。1941年日本人开采小姑山。姑山一带的矿山均为太平矿业所属下的矿山。太平矿业所又称中公司采矿工程处，社址设在当涂城北大成坊老电灯公司院内，日方负责人称所长（也称经理、大办）。每个事务所均附有兵舍、物料配给所、仓库、锻冶场等设施。1938年至1942年，第一任所长高楷三郎，副所长斋滕重五郎。高楷调青岛某矿任职后，第二任所长为斋滕重五郎，直到1945年12月日人撤离矿山止。其机构管理人员如下：

所　　　长：高楷三郎

副 所 长：斋滕重五郎

财务主管：滕原、西武中雄

高级工程师：高楷三郎

高级职员：冲津、森森、小川、杉山、园滕

打　字　员：伪当涂县政府委派（女）

医　　　生：滕山

翻　　　译：章仰山

华人高级职员：王唯实（苏州人）

　　　　　　　沈兆祥（上海人、出纳会计）

　　　　　　　倪志和（苏州人、业务员）

　　　　　　　奚金生（苏州人、调拨员）

　　　　　　　秦呈苏（当涂人、文书）

　　　　　　　杨树芳（当涂人、统计、女）

　　　　　　　陶遗仁（当涂人、事务）

　　　　　　　夏兴义（当涂人、事务）

矿警队队长：曹道茂

日本警备队、步兵235联队队长：三田中尉

另勤杂人员20多人。

直接控制采矿场的是日人，每个采矿场都有职员几十名，一般是会计2人，华人日人各一。监工3至5人。华人小职员具体管一些发筹子、收方计吨位、上班点名，发炮药、保管工具的杂事。直接和矿工打交道的大工头称"大柜"，二工头称"二柜"，人员如下：

钟山矿场：甘少侯（当涂人）

钓鱼山采矿点：付正宾（当涂人）

姑山矿场：谢煜山（浙江人）、李贵学（阜阳人）

和睦山采矿点：王道风（山东人）

日人管理采矿场人员如下：

姑山采矿场场长（协理）：白仓、小岛

钟山采矿场场长（协理）：三仑、佐滕、小川

工程处协办：斋滕重五郎（兼）

副职：钟森木（上海人）

日本侵略者在钟山、小姑山、大姑山、钓鱼山构筑了一系列设施，到 1942 年 1 月，大小姑山拥有事务所、锻冶所、苦力屋、合作社等各种房舍 43 栋，并占有 262 平方米的古庙一座。钟山拥有各种建筑 60 栋，其中苦力小屋占 29 栋。钓鱼山有苦力小屋 5 栋，最大的一栋建筑面积 118.8 平方米。

小姑山事务所及附属机构设在小姑山南坡下，傍青山河西岸，占地 21 亩。钟山事务所及附属机构设钟山东麓。苦力小屋集中于钟山西北角平坦地带，总占地约 30 亩。

日本占领时期姑山矿区的矿山都采用手工式露天开采，大小姑山工作面集中于南侧。钟山则分 20 米、50 米、70 米、85 米 4 个台阶同时开采。运输方式，小姑山由山至河边用单一手推车运输；钟山自上而下，分别于北部 85 米至地面段设第一路挂线，西南侧 70 米至 50 米段设第二路挂线，南端 50 米至地面设第三路挂线。

挂钱车均为转盘式，借矿石自重沿斜坡转运至地面，后经运输主干线至河边。钓鱼山则先由工作面用手推车运至贮矿场，然后装船经船淄内部运矿河至青山河边。各山运至河边的矿石，先卸于河边贮矿场，由河边码头装人 10 至 50 吨驳船，行 24 公里，在陈家圩码头卸货，经手选，检验合格后转装日本货轮运往日本。

地面部分运输采用手推车，车头为锅式，载重 1 吨。青山河至陈家圩运输，1 年可航行 250 天，吨位夏天 30 吨，最多 50 吨，冬天 15 吨。1 次往返 4 至 5 日。年运输能力每船 1000 至 1100 吨。每年 1 至 3 月枯水期停航。

1940 年，为适应侵华战争的需要，华中矿业股份有限公司制订了所谓增产计划，依照这一计划，本区年产量 50 万吨，作为相应措施，拟"扩张陈家圩码头设备，准备各采场之卸矿设备，增加民船"，实现"采矿之机械化"。为实现

这一野心勃勃的计划，日本对本区矿山制定了一系列扩张性计划并在 1940 年至 1942 年逐一实施。1940 年钟山西南端至青山河新辟运矿河 1 条，面宽 30 至 40 米，河床宽 10 米。暑季水深可达 7 米左右，总长 1070 米，土方总量 708055 立方米；1942 年小姑山及钓鱼山船淄工程，耗资 1.3 万元，土石方总量 33700 立方米；新开大小姑山码头 1 处，引伸河道 347 米，土方 15400 立方米；梅塘嘴至小姑山运矿河 238 米；大小姑山新增轻轨铁道（码头支线）600 米，使铁道总长达到 3340 米；钟山山脚至青山河边，铺设运输复线，到 1942 年 1 月轻轨线路总长达 3740 米，在日本推行所谓增产计划以后，往返于矿区至陈家圩的驳船数量猛增，盛水期多达 160 只，难怪乎在《太平矿业所一般说明书》中有云："江上至江下，驳船舷舷相接，堪称景观……"

与此同时日方还相应增强海运能力，出动了诸如大福号、盛泰号、隆西号、正元号、悠纪号、泰洋号等一大批货轮，吨位 950 至 3750 吨。平均每 4 至 5 日就有 1 艘轮船从陈家圩码头起航，运往日钢鹤见、大阪中山、日铁八幡、日钢川崎等地。根据 1942 年 4 至 8 月的统计，运输能力高达 16690 吨/月。

由于日本忙于应付侵略战争，特别是后期在战争上的惨败，使增产计划所需要的设备和人员不能如期提供，致使这一野心勃勃的计划未能完全实现。

在日本开采期间，本区平均年产矿石约 20 万吨。其中钟山约 10 万吨/年，最高 15 万吨/年，大小姑山约 9 万吨/年，钓鱼山约 2 万吨/年，1939 年 4 月至 1942 年底，本区出矿约 70 万吨。其中钟山 30 万吨，大姑山 10.087 万吨，小姑山 12.185 万吨，钓鱼山 3.7929 万吨（基本上被采尽）。1943 年至 1945 年日本又从本区采出矿石约 50 万吨。这样，日本从 1938 年 9 月进钟山，到 1945 年 11 月，共掠走本区铁矿资源 120 余万吨。

日本对矿石块度要求非常严格，中块以下矿石全部遗弃，对品位要求也极其苛刻。各山矿石最低平均品位线为：钟山 51%，小姑山 54%，大姑山 51%，钓鱼山 51.06%。低于这一品位线的均作废石计算，各山平均可采率仅为 50%。由此可见在沦陷时期本区铁矿资源损失远远大于 120 万吨、

日本侵略者铁蹄下的姑山矿区，与其说是矿山，倒不如说是集中营。当时日军驻扎在小姑山的警备队，凶暴残忍，加上日本矿师、管理人员和死心塌地甘愿充当日人走狗的汉奸，残酷地欺压剥削矿工。一些工头和日方签订合同，每招一人日方就给一定数额的报酬，谁骗招的人多，谁的赏钱也就最可观。工头们远走阜阳、定远、田家庵、临淮关一带，连骗带诱，说什么江南生活好，吃大米大肉，"工资高"，"活不重、住洋房"，不少人上当受骗，抱着试一试、挣几个钱

养家糊口的心理来到矿山。他们中间有许多人最后都抛尸露骨在荒山野岭。

根据 1942 年的统计，当时的钟山、小姑山事务所最多时拥有工人和小工 4022 人，其中小工 3075 人，工人 947 人，工人不足全员的四分之一，小工全部担任运输、装卸及其他繁重杂役，而工人则大部分为采矿工。在运输装卸两工种中，无一是工人。工人住工人宿舍，分单身、家属两种。宿舍一般都是瓦屋（土墙）。按月领定薪，每月伪储备券 20 元左右（依工作日数计算）。小工集中住草棚（人称苦力小屋），睡连铺，每铺 12 人至 15 人，多时达 20 至 30 人，以铺为单位食宿、劳动。大柜上的职工拿固定工资，折合大米每月 1 至 2 担不等，小工没有定薪，以吨数、车数、工数等计酬。开支时，先统一发到大柜，数目多少，单价多少，只有大柜知道，日本人也为之保密，小工无所知。每铺工资由小工头统一在大柜处领取，虽然也是以吨位计酬，然标准则是由大柜拟定的，小工头领回全铺工钱后先抽头，再召集小工按工日发放。小工每日的生活费、草鞋费等由大柜按最低标准安排，由伙夫统一到大柜处领，以借支款论。每遇开支，扣除借支款后，多数小工所剩钱也就无几了。

日寇推行"以人换矿"、"以战养战"的血腥政策。在他们的高压统治下，矿工的生活是没有自由的。他们终年吃不饱、穿不暖，一天劳动十三四个小时。每天天刚蒙蒙亮，日人矿警就将矿工赶上山；天黑了，再把矿工赶回驻地。外有碉堡，四周围着铁丝网，矿工们踏进矿区门，犹进鬼门关，在死亡线上挣扎。

矿工的住宿条件更差，污水草滩边搭盖的苦力小屋，白日里散发着霉臭气味，晚上，10 多人挤在一起，夏天虫咬蚊叮，冬天寒风呼呼，夏不能纳凉，冬难以御寒，碰到黄梅雨季，更是苦不堪言。矿上也有浴池，那只是供日人和工头们用的，苦力们只能在池塘边擦洗身子。夏天，矿工们穿短裤衩，劳累一天，汗臭味熏人刺鼻。寒冬腊月，绝大多数人没有棉衣，衣裳破得褴褛不堪。干活时，穿着破鞋子，冻得脚开裂，忍着疼痛还要干。晚上只好大家蜷成一团，挤得紧紧的，彼此取暖。矿上没有医院，设在当涂的诊所一星期派人来 1 趟，日本医生敷衍了事地给病号看一下病一走了之；若是出了工伤，活该自己倒霉。矿工们若被火药炸死，飞石砸死，只有靠工友相帮，用芦席一卷草草埋掉。当时有一句顺口溜广为流传："一张草席叠角尖，两挂爆竹一溜烟"。

日本事务所无端解雇工人、小工，司空见惯。尤其是小工，体弱或偶尔生病，都可构成被解雇的理由。从日本人自己记录的资料可以看到，1942 年 5 月 15 日至 6 月 15 日，一个月间就解雇运矿小工 169 人，至于"任意转出"小工则更不为奇。仅 1942 年 4 月至 8 月，任意转出的小工就达 1269 人，其中除一部分不堪从事苦重的作业,自动离开外,大部分都不因任何理由,挥之即走。

日本在姑山矿区的掠夺开采时期,梁鸿志的南京伪维新政府也插手其间。早在华中矿业股份有限公司设立时,伪维新政府实业部就公然以钟山、钓鱼山、大姑山及小姑山的矿权,连同已查定的矿量作为实物投资。

在1939年4月,日方着手开采钟山及小姑山时,伪维新政府方面的中方公司采矿工程处(简称中公司)和华中矿业股份有限公司承包采掘运矿,其流动资金及购买设备则向日方公司借贷或以矿抵债。

1944年3月,华中矿业股份有限公司直接经营太平矿业所,接收全部设备。日人掠夺性开采姑山一带矿山时期,从上层机构到矿山设施,包括警备队、事务所等都由日方直接管理,而在承包开矿方面则由日本帝国主义卵翼下的伪维新政府实业部中公司采矿工程处负责。

(录自政协马鞍山市委员会编:《安徽文史资料全书·马鞍山卷》,安徽人民出版社2006年版,第499—503页)

（二十）有关抗战时期日军对铜陵铜矿资源的掠夺的一组档案文献资料

1. 铜官山铜矿开发计划概要

（1943 年 7 月）

一、开发宗旨

二、开发计划

1. 采矿

2. 选矿

3. 运矿

4. 动力及其工作

三、工程计划

1. 所需资金

2. 工程及进程表

四、设备材料计划

五、资金计划

1. 矿床及其蕴藏量

矿床为闪绿岩及硅岩（泥盆——石炭纪）与石灰岩及页岩（二叠纪）的连接处作为胚胎存在的接触变触变质矿床。

矿床中部呈略厚的板状，最大厚度为 80 米，平均厚度为 40 米左右，东南方向有 15°左右的倾斜度。本矿床上部通常坡度 1—50 米厚的表土或夹有铁矿薄层的暗红色粘土，下盘为硅岩。

矿石为磁硫铁矿、黄铁矿、磁铁矿、石榴石、阳起石和滑石等组成的致密性块状集合体，黄铜矿在集合体中呈不规则的散状分布，平均品位约 1%，高品位部分厚达几厘米至几米，呈板状展开，例如，有些部分最高品位可达 20%。

现已钻探肯定的矿体水平面积为 18000m² 左右，还有着更大的可能，根据电气探矿结果的启示，可望再增加 22000 ㎡。

下面分推定蕴藏量和预料蕴藏量两种情况进行计算。

推定蕴藏量是每隔 30—40 米间隔进行钻探而获悉的所有矿区的蕴量，其平均品位为 1% 左右，蕴藏量为 310 万吨，可采量为 217 万吨。其中仅平均品位 2.3% 的高品位蕴藏量就有 82 万吨，可采量 57 万吨。

预料蕴藏量是尚未确认的蕴藏量，它是根据电气探测和地质调查的结果，在推定矿区的外围预料其存在的数字。该项蕴藏量为 160 万吨，可采量为 112 万吨。

综合上述，包括勘测数据后，铜官山铜矿期望蕴藏量为 470 万吨，可采量 329 万吨。

类　别	面积（m²）	厚度（米）	平均品位（%）	比重	藏量（万吨）	可采率（%）	可采量（万吨）
推定藏量	18000	41	1.0	4	310	70	217
预料藏量	22000	20	未定	4	160	70	112
合　计	40000				470	70	339

2. 开发计划

（1）采掘

开发本矿山分两期计划

第一期计划的时间是 1943 年 5 月至 1944 年 3 月底，在浮选设备完成以前。开掘斜坑两个，通洞一个。

第二期计划是在 1943 年 4 月以后，也就是浮选设备完成以后进行。为在通洞处及其下面作采矿准备，开掘竖坑和中段及下段的运输坑道。

第一期计划

第一期计划的出矿目标是在 1943 年 10 月以后每月出粗矿 4000 吨（品位 2%），靠人工选矿处理，直接送往内地 1000 吨精矿（品位 5%）。留下 2000 吨（1.2%）作为浮游选矿的原料贮存。其余 1000 吨（品位 0.6%）废弃。

下面列出第二期计划的出矿指标

年出矿量 96000 吨（粗矿、品位为 1.8%）

块精矿 12000 吨（品位 5%）

浮游精矿 7200 吨（品位 13.2%）

精矿合计 192000 吨（品位 8.08%）

第二期计划的全部掘进长度为 2259 米。

（录自安徽省档案馆、蚌埠市档案馆编：《日本侵华在安徽的罪行》，
1995 年印行，第 138—140 页）

2. 日本掠夺铜官山矿述略

王 瑾

铜官山是一座古老的矿山，有悠久的采矿历史。早在 1800 多年前的东汉时期，朝廷就在这里设置了铜官镇。南朝齐建元三年（481 年），又正式设置了采冶结构——梅根冶。唐、宋两代，采冶规模更大，李白、梅尧臣等人的诗文中都有生动的描述。元朝，采矿规模仍然相当可观，曾设置采冶机构——梅根监。明清两代，有所衰落。1840 年鸦片战争以后，德、英帝国主义的魔爪都曾先后伸进了铜官山。特别是在抗日战争时期，日本帝国主义侵占铜官山矿达 6 年之久，掠夺了大量矿产资源。其大体过程如下：

1940 年春季，日华中矿业公司荻港矿业所所长安部派小岛等人，在日军护卫下，来到铜陵筹建铜官山矿，临时办公处设在铜陵县城内西街。

不久，日本人通过铜陵县汉奸政府，在扫把沟圈地 300 多亩，修建了办公室、宿舍、营房、厂房和碉堡等，正式成立了华中矿业公司铜官山矿业所，强田厚太郎任所长。矿业所下设机电、采矿、总务、警备等课系。先从荻港招来木、瓦工和矿工 50 多人，以后又陆续从安庆、合肥、芜湖、南京、常州、上海等地欺骗、胁迫大批工人来矿，并大量征用民夫，最多时达 3000 多人。

在 1941 和 1942 两年内，日寇又先后修建扫把沟码头 1 座，扫把沟至大通约 17 公里碎石路面汽车路 1 条，扫把沟小型发电厂 1 座（据说是 20 千瓦），并挖了 1 条从办公室至宿舍和碉堡之间 100 多米长的地道。

与此同时，又在铜官山矿区圈地 3000 多亩，建有办公室、仓库、厂房 10 多栋，炸药库一所，日籍职员、军警宿舍 5 栋，工人宿舍、苦力宿舍等草房 400 多户，并开通了老庙基山平坑。

1943 年，日本人对铜官山矿的资源已大体摸清，由开采铁矿转为主要开采铜矿，决定进一步扩大铜官山矿的生产，计划兴建 1 座日处理 600 吨的选矿厂，

1座4千瓦的发电厂，以及其他相应建筑，并从朝鲜调来1名采矿专家金某某负责矿山的扩建工程。1944年，日本人对铜官山矿的经营规模进一步扩大，正式雇用的中国工人达1000多人，全年生产经过手选后的铁和铜矿石达12万吨。1944年底和1945年春，选矿厂的基础工程基本完工，选矿厂和发电厂的主要设备也均运抵铜官山。

1945年8月，日本帝国主义无条件投降，9月正式签订了投降书。

1945年9、10月间，国民党军队第四十四军（军部驻贵池县）一五零师（师部驻青阳）四八八团（团部驻铜陵县城内），派一个营进驻扫把沟，接受铜官山日寇的投降。该部队到达铜陵后，将大通、铜陵县城、铜官山等地的日本军警人员，全部押解羊山矶战俘营集中看管，命令铜官山矿业所的80多名日籍文职人员留守矿山，等待向中国政府办理移交。

1945年12月中旬，国民党中央政府经济部苏浙皖特派员公署所属工矿接管组，派彭霞起、金鸿乐、朱君哲等9人来到扫把沟。12月下旬，华中矿业公司铜官山矿业所所长富永俊治，率领该矿机电、采矿、总务、警备等各课系负责人，按照已造好的移交清册，向接管组人员点交了所有物资和资产（以上移交清册和矿山经营资料现分藏在南京国家第二档案馆、上海市档案局和省档案局等处）。

（录自铜陵市政协文史委编：《安徽文史资料全书·铜陵卷》，安徽人民出版社2006年版，第360—361页）

3. 日帝在铜陵掠夺矿产资源概况

钱艺河

日本帝国主义在侵华战争期间，为了实施"以战养战"，采用各种掠夺手段，到处建立洋行、公司，大肆搜刮军用物资和工业原料，促使其占领区经济迅速殖民化，来支持和扩大它的侵略战争。

1938年11月，铜陵陷入日帝之手。日人在铜陵建立起华中矿业股份有限公司官山矿业所，对铜官山矿藏资源进行掠夺性的开采。其野心之大，规模之巨，手段之辣，遗害之深，国耻民愤，罄竹难书。现就这方面的来稿加以综合整理，概述如下：

公司与矿所

1938年4月8日，日商矶谷光亨、白石原治郎受日本政府委派，在上海策划成立华中铁矿股份有限公司，其《章程》公开声称"本公司以统制华中矿产资源为目的"。事后，因营业目的之改变，于同年12月16日改组成华中矿业股份有限公司，由矶谷光亨任董事长。该公司是日本帝国主义侵华期间，以掠夺皖、苏、浙等地矿产资源为目的的一个经济侵略机构。其下设11个矿业所，有马鞍山矿业所、桃冲矿业所、凤凰山矿业所、太平山矿业所、铜官山矿业所、栖霞山矿业所和萤石山矿业所等。

1940年4月，华中矿业股份有限公司派遣日本资本家强田厚太郎出任铜官山矿业所所长，不久，改派富永俊治为所长。当时，在铜官山的日本侵略军和日籍技术人员、家属计800余人，矿区负责人和主要领导人共有36名。他们收买了一批汉奸、工头，从荻港拉来木、瓦工和矿工50多人，以后又陆续从安庆、合肥、芜湖、南京、常州、上海等地欺骗、胁迫大批工人来矿，同时征用大量民夫。

铜官山矿业所组织起庞大的经营管理机构，下设10系一科，即：劳务系、警备系、用品系（管材系）、用度系（管成本核算）、采矿系、选矿系、运输系、电气系、港务系、石锥系（管钻探）、土木系和总务科。矿业所强征民夫，霸占良田，大兴土木，修建所长、高级职员宿舍，普通职员宿舍和工人、苦力、佣人宿舍20余栋，火药库、油库、米库、日用品仓库、机械仓库15座，还建有供日军腐化玩乐的"娱乐所"、"慰安所"以及各系直属厂房、室、所，共建（占）房屋189栋。他们还肆意圈地夺山，修筑公路、铁路，修建碉堡，开掘矿井，共占土地2252亩（其中江岸沿线164亩，江中新洲138亩，矿区1950亩）。到1944年工人达4000多人，由此可见，日帝掠夺铜陵矿产资源野心之大。

勘探与掠夺

日帝华中矿业有限公司，对矿产资源丰富、采冶历史悠久的皖南铜都——铜官山矿早就垂涎三尺，梦寐以求。自1939年至1943年期间，先后派遣神昌毅、楠木实隆、田畑武一郎、神永幸三、佐藤志雄、营原省及夏井一郎等来铜官山、鸡冠山、狮子山、叶山、小金山等地，对铁、铜矿产进行地质勘探。首先，在铜官山的黄狮涝山、松树山、小铜官山的西南一带进行槽井探，之后又在鸡冠山、小团山与新华山一带开展铁矿普查。

在老庙基山等地，进行钻探，探寻埋藏在深部的隐伏铁矿体，当把老庙基山的铁矿石运回日本八幡制铁所冶炼时，发现含铜量太高，不适宜炼铁，即转为以勘探铜矿为主。在老庙基山铁矿层下尚有含铜矿体存在，后来进一步钻探，终于在老庙基山十号孔内钻到了含铜品位富的铜矿体。铜是当时日本人急需的战备物资。老庙基山十号孔勘探的新发现，使华中矿业股份有限公司的董事长矶谷光亨红了眼，横下心，拟定了日产400吨含铜矿石，即年产14万吨铜矿石的掠夺性开采计划。

1940年12月，华中矿业股份有限公司指令铜官山矿业所开采铜官山铁矿。试行开采后，因矿质不佳，即停开采。共攫取铁矿345吨。1943年矿业所又开采铜官山铜矿，矿砂含铜百分之三四，先后共出矿约3000吨，悉数运往日本。

1944年春，日本华中矿业公司在老庙基山先开65米平巷，继通斜井，夺取含铜1.4%以上的富矿石，采出的铜矿石究竟运出多少无从查考，但日本投降后，遗留下手选铜矿石14172吨、普通铜矿石465吨、精铜矿370吨，其当时掠夺铜矿的疯狂性可见一斑。

"地狱"与"天堂"

铜官山矿为日寇侵华后长江沿岸所建重要矿业基地之一。自1940年4月至1945年8月，铜官山地下资源被日寇掠夺，铜官山劳动人民遭日寇蹂躏，华中矿业股份有限公司铜官山矿业所就是矿工们的地狱，东洋鬼子们的天堂。

当时，矿工们住的是茅草屋和芦席棚，既不挡风雨又不避霜雪。地势低洼，一到雨季便积水成牢。一间不到40平方米的草屋和棚子里，要住三四十工人，拥挤不堪，挪步困难。矿工们吃的是半碗糠菜半碗粮，喝的是天鹅抱蛋山下淌出来的矿泉水。这水的上游有一口英国人开过的废矿井，鬼子打开了，毒水流淌，工人们吃了肚子发胀，手脚溃烂，长期得不到治疗而抱病终身。矿工们下井干活，赤膊露背，下身围系着麻袋片。使用的工具即铁锤、铜钎，照明是豆油灯和电石灯。日寇的皮鞭不时地抽打着矿工们的脊梁。

矿工们失去了人身自由。矿业所明文规定：不许工人们去铜陵县城，不许工人们成群聚谈，不许工人们散漫乱跑，上工必须走一条通道，如有违者，当场击毙。

工人们收入微薄，尽管像牛马那样地干活，一天也只得到8角钱。临时工一天工资仅有5角钱，只够一个人填饱肚子。据老工人谷德胜、龚正美讲述，他俩是1940年5月来到铜官山的，同伴有70多人，一来工头就要他们砍杂草，每天每人只有四五角钱。谷德胜有次砍了十天草，只给两块钱。不久，同来的工友死的死了，跑的跑了，剩下没有几个人了。

1942年盛夏之际，铜官山霍乱流行，不少人染疫因无钱求医而死去。有的一人得病全家传染而亡。面对瘟疫，矿业所的头目对工人不仅不采取防治措施，反而，凡发现工棚里有重病号，没等断气就拖到白家涝活葬"万人坑"，惨不忍睹。

日寇侵占的几年间，铜官山矿的工人生活苦不堪言，累死的、病死的、饿死的、枪杀的、活埋的难计其数，真是人间地狱、惨绝人寰。而华中矿业股份有限公司铜官山矿业所的头头和驻矿日军的头头们却生活在另一个极乐世界。

矿业所所长富永俊治独居大屋一幢，拥有护卫、劳役多人，还有华人洗衣工、清洁工，这些人任其驱使、嬉谑玩弄。

矿业所大小头目和军警头目们住的是宽敞明亮的洋房，吃的是从上海、南京等地运来的海味佳肴及日货罐头，过着灯红酒绿、花天酒地的糜烂生活。这些人不仅从日本带来一批歌伎舞女，同时还经常诱骗、侮辱、强奸我同胞姐妹。据老工人稽启昌讲，那时候经常听到从鬼子"慰安所"和"娱乐所"里传来的妇女反抗声和哭泣声……

日本帝国主义在铜陵掠夺矿产资源长达6年之久。1945年8月，铜陵人民终于捣毁了鬼子们的"天堂"，打开了矿工们的"地狱"。从此，日帝在铜陵掠夺矿产资源的历史结束了。

（录自铜陵市政协文史委编：《安徽文史资料全书·铜陵卷》，安徽人民出版社2006年版，第362—364页）

4. 日军掠夺铜矿资源记

许朝成

铜陵是中国有名的古铜都。它资源丰富，矿产极多，自古就有金、银、铜、铁、锡、生姜、蒜子、麻"八宝之地"的美称。

1937年底，南京、芜湖等城市先后陷落敌手后，日本侵略军便溯江而上进逼铜陵。从1938年2月至1940年1月，日军从水上、陆地与空中对铜陵进行长达两年的狂轰滥炸、烧杀掳抢，共出动军舰270余艘次，发炮3470余发，出动飞机170余架次，投弹1130余发，炸毁村庄数百处，烧毁房屋15万余间，炸死、打死中国军民 1500 余人，真乃尸横遍野，血染铜都，使铜陵人民蒙受了巨大灾难。1938 年 11 月 26 日铜陵县城沦陷后，日本侵略者在铜陵，一方面疯狂推行"三光"政策，实行法西斯统治；另一方面大肆掠夺铜矿资源，犯下了不可饶恕的罪行。

1938 年 4 月 8 日，日本政府委派日商矶谷光亨和白石元治郎在上海建立日伪合资"华中铁矿股份有限公司"，以"统制华中矿产资源"为目的。1938 年 11 月在东京又成立了所谓"华中赈兴公司"，12 月 26 日又将前成立的"华中铁矿股份有限公司"改为"华中矿业股份有限公司"，仍由矶谷光亨任董事长，并将该公司列为"华中赈兴公司"所属八大公司之一，专事掠夺开采华中各地主要是苏、浙、皖的铁、铜、锰等矿产资源。该公司是日本军国主义对华经济侵略的机构，下设马鞍山、铜官山、桃冲、凤凰山、太平山、栖霞山和萤石山等 11 个矿业所。与此同时，日本政府还成立勘探矿产资源的"中支调查机关联合会矿业分科会"，从 1939 年到 1943 年，先后派遣神山昌毅、楠木实隆、田烟一郎、神永幸三、佐藤志雄、营原首及夏井一郎等 5 个调查组及其有关地质人员到铜官山、鸡冠山、狮子山、叶山、小金山等地的铁矿与铜矿进行勘探；并提出所谓"铜官山铁矿开发计划表"和"铜官山铜矿开发计划概要"报告。

1940 年春，华中矿业股份有限公司荻港矿业所所长安部，派小岛等人到铜陵筹建铜官山矿。不久，成立"华中矿业股份有限公司铜官山矿业所"，由日本资本家强田厚太郎任所长，机构庞大，设十系一科，即劳务系、警备系、用品系（管材料）、用度系（管成本核算）、采矿系、选矿系、运输系、电气系、港务系、石锥系（管钻探）、土木系和总务科。调集在铜官山的日军与日籍技术人员连同其家属共有 800 余人，其中矿区负责人 36 人。他们还收买一批汉奸、工头，并先后从合肥、安庆、芜湖、南京、常州、上海等地用欺骗和胁迫的方法征来大批工人与民夫，到 1944 年，工人已达 4000 余人。

在铜陵县伪政府的纵容下，敌矿业所霸占良田，强征民夫，大兴土木，大肆进行采矿筹建。先后修建华丽的所长与高级职员住宅 10 余套，普通职员和工人、苦力、佣人等土坯房 20 余栋，火药库、油库、粮库、日用品仓库与机械仓库 15 座，还建有供日军与日人娱乐的"娱乐所"、"慰安所"以及各系直属厂房、室、所等房 189 栋，共占地 2250 亩（其中江岸沿线 162 亩、江中新洲 138 亩、矿区 1950 亩）。此外，还肆意夺山圈地，修建了从矿山直达江边码头的小铁路约 9 公里，从扫把沟经羊山矶通往大道的公路约 17 公里，在扫把沟还修建码头 1 座，小型发电厂 1 所，并配有火车机车 3 辆，货车 30 辆，特备装甲客车 1 辆，货运汽车2辆，小火轮1艘与拖驳4艘。矿区还建有机械厂1个，装有各式车床及翻砂、锻造、加工等车间设备。

在筹备工作基本就绪情况下，1940年12月，"华中矿业股份有限公司"指令铜官山矿业所开采铜官山铁矿。矿业所先后在老庙基山、天鹅抱蛋山、松树山等地进行槽探，并在小铜官山进行浅井探，继而在老庙基山露天开采铁矿，共开采铁矿345吨，交中支贸易联合会运往日本八番，后经化验发现铁矿石含铜品位很高，不宜炼钢，转为采铜矿，进行铜矿勘探。除在老庙基山、天鹅抱蛋山、松树山和笔山以磁力、电阻及自然电流施行物理探矿外，还着手钻探，在老庙基山铁帽露头之下发现铁矿层下有含铜硫化矿体。接后又进行了五千分之一地质矿产详测，终于在老庙基山十号孔内钻到了含铜品位很高的铜矿体。根据勘探，当时日本人估计铜矿储量为100万吨左右，按每年采矿石10万吨，可开采10年。对此，华中矿业股份有限公司董事长矶谷光亨红了眼，横下决心，拟定日产400吨即年产14万吨铜矿石的掠夺性开采计划。计划钻孔73个（密集在老庙基山铁帽露头63个，其它在笔山和天鹅抱蛋山各钻5个），但实际完工仅26个（即天鹅抱蛋山3个、笔山2个、老庙基山21个）。据此开采计划，日本侵略者在1943年3月，先在老庙基山开拓平巷65米，继通斜井，并开掌子面64个，开采铜品位百分之三、四的铜矿3000吨，全部运往日本。直到1945年8月，在老庙基山共掘进平巷210米，其中由坑口向内137米为非原生铁，137米至210米遇原生矿体73米；另在65米水平1号至3号穿脉之间开掘采场一处，根据采场的体积及56米平坑所采体积计算，共劫取铜矿1.5万—2万吨。

敌华中矿业股份有限公司及铜官山矿业所还在铜官山建选矿厂与动力厂，并从日本运来一些机器设备，包括2500千瓦与1500千瓦汽轮发电机各一套。在未等到开箱装配，工程亦尚未完成，日本宣布无条件投降，其美梦成了黄粱。这时日人在铜官山还剩有未运走的粗铜矿14172.5吨，精铜矿2279.65吨，金矿705.75吨。

日本侵略者对铜陵的矿产资源掠夺必然伴随着对矿工的残酷压迫和奴役。一座铜官山，形成两重天，日本的所长、矿长与高级职员住着豪华的房舍，过着花天酒地、荒淫无耻的腐朽生活，而矿工们却干着牛马活，吃着猪狗食，常年饥寒交迫，生活在水深火热之中。

矿工们每天天未亮就被工头赶进矿区，工地四周围着铁丝网，工人干活时门都被锁着，外面还有矿警站岗监督，直到天黑才放工，每天都要干十几个小时苦活，住的是土坯房、芦席棚与茅草屋，夏不能遮雨，冬不能挡风，几十个人挤在一起，苦不堪言。许多矿工缺食少穿，尤其是寒冬腊月，有的还只穿条单裤，工人没有鞋穿，经常赤着脚踏着冰雪去上班，手脚冻裂了，无钱买药医，就往裂口里涂蜡烛油，疼痛难忍。工人们生产条件、生活条件以及卫生条件都极差，许多工人劳累生病，特别是1942年春夏发生瘟疫（当时称"人瘟"），许多矿工与家属染病身亡。开始人死了，别的矿工还用芦席卷起埋葬，后来死的人越来越多，甚至一家几口全死光，无人收尸，尸体就抛在荒郊野外，任野狗拖食，尸骨满山遍地。同时，工人们毫无人身自由，矿里规定矿工平时不准上街、不准进城。发现工人有逃跑的，不是被枪毙，就是活活给打死。所以日军统治下的铜官山矿，实际上就是摧残与迫害工人的集中营。

哪里有侵略，哪里就有反抗。日本侵略者大肆掠夺铜陵的矿产资源，残酷压迫与剥削工人的罪恶行径，引起了广大工人的极大愤慨，点燃了矿山的抗日怒火，1942年初，中共铜陵敌前县委指派具有领导工人运动斗争经验的陶述祥任五峰区委书记，重点是开展铜官山矿区工作。陶化名为洪天寿，扮成小商人，深入矿区，接触矿工，宣传党的抗日救国主张，启发矿工的阶级觉悟。先在矿工中组织和发展抗日救国会会员，接着发展进步工人入党，并成立了中共铜官山矿支部，从而把工人的斗争引导到有组织有领导的正确轨道上来。在中共铜陵敌前县委和矿山党支部的领导下，抗日烽火燃遍矿山，矿工们采取各种形式，积极为新四军和地方游击队搜集雷管、炸药、导火线、电话和电线等军需物资；采取巧妙办法智除了汉奸和矿警察所所长，使日伪胆颤心寒；同时还于1942年夏和1943年初组织工人举行了两次罢工，迫使矿业所答应工人们提出的不准日军和伪警随便捕人杀人，并改善工人生活、增加食粮与白面、每月准许工人进城一次购买生活用品等要求。尤其是1944年冬，矿山党支部组织部分矿工积极配合地方游击队，袭击扫把沟敌据点上的鬼子警备队，消灭了据点里的全部日伪军，缴获了八九支长短枪，有力地打击了敌人，鼓舞了矿工抗日斗志，还输送20多名工人参加新四军皖南部队，为铜陵地区抗日斗争作出了积极的贡献。

（录自中共安徽省委党史工作委员会编：《侵华日军在皖罪行录》，安徽人民出版社1995年版，第195页）

5. 有关铜官山铜矿的档案资料摘录

1. 据日本投降后,华中矿业公司日本职员四方治和五十郎善之丞所写"贮矿量调书"记载,日本投降时铜官山未及运走的铜矿量为:粗矿14172.5吨,精矿2279.65吨(合计16452.15吨)。(安徽省档案馆50—1—210)

2. 据1945年11月15日,经济部苏浙皖特派员办公处接收华中矿业公司马鞍山、凤凰山、桃冲、铜官山矿业所所写财务报告,评估铜官山矿业所留存的已开采铜矿金额为35,076,352.63元(伪币)。

(安徽省档案馆馆藏档案,档案号:50—1—213)

（二十一）有关抗战时期黄河花园口决堤后安徽人口伤亡和财产损失的一组档案文献资料

1. 安徽省淮域工赈

盛德纯

二七年夏，倭寇铁蹄，践入中原，将黄河南岸河南省凌花园口、赵口两处堤防炸毁。黄水沿豫之贾鲁河南泛，侵入本省沙、颍、涡各河，夺淮东溃。淮域口下游被灾县份，有太和、阜阳等十八县，被淹田地，约二千三百七十八万余亩，灾民达300万人，财产损失在二万万五千余万元以上。因环境特殊，黄河溃口无以堵塞，而淮河干支堤防，大都为黄河摧毁。溃水横流，亟须防范，遍地哀鸿，亦待救济。唯有举办工赈筑堤，防黄与救灾，兼筹并顾，并遵奉委座"图沿溃水所到之处，修筑堤防，多圈围垛。免使灾区扩大"之电示为施工之准则。

一、工赈区域

本省原定举办工赈之区域，为霍邱、太和、颍上、阜阳、亳县、涡阳、蒙城、临泉、凤台、寿县、怀远、凤阳、五河、盱眙、灵璧等十八县。嗣下游各县因情势特殊，尚未施工。三年来实际施工区域为阜阳、太和、临泉、亳县、涡阳、蒙城、颍上、凤台、霍邱、寿县等十县。

二、工程范围

淮域工赈工程施工范围：第一步系堆矿及增筑，淮域各河干支格堤防，堵塞溃口，围筑围垛，使灾区不再扩大；第二步则建筑涵闸，藉以节制内外水位、疏浚重要河流，防止淤塞泛滥。

二十八年汛前工程计划：根据二十七年冬黄灾各县查勘呈报，堤工共需筑土300余万公方，涵闸修建及河道疏浚尚未列入。

二十八年汛后工程计划：根据二十八年年底实际测量成果，计阜、颍、凤（台）、霍、寿、临、涡、蒙、亳等县堤防，共长1530余公里，共需筑土5400余万公方。

二十九年汛后工程计划：根据环境之变迁，施工各县县政府及工程人员之查勘报告，计阜、太、颍、亳、涡、蒙、临、凤、寿、霍等县堤工：（1）培修堵筑工程共需土 3000 余万公方。（2）汛前未及施工应续修工程共 600 余万公方。（3）因溃水全部入皖，泛区扩大，需要增办工程共 2800 余万公方，合计堤线共长 2677 公里余，需筑土 6500 余万公方。——三十年即参照此项计划，及西安淮域工程会议决议各案实施。

三、工程进度及受益概数

二十八、二十九及三十年至九月止之淮域堤工进度与受益概数，列表如次：

时期	施工堤长（公里）	完成土工（公方）	保障农田（亩）		估计受益价值（元）
廿八年	936	10750408	4092724		36733062
廿九年	1612	31657169	春季	13947920	150100260
			秋季	13341640	128040000
三十年	2061	2277486	春季	17881919	255086512
			秋季	16298406	242016127
共计	4609	65182438	65562609		811975961

四、水位情形

淮河水位，抗战以前各地设有测量站，记载颇详。据蚌埠测量站报告，自二十年到二十六年之洪水水位，当以二十年至二十公尺余为最高。二十一、二十五两年最高水位为十四公尺余。二十二至二十四，三年为十五公尺余。二十六年为十七公尺余。军兴后，沦陷为战区，各地原设之测站，均停止观测。二十七黄水南泛入淮，淮域各河，除原有水量外，益以黄溃，水位自较二十六年为高。二十八年据驻阜阳工程人员报告，该年阜阳是洪水位较二十七年高一公尺。二十九年多较二十八年高七公寸。以淮域堤工受益情形当淮河水位情形比较观察，可知水位虽逐年增产，而施工各县灾情，已逐年减轻，足征淮域堤工，不仅消极的未使灾区扩大而已也。

五、工款收支

淮域工款，自二十八年五月至三十年九月总共收入为 145.7025 万元，支出为 141 万 3 千 4 百零二元二角五分，附收支概况表如下：

安徽省淮域工赈委员会工款收支概况表（自二十八年五月至三十年九月底止）

时期	收入之部 摘要	金额	支出之部 摘要	金额	备注
廿八年	中央赈济会拨发	400000.00	配发阜、太、凤、颍、寿、霍、盱、涡、临、无、蒙、宿、十二县工款	193575.00	宿县1.5万元弘伞委员会拨放急赈，盱眙1250元，省赈济会作借急赈天长；5000元因不能施工尚未动用
	财政部拨发	100000.00	淮域工赈委员会管理费及预备费	19528.74	
	经济部拨发	200000.00	省赈济会借放急赈	30000.00	
	安徽省政府拨发	5025.00			
廿九年	中央赈济委员会拨发	600000.00	配发阜太凤颍寿霍涡临八县工款	460675.00	
	本省拨发款防汛费	30000.00	配发阜太凤颍霍五县防汛费	30000.00	
			淮域工赈委员会管理费及预备费	53140.96	
三十年	本省拨发防汛费	120000.00	配发阜太凤颍寿霍涡临亳蒙十县工款	455000.00	
	霍邱急赈移作工赈	2000.00	配发阜太凤颍寿霍涡临亳蒙十县防汛费	120000.00	
			淮域工赈委员会一月至九月管理及预备费	31480.55	
合计收入		1457025.00	支出	1413402.25	

六、工程价值及欠发方价

淮域堤工自二十八年汛前至三十年汛后，共完成土方计6500余万公方，即全照二十八年计划、每公方以一角计，6500余万公方，应值价650余万元。如照现时生活程度，每公方最少需五角，则值价达3200余万元。而中央所拨工款前后共仅130万元（本省所拨防汛外助费15万元仍作防汛开支）即扫数照每方一角发价，尚欠520余万元，如按每方5角发价，相差尤巨。

安徽省淮域工赈工程价值及其欠发方价简表

时期	完成土方（公方）	单价（元）	总价（元）	已发工款（元）	欠发方价（元）
廿八年	10750408	0.1	1075040.80	172325	902715.80
廿九年	31657169	0.1	3165716.90	460675	2705041.90
三十年	22774861	0.1	2277486.10	455000	1822488.10
共计	65182438	0.1	6518243.80	1088000	5430243.80

备注：1. 如按现时生活程度则每公方工资需五角，值价为31820066元。
2. 各县管理费均由所发工款内垫支尚未拨还。

七、今后工程应注意事项

（1）淮流及其支流所经之处，土地肥沃，农产丰富，人民茂密，交通频繁，若任黄泛横流，沦为泽国，不仅无数万生灵，生计无所凭依，即中原抗建工作，亦遭受莫大之阻碍。但涡淝东北，尚为敌骑纵横，奸匪潜迹。黄溃所经在军事上，却有改变地形之功用。故实施防黄工程，须于军事民生兼顾原则之下进行。

（2）查黄河陕州二十三年八月九日最大流量为二万三千秒立方公尺。黄河自二十七年于中年及郑县溃口后，黄河本身业已断流。而历年黄河流量，均不及二十二年之大。一旦黄流增涨至最大流量之时，本省淮流灾情，自较严重，淮域堤工，岂可疏忽（据陕州水文站记载，二十七年最大流量为6200余秒立方公尺。二十八年为7700秒立方公尺，二十九年为1.1万秒立方公尺；三十年为4000余秒立方公尺）且黄流到处淤塞，黄河溃口一日不堵筑，本省淮域黄灾亦必日趋严重。各河流干支堤防，经黄流之冲刷，风浪之剥蚀，必须逐年勘测，继续修培，河府经黄水所挟之沙泥淤淀，必须择要疏浚，各处沟渠必须建筑涵闸，调节内外水位，认准民生，而保国本。

（3）目前淮域水利工程，实为防黄专道导淮两大工程之合并，故非常艰巨，所需工款，亦非常庞大。淮域民众，连年遭受天灾人祸，困苦不堪。如全以民力负担，决难胜任。对于工程经费必须宽筹确定，以利推进。

八、关于办理淮域工赈经过之三点说明

（1）淮域堤工二十八至三十三年，施工堤线共长2000余公里，完成土工6000余万公方。工程价值，照二十八年计划，每公方一角，应值六百余万元。二十九年以后之生活程度，每公方最少给价五角至八角，才能维持工人最低生活，则值价三千余万元。以中央所拨工款130万元，与工程值价600余万元相较，只1/6，与三千余万元，相较只1/30，就是工夫领到一元三赈款，必须自己赔上 29 元多三人之伙食。换言之，工夫做成 6500 余万公方，只有百余万元之代价，每方所得不过二分。一元工价，至少要筑土 50 公方，以每人每日可做三公方土计算，须要十七日才能做成五十公方，即工夫至少要做到十七日才能领到一元赈款。在今日人工之贵，生活之高，老百姓对于淮域堤工赔累巨，可想而知。但三年来完成 6000 余公方堤工，保障田亩达 4500 余万亩，受益价值在八万万元以上，其实际所得较赈款何止倍蓰！

（2）普通举办一件工程，管理费与工程费之比例约为 10%—20%。淮域工赈工程管理费，原计划仅定为 5%。因此项工程系以工代赈，多开支一文管理费，就是民众少得一文赈款，但 5% 管理费决难敷用。为求撙节经费，并能与事有济，遂规定县工赈工程总队部由县长兼位，副总队长由县建设科长或其他在职工程人员兼任，总队部职员亦多由县政府职员兼让，省工赈会主任委员、副主任委员及总工务处长均由有关主管长官兼任，职员亦有一半兼任，概不兼薪。自二十八年起，截至三十年九月止，工赈会管理费开支不过十万元，施工各县管理费尚未全部据报，充其量不过十万元，总共约二十万，以完成堤工值价三千余万元，百分之五计，则节省之数目，更为庞大。

（3）本省常办淮域工赈，二十八、九两年，中央先后拨发工款 130 万元。（三十年）西安淮域工程会议决定施工原则后，中央复一次拨发三百万元。（最近方领到 270 万元，拟由工赈会第五次委员大会议定配发）三年来，淮域数百万人民生活，由水深火热中渐趋安定，中原抗战形势，逐渐好转，军事、政治、经济各种设施，日益发展。淮域工赈工程之收效亦有莫大之关系。但淮域黄灾未能根绝，防黄工程，日趋艰巨，自应逐年根据溃水形势，计划培修堤防，疏浚河道，修建涵闸，以资防范。其工程经费，因工程之范围渐广，物价日高，所需数日亦必较以前更为庞大。三年来淮域老百姓于灾害之余，已担负数千万元之人力财力修筑堤防。自不能继续苛以重役，使之毫无生息机会。工赈会前，因多数地方沦为战区，省库奇绌，对于淮域工赈工程经费，未能筹措，现秩序渐定，似应上体中央德意，下恤淮域民力，于中央补助工款，及征集民力之外，自筹应需之工程经费，积极督导推进，方不致捐弃前功，而可继续收益于无穷也。

（安徽省政府秘书处编译室编：《安徽政治》第 5 卷第 2、3 期，1942 年
3 月，第 123—127 页）

2. 安徽省淮域各县配发工款统计表（二十八年度）

项　别　　　县　别	配发款数		
	合计	第一批	第二批
总计	346250	177250	169000
寿县	25000	12500	12500
霍邱	29000	14500	14500
阜阳	74000	35000	39000
临泉	5000	2500	2500
太和	70000	37000	33000
涡阳	5000	2500	2500
蒙城	2000		2000
凤台	70000	37000	33000
颍上	60000	30000	30000
盱眙	1250	1250	
天长	5000	5000	

（资料来源：安徽省政府秘书处编：《安徽统计》，民国 33 年 12 月，安徽省档案馆馆藏档案，档案号：JCM277）

3. 善后救济工赈计划纲要

一、修复被毁铁路公路

查此次因抗战被破坏之铁路公路亟待修复者颇多，沿路难民其体力强壮者，无论男女似均可使之担任修复土方暨其他普通工作。为减少运输困难起见，被召难民以距［踞］离工作地点在六十华里以内并不妨碍原有工作者为原则，故凡体质衰弱或有残疾不克胜任是项工作，或因故不能离乡者均可不在被召之列。

实施工赈应接近难民区域及经济价值较巨或事实需要较切之路线首先兴办，

其施工范围并以修复原有铁路公路为原则。

难民之征集运送及工资之发放等工作由本署设立机构办理，关于工程之设计监督及工资数目之规定均归工程机构负责。在工作地之伙食由难民自理，惟可依照军队编制，每队添用伙夫由难民中选用之，所需食米可由本署平价供给在工资内扣除，或折合工资逐日计时拨给。

难民工作能自成一区者最好勿与包工或其他民工兵工混合，俾易管理。工资应以工作成绩计算（俗称包工制），庶使能力较高之难民而收益亦较多，且按日点工作易生流弊，惟因难民缺乏经验，加之营养失调，工作效率也随之降低。若定格过高，每可使一日所得不能维持生活，故对难民工资及其他待遇似应稍宽，但仍须以一般工资标准，勿相距［踞］过远，以免引起民与民之间的争执。

凡已筹有工程费之各【】，雇用难民工作，本署虽可毋庸再担任工资，但为沿线难民福利起见，除协助征集运送及组织工队外，并在工作地组织福利机构，办理医药治疗埋葬抚恤及平价供给食米炊具日用必需品等，总使难民在工作时间能保证安全，改进生活恢复健康。难民麇集一处，每易发生骚扰，除随时与当地军警取得联络，俾资维持秩序外，并可施以普通训育，以增进其知识。

二、复建被毁房屋

在收复地区，房屋需要最急，尤以内地乡镇房舍本甚稀少，经流亡迁徙之后，不毁于炮火，亦被劫一空，难民相率返乡如无安身处所，难免不再转入沟壑，故修茸或重建房屋实为当前急务。

收复区被毁之建筑，除慈善机关及公立学校可由本署代为修复或供给建筑材料外，其余私人所有之住宅，商号，工厂均应由业主自行修建。惟为求早日苏复起见，可由本署平价供给建筑材料或工人食米作为贷款，分期偿还，并予以行政上或经济上之协助，督促当地银行组织银团贷给建筑费用。凡建筑之房屋由银团经租管理，即以所收租金偿还贷款本息，俟贷款清偿后，方将房屋交还业主（参阅房屋修建办法）。

本署即以贷出之材料向国家银行抵借现金，再购建筑材料备修基地房屋之用，并以收回材料贷款，偿还银行贷款，如此反复周围，可以联总输入之材料，普遍恢复各地被毁房屋，待流离失所难民得以安返家园，重操旧业。城市因之繁荣，农村得以安定，于公于私两获裨益。

因限于人力物力，各地被毁房屋势难同时兴修和【】【】，故必须由本署令同当地政府统盘计划，视房屋需要程度及人力供应情形，分别缓急，划定区域，以六个月为一期，分期完成。

修建房屋之工人除一部为技术工人外，其余小工需要甚多，均可就地或邻近之难民充任之，并可将成年难童就地训练充任技术工人之下手。若训练及管理得法，经相当时期后，实习难童均可从此自食其力，能力较强者或可造成技术高超之工人。

三、建筑材料之【 】【 】及运输

建筑材料如砖瓦石灰及竹木等必须就地供应者，应于事前统筹办法，鼓励生产并管制消耗，遇必要时，可贷予资金协助建立制造砖瓦或石灰之窑厂，并收购产品统一支配，务使供求相应，勿任操纵居奇。

内地房屋所需建筑材料几全部仰给于当地所产之竹木，但收复区域竹木生产并不丰富，而需要数量则甚巨，若不预加管制或统购统发，必至同竹木缺乏价格暴涨，非特妨碍全部建筑计划，且将影响其他物价，故应与当前全国地方政府详细调查统盘计划，必要时本署可依照当地政及人民团体所占之人公平价格出资收购，并利用难民组织采伐队及运输队俾得将竹木运至工作地点。

上项砖瓦石灰及竹木等材料因限于产生地点以及原料及燃料供应，难免不须自远地运来，特别是竹木产地大半在深山野谷离市遥远之区，运输极困难，需要人力尤多。此次采伐运输小工均可征集当地难民充任之。

四、修复黄河溃堤

黄河溃决，泛滥成灾，河流四溢，被灾区域甚广，受害人民达 600 余万，每年损失食粮棉花等达 110 万吨，实为战时受害最重之区域。除对受害人民就应予紧急救济外，其堵口及复堤等善后工作亦应赶速进行。

黄河善后工作有：（1）修复黄河（2）修复黄河下段堤防危险部分（3）修复淮河及其支流河堤（4）泛滥区排水等五大工程。所需工人甚多，除技术工人外，其他运输及普通小工均可利用受灾难民负任，以建筑代救济移赈款为工资难民除受赈之外，并可因此恢复旧业，重【 】家园，对于农村安全之重要性，自不待言。

此项工赈区域既广用人尤多事宜，专设机构管理之，除工程上之设计监督应由主管水利机关负责外，本署当依据该机关所拟计划及暨分段设站征召难民输送至工作地点并照管理工人办法编列成队，每队设队长统率管理。（参阅工赈实施办法。）

泛滥区域之难民需要最紧急者为食粮及房屋，故本署可尽量以食粮及衣服计工给发代替工资，惟为便于奖惩起见，工资应以工作成绩计算，庶可能力较高者

或工作较动者收益亦较多。至于工资数额应于主管机关会商规定之。

泛滥区域之村庄，恐须全部重建，是项兴建工作可援照复建其他城镇办法，由本署贷予材料，由难民自行出工，遇必要时或可再贷予粮食，俾资提前完成，但该类农村在重建时应将其道路布置，沟渠设备以及其他有关卫生防火等建设在可能范围内加以改进，以示模范。

被灾区域之农田因泛滥甚久，田界恐多泯灭，清理甚为困难，为能乘此机会将该区域之农田采取合作制度设为集体农场，改进灌溉方法，采用改良种子及肥料以机器代替人力耕种，收效必甚宏，且可为吾同农业制度辟一改进门径，兹事困难虽多但可向各方有关机关商讨解决之。

五、重修海塘及江塘

江苏海塘及浙江江塘（钱塘江江塘），因关系重要【 】设专卖局专理，每年【 】修，江浙两省沦陷后迄今已逾八载，难免不无损毁之处，倘一旦溃决为害，将不堪设想，故应由该两省水利局先行切实调查，如需重加修理，本署可援照修复公路铁路等之工赈办法，征召就近难民充任，一般民工可负担之工作，但工程之设计监督以及建筑材料之配备采购，仍须由各该水利机构负责。

湖北省境内之长江汉水各堤塘，尤以汉口至宜昌一带之江堤本已年久失修，复因受战事轰炸炮击之影响，难免受震松裂之处，亟应设法【 】理，以免泛滥成灾，查此项堤塘工程向由江汉工程局负责主持，兹为集中力量迅赴事功起见，除由该局调查设计拟具方案外，本署可援照其他水利工赈办法，利用湘鄂难民协助兴修。

六、改进农田灌溉

中国以农立国，农民占全国人口百分之七十以上。欲安定社会必先繁荣农村，民富则国强，增加农民收益为当前建国急务。至增加之法，除使农民于家隙时加营副业外，本署亦可乘办理工赈之际，会同当地政府利用难民改进农田灌溉。依庶地势建筑蓄水池以防旱灾，或疏浚河道加堤以防水淹。倘能使水旱灾荒均能控制，农民得益实非浅鲜。

改进农田灌溉为便利实施起见，听由地方政府主持，惟本署应予技术上及经济上协助。遇必要时除派技术人员代为设计及监工外，应依照所拟及经本署核准之预算贷以建筑经费，由地方政府出具借据分期偿还。但为复兴农村计，本署可仍以地方政府偿还之款再作改进农村灌溉之用。取之于民仍用之于民。将工赈经费反复使用，庶几各地灌溉工程得迅速完成。

本署或可与农民银行取得联系，请该行本扶助农民之旨参加此项灌溉建设工作。倘能协助地方政府等代经费提前清偿本署贷款，则周转较灵，工程进行亦较快，比之普通农贷收益更宏。

七、鼓励造林

查国内所有原始森林近年来采伐甚多，但培植颇少，故遍地童山濯濯非特使建筑材料日益缺乏，且间接影响水患贻害非轻。故农业治本之道端在造林。但十年树木收益颇缓，加之保护困难，致使农民视为畏途，不敢轻易尝试。势须国家予以提倡，并以经济上之援助方能收效。

际之兵燹之后农民嗷嗷待哺之时，本署似可利用赈款以工代赈鼓励造林，惟须由主管机关拟具确实有效之保护及培养办法，不致在尚未长成之前而被毁坏，徒耗巨资毫无实效。

除国有或省有森林规模宏大可专设林警保护外，人民私有森林仍应由业主自行负责培养，惟应责成地方政府视成长数目逐年予以奖励。凡未届年龄又无特殊理由而擅自采伐者应悬为励禁，赏罚严明可养成人民保材之习惯，经多年继续推进之后，人民视造材为经营有利农业之一，则造林计划之推进更为顺利矣。

八、提倡家庭手工业

乡间妇女及十五岁以上二十岁以下，几多体力较弱，对于修路或其他繁重工作难以胜任，且远离乡井，事实上亦多困难，应在当地援以轻简工作使能维持生活，遇必要时可会同地方政府当地教会或工业【　】作团体并设训练班或组织小规模之工厂以及手工业并授实用技术，俾得自食其力。

（行政院善后救济总署安徽分署编印：《善后救济》第 1 卷第 3 期，
1946 年 6 月，安徽省档案馆馆藏档案，档案号：JXW369）

4. 关于淮域工赈

盛德纯

禹贡载：夏后氏治水，"导淮自桐柏"，桐柏山在今河南省南疆，北岭山脉主干之一也，其北麓为淮水源流所自出，由潺湲而奔放，东行六百余里，入皖境，历阜阳、颍上、霍邱、凤台、寿县、怀远、凤阳、灵璧、五河、盱眙、泗县，而注于皖苏交界之洪泽湖，在皖境两岸支流错综，北纳润、颍、西淝、芡、沱、潼、浍诸水；南合史【　】、东淝，小溪诸水、淮水干支河流，实分布于皖北廿二县，约占皖省全面积百分之四十八弱，两岸泥沙，历年冲积，河床日高，河面日阔，益以洪泽湖之淤浅，入海入江之去路不畅，每值夏秋水涨，山洪暴发，则易成灾，故导淮变为我国水利工程之重要之一项，民二十年大水灾，淮域受祸甚烈，幸经国府救济水灾委员会设立工赈局三所，修筑干堤，绩复由皖淮工程局之协助，皖省政府之逐年培补，堤身渐越坚固，淮上人民，正有安澜之庆。不料倭奴轻开战端，华北华中烽讯，先后传来，长蛇封豕，扰我神州，惨杀我人民，尚嫌枪炮毒气之不足。由于寇蹄践入中原之日，竟将黄河中牟花园口一带堤防掘破，滔滔黄水，夺贾鲁河南下，由皖省太和各小河流侵入沙泉，与淮相合，怒湍激注，一泻千里，自非原有堤圩，所能筑来，遂致干支各堤，大半溃破，灾情之重，灾区之广，有过于民国二十年之大水，计被淹田亩约共二千余万亩，灾民达三百五十余万人，财产损失在二万万五千余万元以上，哀我淮民，何以堪此！斯时本省政府，正由怀宁西迁，转进于大别山中，大乱当前，羽书飞寄，秩序未安，人心浮动，然处境虽如此困窘，对于三百万之淮民，仍自应竭力拯救，于是吁请中央，散发急赈，俾遍野之哀鸿，得延残喘；复虑及淮河千百余里之干支圩堤，实为淮域二十余县人民生命财产之保障，既遭黄流荡圯，转瞬春回水涨，不仅民众，尽付波臣，亦足使豫鄂皖边抗战根据地北方之屏蔽，同遭摧毁，唯有仿效民廿年工赈办法，救灾筑堤，同时解决，则可增加生产，安定民生，巩固大别山之外围，扩展中原之抗建势力，是何只一举而两得！但淮河干支堤线，如此其长，工程浩大，自非筹有巨额款项，工赈无从举办，本省当灾浸之后，敌伪环扰，人力财力，均感缺乏，焉能负此艰巨，非中央予以接济，则无以赴其事功，本省府遂于上年春间，根据调查堤防溃破及被灾情形，拟定工赈计划，报请中央核拨巨款；一面以汛期瞬届，先行筹措一部分工款，除下游各县，情势特殊，暂缓进行外，饬令上游各县积极准备开工，并派遣工程人员，分驻工地督导。中央工款七十万元，亦于六月中旬汇到，工赈委员会又于八月间成立，工程推进，稍为便利，至是年秋末，约完成一千余万公方之堤工，收效颇著，汛后为求拟修堤线适合标准以减少将来施工困难，及检查已成堤工高宽坡度是否能合规定，经组织测量队两队，分赴施工各县，实地测勘，外动内业，历两月余方告完竣，该项测勘图表，于本年三月间分送中央及有关部会审核，并请续拨工款，各县工程，仍继续积极督导进行，迄今（至本年六月底止）又完成堤工一千三百余公里，土工计二千五百余万公方，此乃本省举办淮域工赈以来之大概情形也。至工赈工程计划，及组织系统，与夫两年来工程进行情况及其成效，再分别略于后。

（附：二十七年淮域受灾各县灾情一览表）

二十七年安徽省淮域受灾各县灾情一览表

县名	受灾田亩	灾民人数	房屋损失（间数）	牲畜损失（头数）	损失总数（元）	备注
霍邱	550000	100000	50000	20000	74000000	
颍上	1790000	180000	30000	400	18808000	
阜阳	4742000	653000	90000		50100000	
临泉	540000	136000	693	21	5421210	
太和	1750000	458000	208000	7700	23894000	
亳县	160000	13000	5000	5000	1850000	
寿县	2540000	200000	50000	6000	27020000	田亩损失以十
怀远	2240000	200000			22400000	元计房屋每间
灵璧	2500000	200000			23000000	以三十元计牲
凤阳	2150000	200000			21500000	畜每头以二十
定远	300000	70000			2000000	元计表内各栏
五河	70000	120000			700000	空未填者尚本
泗县	150000				1500000	具报
盱眙	1260000	73000	3000	39300	13476000	
凤台	870000	548000	90000	30000	32000000	
涡阳	120000	76000	26352	60	1991760	
天长	250000	42000	18000		3040000	
合计	23780000	3069000			257100970	

一、工赈工程计划概要

皖省淮域，因黄水南泛而成灾，根本救灾之计，唯有驱逐倭寇，堵塞黄河溃口，否则淮水本身，已易泛滥，复益以流量每秒一万四千余立方公尺之黄水，即有特别坚固庞大之堤防，亦不能保障全部免灾，且据黄水会勘估，黄河如因此改道，两岸新筑黄堤，需款约八千万元之巨，其他涵闸工程，尚不在内，国难严重，经济拮据，复值情势特殊，曷克言此！故淮域工赈举办之主要意义，是在不使淮域受灾区域，再为扩大，安定皖北三百万人民生活，以加强抗战力量，本省淮域工赈计划，即系根据此种客观事实而拟定，并非在一经工赈筑堤，即可消除数十年来黄淮两大水患。淮域工赈计划之工程目的；系遵照委座电示，在黄河溃口未堵前，以工代赈，沿溃水所到之处，修筑堤防，多圈围埝，以免灾区扩大，其工程区域，即淮域受灾之太和、阜阳、临泉、蒙城、亳县、颍上、霍邱、涡阳、寿县、凤台、怀远、凤阳、灵璧、天长、五河、泗县、盱眙等十八县，工程范围，是培修堤防涵闸，疏浚重要河流，工程经费；当时因人力财力两缺，且为时间所限，不能精确估计，工程经费，系依据各县所报灾情及堤段，约共须土方经费三百零八万余元，涵闸修建费约十万元，材料费约十万元，工程管理费以百分之五计，约需十五万九千二百五十元。工程预备费三十一万八千三百元，合计三百七十六万二千三百元。经派员努力督修，二十八年完成有效堤工效一千余万公方，收效至巨，汛期以后各县地方自知堤工关系重要，必须继续修筑，乃因二十八年水位较二十七年，增高一公尺以上，堤身必须加高，堤线尤须延长，且须加筑支堤格堤横堤，据各县勘估结果，工程数量增大为审定各县计划是否适合选择堤线，是否适当估计工程是否精确，特组织测量队两队分赴上游、阜、太、颍、霍、临、涡、寿、凤等施工各县实地测勘，费时二月，共测勘堤线一千五百余公里，必须修建之重要，堤工合共五千四百余万公方，据原计划，每公方给价一角，计约需工程经费五百四十余万元（原计划每公方一角给价系按二十八年生活程度最低估计若按二十九年生活程度估计至少每公方需给价二角），此项测勘工程，均为淮域重要干支堤线，应筑之堤段，名称，长度，土方数，另详二十八年汛后工赈工程总表；唯此项巨大工程以本省现时之人力，即使中央能按全部工程经费拨款，亦决非短时间内所能一气完成，故仍请中央按原计划预算三百万元，先拨工款择要施工，余俟下期继续进行至施工办法，系征集淮域各县灾区壮丁编组工队，分段修筑，工赈会分派工程人员，前往各县督导，并订定修筑淮堤施工办法，工队编组规则，筑堤防空须知，工赈办事人员奖惩规则，监工员训练简章，征用章程，及服务规则，工赈修堤拨款办法等各项重要章则及表式，通饬遵照办理。附计划概要表及二十八年汛后工赈工程总表（略）。

二、工赈工程组织系统

淮域工赈工程，上年八月以前，原由本省建设厅主持办理，后因工程相当浩大，工程之计划督导管理，工款之筹措支配拨放，人事之指挥监督，有另设立主办机关之必要。于是安徽省淮域工赈委员会（下简称工赈会）于上年八月十一日成立。省政府主席兼主任委员，民政建设两厅长兼副主任委员，省党部主任委员，省参议会代表一人，财政厅长，工赈各区专员，为当然委员。并由省政府聘请省内外热心公正之同乡耆老士绅为委员。会内设总务工务两处，文书会计工事设计四课。处长二人，课长四人，工程师若干人。以下设课员，工程员，稽核员，事务员，录事数十人。因工赈管理费为数甚少关系，凡委员均为义务职，职员半数向有关机关调用，不支薪给。此外为实地勘测淮域应筑之堤线，应修补之闸涵，与应疏浚之河道，另组织测量队三队。后因下游情势特殊，未能前往实测，先成两队。每队设队长一人，下分事务，导线，地形，水准，断面，五组，每组设组长一人，事务员或测员测工若干人，测量完成，测队即行结束。至各县工赈工程之组织，因此项淮域堤工原与地方人民有切实利害，即使工款不足，地方人民亦应自动征工修筑，以资保障。为便利征集工夫统一事权，节省管理经费起见，特利用县政府以下原有之基层组织编组工队，积极督办。于施工各县成立县工赈工程总队部，由县长兼总队长，以下设大队，区队，分队班等。大队长由区长或县府职员兼任，区队长就是乡（镇）长，分队长是保长或圩董堤工委员等。每班工人暂定五十人，大队区队分队多少，须视工程大小而定。再在工程督导方面，工赈会酌量各县工程之大小难易，派有工程人员二人或数人常川驻县督导推进，县工赈总队部，亦设有督导监工人员，分派各段负责。在工款稽核拨放方面，工赈会派有稽核监放人员分赴各县稽考，县工赈总队部亦设有监放人员，办理工赈拨放事宜。关于工佚之宣传教育，县工赈总队部设有政工人员负责。淮域施工县份，均为第三行，督察区辖县，工赈会为增进堤效率，于本年二月份起，自工程预备费内月拨四百元，饬由该区专署设工赈工程督察员五人，分赴各县督察堤工。后霍邱寿县改隶第二行政督察区，但该两县原派督察人员，仍继续负责，以免多所更张云。附淮域工赈委员会组织系统表。

三、二十八年工程进行情形及成效

二十八年皖淮工款，中央拨发七十万元，因皖渝交通迟滞，至六月间才汇到，其时汛期已届，工程进度，不经影响，但上游各县经先事派员积极督导赶工，结果二十八年伏汛水位，虽较二十七年约高一公尺，而灾情较轻，此成效之显而易见者。至各县堤工进度及秋季收效实况，如：（子）霍邱县：淮堤培修临水集至陈村一段低洼堤线，堵塞陈村旁三座填簸箕口等处溃口，碑堤溃漫，亦经抢堵之后，筑成土方十八万四千七百六十三公方，受益田亩十六万五千亩，估计受益价值，四十九万五千元。（丑）颍上县：颍淮两堤共完成有效土方一百七十六万五千零六十九公方，受益田亩百五十万亩，估计受益价值，一千五百万元。（寅）凤台县：筑成袁刘集横坝，黄家上坝，展湖段等地堤工，共二十七万七千四百一十九公方，受益田亩六十三万九千亩，估计受益价值，六百三十九万元。（卯）阜阳县：环城市堤洪淮堤颍堤东北部西南部民堰，共完成堤工四百二十一万零三百九十九公方，受益田亩，二十八万四千五百亩，估计受益价值，二百五十六万零六百三十元。（辰）太和县：洪河茨河，宋塘河，万福沟，红丝沟等地堤工，共完成二十三万公方，受益田亩，一百一十九万五千二百二十四亩，估计受益价值，九百万零二千四百三十二元。（巳）涡阳县：涀堤北岸完成堤工，三百三十五万公方，受益田亩十三万亩，估计受益价值六十五万元。（午）临泉县：洪河、沙河、泥河、拖边沟，等地堤工，共完成七十万五千七百五十八公方，受益田亩十七万四千亩，估计受益价值二百六十一万元。（未）寿县：肖严淠堤第一段完成二万七千公方，受益田亩五千亩，估计受益价值二万五千元。以上八县共计完成有效堤工一千零七十五万零四百三十五公方，受益田亩四百零九万二千七百二十四亩，计受益价值三千六百七十三万三千零六十二元。此项堤工收益情形，系根据各县政府调查。

四、二十九年工程进行情形及成效

淮域上游各县二十九年测勘计划，施工堤段共长一千五百余公里，现在已施工者，已达一千三百余公里，截至六月底完成土工二千四百九十九万二千九百三十一公方。计：（子）阜阳县：该县汛后工程，应修堤段共长三百八十六公里又一百五十公尺，共需土方一千四百四十四万一千七百一八十公方，另有环城市堤，需土七万零五百六十公方，经积极督导赶修，除柳河堤，五汶沟等处尚未开工外，环城市堤业于四月二十一日完工，其余如颍右颍左干堤，洪淮堤茨河堤，泉堤等处工程均已先后开工修筑，所有险工大部完成，据报截至六月底止，计共完成九百一十六万四千四百七十八公方。（丑）太和县：该县汛后工程，应修堤段，共长二百六十一公里又五百四十八公尺，共需土九百五十六万四千五百四十九公方，各堤均已动工，又该县西蒲沟及万福沟堤，因勘测时间匆促，未列入测量报告，以关系重要，亦经督导修筑，各堤工程，进展甚速，截至六月底止，已完成六百三十二万九千二百二十二公方。（寅）临泉县：该县汛后工程，依测量计划，仅列洪河一堤，计长九十三公里，需土三十八万零七百九十公方，现除洪堤外，尚有泉河沙河两堤，亦应修筑，各堤均已动工，积极赶筑，截至六月底止，已完成百三十万零五千九百六十三公方。（卯）霍邱县：该县汛后工程，应修堤段，计长一百五十三公里又七百八十六公尺，需土六百九十二万三千九百九十六公方，现除三河尖格堤尚未据报开工外，余均早已动工，积极赶筑，截至六月底止，计共完成二百五十六万七千三百六十七公方。（辰）颍上县：该县汛后工程计划应修堤段，计长二百八十余公里，需土九百九十四万二千六百八十二公方，尚有济河南堤，战沟支堤，高河沿二龙岗格堤灵台湖堤等工程均未列入测量报告，因关系重要，均须施工修筑，现除龙王庙，穆岗子赛涧铺格堤，未据报开工外，余均开工，进展甚速，截至六月底止，计共完成四百三十四万八千六百四十九公方。（巳）凤台县：该县汛后工程计划，应修堤段，计长二百八十余公里，需土七百一十八万三千八百七十一公方，尚有菱角湖堤未列入测量报告，亦须同时施工。除西右汜堤，黑张石姚六坊平高干支堤，及永安坝等工程因情势特殊，未能进行外，余开工赶筑，但受局势影响，工程进度稍后，截至六月底止，完成五十一万三千二百零九公方。（午）寿县：该县汛后工计划，应修堤段计长一百三十三公里余需土五百八十四万九千八百一十四公方，除淠可右堤，内圩小河圩堤南大滩堤等工程未据报开工外，余均开工。惟以近来情势特殊，工程进行，感受困难，进度较缓，截至六月底止，完成五十三万三千二百一十五公方。（未）颍凤交界堤段：该段关系颍凤二县利害，亟应修筑衔接，过去地方人民，对于交界堤工互相推诿，坐致贻误，本年经电饬专署召集两县商定切实施工办法，并由省方委派工程人员专负该段堤工督导之责，积极修筑，据报，截至六月底止，已完成九万九千五百五十三公方，（申）蒙城县：该县原无防黄工程，二十八年第一次工赈款二十万元，由伞特委员带皖，曾一度移作急赈，蒙城摊派二千元，旋奉中央电令，该款应作工赈之用，已发给该县之二千元，经呈准移作该县疏浚西长横螺旋等沟工资，并派工程人员前往督导，现已竣工，共成土方十三万一千二百七十五公方，现因涡河水涨，正计划堵塞沟口，圈筑围垛，以资防御；至二十九年汛前堤工收效情况，据调查报告，阜阳、颍上、太和、凤台、临泉、寿县、霍邱七县，共计关系田亩一千三百九十四万余亩，受益价值，以春季收获之麦豆杂粮估计，达一万五千万元以上，尚有涡蒙二县未报，至二十九年汛后秋季，受益受灾情形正在调查中。

五、今后工程之推进及已成堤工之管理意见（略）

六、结论

淮河干支堤防为淮域三百万人民生命财产之所以依赖。淮域堤工之重要，自无待言。中央及本省政府一再计划，拨款以工代赈，督导修复堤防，由于各县人民之踊跃从工，二十八年及二十九年上半年度完成土方三千数百万公方，其收效之巨，已如上述：唯按测勘计划工程，仅上游各县，尚有二千余万公方，亟待继续修筑，工款需要至迫，而已成堤工之管理，尤须先事筹划规定，均有待最大之努力，抑有进者，倭寇一日未去，黄河溃口一日不能堵塞，而淮域之水患，亦即永无已时，如二十七、八、九各年黄河水量，根据陕县水位站报告，此较二十二年之最高纪录，尚差二公尺余，而淮域灾情，已属如此严重，设或一旦增涨，祸患宁堪设想，救济之法，除在沿溃水所到之处，筑堤防御外，惟有建支堤围垛，及择要疏浚河流，分泄水势，藉以减轻灾患，盖豫皖淮域北岸支流纵横，果能一面筑堤，一面疏导，使上游之水分泄入淮，更使下游通畅，分注江海，则皖淮流域之灾害，自可减轻，第此事关系重大，上下游利害观念不同，非统筹有效办法，切实执行，不足以利事功，尚望中枢诸公，及黄水导淮等各高级水利机关，俯念黄淮关系之重要，切实研究，统筹有效救济计划，会同有关各省，通力合作，积极推进，完成黄淮水利大业实不仅为维持长期抗建而已也。

（安徽省档案馆馆藏档案，档案号：1 宗 1 目 13 卷）

5. 安徽水利事业

本省地处中区，襟江带淮，地腴物阜，气候适宜，为国内有名之农产品区，然因地有【　】【　】【　】【　】【　】之别，对于水利事业之需要，亦各有不同，故必斟酌实际需要，因地制宜，进行水利事业，始能达到增加农产物之任务。尤其是在抗战以后，本省沦为战区，沿江少数县份沦陷，江堤破坏，无法兴修，而滨淮各县，亦因暴敌炸破黄河堤防，使黄水南侵，夺淮而入，淮域堤防，悉被冲毁，致罹空前浩劫，损失约在数万元以上。然而本省对于江淮堤防之修筑，与夫一般水利事业，仍竭力积极尽量推行，兹将对于江淮堤防的修筑情形与推进一般水利事业之详情，分别详述于后：

甲、淮域工赈工程

（一）淮域工赈工程之经过

二十七年夏，黄河花园口及赵口两处，因被暴敌飞机炸毁，遂【　】溃决，大部黄水洪流，均夺淮而入，本省淮域堤防，悉被冲毁，滨淮膏腴之区尽成泽国，空前之浩劫，于焉形成，灾区所及掩有豫鄂皖苏，其损失实情，公就吾皖一省而言，已达数万万之巨，其余因罹水灾，而所受损失之巨，不难想及。本省鉴于淮域所占之面积，占全省面积百分之四十八弱，且是农产丰富之区，对于国计民生，均有极大之关系，且为本省经济之命脉，在黄河渡口未能堵塞之前，虽无治本之良法，然对治标工作实不能不积极进行。故遵照委座所指示之沿溃水所到之处，修筑堤防多筑支堤格堤及围埝，使溃水不致泛滥，灾区不致溃大之旨，进行工赈筑堤工作，俾能达到缩小灾难，减轻灾情，增加收获，与拯救灾黎，能兼筹并顾也。

（二）拟订工赈计划及二十八年度工程进行情形

二十七年冬，一面电饬沿淮各县，查勘灾区灾情，并拟订工赈修堤计划呈核，

一面遴派工程人员，分往淮域上下流，实施查勘，估计修复工程，遂根据各县所报之结果，暨各工程人员查勘所得，就以施工各县，拟定淮域工赈工程计划，计修复工程需土工三千余万公方，每公方以一角计，需款约二百七十余万元。该项计划，虽经呈奉中央核定并拨工赈款七十万元。推以全皖交通不便，第一批工款四千万元，于二十八年七月间始行到达，虽经事前委派工程人员前往各县积极督导征工赶筑，然兴工未久，大泛又至，所有未完工与未施工之堤段，悉被冲毁，至已成立千余万方堤工，均能收效，保护良田甚多。（另附二十八年有效工程受益田亩调查表）。故二十八年最高洪水位，已超过二十七年一公尺，而淮域已施工，各县之灾情，均减轻多多，大汛之后，情势稍异，为切合实际与工程估计精确及减少施工困难起见，复就原有工程人员，组织测量队两队，分赴淮域施工各县，实地测勘，重要施工，仍继续进行，一面测量，一面施工，经时两月，计测勘堤共长一千五百二十九公里有奇，共需土工五千四百二十八万七千四百余公方，超过原计划所占封土方甚巨。其超出最大原因，在原计划是以二十七年最高洪水位为标准。而此次测勘结果，所占计土方数，是以超过二十七年洪水位一公尺之二十八年最高水位为标准，且须增筑支堤横堤格堤及围埝与裁弯取直，故土方增多，以每公方一角计，则共需款约五百余万元，中央所拨之七十万元，不敷甚巨。故将测勘图表呈送，悉请核拨工款，俾能继续兴修，而中央仅增拨二十万元，帮中央对于本省拨发之工款先拨共九十万元，迄至现时，尚有十万元，仍未进到。

（三）各县赈款之配发原工款之考核

本省淮域工赈工程经中央先后拨发九十万元，业已到达者仅八十八万元，遂斟酌各县灾情之重轻，工程之缓急，及工程进展情形，分别支配发给第一批拨发阜阳三万五千元，太和三万七千元，凤台三万七千元，颍上二万元，寿县一万二千五百元，霍邱一万四千五百元，（内有二千元是急赈款拨移）盱眙一千二百五十元（已借给急赈）涡阳二千五百元，临泉三千五百元（因未饬令专款存储，俟工程进行时动支）。第二批拨发阜阳三万五千元。

（四）二十【　】年工程进行情况及受益成效与灾情

淮域上游施工各县以本年计划施工堤段共长一千五百余公里，截至现时止，计已施工堤段共长一千五百余公里，截至现时止，计已施工者亦达一千五百三十公里，完成土方共二千八百余万方。计：一、阜阳县堤工截至九月一日止，计完成一千零二十八万八百二十六点五公方，二、颍上县堤工截至七月底止，计完成五百五十六万九千五百公方，霍邱县堤工载至七月底止，计完成三百五十三万九千三、一百五十三公方。四、临泉县堤工载至六月底止，计完成二百三十万零五千九百点六三公方。五、太和县堤工截至六月底止计完成六百三十二万九千二百二十三公方。六、寿县堤工截至十月十三日止，计完成九十二万零五百六十公方。七、凤台县堤，截至九月二十九日止，计完成六十六万七千二百七十六点一公方。八、纱布凤交界堤段工程截至九月八日止，计完成二十一万四千二百三十点六公方。九、蒙城县堤工截至六月底止，计完成一十三万一千二百七十五公方。综上所述，本年淮域施工各县已筑成土方总数共为二千八百九十五万七千九百四十七点九三公方。

（安徽省政府秘书处编译室编：《安徽政治》第 4 卷第 3 期，1941 年 3 月）

四、大事记

1937 年

8 月 16 日 侵华日军飞机对驻蚌埠的中国军队改编第 50 军军部和飞机场及小南山地区的部分街道进行轰炸，投弹数枚，仅居民伤亡即达 400 余人。此为日军轰炸蚌埠市区之始，也是日军轰炸蚌埠地区之始。

10 月 5 日 日军派出飞机 11 架于上午 9 时 12 分，经江苏高淳窜到芜湖境内，在城郊十里牌、湾里机场附近（今鸠汇区境内）投弹 10 余枚，炸毁飞机 10 余架，毁坏了机场，使芜湖成为无空防的城市。

11 月 8 日 日机第一次来宁国轰炸河沥溪火车站，炸死难民近 100 人。

11 月中旬 日军进攻、轰炸芜湖近郊玩鞭乡（现为鸠江区境内），枪杀居民李齐标、谢文发、杨学德、晋植文等 67 人，其中有 66 人死亡，1 人受伤，有男性 57 人，女性 10 人。同时，造成巨大的居民财产损失，房屋被毁 757 间，牲畜 539 头死亡，损失粮食 224 石和田地 2 亩。

11 月 26 日—28 日 日军先后派遣 27 架飞机轮番轰炸广德县城、飞机场、誓节渡（今誓节镇）等地。炸死居民 100 余人，国民党官兵 200 余人，毁房屋 400 余间。

11 月 27 日 日军 20 余架飞机从上午 9 点左右到下午 2 点多钟，连续 5 个小时对宣城城关进行狂轰滥炸，火车站、南门街和东门城外数千间房屋毁成瓦砾，造成大量平民伤亡。

11 月 29 日 日军 10 余架飞机连续两天在宣城城区投弹和用机枪扫射。豆腐巷 18 人丧生，北门大街 38 人遭炸惨死。

11 月 日军在占领当涂前，频繁出动飞机在城关和一些较大村镇进行野蛮轰炸。城关西门、家庙一带 40 多间房屋中弹被毁。护驾墩、亭头、黄池、乌溪、博望等镇多次被日机轰炸，死伤民众近 100 人。大桥、新桥一带铁路两旁的田间农民、路上行人也遭到飞机俯冲扫射。

11 月—1938 年 3 月 日军在广德城乡疯狂屠杀手无寸铁的当地居民，制造了惨绝人寰的"广德惨案",共杀害 2.4 万多人,广德县城及附近村镇尸骸枕藉,成为人间地狱。

12 月 5 日前后 日军出动飞机 18 架,先后 3 次轰炸定远城,炸死、炸伤居民唐大贵等 1000 多人,炸毁房子 3000 多间。日机使用普通炸弹、燃烧弹(即凝固汽油弹),不仅轰炸民房,还轰炸清真小学、清真大殿。居民谢祥和的老伴被燃烧弹烧焦后缩成一小段。

12 月 5 日 日军重型轰炸机、驱逐机各 2 架,分两次开始轰炸芜湖城区。第一次从江北飞来,第二次由长江下游飞来,各投弹 6 枚,并对停泊在太古码头的英国商船"德和"轮、"大通"轮投弹,致使"德和"轮起火焚毁、"大通"轮被洞穿多处,停泊在旁边的英军炮舰也遭到波及。在"德和"、"大通"两轮遭到轰炸后,在船上当场被炸死的华人至少有 14 人,受伤者不计其数,都被送往江边附近的医院救治。在医院实施开刀手术的有 30 人,切断手足的有 3 人,医院内所收的伤员有 70 人。由于医院一时无法救治众多的伤员,多数伤势较轻的人自行进行救护和调理。这次惨案共造成中国平民死伤超过 1000 人。

同日 日军猪木清太郎部队由郎溪十字铺沿望十公路进攻郎溪,公路两侧房屋及县城民房 2400 多间被烧毁,县政府、孔庙都被焚毁。600 多军民被杀害,19 万多斤粮食被焚毁。

同日 日机第一次轰炸绩溪县城。炸毁南门外余许祠半座,火神庙、太平禅寺各一座,炸毁民房数间。死伤军民 20 余人,军马数匹。

12 月 5 日—12 日 日军先后动用飞机 52 架次轰炸和县县城、乌江 2 个主要城镇。据不完全统计,炸毁民房 300 多间,炸死、炸伤居民 400 余人。县城北门花园塘的一座瓦房内,一次就有 18 名躲藏在其中的平民被炸死。

12 月 7 日 上午 9 时许,6 架日机分两批再次空袭芜湖,在市内投弹 30 余枚;下午又有 6 架日机投弹 10 余枚,市内吉和街、进宝街、四明路(现为新芜路)、车站、长街被炸成焦土,死伤居民 80 余人。

12 月 10 日 日军占领当涂县城,纵火烧房,全城一片火海,三天三夜不熄,烧毁民房、商店 500 余家。同时护驾墩、乌溪两镇几乎烧尽。日军还在城关用刺刀挑起儿童作游戏,在乌溪将十几个农民用麻袋捆绑在树上练刺杀,致其骨肉分离而死。在江心洲焚毁房屋 500 余间,屠杀民众 100 余人。日军还冲进县城古杨庵(俗称家庙),将庵内尼姑及避难的老、幼妇女 20 余人集体奸污,无一幸免。

12 月 13 日 日军侵占当涂铁矿区,各矿山设备被毁,开采完全陷入停顿,铁路全部被破坏。

12 月 17 日　日军侵占来安县，任意奸淫妇女，杀戮居民，无论是十三四岁的女童还是六七十岁的老妪，只要被日军发现，就难逃厄运。日军奸淫污辱后，再用刺刀割去乳房，或是裸体肆意鞭打，以为笑乐。凡遇到青年男子，日军只要认为有抗日嫌疑的，或是用刺刀刺死，或是在脸上钤印"亡国奴"三个红字。凡穿绿色服装、中山装、学生装的人，不择手段地一个个杀死。

12 月 18 日　日军对滁县西乡进行"扫荡"，打死平民 121 人。

12 月 19 日　日军入侵滁县乌衣镇。第 2 天便三五人为一小队下乡"扫荡"，所到之处见人就杀，见房就烧，西王庄 30 多户人家的房子被烧成一片焦土，来不及逃走的老平民，男人遭枪杀，妇女遭轮奸。一个 12 岁的郭姓女孩，被日军抓住后用刺刀割开下身进行强奸。乌花村农民周志忠、周志良兄弟，躲在野外，后因饥饿难忍，回家拿粮食，不幸被日军捉住，用绳子把他俩全身捆紧，扔到草堆里活活烧死。

12 月 22 日　日本侵华陆军支那远征军先遣队两角部队侵占全椒城，全椒首次沦陷。全椒县积谷仓的粮食被日军抢劫一空。

12 月 23 日　日军宫川靖三率领 3000 多日军占领马鞍山矿区，残杀平民，烧毁民房，仅采石至雨山铁路沿线，42 个村庄就被毁 38 个，1181 间民房被焚，另有刘家岩村全村被烧光杀尽。

同日　日军攻占南京的当天，数次派飞机轰炸巢城（今居巢区城区），并沿合浦公路扫射，死伤平民百余人。

12 月 28 日　日军纵火焚烧广德城，城内外顿成火海。大火持续十数个昼夜，全城成了一片焦土，数万间房屋被焚毁。

12 月下旬　日军侵犯和县裕溪街，杀伤平民 50 余人。

12 月　日军在广德杨邯桥集体枪杀数十名放下武器的中国士兵。

12 月　日军窜入广德东亭乡大塔村，屠杀了数十名老平民。

12 月　日军抓来当涂成千上万的平民建据点、修碉堡，做不动就遭毒打枪杀。城关北门刘干卿、周仲豪两位老人，因年老体弱，挑不动土，被日军砍死。同时，日军在当涂设立了东华等 5 家洋行，将大批的大米、豆类、油脂、棉花运走，姑山、黄梅山铁矿也被掠夺。

12 月　日机轰炸合肥，中和图书馆停办。该馆创办于 1923 年，创办经费 3000 元，年均购书费 400 元。合肥沦陷后，该图书馆被日军占为兵营，馆内珍贵书籍 5000 余册被劫运日本。

12 月　日军轰炸、进攻芜湖时，芜湖县长春镇（现为镜湖区）潘国祥、郭振先等 12 人被日军杀死，其中男性 10 人，女性 2 人。炸毁房屋 139 间。

12 月 日军进占芜湖后，对稍有不满的平民即枪杀、刀砍，弋矶山医院院长色让在街上找寻被日军兵刀砍伤的 300 多人，将他们抬至医院医治。

12 月 据美以美教会传教士当时的不完全统计，芜湖全市大街小巷内倒卧在血泊中尸体、头颅共有 2500 多具。仅在外国人开的医院里，一次就集中葬埋了 20 具尸体。

12 月 日军进占芜湖后，一进城就开始大肆屠杀，芜湖城内一片恐怖，许多平民逃到美国教会收容所里藏身，仅弋矶山医院、狮子山圣公会堂、凤凰山萃文书院、周家山修道院和太古码头圣母院 5 处难民收容所收容难民 2000 人。

12 月 芜湖县上报的各级合作社抗战损失调查统计表明，芜湖各乡、镇人民团体、私人通用财产损失价值为 230190 元，其中损失粮食就有 48810 石。

12 月 日军占领芜湖后，裕中纱厂被日军改为伤兵医院，不少机器被劫走，剩下的细纱机也大部被拆毁，直接损失达 30 万元。

12 月 日军第 13 军团独立第 13 混成旅团从南京出发经过周家岗、章广侵驻定远县得胜集、永宁。冬，日军从藕塘侵占定远县大桥、拂晓、仓镇、池河等地，伤亡平民 50 人，烧毁民房 2000 间。

冬 日军去滁州乌衣韦湾"扫荡"，其中一个日本兵落了单，在肖家圩被当地的红枪会打死。第 2 天，日军出动了大批人马，向韦湾方向"扫荡"，一路上见人就杀，见房就烧。从顾城坝烧到现在的汪郢乡司湾村，几千间民房化为灰烬。烧到大薛村时，有个妇女出来救火，被日军捆在木柴堆上浇上汽油活活烧死，还有一个怀孕的妇女没能逃掉，被日军抓到，先让狼狗撕咬，然后剖开她的腹部，取出婴儿取乐，最后把她的尸体抛到井里。

冬 芜湖木器建筑业同业分会会员夏汉庭所经营的美丽顺木器厂及夏茂椿建筑营造厂的房屋、货物、木材等，在日军进占芜湖后，被抢劫一空，损失价值为 39210.80 元。

年底前 下午，3 架日机对蚌埠市区三径街一带实施轰炸，炸毁民房 200 余间，死伤平民 100 余人。

年底 日军占领淮南后，为便于调兵，抓夫抢修已被破坏的淮南路全线，到处砍伐树木。仅在下塘以西的西林，就有上万棵合抱树木均被砍伐干净，当时因护林而被杀的有 20 多家。

年底 日军逼近当涂前，当涂县城内私立静仁中学被迫停办，其财产设施在日本占领期间由于战乱成为一片废墟。该校于 1920 年由当涂县实业家徐静仁在县城西门内创建，有校舍 70 余间，仅建筑费用就用 3 万元。

1937 年 马鞍山沦陷前，马向铁路（全长 19 公里）大部分被拆毁。马向铁路（马鞍山—向山）为战前益华、宝兴、福利民三公司投资 57 万元兴建。

1937 年—1938 年 5 月 日机轰炸合肥 40 余次，炸死 300 多人，伤 1000 多人，全城三分之一房屋被炸毁。

1937 年冬—1938 年 9 月 16 日 五河县四次遭受日机滥炸。第一次炸死船民数十人；第二次炸死、炸伤居民六七百人，炸毁房屋 2000 多间；第三次炸毁民房 4000 余间，炸死、炸伤 2 人，第四次炸毁仅存的房屋，使五河城变成了一片废墟。

1938 年

1 月 2 日 日军入侵宣城北乡水阳镇，于当日及 4 日先后两次在该地疯狂烧杀，四五百名同胞遭残害。

1 月 4 日 驻安徽临淮关的日军对中国军队炮击约 4 小时，造成中国军队死伤者众多，其中有 1 名严重中毒，经医生诊断为芥子气中毒。

1 月 7 日 日机对蚌埠市区实施轰炸，30 人死亡，35 人受伤。至 23 日，本月蚌埠共 4 次遭受日机轰炸，投弹 40 余枚，炸死、炸伤 101 人。

同日 两架飞机向五河顺河街和桥南橱业工会投掷十几颗炸弹，十余名船员和居民被炸死，20 余间房屋被烧毁，停泊在顺河街码头的 20 多只装满黄豆的船只被炸沉，黄豆被鲜血染成"赤豆"。

同日 日机 4 架轰炸五河县城，炸毁民房 20 余间、民船 20 余只、炸死船民40 余人。

1 月 9 日 日军轰炸蒙城，三报司街、蒙家巷、稽山坑、青云街一带，炸毁房屋 200 余间，伤亡者 20 多人。

1 月 20 日 3 架日机轰炸蒙城县城，炸毁民房 200 余间，死伤平民 20 余人。

1 月 22 日 8 时、10 时，日机在蚌埠上空盘旋侦察。下午 1 时许，3 架日机在洋桥东首、四马路、裕华、永昌两骨堆站、合兴纽扣厂等处投弹 20 余枚，炸毁房屋 20 余间，炸死 4 人、受伤 30 余人。

1 月 24 日 上午 9 时，定远县张桥镇逢集，日军出动飞机 3 架，从张桥东南方向飞到张桥天空盘旋几圈后，朝早肖方向飞去，15 分钟后飞机又回到张桥集上空，投入 2 枚炸弹，然后用机枪扫射逃命人群。平民艾洪仁、胡钦华、吴鸿祥、陈四等 40 人被炸死炸伤。

1 月 26 日　日军"扫荡"滁县常山岭，烧光常山岭街上 150 多间房屋和七鲁庄 40 多间草房，在屋里未能拉出的 7 头耕牛也被烧死。常山岭街上戴玉林家的一个 15 岁双目失明的女儿未能逃脱，被鬼子发现浇上汽油，活活烧成一个灰团子。年过花甲的单身汉刘老三因病躺在家里，日军把他拖到寨门外用军刀砍死。

同日　日军杀死嘉山县（现为明光市）张八岭镇李家明的奶奶和弟弟及李剃头的母亲，开百货店的六合人张景、张如彬父子，王正兰及其父母、弟弟等人。在陈元新家楼上有 4 位妇女被奸污致死。日军在张八岭镇烧毁民房千余间，抢走牛、驴、骡、马数百头，猪、羊上千只，鸡、鸭、鹅等家禽无数。

1 月 27 日　日军对固镇县县城居民区进行轰炸，3 架轰炸机投掷重磅炸弹十余枚，居民死伤十余人，毁房十余间。至 5 月固镇沦陷，日机又多次空袭，居民死于轰炸、扫射者数十人，房屋大部毁于战火。

1 月 28 日　日军在芜湖白马山西烧毁民房 1300 户，4000 余间，杀害村民 30 余人。

同日　日机轰炸定远县池河、藕塘、青洛等乡镇，炸死藕塘平民 6 人，炸毁范家祠堂和几百间民房。

1 月 28 日—30 日　侵占凤阳的日军窜至蚌埠东郊李楼东芦山烧杀抢掠，仅在韩郢村就屠杀 40 余人。

1 月 29 日　日军从滁县出兵进攻蚌埠，沿路杀伤平民 95 人。

同日　日军第 13 师团万余人与驻定远县池河镇国民党军队韦云淞部万余人在磨盘山、七里河、池河激战 3 天 3 夜，韦部战死 2000 人，被迫炸毁池河大桥（明代古桥），阻挡日军西进。日军侵占池河，烧光民房至少 3000 间。

同日　日军在嘉山县管店镇小庙朱打死国民党桂系军队几十人，捅死刘姓平民，杀死毛道生、炉匠 3 兄弟，在火车站票房后打死 18 人。从丰山集以东一直到三关乡江郢长 7.5 公里、宽 5 公里的地方，村村房屋被日军放火烧得所剩无几。

1 月 30 日　日军 300 多人在嘉山县三关乡杀死 130 多人，烧房 2000 多间。

同日　入侵全椒县城的日本侵华军 300 多人，到小集、马厂一带"扫荡"，沿途烧毁民房 300 余间，残杀村民 30 多人。

1 月 31 日　价值 100 万银元的津浦铁路蚌埠淮河大铁桥被炸毁，津浦铁路运输中断。

同日 一路日军 200 多人将全椒县石沛街道民房 500 多间烧光，另一路日军烧毁小集街道四分之三的民房。

同日 日军侵占定远城。居民几天前纷纷逃走，城内只有 6 位老年人，全部被日军杀害。日军烧毁房屋 6000 间，抢光数百家商店财物，烧光木质家具，砸碎缸罐锅碗。

1 月 盘踞在芜湖的日军，实行军事统治，常以稽查户口为名，随意杀戮平民，奸淫妇女，城内一片恐怖，居留在芜的民众逃避一空，仅弋矶山大炮口等处有难民收容所，由外国人负责主持收容难民约四五千人。

1 月 汉奸姬少庭在芜湖沦陷后，为了取悦日军，在下二街开设凤仪楼"慰安所"，所内妇女大多被哄骗、强抢而来。"慰安所"内惨遭日军蹂躏的妇女前后共达 200 余人。其中一江北妇女因不堪忍受这非人的折磨而从该楼上跳楼自杀身亡。

1 月 日军从湾沚出发进犯宣城水阳，在河东南圩埂遭地方抗日武装阻击，敌众我寡，日军俘去 30 余名抗日志士，将他们活活烧死。日军见人就枪杀，见屋就放火，归侨多年营建的河东华侨街成为焦土，水阳镇一千余间房屋被日军烧毁。

1 月 日军侵犯宣城狸桥，残杀村民，将狸桥周围几十里大小村庄，纵火烧了 4 天 4 夜。据不完全统计，狸桥一带遭日军摧残的有 6978 户，占当地总户数的 80%；残害人口 6218 人，牲畜、农具和衣物被毁坏掠夺的不计其数。

1 月 日军 200 人在明光市三关乡（今并入石坝镇）杀死下贺的储大曼、汪耀廷、凡尖山的张满贯、尤岗的李麻子、下庄的染匠陈基江，烧死林郢的杨医生。从小横山、黄泥岗到丰山集（凤喊集）共有 41 人遇害。还有一个逃荒过来的妇女被 3 个日军轮奸。

2 月 2 日前 蚌埠沦陷前（蚌埠于 1938 年 2 月 2 日沦陷），日军对蚌埠市区、郊区和邻近城镇进行不分昼夜的狂轰滥炸，造成 1000 余名平民死伤，大部房屋被烧毁，公共设施毁坏。

2 月 2 日 日军"扫荡"定远县西三十里店，杀害平民 40 人，烧毁民房 1000 间。

2 月 3 日 日军对凤阳县刘府、曹店、楼店一带进行报复性"扫荡"，在圩山北麓，屠杀平民 400 余人；又在楼店附近的山马村，将 350 多名无辜平民残杀，房屋全部烧光。

同日 在凤阳县考城一带，日军纵火烧死村民 30 多人。

2 月 5 日 日军在凤阳县城附近实行"烧光、杀光、抢光"政策,烧毁房屋4000 余间,残杀平民 5000 余人,抢掠财物不计其数。

2 月 7 日 宣城县城内日军分三路到北门郊区"扫荡"。一路到顾村,一路到高塘桥、孙家庄,一路到金土地庙。日军在这方圆 10 多华里的农村,见屋就烧,见人就杀,北郊被日军残害的有上百人。

2 月 8 日 宣城县城内日军到北郊"扫荡",烧毁山上寺庙几十间,残杀在此避难的平民五六十名。

2 月 16 日—1939 年 6 月 23 日 日机 6 次轰炸繁昌县,炸死、炸伤居民数十人。

2 月 18 日 清晨和傍晚,日军一个小队两次从怀远新城口到黄柏郢,对村民进行疯狂大屠杀。晨,日军分三路将村子包围,见人就射击,见牲畜、家禽就抢,全村 1000 余人被围堵在村中,少数想翻围墙逃离的,刚露头就被打死。日军挨门逐户搜索后,将未能藏匿的村民赶到一条巷子中用机枪扫射,140 多人瞬间死于非命,少数从尸骨堆中爬出。下午,日军从新城口看到村民掩埋亲人尸体时,又赶来进行第二次大屠杀。日军一天两次对黄柏郢的大屠杀,共造成村民307 人死亡,伤者几百人。

2 月中旬 日军到小蚌埠(今蚌埠市淮上区)将沿淮河北岸的房屋点着后,坐在淮河大堤上以观看取乐,把从房间冲出火海求生的平民,或者救火的民众当成活靶子予以枪杀,并将藏身洞中的 14 人全部烧死。其中,有吴仲伦祖父、侄子、表叔等至亲。日军此次行动,除了拉走十几名妇女外,共有 100 余人被枪杀或烧死,小蚌埠成为日军屠杀民众的"火葬场"。

2 月 21 日 日军侵占蚌埠后,疯狂地屠杀居民,在郑郢(今蚌埠市)一带杀死村民 18 人,在小蚌埠镇用机枪和刺刀戳死 100 多人。

同日 日军侵占蚌埠后,命令维持会在银行仓库等处设立了"慰安所",强迫 120 名妇女供日军蹂躏。

2 月 芜湖沦陷后,芜湖人民饱受了残酷蹂躏之后,有的举家迁徙他乡,在南陵奎潭黄家渡一带由芜湖方向逃难来的有 2 万多人。

2 月 日军占领蚌埠后,把物资抢劫一空,仅银行仓库一处有据可查被抢的粮食、食品就有:58370 包小麦、8444 包大米、3649 包稻子、5335 包黄豆、4577 包红粮、15361 公斤麻油、19712 包食盐,以及其他杂粮、油料、茶叶、食糖等,仅此就损失 1705292 元(账面值)。

3 月 1 日 从全椒县城开出四五百名日、伪军(其中日军 100 多人)到六镇街。日军在六镇街上大肆放火，半条街上 120 间瓦房、170 间草房化为灰烬。

3 月 3 日　日军在凤阳把府城、刘府逃难的群众及大徐庄的农民 100 余人关在房子里，放火焚烧，除 10 余人逃脱外，其余均被烧死。同日，日军在刘府南，将 500 多名难民包围，用机枪扫射，大多数人死于日军枪弹之下。

3 月 7 日　日军出动 5 架飞机对宿城轮番轰炸，平民死伤千余人。

3 月 17 日　上午 9 时，日军出动 36 架飞机轰炸宿城。望淮门（东门）内药店巷南头沿街 30 多间房子被炸毁，拱宸门（北门）内九道弯炸成一片废墟，连汴门（西门）的瓮城被炸毁，道路堵塞，阜财门（南门）逃难的人拥挤不堪，东关火车站的货房、票房及铁轨被炸毁，这次轰炸约有 500 多人伤亡。

3 月 21 日　日军在广德骆家大村（今邱村镇）打死从城里和本村跑反的平民 70 多人。

3 月 22 日　郎溪再度沦陷，日军第 6 师团一部在县城、梅渚、东夏等地烧毁民房 210 余间，焚粮 13 万多斤，杀害居民 470 多人。

3 月 24 日　日军在广德邱村前路村螺丝沟（今邱村镇）"扫荡"，枪杀 47 名逃难的老平民。

同日　日军将当涂青山街 134 间民房烧毁后，接着又将项桥村的 32 间民房用扫帚浇着汽油逐户点火烧尽。平民曹国荣全家俱被日军杀害，其长子躲在水中被枪杀，次子被放在油锅炸死，三子被割颈而死。谢公祠有一下山的小和尚肚子被戳破，大肠迸出，行数十步丧命。上埠村来青山街的李光立被日军装进麻袋，用刺刀刺死。黎明村戴能智的母亲和背在身上的小孩亦被枪杀。日军还在青山街大肆淫掳，有的妇女被奸污后用石磨砸死，有的幼女被掠回奸淫。这次日军共杀害村民 14 人，酿成骇人听闻的"青山大屠杀"事件。

3 月 27 日　5 架日机空袭合肥。在东起坝上街，西至仁和巷，南起官盐巷（今庐江路），北至义仓巷的不足 5 平方公里内，日机狂轰滥炸，投弹 100 多枚，闹市区房屋被炸燃烧，一片火海。明教寺六雄宝殿后面的空院也是日机的轰炸目标，该寺住持三根法师中弹身亡。刘泰盛杂货店被炸倒房屋 3 间，店主刘大举惨遭炸死。北油坊巷内有一家老少 4 口，躲在床底下被炸死后，因房屋起火，4 具尸体被烧成焦灰。日机轰炸达 1 个多小时，刚刚离去，日侦察机又临空低飞盘旋，不时以机枪扫射，阻止人们救人、救火。后据万慈会等慈善单位统计，这次有 200 多人被炸死，1000 余间房屋被毁。

3 月　日本正金银行在蚌埠经一路成立出张所，强迫推行军用票，规定拍电报、购火车轮船票以及其它一切社会公用事业的货币交易必须使用。军用与法币的兑换比例为 1：7.5，即日军用 1 元军用票可以掠夺 7.5 元价值的中国物资。日本正金银行是蚌埠地区金融机构的"太上皇"，逐步控制了蚌埠地区的金融活动。

3 月　日军侵占宣城孙埠，将马义坊、兴隆街烧成一片焦土，杀害中国军民千人以上，使孙埠人口锐减三分之一。

春　当涂小丹阳沦陷，被日机轰炸 11 次，共炸毁民房 200 余间，炸死、炸伤 100 多人。

春　日机轰炸嘉山县女山湖镇，炸死费老二、孙家老奶奶等 6 人，"德大元"商店被炸毁。停靠在镇北门的几十只盐船，被日军抢走。

4 月 6 日　日本对华经济侵略机构华中铁矿股份有限公司成立。12 月 6 日，更名为华中矿业股份有限公司，下设马鞍山矿业所、太平矿业所、桃冲矿业所等 11 个矿业所，首批占有的矿山有：福利民公司的小姑山、南山，益华公司的黄梅山、萝卜山，振冶公司的钟山等。该公司名为中日合资，实际上为日本军方所控制。

4 月 11 日　日机对怀远县沙沟集投掷 3 枚炸弹，数十名村民伤亡，一范姓妇女被炸成三段。

4 月 12 日　8 架日机对怀远县张八郢集市投掷十几枚炸弹，40 余人死亡，炸毁房屋 100 余间、牲畜 70 多头。

同日　日军入侵濉溪城，纵火焚烧东关、南关民房 200 余间，枪杀平民 10 余人。次日又放火烧毁前大街东头 50 多户民房、60 多家店铺。

4 月 15 日　日军冲进濉溪县韩村集沟东村，残杀村民周德臣、赵瘸子、孙景等 20 多人，烧毁房子 400 多间。

4 月 17 日　日机对五河城几条繁华的街道顺河街、油坊巷、东西大街、南北大街进行轮番轰炸，死伤平民六七百人，烧毁民房 2000 余间。其中，赵希良、吴华云、刘万顺、陈长友等 7 户，全部被炸死在防空洞内；医生王文斋的妻子带着 5 个孩子，薛早年的妻子和他的两个妹妹，9 个人躲在一个草丛中，被一枚炸弹全部炸死；住在油行内的 20 多个外地商人也被全部炸死。

4 月中旬　驻怀远日军在新河街"扫荡"时，对 50 多名村民实施砍头、劈脑、切腹、挖心、火烧、刺穿阴户或肛门等手段进行屠杀。然后，将尚未死亡的村民抛入火海，竟然以村民的惨叫为乐。

4 月 21 日　6 架日军轰炸机对五河进行环城低飞盘旋，投掷十几枚炸弹和 20 余枚燃烧弹，同时用机枪向下疯狂扫射，100 余人死亡，4000 余间民房葬身火海。

4月30日 千余日军，以 3 辆卡车开路，包围驻扎在濉溪罗集于学忠部一个营，双方激战一天，于学忠部一个营全部壮烈牺牲，罗集被日军焚烧，无辜平民被杀害数十人。

同日 日机轰炸寿县正阳镇，死亡 114 人，伤 113 人。6 月 3 日，正阳关北门外再遭日机轰炸，死 12 人，伤 36 人。

4月下旬 日军在濉溪县杨柳北大牛主一带，枪杀平民 30 多人，烧死牲畜 190 余头，烧毁民房 3200 多间、粮食 320 多石，遭害庄稼 3900 余亩，烧毁的家具、农具不计其数。

4月下旬 日机 36 架次狂轰滥炸宿州，炸死炸伤居民 1000 多人，炸毁北门湾一带房舍。在 5 月 10 日前后，日机再度轰炸宿州东关大街和大隅口，房屋被炸毁得所剩无几，居民死伤约有 100 余人。

4月 太和县城遭日机轰炸，死伤十数人，毁房数百间。

4月 日军 200 人"扫荡"嘉山县紫阳乡，杀死曹和，烧死张永福的外婆，烧房 1500 间，粮食家具都烧尽，家禽家畜洗劫一空。

5月1日 利辛县张村铺正在逢集，近中午时，一架日机突然出现在集市上空，紧接着朝赶集的人群猛烈扫射，当时就有 5 人死亡，几十人受伤。

5月3日 芜湖老山的日军进攻神圣山中国军队阵地时，发射毒气弹 20 余发，中毒多人。

同日 日军在宣城孙家埠巷战中，发射达姆弹并到处施放毒气。中国军队无防护器材，中毒者头晕目眩。

5月5日 日军在"扫荡"怀远县洪庙村时，将 30 多名村民逐个用刺刀把喉咙穿破、把眼睛挖去后，再浇上汽油活活烧死。其中，3 个村民被绑在树上，挖去眼睛，头上被划十字口，浇上酒精，皮被活剥下来后，心肝又被挖出。每间隔一小时，日军就进屋强拉女性出去轮奸，拉出去的不是轮奸致死，就是惨遭杀害。一刘姓妇女不顺从，竟然被割去双乳后杀死。

同日 日军轰炸蒙城，共炸毁房屋 1400 余间，死伤平民 370 余人。

5月6日 一队日军从巢城出动，下乡寻找"花姑娘"，途经望城乡盛湾村，见到看村的几位老人，便上前唏哩哇啦讲了半天，因老人们听不懂遭到日军一顿毒打。之后进村抢掠财物，临走时放火烧村。或许日军的目的未达到，日军小队长命令部队架起机枪，对准附近的圆通寺等处扫射，而躲在寺内的村民们以为被日军发现，只得拼命地往外跑，顿时血流成河，日军共杀害村民 40 余人。

5月7日 日军第 13 师团 3000 余人侵犯蒙城，同驻守蒙城的国民党 48 军

173 师 1033 团激战 3 天后攻陷蒙城，守城的国民党军队阵亡 2000 余人，县城大部分房屋受损，部分平民伤亡，大量社会财产和居民财产遭受损失。在随后的 3 个月内，日军经常下乡烧杀抢掠，在双涧镇共烧毁民房 1000 余间，杀害平民 200 多人。

5 月 8 日　凌晨，日机 1 架轰炸凤台县城，投弹 2 枚，落于旧南门城门东侧、环城马路南端，当场炸死居民张敬和等数人。上午 8 时许，日机 6 架再次轰炸扫射，死伤数十人，并炸毁淮河上浮桥。下午 3 时许，又有 3 架日机由凤台县城上空沿公路向西北方向轰炸。

同日　日军在凤阳县府城内四眼井、三眼井一带枪杀无辜平民 80 余人，在府城西门用机枪射杀平民 50 多人。

5 月 10 日　下午，日军 3 架飞机第一次轰炸庐城，至 1942 年夏，庐城遭日机轰炸 17 次之多，炸毁房屋 600 余间，炸死居民 20 多人，炸伤 40 多人。

同日　日机 3 架轰炸舒城城关，炸毁房屋 1000 多间，炸死、炸伤 160 多人。

5 月上旬　日军在濉溪罗集杀死、烧死陆景顺等村民 804 人，烧毁民房 1564 间，奸污妇女 124 人，抢夺民财和烧毁民房折大洋 10 多万元。

5 月 11 日　日机 11 架轰炸亳县飞机场，炸毁国民党军队飞机 5 架。

同日　日军从蒙城趋徐州，途经涡阳曹市集东南冯楼，杀冯登云母及幼童多人，烧毁房屋 100 余间，冯从贤岳母及妻儿被烧死。牛兰亭、牛海臣等 40 余人被拉夫，因年老体弱，在曹市北城南刘家西，全部被枪杀于路旁。

5 月 13 日　12 架日机空袭六安城关，炸死军民 20 多人，伤百余人。城北门、东街、三里街等处房屋尽成灰烬。

5 月 14 日　宿县李庄车站东边汪集铁路大桥被日军装甲部队炸毁，陇海路交通中断，徐州附近的 70 多台机车和数百辆车皮陷于瘫痪。

5 月 15 日　日军从（现淮北市）韩村经祁集的张桥到海孜的王圩孜，沿途烧毁民房 30 多间，杀死平民 60 多人。

同日　日军骑兵 1000 余人两次袭击濉溪罗集，枪杀无辜农民数十人；侵占濉溪百善后杀了 100 多平民。

同日　日军第 9 师团一个旅团约 2000 多人，由濉溪分两路向萧城侵犯。17、18 两日在萧城蒋丁楼进行灭绝人性的大屠杀，将未及逃走的 100 多人（大多是老弱者）杀死在村东北角大坑内。

同日　日军从东部进入宿县夹沟地区，平民四处逃难。当时李家兴率领 40 余名"红枪会"会员，从夹沟出发行至秦湾，恰巧遇上 5 名日本前哨骑兵，他怒不可遏，即挥刀将1名日军劈下马，其余4名日军逃之夭夭。李率11人追击不舍，突遭日军3辆坦克扫击，结果4人身负重伤，李家兴等7人中弹牺牲。事后，日军进行报复，把夹沟逃难平民赶进北门外火神庙，架起机枪扫射，杀害无辜平民200多人。夹沟西涂庄（今宿州市），原有80多户400多人。被日军突然包围后，杀害80多人，其中21户被杀绝，20多名妇女被强奸，烧毁房子40多间，抢走大牲畜30多头。

5月15日—21日 日军出动飞机20多架，连续7天对五河县城进行狂轰滥炸，民房、商铺被毁过半。

5月16日 日军出动飞机3架，对泗县草沟、长沟两镇狂轰滥炸，两镇顿时血流满街、尸横巷井。据炸后统计，炸死无辜平民323人，死伤牲畜30头，炸沉木船10只，炸毁民房220间。

5月16日—20日 驻合肥日军挨家挨户搜捕，将无辜居民驱押到苗圃（今市体育场）、卫衙大关（今安庆路卫民巷内）等地集体屠杀，时被杀害的平民有5000余人。日军将城墙外影响日军视线的房屋、树木全部烧毁，将城内唯一的钢筋混凝土结构名楼四牌楼炸毁，将包公祠烧毁。日军对妇女任意奸淫，将龚湾巷内一黄姓老妪轮奸致死，将水净庵内1个12岁小尼姑轮奸。

5月17日 日军华北方面军第16师团进入砀山境内，日军把从周寨及沿途抓来的360余名无辜老平民分别押到吴庄的涵洞、寨南、寨北、寨西北和寨东北的堤壕里进行残酷杀害。其中全家被杀的有68户，被杀绝的有18户。同时还焚烧房屋1700余间。

同日 上午10时许，日军在丰、砀交界的二坝村，惨无人道地杀害村中平民20余人，其中一个不满周岁的婴儿被刺刀刺伤后因伤势过重而死亡，其父因痛惜孩子患了精神病。

同日 下午，日军在丰、萧、砀三县交界的岳李庄村，恰遇逃难到此的唐寨镇唐树棠、唐树菜和唐庆璋叔侄三家的眷属及其徐州来砀避难的亲戚，老少48口全被日军杀害。此惨案亦称"徐西惨案"。

5月18日 日军在明光和石门山（今凤阳）两车站之间的陈小庄（今嘉山县）碉堡，17日夜遭游击队袭击。日军认为与村民有关，于是在明光纠集60余人对附近村民进行灭绝人性的大屠杀。在马岗乡天门陈村打死村民和过路的行人30人，烧光全村百余间房屋。在高郢村屠杀村民51人、过路盐贩子等23人，烧光所有房屋。

同日 国民党军某部在萧县东南张二庄一带，数日来与日军激战。日军使用了催泪性毒气，我军死伤众多。

同日　10时，日军步兵第36联队在围攻萧县张二庄时，施放毒气筒30个，将村庄全部覆盖，同时工兵实施爆破。日本步兵在毒烟掩护下占领了张二庄。中国守军大多中毒，被全部射杀。

5月19日　盘踞宿州日本军，奸淫蹂躏妇女，据不完全统计达500多人。此外日本军还在宿州设立妓院，其中"帝国旅馆"是一所随军妓院，妓院中大多数是抢来的中国良家妇女。

同日　下午，日机飞抵灵城上空，从灵城南门路西向东北方向倾泻炸弹，顿时城内火光冲天，30里外硝烟犹见。21日，再一次轰炸，大火三日不绝。这两次轰炸，沿街面房屋倒塌很多，商店损坏严重，至于死伤多少人，无法确切统计，现在仅知道北关一个锡匠被炸死，家住今武装部院后的朱友兰被房屋倒塌砸死，位于今县医院后面的陆姓人家（大财主）损失房屋168间，土地12.15亩，树木100棵，粮食3万斤，服饰300件，元宝3000个，银元5000元。

同日　日军侵犯小涧镇（今蒙城县），将20余名平民捆绑在一起，浇上煤油烧死。

同日　日机轰炸亳县龙德寺、朱楼等地，死伤平民30余人。

同日　12时30分，日军步兵第36联队攻击萧县西南28公里之孙圩，遭中国守军400余人顽强抵抗后，施放毒气筒45个，迫使中国守军撤退。日军戴防毒面具从东、西两个方向突进，占领孙圩。

同日　日军第3师团森田支队于5月18日攻占浍河北岸警戒阵地后，遭到防守固镇的中国军队第135师809团利用既设阵地的顽强抵抗。19日14时，森田支队由配属的野战毒气第5中队在固镇东侧约1公里正面上方同时施放毒气筒119个、发烟筒50个。毒烟在固镇弥漫，中国守军及居民中毒者甚多，痛苦呻吟，被迫撤退。日军步兵紧随毒烟攻击，14时30分占领固镇。

5月19日—20日　中国军队谭道源师从台儿庄战场撤退，一路被日军追击，从灵璧双沟到尹集，谭道源师全军覆没，在日军一路对国民党部队的追杀中，残杀了许许多多无辜的平民，仅在灵璧县尤集镇九集村练河庄就杀害平民83人。

5月20日　连续20天，日军出动军舰、飞机，持续在铜陵大通一带狂轰滥炸，投弹千余枚，发炮在3000发以上。和悦洲3条大街和13条巷弄化为一片废墟，大通街原有500多家商铺只剩下33家，500多居民丧生。

同日　在灵璧县尹集，日军用刀刺、枪击致死平民40余人，放火烧掉房屋300余间，并且奸淫妇女，抢劫猪、马、羊、鸡、犬等无数，并伴有在锅里、水缸里、面缸里、床上拉屎撒尿，拉屎用被子包裹等丑行发生。

5 月中旬 日军到宿县栏杆、贡山、张山、云台一带烧杀淫掠，持续 1 个多月，被杀死 200 多人。仅黄林、二家张两村被杀 84 人；焚烧房屋 300 多间；有 30 多户被杀绝。西山窝沈道沟被杀死 40 多人。驻贡山日军出动到黄林，把吴某家 13 岁的女孩带到贡山轮奸，女孩窒息昏死。日军将她扔在死人堆里，过了一天才苏醒过来，逃回家中。二家张某的老婆，双目失明又临产，未能逃脱。日军将其强奸后，用刺刀剖腹把胎儿挑出来刺死。

5 月 21 日 日军从蒙城县板桥集沿宿蒙公路北犯，逼近南坪（今蒙城县）时，遭到国民党 51 军于学忠部的阻击，双方均有重大伤亡。傍晚，于学忠部撤守浍河，日军占领南坪，烧毁民房 500 余间，打死平民 10 多人。

同日 日军第 9 师团一部向萧县进犯，途经渠沟镇渠沟村（今濉溪），对村民进行屠杀，共杀害村民 264 人，其中全家被杀绝的有 32 户，妇女被轮奸后杀死的有 20 多人。全街 700 余间房屋全被烧毁，家畜家禽和粮食几乎被抢光。

同日 日军侵入萧县牛眠村（今属淮北市），在其后的两天里，共杀害中国同胞 1780 人，其中牛眠村 197 人，附近的大冯庄、吴庄、菜园、张庄等 42 个村庄和萧城跑反来的平民 1583 人。牛眠村的刘中发、刘中新、刘中平、申永、朱大妈等 11 户被杀绝。王其书、吴立本、王其德等 21 户每户只剩 1 人。日军还奸污妇女 200 多人，烧毁民房 15 间，抢光全村的家禽和粮食。

同日 日军第 16 师团在第 9 师团配合下，分三路进犯砀山城。24 日，日军逼近砀山城郊。中国国民政府军第 102 师第 305 团和师部进砀山城数小时后，即被日军包围，全体将士英勇抗敌，击退日军的数次进攻，后日军集结重炮轰城，城门均被轰塌，抓捕杀害 50 余人。25 日凌晨 2 时，师部决定突围，3 时，砀山城沦陷。此次砀山城保卫战 102 师原有官兵 9700 多人，战后仅有 3000 人，伤亡 6700 多人。砀山城沦陷，日军进城后，将未逃离砀山城的部分居民，抓捕杀害 200 余人。

同日 8 架飞机从东北方向飞来，轮番对涡阳县城进行轰炸，投下几十颗重磅炸弹、燃烧弹，50 多人被炸死，县城街道、房屋、名胜古迹遭到严重破坏，民房毁 70%，约 4000 间。

5 月 23 日 一队日军到合肥义城镇李荣村，枪杀未及逃走的陆姓老太太，并放火烧毁现在的李荣村 1—7 组村民房屋 1000 多间。

同日 日机轰击亳城，在青云路和北门口投弹数枚，拱门倒塌，死伤平民 40 余人。

5 月 24 日　日军飞机携带重型炸弹，分成三队，在阜阳上空盘旋轰炸，投弹百余枚。此次轰炸是针对李宗仁及所带的部队（当时临时驻扎在阜阳）。25日，日军飞机再次轰炸阜阳。据统计，两天共炸死炸伤平民千余人。

5 月 24 日—25 日　上午 10 时刚过，日机 9 架，飞到阜阳城上空，自东向北，投下重量炸弹百余枚，内烧夷弹极多，瞬间全市大火，延烧竟日未熄，闹市连尘，尽成废墟，伤亡人口，总逾千数。次日下午，6 架日机再度肆虐，盘旋时许，往复投弹，数十里外亦为震动。城内一片火海，房倒屋塌，尸体纵横，繁华的城市变为一堆虚墟。据统计，5 月 24、25 两日的轰炸，共炸死平民 980 余人，伤平民 460 余人，炸倒民房 3690 余间，炸毁 21480 余间，财产损失在 8000 万元以上。

5 月 25 日　驻撮镇的日军 100 多人"扫荡"肥东龙城，打死平民 30 多人。

同日　日机 3 架轰炸青阳县南阳（今青阳县南阳镇南阳村），投弹 60 余枚（内有少数燃烧弹）。其中 30 余枚落入村内，30 余枚落入村外。炸毁、震倒房屋 30 余间，死伤平民约百余人。

5 月 26 日　6 架日机再次轰炸涡阳高炉集，大火一直烧到深夜，烧毁房屋 600 多间，毁坏财物无法计算。

同日　上午 9 时至下午 3 时，日机每间隔一小时就飞临天长县汉涧镇上空投弹轰炸，并用机枪扫射无辜人群，共炸死 120 余人，炸伤 60 余人，烧毁民房 380 余间。

5 月 29 日　日军侵袭涡阳高炉集西杨楼，上午将杨志栓等 5 人残杀在村子西北角场上。中午，将杨建武等 3 人枪杀于东北角场上。下午又用刺刀捅死杨本干等 6 人。同日，另一支日军侵袭杨寨，杀害平民张麻子、张小志等 12 人。次日，日军又在李春庄杀害李翠华等一家 5 人；在李腰庄杀害 8 人，在牛庄杀害 5 人。总计，三日之内涡阳高炉集的所辖村庄共有男女老幼 53 人被日军残杀，100 多名妇女被日军奸污。

5 月 30 日　日军侵入南坪（今淮北市境内），在黄沟村实行惨无人道的大屠杀。黄沟村小张庄仅有 40 多人，就被日军杀害 18 人，上有 70 多岁的老人，下有 2 岁吃奶的小孩。在杨安庄、邹圩庄、丁巷庄、丁荒庄、胡圩庄又有 21 人被日军杀害。日军在黄沟村共杀害胡邹氏、丁成魁、丁张氏、丁徐氏、丁大一、丁周氏、刘志先、刘白氏、张春、张卞氏等 39 人，其中男性村民 21 人，女性村民 15 人，儿童 3 人。

5 月 31 日—6 月 2 日　日机连续两次扫射、轰炸无为县城，鹅市、草市两条大街被炸、被烧，"日盛隆"、"永兴隆"、"福成祥"、"鼎元"等9家大商号及100多家中、小商店变成一片瓦砾，许多平民死于非命。

5月下旬　日军出动飞机6批11架次，轮番轰炸泗县双沟镇，投掷炸弹、燃烧弹数百枚，炸死、炸伤居民600多人，炸毁民房600间，双沟镇顷刻间变为废墟瓦砾。

5月底　砀城东关关帝庙后边的防空洞里藏有30多人，全被日军枪杀。

5月　日军侵占萧城后大肆烧杀，烧毁公房300多间、民房1000多间。

5月　在萧城南帽山窝，日军用机枪杀死平民200余人。

5月　日军途经灵璧县朱集一带，仅在姜山子一村，一个早晨就枪杀30多人。

5月　淮北地区沦陷，日军占领烈山煤矿，掠夺开采煤炭资源，直至1940年停止开采。

5月　日军侵占淮北市韩村集，在韩村驻扎15天，采取"三光"政策，烧、杀、奸淫无恶不作，老人吴广胜被挖心丧命，10岁玩童狗闯被刀劈，就连七八十岁的腊月娘、周大妈也惨遭日军轮奸身亡，还有三毛和吴言顶妻姐妹俩均被日军轮奸后用刀劈死，被害妇女87人。在韩村北奶奶庙旁路沟里，日军一次就杀害48人。

5月　日机在涡河两岸投下几十颗燃烧弹，数千亩即将收割的小麦化为灰烬。

5月　由于日军轰炸，涡阳县城95%的房屋被烧，350余家商店有300余家倒闭停业。

5月　位于涡阳县城、建于清代的黉宫遭到日机轰炸，上覆五色彩瓦的25间大殿、崇圣祠、尊经阁、文昌宫、文昌三代祠、明伦堂、训导署、乡贤祠、名宦祠、忠义祠、节孝祠、奎星楼、神台等建筑设施和设于黉宫内的县民教馆、图书馆以及207棵松柏被炸毁。

5月　建于涡阳县城东门的面积约20亩的公共体育场遭到日本飞机轰炸，其中1个足球场、2个篮球场、2个网球场、1个排球场、1个儿童游戏场等体育设施被炸毁。

5月　由于日军进攻，涡阳县城等重要城镇遭到轰炸，全县各类小学135所大部分停办，教师离逃，学生流散。

5月　涡河集方面的日军2000余人、炮10门与中国军队隔河对战。日军以集中的炮火、毒气、燃烧弹射向中国军队阵地，造成中国军队士兵中毒，村庄燃烧，阵地被毁。日军趁势渡河。中国军队在增援部队的支援下，将日军击退。

5月—6月 驻在潜山黄泥的日军，到太湖花园鸣山（今新仓镇鸣山村）一带扫荡，抓到当地农民鲁传明、王顺宽，勒令鲁杀王，从中取乐，因鲁不从，便被刺刀捅死，并吊在大树上，挖出心脏分食下酒。

6月1日 下午，津浦路南段日军约1500人由定远西侵，向怀远东南之洋店、楼子店、前后营、武店、王家湖一带进犯。日军遭国民政府军打击后，竟施放毒气，中国军队伤亡500余人。

6月2日 拂晓时分，河稍刘村（今属巢县）突然有人惊呼："鬼子来了！"村民们纷纷向东、西、北方向奔跑（村南是河），可是日军早已三面埋伏，全村无一人逃出，村民刘仁和在逃跑中被日军用刺刀捅死，村民刘老六逃至临近村小圩子时被两名日军抬着活活掼死，妇女刘仁国拖着快到临产的身子想从村南边泅水过河逃命被淹死，其他大部分村民被日军驱赶到村后空地集中，之后日军四处放火，未逃出屋的小裁缝和另一位刘老六以及临近的山赵村的赵本友的孙子被大火烧死，村民刘华良的外婆躲在家中的水缸里被烧烫致死，大火共烧毁房屋280余间。日军又从人群中挑选青壮年64人押往柘皋，途中村民刘仁枝回头看儿子有没有也被抓，日军发现后挥起东洋刀一刀抹去了他的脖子，人头在地上滚了很远。

同日 日军到凤台城东拐子集"清乡"和"扫荡"，在马营孜庄疯狂烧杀抢掠，肆意奸淫妇女，烧掉草房约20余间，杀害平民3人，抓走平民40余人，侮打平民60多人，强奸妇女6人，糟蹋小麦500多亩，粮食15万斤，打死牲口5头，猪16口，羊200多只。日军从蒙城南下进攻凤台，路过古店子，到处杀人、抢东西，刺死王振生，杀死耕牛1头、猪5头。

同日 日军从蒙城沿公路南侵凤台，进入芦沟集，在桥西村打死平民5人，毁坏平民家具3100多件，农具2300余件，强奸妇女60多人。

同日 农历端午节。驻蚌埠日军以丢失枪支为名，对西郊郑郢村村民进行大肆屠杀，制造"端午节惨案"。这次日军共屠杀20人（另有3人侥幸生还），另有1人被烧死，多人受伤，全村500多间房屋全部被烧毁。

同日 日机轰炸定远县炉桥镇，全镇至少3000间房子被烧，居民李善之、江有伍等40余人被炸死，100余人被炸伤。

6月3日 10时，以日本联队司令凡乔仁为首的日军，在飞机大炮的掩护下逼近凤台县城。下午4时，国民党部队退到淮河以南，凤台县城被日军侵占。日军攻占凤台城后，烧毁房屋2500多间，杀死平民200多人，活埋10多人，奸污妇女 100 多人。此后，日军又窜到一些乡镇进行"扫荡"。

同日 寿县正阳关北门外被炸，死 12 人，伤 36 人。

6 月 4 日 日军攻占寿县城，杀害居民数百人，多为妇女。

同日 7 时 30 分，日军第 3 师团第 6 联队毒气中队在寿县城东 6 公里白家郢附近，向中国守军第 176 师、第 74 师一部施放毒气筒 194 个、发烟筒 40 个，覆盖纵深达两公里，造成中国守军大量中毒，甚至窒息死亡。

6 月 5 日 日军到淮南市谢家集区李郢孜镇隗店村，把隗店街南街北 20 多家的 172 间房屋烧光。

同日 6 时 30 分，1 架日军侦察机过后，3 架日军轰炸机连续 5 次向颍上新渡口浮桥、淮河南北两岸轮番轰炸、疯狂扫射，霎时间，两岸 300 公尺内尸体遍地，河水染红。有的大人死了，小孩还在怀里啼哭；有的妇女怀抱着婴儿一齐死去；箱子、行李散落遍地。目睹此景，无不悲愤。日军连续轰炸，造成 500 名同胞伤亡；炸毁 200 只对连划子（大木船）；箱子、行李等物品损失难以计数。

同日 拂晓，日军第 3 师团第 68 联队进至寿县城南门。日军由于城墙高 4 米，中国守军火力甚猛而被阻。遂由配属的野战毒气第 6 小队向城门火力点投掷毒气筒 6 个、发烟筒 3 个，使中国守军中毒，日军趁混乱登城，于 6 时 30 分占领了城南门。

6 月 7 日 日军 100 多人到河口（今淮南凤台县）烧杀淫掠。烧毁房屋 60 多间，杀害 13 人，强奸妇女 48 人，抢掠和杀死耕畜 11 头、猪 100 余头，淹死羊 1000 余只。

6 月 8 日 日军 3000 余人进攻舒城桃溪、城关，在桃溪附近残杀平民 40 多人，奸污妇女 20 余人，烧毁 20 多个村庄 240 余户的 1000 多间房屋，抢掳禽畜数千、财物无数；在城关杀死市民 400 多人、国民党伤兵 100 余人。8 月中旬，又将城关码头街盐仓扒盐平民 70 余人全部杀害。

同日 伪芜湖县府征集吉和镇（现为镜湖区）居民 200 人在赭山日军警备司令部服劳役，服役时间为 5 天，工数 1000 工时，逃回 5 人。在服役后，被送回人数 172 人。其中死亡人数 20 人，失踪 3 人，因被征服劳役损失工资数为 1000 万元。

6 月 9 日 国民党军队炸开河南省郑州花园口黄河大堤，引黄水南流，企图以此来阻止日本侵略军西进，人为地造成了一场特大水灾。花园口大堤炸开后，至 11 月 20 日，口门冲宽 400 余公里，黄河原道断流。全部黄水向东南泛滥于贾鲁河、颍河和涡河之间，漫注于正阳关至怀远一段淮河，形成了长约 400 公里，宽约 30 至 80 公里的黄泛区。到 1947 年 3 月 15 日堵口完工、黄河复归原道止，历时 8 年零 9 个月。在历时 8 年多的黄泛中，安徽皖北地区受灾最为严重。阜阳县 102 个乡镇有 80 个乡镇陷于黄水之中，3000 多人被淹死，近 60 万人无家可归，僵卧街头。蚌埠市街道成渠，凤台县城关平地水深 3 尺，全县淹死枕藉。从 1938 年黄水南泛起，淮河流域降水偏多，黄淮并涨，中下游水道不畅，洪水连年泛滥，皖北无年不灾。据统计，这次黄泛安徽共有 18 个县（市）受灾，被淹土地 2345 万亩，灾民达 300 多万人，死亡 40 多万人，田庐、牲畜损失约 2.5 亿元以上。

6 月初　日军"扫荡"定远县朱巷等地，杀害平民 90 人，烧掉民房 200 间。

6 月 12 日　安庆失陷。晨 3 时，日军波田支队在安庆下游约 20 公里的南北两岸登陆。18 时占领安庆飞机场，旋即冲入城内，"扫荡"到 13 日 7 时，残杀平民 200 余人。中国守军第 146 师 872 团及保安队伤亡过重。

6 月 14 日　侵华日军在濉溪韩村集北关帝庙，残杀无辜农民 200 多人。

6 月 15 日　进犯潜山的日军一部，盘踞怀宁县小市、公共岭一带，烧毁村庄 109 个，屠杀平民 163 人，抓 23 人，奸淫、杀害妇女 51 人，掳掠牲畜、物件不计其数。

同日　新四军江北支队夺回吕亭驿后，不断攻击舒桐公路的日军。日军施放毒气，江北支队官兵多数中毒。

6 月 15、23 日和 12 月 30 日　日军 3 次袭扰望江县华阳，烧毁老街店铺 20 家及民房 280 间，杀死 3 人，12 名妇女遭轮奸，粮食、牲畜、财物被洗劫一空。其中 6 月 15 日烧毁房屋 53 户 150 余间，杀死小孩 2 名，轮奸妇女 8 名（内有 15 岁的少女徐某，70 多岁的老妪任某，一徐姓妇女惨遭 8 名日军轮奸）。

6 月 15 日—30 日　日军自 15 日侵占潜山源潭、余井、梅城、黄铺、王河等地，沿途烧杀淫掠。共枪杀 288 人，奸淫 33 人，其中 16 人致死；烧毁房屋 1610 间；掠走和烧毁粮食 100500 斤，抢、杀猪 59 头、家禽 517 只、牛 219 头；毁坏家具 754 件；抢走、烧毁被子 122 床，衣服 597 件，其他用品 1400 件。

6 月 15 日—11 月 2 日　日机 12 次轰炸立煌县流波礓镇（今金寨县响洪甸水库淹没区），投弹 1000 多枚，炸毁烧毁房屋 5000 多间，炸死居民 500 多人。

6 月 19 日　怀宁县石牌沦陷，日军烧杀淫掳，无所不为，其中一次缚 31 人在前街河边枪杀后推入河里。

6 月 26 日　日机轰炸岳西县衙前。当日中午，5 架日机飞至岳西县治所在地衙前（今天堂镇）、汤池（今温泉镇）地区上空盘旋，机枪扫射，投弹数十枚。

衙前街是轰炸重点，损失严重，炸死平民 23 人（炸死岳西当地平民 9 人，炸死合肥逃难到岳西的难民 14 人），炸死岳西县保安中队士兵 16 人，重伤致残平民 6 人，轻伤平民数十人，炸毁房屋 51 间半，炸毁大量其他物资。

6 月 28 日　日机连日轰炸太湖地区，投弹数百颗，炸死居民 169 人，炸毁房屋 3000 多间。

6 月 29 日　日军占领宿松县沿江洲地，在最初半个月内，仅宿松县坝头、复兴、套口一带被杀 260 人，伤残 12 人，掳去劳工 16 人、妇女 10 人，受害妇女 38 人，摧残致死 19 人，烧毁房屋 400 间。

6 月 30 日　日机一天内 3 次轰炸金家寨镇（今金寨县），炸死 60 余人，炸伤 50 多人。此后，日机经常轰炸省政府所在地的金家寨和 21 集团军总部所在地的古碑冲，金家寨几乎每天都有空袭警报，周围的丁埠、皂靴河、杨家滩、开顺街等村镇也多次遭轰炸。

6 月底　日军逼迫涡阳义门集"百德兴"粮坊掌柜邓诗化找"花姑娘"。邓找不到，被日军捆上扔进河上岗井里淹死。同日有个叫李吉元的回民被刺死，还有一人被刺死后，日军放狼狗吃了尸体。这一天，日军在义门集强奸妇女近 60 人，其中许多妇女被轮奸。

6 月　日军包围烟墩集（今属肥西县），杀害平民 60 人，烧毁松树湾、上张岗、上王岗、余小郢、周小郢等十几个村庄。

6 月　日机数架自东北方向入境，轰炸上派河、三河（今属肥西县），投弹 10 余枚，炸死数十人，伤百余人，毁房百余间。

6 月　日军侵占合肥南部的三河镇，当天在街上开枪打死平民 50 多人，轮奸妇女 50 多人。6 月下旬，三河居民王文杰躲在杨婆圩心，被日军当作活靶打死。日军在三河码头抓住 9 名船工，用刺刀挑断气喉，将其全部杀害。占领期间，烧毁商店、民房几千间，强奸、轮奸妇女多人。

6 月　日军在萧县新庄镇西北门村放火，烧毁村民李凡盛、李凡明、周化友等 72 户村民的房屋 406 间、粮食 156440 斤、衣服 930 件、被 468 床、家禽 1034 只、牛 25 头、驴 31 头、猪 30 头、羊 80 头、大车 11 辆，并生产工具、生活用品等，造成直接经济损失 10836 元（银元）。

6 月—9 月　日军在怀宁县第二、第三、第四区 12 乡中掳走耕牛 268 头，肥猪 845 口，昔日繁荣的集镇怀宁县石牌、江镇、高河均被侵略者掳掠一空后，放火将房屋烧毁，对游击区十天半月掳掠一次，耕牛、猪、鸡、鸭、粮食、衣物均是抢掠对象。

6月—9月 日军在怀宁第二、第三、第四区"扫荡",12个乡被杀566人。

6月—9月 日军在怀宁12个乡烧毁房屋5660间,烧毁怀宁县高河140家商店,怀宁县石牌下镇全镇房子被烧毁。

7月2日 日机连续轰炸青阳县城关(今青阳县蓉城镇)、木镇、庙前等地,死400余人,房屋等建筑物损失严重,整个蓉城镇只剩3所房子。

7月6日 日机24架,对太湖县城关、徐家桥(今晋熙镇、徐桥镇)实行重点轰炸,投弹百余枚,县城被炸毁房屋3000多间,169个同胞遇难。徐家桥炸死同胞百余人,炸毁房屋100多间,国防盐1万多斤。

7月14日 日军到怀远县永西等几个村庄抢劫,两个姓常的老人在自家院内被刺刀捅死。这几个村庄在不到一个月内,42名村民被杀,349间房屋被烧,52头牲口被抢。

7月15日—16日 贵池县殷汇镇(今贵池区殷汇镇)遭日机轮番轰炸、机枪扫射,殷家汇及周围村庄(今殷汇镇)共死98人,全镇数百间房屋焚烧殆尽,成为一片瓦砾。

7月15日—10月8日 宿松共遭日机空袭27次,日机47架次,投弹177枚,炸毁房屋156间,震倒103间,死亡41人,伤20人。

7月16日 日军两个中队18架飞机轮番轰炸贵池县池阳城(今贵池区池阳、秋浦街道)。炸弹及燃烧弹引起的大火从城内郭西街簧门弄起烧到丁家巷,县学、城隍庙、四乡公所、池州师范校舍、西庙等建筑物被毁。东门城外住户房屋、东街旅馆、南门城外竹木柴炭山货市场、南门桥城南联保办事处、观音庵以及城内市心街等多处房屋被炸。全池阳城被炸塌、烧毁民房计千余间,公房约三百间。轰炸造成150余人死亡,70余人受伤,灾民达1200人左右,数千人流离失所。

7月中旬 日机轰炸六安城,在西门外、北门外投弹数十枚,炸死市民20多人,这一带的房屋尽化灰烬。

7月24日 日机轰炸宁国县城,直接损失412.3万元。

同日 盘踞在三河的17名日军到庐江同大圩孙家坝陡门强奸妇女,被平民打死2名。次日晨,百余名日军到上东湾一带,打死平民10余人,烧毁房屋500余间、粮食2000余石。26日,日军复到胡家湾打死6人,烧毁15户房屋。月底,上东湾妇女用斧头砍死日军1人。

7月30日 日军进攻宿松县凉亭河街,随即疯狂屠杀、洗劫周边团峦屋、云天岭、段屋、夏家篱等41个村庄,致使居民死亡302人,失踪6人,受摧残妇女35人，烧毁房屋1054间、谷堆54垛，宰杀耕牛31头，禽畜、粮食、财物被劫无数。

　　同日　日军占据太湖县以后，把从城乡附近抓来的18岁至40岁左右的妇女48人，集中关押在"西风洞"庙内，每天进行百般侮辱和轮奸。

　　7月下旬　日机轰炸宿松县凉亭河，炸毁房屋300多间，余下的少量房屋也被打得墙穿壁倒。

　　7月　日军登陆枞阳县长沙洲，杀1人，1名妇女后遭轮奸后亦被杀。日军在洲上大行放火，烧毁民房达200户。

　　7月　日军侵占潜山，枪杀62人，奸淫女性3人，烧毁房屋249间。

　　7月　日军水陆两路进犯肥西三河南两个村庄，抓捕18位守村老人，用刺刀穿喉杀害17人，另1人重残；之后，日军又放火烧毁了这两个村庄。同月，日军在抢劫二十埠后，又烧毁了鹿大郢、老母猪地、马郢、竹墩、彭郢、张槽坊、许湾等数十个村庄。

　　7月　盘踞马当的日军骚扰坝头、大兴等地，强奸妇女40多人，杀死居民甚多。同年，日军杀死蒋家圩等地村民数十人，烧毁民房100多间。

　　7月—8月　日军数次洗劫合肥西乡花子岗，全镇200多户、3000多间房屋被烧毁。

　　8月1日　日军从凤台李郢孜新河东攻克国民党军的阵地，攻占寿县。当时从李郢孜至东津渡的唐山镇境内的公路上，大量难民由淮南方向涌向寿县，一路从东津渡的后洪桥过河，日机三架在东津渡桥上来回轰炸、扫射。另一路从唐山镇的施嘴村过河，日军一路追一路打，被打死的难民和士兵不计其数。唐山镇境内被烧房屋1000多间，被杀平民100多名。

　　8月2日—3日　日机轰炸宿松县县城，炸死学生、店员、居民33人，炸伤21人，炸毁房屋420多间。

　　8月2日—3日　宿松县同马江堤因战溃破，淹没泊湖、黄湖、大官湖周边耕地7万多亩，淹没粮食7000吨以上。

　　8月4日　傍晚，日军在大雨中未遇任何抵抗涌入宿松县县城，至8月28日离开宿松，县城被杀132人，受害妇女157人，摧残致死4人，因拒奸被杀18人，所有房屋被打得四壁洞开，家什设施被毁，粮食财物被劫一空。

　　同日　日军洗劫宿松县县城后，随即"扫荡"宿松东南部，其中五里墩及其附近村庄被杀22人，受害妇女12人，摧残致死2人，烧毁房屋38间；马塘、乔木、长铺、高岭等地被杀12人，伤残5人，掳去劳工7人，受害妇女20人，摧残致死 4 人，烧毁房屋 110 间；九姑岭、新安岭、毛坝、新前等地被杀 28 人，伤残 2 人，受害妇女 40 人，摧残致死 5 人，烧毁房屋 25 间，掳去劳工 13 人、妇女 10 人、船 15 艘；佐坝、新兴、洪岭被杀 9 人，受害妇女 60 人，摧残致死 2 人，烧毁房屋 65 间，掳走劳工 13 人、妇女 10 人、船 1 艘，禽畜、粮食被抢光。

8 月 7 日　上午 9 时许，日军第二次西犯的汽艇队渐近颍上南照镇，国民党保安队向日军汽艇开火，遭到反击，保安队撤走，汽艇靠岸，日军手持机枪、刺刀登岸后，肆意奸杀焚掠，放火烧毁东寨街和顺河街房屋 1600 多间，屠杀市民 260 多人。一刘姓儿童才 14 岁，被残无人道的日本兵利用刺刀把肚子剖开，惨叫而死。强奸妇女百余人。日军沿淮西进多次经过垂岗集，上岸弄东西吃，强奸妇女。其中一次，用刺刀捅死卖豆腐的王六，捅死一头驴，放火烧了一条街，约 300 多间房屋。

同日　驻芜湖湾沚日军 1000 余人向中国军队某阵地进攻，被中国军队歼灭大半后，遂大量施放毒气，中国军队先头追击部队中毒较多。

8 月 8 日　日军进攻贵池三万圩受挫，又改道进犯烟墩陈村（今贵池区乌沙镇联庄村烟墩组），强行集中全自然村平民到晒稻场上，谎言"皇军"要"训话"，待平民坐定后，日军机枪突然对准人群疯狂扫射，顿时血流成河，当场死亡 92 人，仅一个叫陈改儿的 10 岁小女孩在大人的尸体压伏下幸存。

8 月 10 日　日军"扫荡"定远县吴圩地区，杀人、放火，平民死伤无数。仅卜店未能逃走的老弱病残等 50 人全部被日军杀害，烧毁民房 1455 间。

8 月 11 日　日军在怀远县支子湖"扫荡"时，在抢走全部牲畜家禽和烧毁房屋后，对可能藏匿人群之处施放毒气、投掷手榴弹，多人被毒死、炸死。一地窖中藏匿的 20 多人被毒气熏出，日军发现后，将他们全部用铅丝穿手掌拴连在一起，然后又集体捆绑在一棵大树干上，再用汽油将他们全部活活烧死。在另一藏身的地窖中，一名怀孕妇女不堪毒气熏呛爬出，在遭受 8 名日军轮奸后，腹中胎儿竟然被剖腹取出，并挑在刺刀上取乐。

同日　日机 6 架，在青阳县城蓉城镇投弹 20 枚，炸死炸伤居民 100 余人，炸毁房屋数十间。

8 月 14 日　日军先后侵占无为、黄雉、仓头、虹桥、襄安等地，无为县城繁华的米市街及十字街焚烧成废墟。进犯襄安时，仅三天就烧掉全镇 80% 的民房，残杀无辜平民 82 人。

8 月 15 日　日军又一次占领淮北南坪集（今蒙城县），抓走平民 38 人，在薛湖庄前用机枪扫射。38 人除胡庆荣的母亲幸存外，其余平民全部被枪杀。

8 月中旬　日军为华中战略需要，强抓民夫数千人抢修淮南铁路巢县段。

8 月 23 日　湖西人民抗日义勇队二总队第 17 大队消灭了萧县黄庙据点的 20 个日军。数天后，驻徐日军对黄庙、陈坡、孙庄的平民进行报复性屠杀。日军在黄庙捉住了参与袭击日军的袁永赞，当众用指挥刀把袁砍死，然后用刺刀机枪杀害被围住的平民四五十人。这次屠杀有六七十人遇难。

8 月 24 日　占据舒城日军出动"扫荡"小官庄、白马垱（今舒城县南港镇）一带，放火烧光沿途 15 华里的 200 余村庄，杀害平民 200 多人。

8 月 28 日　进攻六安之日军一线兵力增至 3000 多人，在飞机、坦克掩护下有一部攻入城内，与守军展开激烈巷战。战至次日晚，守军伤亡惨重，奉命西撤。日军还向淠河对岸的中国守军阵地施放毒瓦斯，当面守军一个排全部中毒牺牲。日军进城后疯狂烧杀，仅在城关三里街李家贵门口，就有二三十人被日军吊死在青桐树上。

8 月 29 日　下午 4 时，日机数架狂炸霍山城。城内许多建筑物沦为一片废墟。仅龚家巷一处，就有 18 间门面房、100 余间草房中硫磺弹燃为灰烬。在鼓楼街附近，日机一次投弹炸死 5 人。居民刘海之妻怀孕在身，怀抱一小孩，母子 3 人同时遇难。时值秋收季节，一片黄熟的稻子，被日军割下当作马料，特别是六霍、舒霍大道两旁的庄稼损失无法统计。

8 月 29 日—30 日　29 日，六霍之日寇在苏家埠、韩摆渡之间强渡淠河。受挫后，大量施放催泪性毒气。30 日 1 时，日军改用窒息性毒气，支援其部队渡过淠河，向西进犯。中国军队第 114 师之一个排全部牺牲。

8 月 30 日　日军由六安向姚李、叶集进犯，大肆烧杀抢掠。11 月 15 日撤离叶集之际，又烧毁叶集、姚李一带民房 6500 多间，杀害平民 1000 多人。

同日　日军侵占六安苏家埠，枪杀居民 20 多人，强奸妇女 10 多人。

同日　在灵璧冯庙，日军用刺刀刺死陈元忠夫妻、刘泽夫夫妻，沈立修、柴修道及刘绍银、朱士章、卖花生的老杨等 10 人，并拉在一起用火焚烧。同一天日军放火焚烧房屋 600 多间，陈乃忠、沈老更、朱民等 100 多平民被烧死。

8 月下旬　日军由合肥、舒城出动进攻六安、霍山，途中在六安张店、横塘岗杀害平民 10 多人，烧毁房屋 460 多间；在椿树岗、苏家埠、独山一带杀害平民 60 多人，许多妇女遭奸杀。在韩摆渡，枪杀被俘的六安抗日人民自卫军吴健伯部四五百人和居民百余人。

8 月　日军借口马鞍山采石小九华地藏禅寺窝藏"山猫"（日军污新四军之称），将禅寺团团围住，蜂拥闯进，见僧人便杀，从里杀到外，最后刺死打坐的主持长济。日军杀死僧众 8 人后，又将佛台、门窗拆下，堆积大殿内，纵火焚烧，地藏禅寺 32 间庙宇全部化为乌有。

8 月 淮北南坪集被洗劫一空后，日军又四处抢掠、烧、杀、奸淫。小杨庄李长庚的老婆被 3 个日本兵轮奸，赵小庙庄王某的媳妇和赵某的两个女儿被奸污。日军又到太平集一带抢来数十名年轻女子，关进兵营，恣意奸淫。张玉德的老婆怀孕，见日本兵想污辱她，奋起反抗，仍被奸污，日本兵还惨无人道地用刺刀剖开她的肚子。

8 月 日军由阜南乌龙集回三河尖途中，将抓到的沿淮平民 80 多人带到三河尖东大堤里边全部屠杀，然后埋在一个大坑里。

8 月 日军追赶国民党部队，经过贵池县长晏乡老屋苏自然村（今贵池区乌沙镇联村村）未发现国民党士兵，就将该村团团围住，将该村 20 岁以上劳力 30 余人集中在村外一块名为东木嘴洼地，命他们跪下后，用机枪扫射，除二人夹在被打死的人群尸体中侥幸活命，其余全部死亡。随后日军还将该村西边 30 多户人家房子全部烧毁，并抢走鸡、猪和粮食。

8 月 日军屡次侵扰、踩躏嘉山县嘉山集。2 日，一小队日军到嘉山集抢走家禽百余只，烧掉房屋几十间。13 日，又在嘉山集街上南边、北边和中心街放火烧房，从上午 10 点起一直烧到下午 3 点，一条街几乎全部烧光，烧掉房屋有千间以上。

8 月 日军先后杀害宿松县坝头 20 多人和下夹、六号洲 3 位农民及复兴镇一对夫妇，摧残大兴妇女 40 多人，割下一位农民的舌头。

9 月 2 日—11 日 日军第 13、10、16 三个师团强攻豫皖交界的富金山，遭中国守军第 30 军、51 军、71 军等部的顽强阻击。日军战死四五千，中国守军伤亡万余。叶集和立煌北部皆为战区或营地，当地平民和民众抗日自卫队被屠杀或战死的达 1000 多人。

9 月 3 日 日军攻陷金寨县开顺街，炸毁文昌宫、城隍庙等古建筑和南部湾地里的几座村庄，未及撤退的 51 军伤病员 26 人被杀，镇上 1800 多间房屋被烧；东大街和一座有 150 万公斤粮食的仓库被烧成灰烬。未逃出的 20 多个妇女被日军奸污且被刺刀捅死多人。10 月 14 日，日军撤离时又抓走农民 100 多人、青年妇女 10 余人。日军侵占开顺街一个多月，将猪牛吃尽，鸡鸭杀光。平民无家可归，秋收误时，瘟疫流行，许多人病死饿死。

9 月 5 日 日军沿淮西上来 5 只汽船，在阜南曹集南头付古孜上岸后，将沿堤十里路的住户房屋全部烧光，共烧毁 400 余户，800 多间房子，并杀死 31 位农民。将鸡鸭鹅猪吃光，东西抢光，糟蹋奸辱妇女多人。

9月上旬 驻六安日军因几名官兵下乡抢掠财物失踪，到北乡报复，将城关以北15华里宽、20华里长范围内的村庄、房屋焚烧一空，未及逃走的10多个农民悉数被杀，内剥皮1人、挖心1人。

9月21日 日军把淮南大通矿交给了日本垄断集团"三菱饭冢炭矿"经营，矿务局（九龙岗矿）交给三井矿业公司经营。

9月24日 日机9架次轰炸青阳城内，躲藏在夫子庙防空洞的男女老幼80多人，因洞口被炸堵塞，全部闷死在洞里。

9月25日 日机9架，在青阳县城蓉城镇投弹60枚，炸死炸伤居民34人，炸毁房屋70间。

9月26日 日军在霍山县舞旗河、鹿吐石铺等地枪杀当地平民刘贤文、李玉宏、汪学昌、邬宗奎、郑奶奶等6人。鹿吐石铺农民田大元被日军用枪打中嘴部，成了残废。日军还将一带路的农民活扒了心。烧毁小石门、五桂峡、卡巴岭房屋40余间、古桥畈小街9户人家27间。焚毁稻堆8个，粮食约5万斤。乌眉尖2个农民被日军用刺刀活活捅死。27日，日军在鹿吐石铺战败，败退至迎驾厂途中，烧掉黑石渡、小河南两条小街100余户300余间房屋。

9月 日军在安（庆）合（肥）公路沿线通过时，肆意向路边行人开枪射击。桐城县交通村排门的段荣泰、官田的陈大、项屋的汪二斜、张屋的张广龙、扇冲的李加云等被射杀；甘屋和官田的甘维本、张少元等被射伤；张屋的张召勤妻被日军当众奸淫，桐城县南大街崔家坟三八组一肖姓妇女被日军强奸致死；日军放火烧桐城县朱闸，后来将火向南烧到石河大塌，向西烧到翻身茶亭，向北烧到桐城县西城门口，方圆10平方公里的许多村庄被全部烧毁，整个桐城县文昌村只剩下一个文安庵（现桐城县南塘小学）未烧掉；在日军施放的大火中许多人活活被烧死。

秋 日军自合肥沿合六公路向西"扫荡"，烧毁沿途大多数村庄及官亭、金桥2个集镇。

秋 侵占寿县、正阳关的日军，经常乘汽艇侵犯霍邱县沿淮的陈嘴子、汪集、陈郢、三河尖等地，杀死平民数十人，奸污妇女50多人，仅在汪集一次就奸污妇女20多人，抢走大批粮食和牲畜。

秋 日军在宿县进行大搜捕，残杀各界人士20多人。日军在濉溪抓来的五六十人，被全部杀死在宿县南关外小河滩里。

秋 驻滁县日军一个小队上琅琊山，将醉翁亭、二贤堂、冯公祠、薛楼、梅亭、宝宋斋（内藏苏东坡所书《醉翁亭记》刻石），全部烧毁。守亭僧人果清及谢四被日军绑在石柱上活活烧死。

秋 日军在潜山县天柱山镇林庄村进岭组宋冲边大旺山塘枪杀难民 20 余人（畈区到山区逃难的，姑娘居多，多强奸后杀死）。

10 月 6 日 中国军队第 67 师第 397 团在贵池附近进攻 72.5 高地的日军，于下午 6 时一部突入阵地。日军即施放催泪性及窒息性毒气。团主力被阻于阵地外。突入日军阵地之官兵全部牺牲。此役第 397 团伤亡、中毒官兵约 150 名。

10 月 7 日 日军坂井支队一部在巢县大匡圩南侧的河口村、孙村和温村 3 个村庄（今居巢区中埠镇）制造了骇人听闻的"温家套惨案"，共杀害村民 316 人，烧毁房屋 900 多间、大船 18 条。

同日 日军第 16 师团第 20 联队第 14 中队于 16 时 20 分，对在霍山西南方淠河北岸占领高地的中国守军施放毒气筒 40 个。又于 18 时，第二次发烟，施放毒气筒 70 个，发烟 10 分钟后，守军开始退却。

10 月 8 日 凌晨，日军乘汽艇沿淮入侵润河集（今颍上县润河区），祸害到下午 3 点钟离去，杀死市民、客商、赶集的农民 340 人（仅孔令堂院内就有 30 具尸体），奸污妇女 45 人，烧毁房屋 1400 多间，烧毁粮食 585600 斤，34 家坊行、京货店倒闭，京货、杂货抢光，仅穆香馘一家就损失 3 万元。

同日 日军"扫荡"怀宁县虞山镇，屠杀村民 23 人。

10 月 22 日 灵璧县浍沟街正是逢集日，日本军队突然进攻赶集的平民，天上飞机轰炸，地上在街东头架起机枪扫射，最后又放火烧掉一条街的房屋、店铺、作坊。这次共有 200 多人死伤，作坊 23 个、商店 35 家、民房上千间、河中船只 20 条被损毁。

10 月 27 日 日军对手无寸铁的阜南曹集平民，进行了疯狂的报复。日军集结了大量兵力，携带机枪，火炮等重型武器，出动几架飞机，从水上、空中向曹集一带狂轰滥炸，随后上岸寻找抗日军队，因抗日第 3 纵队已离开该区，于是就对当地村民施行杀光、烧光、抢光的政策。计烧毁房屋 800 多间，杀害村民 100 多人，衣物财产被抢光、烧净，家畜家禽被宰杀吃光。

10 月 28 日 晨，驻湾沚的芜湖日军向中国军队进犯，双方相持于西渚塘、公庙等处。战斗中，日军大量施放毒气，中国军队多人中毒。

10 月 日军在当涂大陇镇烧毁民房 18 栋 49 间，在赵家村烧毁民房 21 栋 76 间，枪杀农民 7 人。在南柘、大王村烧毁民房 8 栋 34 间，打死农民 8 人。

10 月 贵池县殷汇镇杨村（今贵池区殷汇镇五里村）宝大煤矿公司（贵池

县排山宝大矿场），遭日机轰炸，厂房、原料、机械设备、运输工具、轿车等炸毁，矿场倒闭，直接损失国币计 24.86 万元。

10 月　日军将从扬州抓来的 8 名妇女（其中年龄最小的仅 16 岁）关押在东流县胜利军张祠堂（今东至县胜利镇横洲村），设立"慰安所"。

11 月 2 日　日机 6 架在广阳（今石台县）轮番投弹，炸伤多人，炸毁房屋 100 余幢。

11 月 6 日　下午，日机在东流县长安（今东至县东流镇长安村）投弹数枚，炸死 19 人，炸伤 5 人，毁民房 119 间。同日下午，日机在东流县张溪街（今东至县张溪镇）投弹 9 枚，炸死 18 人，伤 17 人，毁民房 40 余间。

11 月 8 日　日军从宿县大店进占灵璧县城，在从戈店到娄庄、界沟一线，灵璧县抗日自卫队共设了 3 道防线，均被日军突破，抗日自卫队陶超、刘家彬、雷绍春、刘恩久等 300 多名队员牺牲。在皮条刘村外茴草地里，日军用枪击、坦克碾轧，共造成 100 多名逃难平民死亡。

11 月 9 日　日军烧毁泗城内外民房 130 多间，并杀害有"抗日"嫌疑者数十人。同日，泗县长沟镇遭到抢掠，被杀害民众达 60 多人。

11 月 14 日　上午 8 时半，日机 21 架轮番轰炸太平县仙源，投弹 100 余枚，县府及各机关房屋、40 兵站医院全遭炸毁，城厢商店住宅被毁三分之二。正在后方临时医院疗伤的抗日将士 250 余人全部炸死，太平中学附近的抗日官兵在轰炸中死亡 50 余人，炸死民众 58 人，伤 100 余人，房屋被炸毁 294 幢。

11 月 26 日　日军侵占铜陵县顺安，一进镇，就枪杀了手无寸铁的商人马春山、马来保、王昌顺、赵寿山及医生吴启泰、农民解春发等 20 多人。

同日　15 时，日机 14 架，在青阳县木镇投弹 14 枚，炸死炸伤居民数十人，炸毁房屋 20 间。

同日　铜陵县沦陷后，几天之内，日军 130 旅团所辖 133 联队烧毁房屋 13000 多间，屠杀居民 1300 多人。

11 月 27 日　日本人在大通矿和九龙岗矿开始掠夺开采。

11 月　日军自肥西桃溪沿杨（小店）桃（溪）公路向西"扫荡"，烧毁沿途大多数村庄及山南馆。

12 月 3 日　日军飞机 7 架，侵入歙县府城及县城各区，投轻磅炸弹 24 枚，并以机枪扫射约半小时，炸毁民房 42 间，炸死 21 人，伤 35 人。

12 月 5 日　日机 5 架轰炸桐城县城，计投弹 31 枚，炸死居民 41 人，炸伤 11 人，毁房 175 间。桐城县义津、会宫、小李庄、孔城、练潭等地亦先后遭日机轰炸，计在日机轰炸中死伤 40 余名平民。其中练潭村民朱某被日机炸弹炸得尸骨无存，福泰商店被毁。

12 月 6 日 夜晚，驻当涂向山、金家庄等地的日军数百名，在伪军配合下偷袭濮塘黄庄（今当涂县），民兵高宗本在战斗中牺牲，预备队队长何金荣，濮家林、濮家朝、濮家宏等负重伤。7 日黎明，日军冲进黄庄，将全村 40 多户、200 余间房屋烧毁，杀死杀伤村民 14 人。日军在黄庄杀人放火后，又窜到濮塘街、李树村等地将 30 多户 100 多间民房烧毁，杀死 3 人。这就是当时震惊苏皖边境的黄庄惨案。

12 月 11 日 日军芜湖地区警备队（步兵第 60 联队）第 3 大队，于 12 月 10 日占领中国军队第 145 师防守的石碗镇后，11 日拂晓继续向大路铺高地攻击。其第 4 中队在大路铺高地西侧施放毒烟压制中国守军侧射火力，然后发起攻击，掩护其大队主力顺利前进。

同日 日军第 116 师团第 133 联队第 3 大队在万集落至宝家村之间与中国军队苦战。日军联队遂派出野战毒气第 5 中队利用良好的气象、地形条件施放毒气筒，给中国守军造成重大损害。

同日 13 时，日军攻占青阳县木镇，中、日军队相峙于木镇以南 1 公里的倪家冲一带。中国军队第 67 师第 397 团向其反攻，日军竟使用毒气，中国军队中毒 300 余人。

12 月 12 日 中午，日军石谷联队获得增援，猛攻中国军队曹家壕、倪家冲阵地（现青阳县境内），两阵地被日军占领。中国军队曹团、覃团实施反攻，与日军激战两个小时。日军大量施放毒气，中国军队官兵中毒 200 余名。

12 月 13 日 上午，日军 100 多人由六合县城出发，在公路两侧各派一个排的兵力开路，每走一段路便以机枪扫射无辜平民，以焚烧民房、草堆为联系信号。下午日军到达天长县境内的蔡家河，在蔡家河街上日军肆意捕杀家禽，抢掠私人财物。饱餐后，日军又连夜向天长城进攻。

同日 木镇（今青阳县）之敌一个联队自太平镇向倪家冲进攻。敌军进攻受挫后，乃施放毒气。中国军队官兵一部分中毒。

12 月 14 日 日军来到天长城外，向夹庄、黄庄、周庄等村庄，连开 100 余炮，共炸死炸伤民众 190 余人，炸毁大小村庄 17 个（56 户）。

同日 晨，中国军队第 67 师第 397、第 398 团继续攻击曹家壕、倪家冲之日军，将日军击溃，正乘胜追击时，日军大量施放毒瓦斯，中国军队中毒三四百人，致使进攻顿挫。

12 月　日军集中兵力向肥西花子岗一带大"扫荡"，花子岗沿合安公路两侧 20 多个村庄被烧毁。小花园村姓孙的年轻妇女被 5 名日军轮奸，数日后死去。

冬　日军合肥警备司令古三郎把抓去的 20 多名平民用铅丝穿手心、穿锁骨，押到南门外放狼狗咬，将其全部杀害。

1938 年　日军占领合肥耀远电灯公司，并于 1941 年将该厂更名为"华中铁道发电厂"，攫取该厂发供电全部权益。1944 年，日军又将机器设备洗劫一空，致使该厂成为一片废墟。合肥耀远电灯公司创设于 1923 年，初拥有资本 3.6 万元，厂房 5 间，100 马力柴油机和 50 千瓦发电机各一台，设配电线路 3 条。至 1935 年，该公司固定资产达到银圆 6.93 万元，资本总额达到 9.6 万元。1936 年，全年发电 8.77 万千瓦时，营业收入 2.34 万元。

1938 年　日军侵占合肥，大蜀山森林被日军破坏殆尽。

1938 年　日军侵占濉溪县五铺，枪杀村民李记标、李怀春等 12 人，烧毁民房 1453 间，杀死牛羊 3140 头、马 30 多匹，毁坏农作物 1230 亩，烧毁农具、家具无数，奸污妇女 12 人。

1938 年　日军到淮南市李郢孜镇沈郢，用地雷炸死平民五六人，烧房 42 间。到北梨园村杀死 2 人。到赖山烧毁房屋 300 间，打死五六人。毒死平民 30 多人。

1938 年　日军开采掠夺煤炭资源 22632 吨。

1938 年　安徽省芜湖县澛港镇中心国民学校一切文物教具被日军芜湖赭山警备队驻澛港分队矢野等人焚毁殆尽，损失文教器具共 498 件，学校只留有空架。

1938 年　安徽省立芜湖民众教育馆，位于河南码头口，在日军占领下，学校的图书室、大礼堂、仪器室、贫民诊疗所等 10 余间平房被毁，8 万册图书及全部仪器被烧毁，无一幸存，日军将拆毁的房屋材料构筑工事。

1938 年　据"万字会"统计，日军在侵占芜湖市一年内，杀害无辜平民达 997 人。

1938 年　蚌埠首个"慰安所"——"千金馆"在华昌街东边设立，为原鼎余公司的两层楼房改造而成，有"慰安妇"近 20 人，均为从朝鲜掠夺来的姑娘和从日本国内"调来"的"军妓"。"千金馆"由日本浪人主管，只有军官才能出入。

1938 年　蚌埠先后出现以"津川馆"、"浪花馆"、"华月楼"等招牌遮人耳目的"慰安所"。

1938 年　位于蚌埠华昌街的华昌旅馆、惠中旅馆、诚诚旅馆、金陵旅舍，位于二马路的万华楼、交通旅舍、华北公寓等，成为日军普通士兵寻欢作乐的场所。

1938 年　日军占领砀山县城后，在砀山城南关抓了 50 多个无辜平民，用机枪扫射致死。更为残忍的是，日军把一个叫穆重阳的平民，用耙齿活活钉死在墙上。把另一个人用铁丝穿耳和锁骨，将其吊在树上，活活折磨死。

1938 年　日机轰炸徽城，原世美坊北侧（今广播电视局右侧对面）两防空洞被炸，死亡 60 余人。同时，在天主教堂前面（今歙县黄梅剧团大门口东侧）投弹数枚，炸毁房屋 1 幢，死伤各 1 人。

1938 年　由于日军侵扰，望江县徐桥至安庆航班停开，长江民航中断，望江县华阳义渡停航，水上交通随之萧条；已完成主体工程的华阳闸工程被迫停工。同年，华阳镇小学停办。

1938 年　日军在潜山杀害 128 人，奸淫女性 26 人，其中 20 人致死，烧毁房屋 862 间，抢走粮食 15 万斤、猪 358 头、牛 50 头、家禽 2402 只，毁坏家具 179 件、衣服和床单 66 件。

1938 年　日军"扫荡"桐城县青草塥一带，烧毁青草街上的戏楼及附建房屋 30 余间，民房 198 间；抢夺粮食 3.65 万斤、畜禽 506 头（只）；直接杀害老平民 37 人，致重伤不治或惊吓死亡的 2 人，追捕致溺水死亡的 2 人，强奸妇女 10 人，其中强奸致死 1 人，砍伤和打伤 2 人，捕 1 人，抓劳工 4 人。总计伤亡 59 人。

1938 年　日军侵入桐城境内。在桐城县大关镇，烧毁歧岭霸王街的所有民房，烧掉龙头部分村庄的房屋 75 间，烧毁胡铺村房屋 714 间，杀害胡铺和杨庄无辜村民 19 人。在龙眠街道，日军烧毁陈庄大塘民房 25 间，烧毁沿河居民张绍友房屋 6 间，烧毁九铺（现红星队）街和城郊村民房 87 间，烧毁东大街许多较大的商铺、商号和撒谷厂，东大街居民万铁潮一家 4 口人被杀害。日军在侵占桐城县县城期间，将战场上俘虏的 1050 名中国抗日军人（广西人）押解至竹生弄（今境主庙水库东干渠花园段），全部枪杀后就地掩埋。在孔城镇，日机先炸毁老街商铺和民房 123 间，炸死平民 50 余人，日军入侵后又烧毁老街的农仓，并将当地 1 名妇女强奸杀害。

1939 年

1 月 14 日　日机轰炸枞阳镇，枞阳镇庙巷里、一甲、三甲、四甲、钱义丰杀猪店、舒家祠堂、方全盛书店、杜洛亭家等多处被炸，死伤众多，仅永和米厂和舒氏祠堂就有 20 多人被炸死。在进行大肆轰炸后，驻安庆日军 200 多人分两路进犯枞阳镇，在汉奸带领下，四处搜查中国军人，肆意滥杀无辜平民，仅几天内，就捕杀平民几十人，尸横街头巷尾。

1 月 "产销捐"开设在蚌埠征收，仅 3 个月就在蚌埠征收 2.9 万元。6 月，改征"统税"。

2 月 3 日 日军占领铜陵县毛桥后，实行"三光"政策，烧 9 个自然村 150 多户人家房屋，30 多人惨遭杀害，抢光民众财产，奸淫妇女 50 多名。

2 月 18 日 日机轰炸宁国港口，直接损失 324.6 万元。

2 月 19 日 日军"扫荡"怀远支湖，抓住 20 余名无辜村民，用铁丝洞穿于掌，捆在大树上，浇上汽油，全部烧死。同年 9 月，日军还在怀远杀害 40 余名河南省客商。

2 月 20 日—21 日 日军"扫荡"当涂护驾墩，将镇上房屋烧光，死于日军屠刀下的无辜平民达 102 人。3 月 21 日，日军到当涂博望"扫荡"，把 800 多户的博望镇烧成一片焦土，只有 20 余家幸免于难，共烧毁房屋 2000 余间，杀死烧死 15 人，连该镇平民叶永寿的一个 3 岁女孩，也被日军枪杀。

2 月 日本三井矿山股份有限公司董事长川岛三郎派员直接"行使福利民矿山公司所属太平府全部铁矿矿业权"。

2 月 日本华中矿业公司攫取中资裕繁铁矿公司所经营的桃冲铁矿，开采迄民国三十四年三月（1945 年 3 月）止。

3 月 3 日 日机 6 架轰炸郎溪县城，炸死 51 人，伤 45 人。

3 月 16 日 日军侵占凤阳县后，连续几日侵扰东鲁山，枪杀村民 50 多人。

3 月 21 日 日机轰炸宁国河沥溪，损失 312.4 万元。

3 月 日机轰炸肥西县聚星集、周老圩、雷麻店等集镇，投弹数十枚，炸死数十人，伤百余人，毁房百余间。

3 月 "出口货物捐征收所"在蚌埠成立，日军及其代理人对商人营运粮食、生猪等 19 种征收出口账税，垄断、控制市场经营。

3 月 日军在铜陵大通强行征民工 300 人运往芜湖，民工不满，当场被枪毙 8 人。

3 月 日军进犯宣城县西河镇，将商民财货掳掠一空，分载民船 8 艘，枪杀民众 8 人，带走妇女 2 人，分水陆两路向湾沚退却，沿途大肆烧杀。

春 日军炮轰琅琊山南天门观音顶，炸毁观音大殿廊房 9 间，酴醾轩房 5

间。这些千年名胜古迹，被日军毁于一旦。

4月1日 因日机经常空袭轰炸桐城县县城，为便利居民疏散，桐城县根据国民党安徽省当局和第五战区指示，成立拆除城垣委员会，动员组织民众拆除明万历四年（1576年）筹银2.12万两由土城改建的高3丈6尺、周长6华里、雉堞1673垛、有门楼6座的护城砖墙。

4月6日 日军1000余人"扫荡"定远县池河、练铺、三和集，烧民房2000间。日军仅在练铺就杀害37人。

4月7日 日机空袭凤凰山新屋里（今铜陵顺安镇牡丹村），炸死炸伤居民20多人，大部分房屋炸为瓦砾。

同日 日机轰炸枞阳县义津桥、小李庄和会宫一带，炸死平民17人，伤20余人。

4月8日 日军侵占铜陵索山（今钟鸣镇索山村）后枪杀、刀砍无辜平民，王松你、王四癞子等数十人均被杀戮。索山脚、盛冲王、管坝村、太子殿及王家宗祠等处房屋被日军焚毁。日军还强迫老平民为其砍伐林木，用于垒建碉堡和运往芜湖、南京、上海等地出卖。只几年功夫，索山几千亩山林被日军砍伐殆尽。

同日 日机6架，于铜陵县府、行署所在地新屋岭盘旋，共投弹50余枚，伤分队长1人，伤亡民众30余人。

4月16日 芜湖日军警备司令部征集吉和镇居民1500人修筑工事，逃回人数50人。服役时间2个月，工数为9万工时，在完工后，所征人数被送回1437人，其中5人死亡，8人失踪，因被征服劳役损失工资数为7500万元。

4月19日 日本兴亚院华中联络部与伪维新政府实业部决定，将大通矿和九龙岗矿改组为股份有限公司，合并经营。其资本金采取招股集资的方式，强行把大通矿和九龙岗矿原有资产以现物出资，低价作股。九龙岗矿作价180万日元，大通矿作价250万日元，合计仅430万日元。另招日本"三井矿山株式会社"、"三菱矿业株式会社"、"中支那振兴株式会社"、"华中矿业株式会社"等四家企业投资1070万日元，总资本共1500万日元，每股50日元，计30万股，成立所谓"日华合办淮南煤矿股份有限公司"。

4月22日 滁县日、伪军400余人，袭击驻施家集的国民党滁县县政府，县常备队奋起抵抗，战斗中伤亡平民112人。

4月23日 13架日机轰炸淮南顾桥，投弹20多颗，炸死30余人，炸伤10余人，炸毁房屋30余间，损失粮食3万余斤及牲口一头。

4月 华中矿业公司开始开采钟山、姑山铁矿。

4月 驻蚌埠日军特务机关以市面出现反日标语为由，将300多名在此跑单帮界首、临泉、郑州、南阳等地商人捕获，施以酷刑。其中70多人在受刑后被装入麻袋投入淮河，全部被活活淹死；其余人员后来虽花钱被保释，但多致残。

4月 枞阳县汤沟镇沦陷后，日军在枞阳县汤沟镇镜子山修筑碉堡和炮楼，并成立维持会和大明会，利用维持会和大明会为其站岗、放哨、巡逻和向地方征税。日军还在枞阳县汤沟大镜子山北边山脚下，强迫沦陷区苦工挖了一个长80米、宽5米、深3米的大坑，坑底埋着一排排尖刀般的毛竹签。凡日军捕到的怀疑是新四军或不明身份的人员，都视为嫌疑分子，全部捆绑抛进坑里，被竹签扎得血流成河。有的人未被竹签戳死，好几天还在坑里呻吟。到1945年，日军在枞阳县汤沟镇行刑的大坑里杀害数千中国人。人们称此坑为"万人坑"。

5月3日 驻泗县日、伪军500余人乘9辆汽车到五河县朱圩、胡桥、郑集几个村庄"扫荡"，共杀死儿童10余人、妇女20多人。在追杀中，40余名村民死伤。村庄房屋也被焚烧殆尽。

5月6日 日军在当涂博望开始施放毒气，毒死平民8人。

5月9日 在萧县后卯山，日军集体枪杀60多名青年。

5月11日 驻泗县日军100余人纠集伪军数十人乘汽车到五河界沟集"扫荡"，一名老妇被烧死，牛、羊等家畜以及财物被洗劫一空，100多户人家的数百间房屋被烧成废墟。

5月25日 怀宁县石牌遭日机空袭，炸死8人。此地先后遭日机轰炸10余次，死难者近百人。

5月26日 日军200多人、伪军1000多人，汽车30余辆，由徐州、萧城经瓦子口向西行进。午后，日军进行报复，杀害上杜集（今萧县）平民百余人。

6月7日 时约三更，日军数十人突然进犯贵池县大路孙联乡（今贵池区马衙街道大路村），烧毁房屋1822间，74人遭杀害，伤10人。有七旬王姓老妇被日军刀刺小腹，血流如注，其韩姓孀媳被日军捆绑，用刺刀乱戳，直至气息奄奄，日军继则满屋纵火，复将韩氏拖入火中，与室内器具衣物一并化为灰烬。

6月9日 日机2架炸郎溪、梅渚，投弹10多枚，炸死66人，炸伤13人。

6月20日 日机2架在东流县城（今东至县尧渡镇梅城村）投弹10枚，炸死7人，炸伤16人，毁房屋50间。

6月23日 上午，日机5架在广德县城投弹18枚，炸死30余人，重伤多人，民房数十间及县政府、县党部、学校被毁。县政府迁至山关岭。

6月 在金家寨镇（今金寨县城），日机6架狂轰滥炸赶集村民，罹难丧生的达 400 余人，轻重伤残者 1000 余人，街市到处残垣断壁。

6 月 合肥敌现对城内居民，无论老幼，均迫令注射药针，注射后遍体冰凉，精神疲倦，过三日后，敌复为之注射一针，始恢复常态，考敌所注射者，为绝育针，致青年男女，越城逃避者甚多，敌之阴谋，在绝我中华民族之生嗣。又芜湖、宿县等沦陷地区均有上列事件发生云。

夏 蚌埠地区规模较大的"慰安所"——大观楼在中山街北头开设，为一座东西走向的四合院式的两层楼房，共有近 40 间客房，初期"慰安妇"人数约三四十人。沦陷期间，蚌埠市区"慰安所"的"慰安妇"人数大体维持在 120 人。

7 月 1 日 日机 12 架先后窜入新四军军部驻地泾县云岭上空，向云岭老村、罗里村、中村等处投弹十数枚并低空扫射，炸毁民房 159 间。中村董家祠堂（当时为新四军教导队驻地）、罗里村"种墨园"（当时军部驻地）脚屋一部分以及民居 3 间（当时是战士食堂）被炸。炸死村民 35 人，伤 43 人，教导队卫生所护士冯玲被炸牺牲。

7 月 2 日 驻当涂黄池日军向七房村进攻，杀死刘再东一家 6 口，并施放催泪瓦斯，造成多人中毒。

7 月 13 日 日机 5 架在泾县县城上空沿北门口至荷花塘一带投弹近 10 枚，泾川小学（今后勤部院内）被炸、大安寺佛殿（今大会堂）被炸毁，左甲祠（今新华书店后面）被炸毁正屋，总计炸毁房屋 121 间，炸死居民 20 人，伤 10 人。

7 月 14 日 上午 7 时、9 时，日机 5 架先后轰炸望江县凉泉、长岭地区，共计投弹 33 枚，炸死炸伤军民 39 人（伤 23 人、死 16 人），炸毁房屋 123 间、炸坏房屋 17 间。

同日 48 架日军飞机在无为投下毒性、传染性物件。

7 月 27 日 驻安庆日、伪军将 26 名平民分别押到沙漠洲及广济圩丁家村杀害，并投尸长江。

7 月 28 日 上午 8 时，日机 1 架侵入太平县仙源上空，投弹 5 枚，县府办公厅中弹 1 枚，房屋被毁。9 时许，复来日机 3 架，投弹 18 枚，并用机枪扫射，政警队及常备队住舍均被炸毁，死伤民众各 1 人，炸毁民房 13 幢，震毁民房 52 幢。

7 月 淮北市，日军"扫荡"百善镇枣园庄，枣园庄村民刘允中被日军打死，日军抢走耕牛 10 头、猪 15 头、羊 23 只、鸡 50 只、粮食数十担，奸淫妇女数十人。

8月9日　日军制造了东流县大渡口严家墩、余棚（今属东至县大渡口镇）惨案，烧毁房屋70余幢，屠杀村民37人。

8月14日　下午，日机多架从定远城东面向城西飞去，人们认为飞机飞走了，解除警报，哪知飞机又从西向东飞来，沿着东西大街轰炸，炸死、炸伤平民多人，炸毁房屋至少1000间。

8月20日　繁昌县获港日军600余人向毛家渡、伏虎山一带进犯，并大量施放毒气。

8月21日　日军到博望（今当涂县）"扫荡"，把800多户的博望镇烧成一片焦土，只有20余家幸免于难，共烧毁房屋2000余间，杀死烧死15人，该镇平民叶永寿的一个三岁女孩，被日军枪杀。

8月28日　3架日本飞机突然飞临天长县铜城镇上空，投下14枚炸弹，当场炸死20多人，炸伤20多人，炸毁民房200多间。

8月　贵池县黄家店、四房孙、油榨汪（今属贵池区马衙街道）遭日机空袭，死21人，烧毁房屋496间。

8月　贵池县马牙桥联乡汪圣庙（今属马衙街道）一带遭日机空袭，死6人，烧毁房屋369间。

9月5日　日军出动飞机18架，轮番轰炸定远城，投下炸弹100余枚，居民伤亡惨重。仅南门大后街就炸死6人。南后街段家3人，南大街杨寿魁的祖父和李洪盛两个儿子，共计105人被炸死、炸伤。

9月8日　日军100余人进攻濉溪县白沙集，烧房400余间，杀死任马、任石头等平民6人，强奸妇女30多人。

9月24日　上午8时许，日机两架轰炸望江县凉泉陈氏冲、槐树冲及长岭彭屋等处，共计投弹11枚，炸死民众3人（邓荷花、彭沈氏、彭爱莲）、伤5人（士兵周士善，民众鲁美全、彭银水、彭刘氏、彭周氏），炸毁房屋67间、炸坏房屋190余间。

秋　日军在嘉山县自来桥镇周家岗杀害周传民父亲，打死圩内守军10人。在镇上驻3天，将鸡、鸭、鹅等抢光吃光。日军临走时，纵火烧街，烧死陈二傻子、李二夫妇、张广辉父亲等人，沿街放火1公里，烧毁草房2000间，瓦房600间。

秋　一艘日军巡逻艇经过繁昌县高安乡营防嘴江心时，遇到载客渡船，搜查毫无所得，把50多名乘客全部推入江中，全部罹难。

10月7日　日军在汉奸周昆贤、余昆山、李孟周的带领下，分两路"扫荡"

望江县杨湾乡杨湾村。全村 64 户 239 间房屋被烧毁，52 名男女老幼被烧死和枪杀（其中郭神保、舒腊荣两家老小无一幸免），60 多人被烧伤和打伤，其余损失如农具、耕牛、衣物、粮食等不计其数。

10 月 19 日　上午 11 时，日军两架飞机，在贵池县吴田乡石溪保（今贵池区唐田镇石溪村）投弹 8 枚，炸死 21 人，炸伤 1 人。

10 月 21 日　上午，日机 12 架，反复 3 次在青阳县芙蓉桥投弹 60 多枚，炸毁房屋 40 余所，死 19 人，伤 10 余人。12 时 50 分日机 1 架，在青阳至陵阳公路间投弹 2 枚，炸死 1 人，伤 2 人。下午，日机 12 架，在青阳县陵阳镇投弹 2 枚，死 1 人，伤 1 人。

10 月　在怀宁县瓦窑乡日军一次奸污妇女 30 余人，在清河乡日军一次奸污妇女 20 余人，怀宁县洪镇近旁村庄中一位妇女被十几个鬼子轮奸。日军在月山据点和查家竹园均设有随军妓院，掳掠怀宁及外地妇女充当"慰安妇"。查家竹园的妓院设在石镜光明村，强占民居改造成 14 间小房，掠妇女当性奴隶。

10 月　傍晚，江南贵池日军 17 人登陆枞阳县新开沟，分两路向石矶头和陆墩村掳掠，抢劫畜禽，欲奸妇女。枞阳县陆墩农民奋起搏斗，杀死 3 名日军，农民陆家保亦因伤势过重牺牲。3 天后，驻池州日军纠集枞阳县汤沟、乌沙之敌百余人，乘坐一艘兵舰过江，来陆墩村大举报复。日军登陆后，逢人便杀，见屋都烧。陆玉才两个未满周岁的孪生妹妹，被日军用刺刀扎入肛门挑死。陆思南藏在草堆里，被敌发现连劈数十刀，把心剜出，把头割下，将尸体剁成数块丢到草堆里烧。陈桂英老祖母卧病在床，被敌人将心剜走。陆守成一家 9 口除本人因放牛幸免外，余皆被杀。这一天，陆墩惨遭杀死的平民共 33 人，连烧房屋 800 余间，粮食、被服、家具、农具、渔具等一律化为灰烬，家禽家畜也全部遭殃。

11 月 2 日　一艘日军汽艇停靠到枞阳县山山镇江岸，将扫帚小街"一人街"以上的老江堤圩埂上住房房屋烧毁 1000 多间，街道商店付之一炬。今仅尚知名姓的户主就达上百户。方丽花（9 岁）、方仁宝（6 岁）姐弟二人被烧死。同时，日军又将胡大章、陶琛、史花兰（女）等 6 人枪杀或用刺刀刺死。

11 月 5 日　上午 9 时许，日机 5 架空袭桐城县县区，计投弹 40 枚，桐城县党部后身、南大街、南城外关厢口一带繁闹市区均遭轰炸。造成街民 105 人伤亡，炸毁烧毁房屋、铺面 20 余家。

11 月 28 日　日机再度轰炸枞阳县义津桥一带，炸毁民房 200 间，死伤平民 16 人。

12 月 3 日　下午 1 时，日军轻轰炸机 7 架，侵入歙县府城及县城各区，投轻磅炸弹 24 枚，并以机枪扫射约半时始去，计炸毁民房 42 间，天主教堂之圣母院被炸毁，炸死 21 人，伤 35 人。

12 月 5 日 日机空袭桐城县城，在南关厢口附近投弹，炸死居民 40 余人，炸伤 20 余人，大片房屋被炸毁。同日，日机在孔城镇上空投弹多枚，炸死平民 3 人，炸伤 10 人，炸毁民房 100 余间。

12 月 23 日 汪伪政府开设的华兴商业银行支行在蚌埠开业，开展外币兑换、金融担保等项业务，强行推行"中储券"，排斥"法币"，发行军票，为侵略军筹集战争经费。

12 月 31 日 日军侵入立煌县境，经后畈、四望岭、泗州河一带，杀害守军、民夫和当地平民 100 余人。

1939 年 1939 年以后，日本人在马鞍山开采矿山和铁路运输方面，都有很大发展，矿山工人增至 2 万多人，年产量增至 80 万吨。

1939 年 濉溪区伪区长施国章带领日、伪人员"扫荡"宿西一带，捕杀情报员杨在中、抗日干部和平民 100 多人。

1939 年 淮南煤矿死亡 6000 多矿工。

1939 年 日军开采掠夺淮南煤炭资源 143798 吨。

1939 年 日军对蚌埠皮毛业实行军管，由日本人控制的"大昌"、"三菱"垄断经营。

1939 年 "日语专科学校"在蚌埠设立，该校附设"华语讲习所"。

1939 年 日军进驻枞阳镇后，先驻陶公祠，后移驻百步云梯，并强行拆毁白鹤书院和枞阳小学以及建筑质量较好的私人住宅，抓来大批民夫，在百步云梯、四方台、白鹤峰、射蛟台和幕旗山大修碉堡和炮楼，拉铁丝网。为尽快完工，日军用鞭抽、刀刺甚至枪打民夫，每日都有民夫丧生。日军还在幕旗山碉堡边挖深坑，深坑旁筑狼狗屋。凡是被他们怀疑为中国兵的人，都抓到这里先让狼狗扑咬，再推下深坑，使其活活痛饿而死。

1939 年 枞阳县凤仪村 70 余村民被日军赶至习艺套，先刀杀再枪杀，血水染红了整个水面。日军走后各户才敢把自己的亲人尸体捞回安葬，悲惨至极。

1939 年 因日军入侵，望江县华阳、吉水、青林三镇众多店铺相继倒闭，仅青林镇便有 54 家商号被迫歇业。望江县县城沦陷后，日军四处骚扰，凉泉、长岭和赛口近百家店铺被焚掠一空。

1939 年 据《望江县志》载：民国 27 年，望江县县城有服务业网点 21 个，其中客栈 8 个，照相馆 3 个，染店 4 个，理发店 4 个，浴池 2 个。日军入侵后，服务业萧条，望江县城剩下 5 家客栈、2 家染店、2 家照相馆和 1 家理发店。此外，2 家木行也被迫歇业。望江县全县邮局业务及 71 个信用合作社业务停顿。因日军封锁长江航线，烧毁沿江、沿湖渔船，船民被迫务农，大江南北交通中断。

1939 年　望江县雷阳小学停办。日军勒令望江县县城、华阳、吉水三处自治会筹办学校，经费由自治会税收项下支付，并增开日语课程，对统治区实行奴化教育。

1939 年　从望江县城关到吉水，有一条笔直宽阔的林荫大道，史称"方公堤"，是古望江著名的十景之一——春堤荫柳。日军侵占望江后，先后将 400 年前建的宗三庙和民国十余年间创办的吉水小学全部拆毁，并伐光方公堤两旁的树木，用于修建碉堡。"春堤荫柳"景观不复存在。

1939 年—1943 年　日军从淮北、徐州、开封、德州和枣庄等地诱骗农民 36000 多人，到淮南大通煤矿，从 1942 年秋到 1943 年春天，就死亡 13000 多人，尸骨被抛进"万人坑"。

1939 年—1945 年　日本通过华中矿业公司太平矿业所，从钟山、大小姑山、钓鱼山共掠走铁矿资源 120 万余吨。

1940 年

1 月 3 日　日军一联队以优势炮火作掩护，从贵池县上清溪乘黑夜渡河猛袭黎家店乡李山（今贵池区里山街道里山村），纵火焚烧李山一带村庄，84 户民房 302 间、3 幢宗祠 11 间被烧毁，400 余人流离失所，死 3 人，伤 5 人。

1 月 5 日　贵池县桃坡乡舒家村、韩村、张村等自然村（今贵池区里山街道象山村）遭日机空袭，炸死 2 人，伤 2 人，毁房 101 间，其中宗祠一幢 8 间。

1 月 25 日　日机 4 架在至德县永镇（今东至县昭潭镇永镇村）、宋阳桥（今东至县泥溪镇宋阳村）等处各投弹数枚，毁民房数十间，死伤居民 20 余人，驻军死 4 人。

1 月　从泗城出动的日、伪军 300 余人，到泗县郑集抢掠，并杀害百余民众。

2 月 16 日　驻蚌埠日军在伪军司令沈席儒部队的配合下，"扫荡"东郊东芦山一带，日军即用刺刀将 4 个老人捅死，后又放火烧毁村庄。在发现东南麓山洼里躲藏的 300 余名逃难村民后，架起机枪扫射，村民尽遭劫难。

同日　上午，日机 2 架在宣城县水东投弹 3 枚，死民众 17 人，重伤 11 人，轻伤 19 人，毁民房 4 间，死牛 3 头。下午日机 2 架飞青弋江投弹 7 枚，死民众 10 余人，伤 10 余人。

　　2 月 18 日　日机 2 架在南、宣交界青弋江投弹 3 枚，居民死 2 人，伤 1 人。下午 3 时许日机 5 架在宣城县城内投弹 12 枚，军民死 13 人，伤 32 人，被毁房屋 30 余间。

　　同日　日机向宁国城区连续投弹 26 枚，毁房 19 幢，伤亡 33 人，其中死 11 人。财产损失 1.75 万元。

　　2 月 19 日　下午 1 时许，日机 1 架，在宣城北门外西头湾、双桥等处，投弹 5 枚，炸死 1 人，伤 5 人。2 时许，日机 6 架，狂炸西河，共投弹 20 余枚，其中燃烧弹多枚，毁房屋 90 余幢，炸死 65 人，伤 11 人，炸毁民船 1 只，损失惨重。

　　2 月 20 日　上午 10 时，日机 4 架轰炸郎溪县城，在东南门丢炸弹 10 多枚，伤亡 36 人。

　　同日　日机 7 架轰炸宁国，死 20 余人，伤 10 余人，毁店屋 40 余间。

　　2 月 21 日　日机轰炸宁国沥溪，损失 455.3 万元。

　　2 月 22 日　12 时，日机 6 架袭宣城新河庄，投弹 14 枚，居民死 10 人，伤 6 人，毁房 20 余间。同时日机 5 架狂炸西河，投燃烧弹 11 枚，居民死 8 人，伤 4 人，毁房百余间。下午 1 时许，日机 1 架，袭县府所在地周王村，投弹 2 枚，毁民房 8 间。至 1 时半，该机又袭溪口，投弹 5 枚，居民死伤各 4 人。

　　同日　黄山日军以炮兵向宋家嘴中国军队第 147 师发射催泪、喷嚏性毒气弹。中国士兵 12 人中毒。

　　2 月 26 日　日、伪军 1000 余人"扫荡"定远县藕塘、三和集等地，烧毁民房 3000 间，使藕塘、三和集成为一片废墟。

　　2 月　日军袭击宣城县仁村湾，残杀平民 300 余名，焚毁房屋 300 余间。

　　2 月　日本华中矿业股份有限公司荻港矿业所所长安部派小岛等人，在日军护卫下，成立华中矿业股份有限公司铜官山矿业所，强田厚太郎任所长。先后从荻港、安庆、合肥、芜湖、南京、常州、上海等地胁迫大批工人来矿，并征大量民夫，最多达 3000 多人，大肆掠夺铜陵矿产资源。共掠走矿石 2 万吨。

　　3 月 3 日　日军池田部犯郎溪境，抢走耕牛数十头、大米 4000 多担，劫走儿童 30 多人。同时，将天主教堂难民 100 多人驱赶至西门外，勒令每人各背包袱，拍摄照片后放行。

　　3 月 4 日　早晨，驻望江县县城日军出城，往北与中国政府军作战，遭伏击，狼狈逃回。途经七里岗，报复烧毁 7 户村民 20 余间房屋及姚公庙，枪杀村民虞中阳、彭延寿等 21 人（内有 3 个小孩）。其中虞阳春一家被杀 6 人，尚风喜一家 7 口被杀 5 口，一产妇被轮奸致死。

3 月 10 日　上午 8 时，日机 10 架侵入太平县仙源上空，投弹五六十枚，县府及县城东半部房屋被炸毁殆尽。约 12 时，复有日机 9 架飞临城郊上空，先用机枪扫射，继投炸弹及烧夷弹四五十枚，城内及近郊之水东村、许家村、项家村、孙家村、六角亭等地房屋被炸毁大半。下午 1 时，又有日机 17 架飞来，城内及水东园复被轰炸，城西之岘村亦落弹 6 枚。是日，日机 3 次轰炸，计 36 架，投弹 188 枚，炸死民众 23 人，伤 15 人，在后方临时医院治疗的抗日官兵又有100 余人遇难，毁房屋 508 幢，烧毁 20 幢，震倒 672 幢，损失 486435 元。

3 月 19 日　下午 3 时，日机 3 次空袭太平县仙源，计 38 架，投弹 160 枚，后方临时医院就治伤员 100 余名遇难，炸死民众 8 人，伤 11 人，毁房 1000 余幢，县府全部被炸。

3 月 24 日　日机 6 架轰炸郎溪天主教堂，死伤 500 多人。

4 月 12 日　日军六七千人强攻寿县城，省保安第九团浴血奋战，团长赵达源、团副黄雪涛等官兵 1000 多人战死。日军进城后大肆烧杀抢掠，烧毁民房数百间，屠杀居民 3000 多人，抢掠财物不计其数。

4 月 19 日　日机 8 架飞至霍邱县城上空投弹 8 枚，机枪扫射数百发，死 18人，伤 10 人，烧毁房屋 32 间。

4 月 21 日　日、伪军到灵璧尹集胡王、小王庄、陈庄、张渡口烧掉近千间房屋。

4 月 22 日—29 日　日军华中派遣军第 15、116 师团，在北起繁昌，南迄湖口一线，向国民党第 23 集团军发起全面攻势。青阳县境陵阳的 90 多名平民惨死于日军机枪扫射之下。

4 月 25 日—5 月 3 日　日军筱原师团大举侵扰青阳县境，布防在九华山、青阳县杨田白马塘（今青阳县杨田镇五梅村）一线的国民党军队奋勇抗击，毙伤日军近千人。国民党军队伤亡亦很惨重。日军在这次侵扰中杀害、打伤村民 530余人，焚毁民房 23300 余间。

4 月　南陵日军大肆拉夫数百，四处强奸妇女，强奸后加以残杀，并火焚民家，南青途中焚烧无遗，惨不忍睹。日军在南陵强迫士绅刘少轩、陈德全等组织维持会，限一周将外逃居民全数招回，以左臂绕以白布，上面红墙辅记，并需每日交纳法币 3000 元，牛 3 头，猪 5 头。

5月6日 日机6架轰炸宿松县县立中学，炸死6人，炸伤20余人，炸毁校舍20余间，教具几乎全部被毁。

5月21日 深夜，日军数百人从田家庵乘汽艇第4次侵犯凤台县。当时，凤台县城驻军国民党安徽省保安第六团已在三里沟设下伏兵。日军登陆后，便进入了保六团的交叉火力网，加之三里沟的东、北面河滩全是齐腰深的淤泥，日军行动困难，即刻被打死打伤100余人。后夹日军又连续冲锋数次，均被保六团打退。日军迁回到三里沟背后包抄过来。保六团见寡不敌众，坚持打到拂晓，然后从三里沟西撤至桂集。日军进入庄内，制造了骇人听闻的三里沟大屠杀。全庄男女老幼500多人，死于刺刀下的84人，受重伤者120余人。全村房屋500多间，只剩下几间，财产被掠劫一空。这次日军侵入凤台后，留驻了约一个排的日军，再次建立了傀儡政权，直到1945年8月15日日本宣布无条件投降。

5月 日军进扰繁昌县，民众遭残杀近100人，房屋被烧近1000家，总计损失约100万元以上。

6月1日 日军1000余人，汽车10余辆，分4路侵犯新四军第6支队驻地涡阳新兴集，被击退，第6支队伤亡300余人，新兴集民房被烧900余间。

6月3日 日军混合部队1500多人乘车进占合肥北乡下塘集，设立下塘特别区（相当于县政府）以及乡、保、甲和自卫团、队等伪组织，其经费、给养，皆靠田赋、印花税屠宰利税、契税、鸦片捐、牲畜捐等苛捐杂税的收入。日军在下塘开设日军"慰安所"，由一两个日本娼妓主持，另有少数朝鲜妇女，其余都是被抓来的中国沦陷区妇女。她们在所中备遭凌辱，受尽折磨，过着痛苦不堪的非人生活。

6月7日 太湖县政府征调民工万人，拆毁县城城墙，避免日军轰炸。

6月23日 日机6架炸郎溪，投弹30多枚，炸死56人，炸伤36人，炸毁民房50多间。

6月26日 日机轰炸至德县查桥（今东至县尧渡镇查桥村）一带，炸死居民2人，枪杀1人，刺刀戳死1人，烧毁炸毁房屋56户260多间。

8月8日 日军入侵淮北市渠沟镇张集村，纵火焚烧民房，共烧毁民房1800间，烧毁粮食10万多斤。

9月7日 日军火烧天长县汊涧镇，汊涧大桥以北至街西关帝庙，所有房屋全部被烧毁。大觉寺（又名大觉禅林）是皖东地区罕有的唐代古刹，在大火中化为灰烬。大火焚烧了一天一夜，财产损失无法估价。

9月16日 日、伪军袭击泗县双沟镇，烧毁房屋3800多间，杀害平民600

余人，强奸妇女 20 多人，有 21 户居民被杀绝，朱家贵一家 5 口全被杀光。日军举着火把，牵着狼狗，杀人放火，奸淫抢掠，其惨状令人目不忍睹。

9 月 21 日 伪芜湖县长胡延禧征集劳工在吉和镇修筑工事，人数为 500 人，逃回人数为 30 人，工数 1500 工时，服役时间为 3 天。在完工后，所征人数中只有 457 人被送回，其中死亡 7 人，失踪 6 人，因被征服劳役损失工资数为 1500 万元。

9 月 日军第 15 师团第 67 联队第 1 大队在宣城西约 40 公里处，发现抗日部队约 50 人，即以毒气攻击将其全部杀害。

10 月 2 日 日军在一次"扫荡"中将铜陵陶村（今西联乡东城村）据点的 20 多名来往行人抓去，除一人（名为钟同科）趁天黑跑掉外，其余全遭杀害。

10 月 5 日 7 时 50 分，日机 5 架侵入歙县徽城镇城内投弹 28 枚，炸毁房屋 33 间，炸死 12 人，伤 16 人。

同日 12 时 30 分，日机 9 架，窜入石埭县城（石台县原县城广阳镇，今属黄山市黄山区，1970 年因修建水库被淹没于太平湖）上空，投弹 50 余枚，炸毁房屋数 333 间，死 10 人，伤 20 余人。

10 月 6 日 日军攻入泾县汀潭烧杀抢掠，全汀潭镇 300 多家，被毁达 200 余家，烧毁民房 217 间。

10 月 7 日 日军侵入泾县小岭村，枪杀村民曹儒宜及曹一龙父子等 5 人，烧毁大小纸厂数十家，并烧毁了南坛殿和民房 138 间。村民衣物细软财物被洗劫一空，家禽家畜均被杀光。

10 月 10 日 日机 6 架轰炸屯溪，投重磅炸弹 9 枚、烧夷弹 4 枚，炸死 6 人，轻重伤 16 人，烧毁房屋 75 幢，价值 50 万元，炸毁汽车 3 辆，价值 30 万元，其他财物损失 70 万元。

同日 日机 2 架窜入泾县水东翟村、万村（今陈村镇）一带扫射轰炸。炸毁翟村竹梅居宅中间堂屋，炸死耕牛 1 条。日军此次进犯泾县历时 5 天，共计有 70 余名老幼妇孺惨遭杀害。

10 月 12 日 日机 7 架在至德县花山（今东至县香隅镇花山村）投弹 16 枚，炸死 28 人，炸伤 18 人。

10 月 26 日 日机 7 架袭屯溪，炸死 8 人，伤 13 人，炸毁房屋 25 间，价值 30 万元，其他损失 50 万元。

10 月 27 日 晨，日机 5 架向东流县行署（今东至县东流镇）隔壁张氏宗祠投弹数枚，又在附近村庄轰炸扫射达 4 小时，炸毁房屋百余间，伤亡 10 余人。

下午 3 时，日机 1 架在东流县行署隔壁张氏宗祠附近盘旋侦察，并散发传单，威胁民众他迁。

11 月 4 日　日军筱原师团长召开军事会议，拟定召开扫荡桐、怀、潜等地计划。增调 2500 人驻飞机场及沿公路据点，调毒瓦斯梅一中队驻安庆市天后宫。征民夫 3000 人以及稻萝、麻袋分送各据点。

11 月 5 日　8 时 15 分，日机 8 架经绩溪县城上空飞往临溪折回，历时 40 多分钟，投炸弹 19 枚、燃烧弹 2 枚，并用机枪扫射。毁民房 10 幢计 45 间，死 25 人，伤 18 人；县政府亦中弹 1 枚，毁办公室 2 间；毁舒家祠堂后寝室 1 处。其中，北门外胡涵澄户正屋全毁，死 10 人，伤 2 人，至为惨烈。

11 月 18 日　日军进犯蒙城，烧毁部分商店，打死打伤平民 50 余人。

11 月 21 日　日军攻占东流县洋湖（今东至县洋湖镇），纵火 10 余处，凡在抗日前线的国民政府人员住宅及民房均遭焚毁，共计 1000 余间，损失极重。

12 月 5 日—11 日　日、伪军对泗县濉河两岸进行为期 7 天的大"扫荡"。烧毁民房 2000 多间，抢劫财物价值 2 万多元，惨遭杀害的军民有 1000 多人，有很多妇女被辱自尽。

12 月 24 日　郎溪县城沦陷，死难同胞 80 多人，房屋被烧毁 100 余间。

12 月 30 日　日军的楢原、西田、志摩等部队向安徽西南部的汤家岭、硖石岭各防御地区包围攻击。在撤退时，施放毒气掩护退却，并在民房及道路、沟渠、堤坝上布洒毒气粉。

初冬　日军在合肥西郊大蜀山附近将胡家银等 9 人抓进水牢，严刑折磨。胡家银的叔父因拒绝日军的侮辱，被日军砍死。同时，日军还在大蜀山附近的方大郢村轮奸 30 多名妇女，烧毁了从董铺到北三十岗沿途的 47 个村庄。

冬　由安徽省建设厅投资、潜山县农职学校教师王续三在牌楼乡仰天庵创办的"四维垦殖公司"，种植油桐 1000 多亩，后被驻桐林日军焚毁。

1940 年前后　日军在淮北市铁佛镇油榨村杨营子建据点，侵占土地 150 多亩，毁坏庄稼 200 多亩，用民工上万人次，强行掠夺油榨村及周边村庄的树木和各类木料 2000 立方米。在统治期间强征油榨村及周边村庄粮食 100 万斤，村民秦梆子、杨传礼、胡志城、秦德宝被杀，王吴在王菜园被日机炸伤，秦胜奎被日军枪打伤，张老婆、杨木、秦课、李世三无家可归，外逃失踪。

1940 年底前后　日军"扫荡"前淮北市朱庙，焚烧民房 100 多间，抢走牲畜 4 头。

1940 年　日军强行开采小姑山、钓鱼山铁矿。

1940 年　日军开采掠夺淮南煤炭资源 435057 吨。

1940 年　日军在小蚌埠"清乡"时，100 多名无辜村民惨死在日军的屠刀下。

1940 年　"蚌埠民众教育馆"设立，对市民实施奴化教育。

1940 年　日机 29 架，6 次空袭广德县城、杨邯桥（今新杭镇）、陈坞村（今卢村乡宋城村）和界牌（今桃州镇界牌村），投弹 71 枚，炸死 5 人，伤 16 人，毁房 50 间。

1940 年　日机 15 次空袭桐城县城、集镇和乡村，计 63 架次，投弹 129 枚。造成普通平民 53 人死亡、33 人负伤，老平民的房屋被毁坏 944 间。

1940 年　日军在枞阳县凤仪乡南州边一次就杀害村民 47 人，只有南州村民胡丙恩被日军打伤后跳水逃生。

1940 年　日军从贵池过江到枞阳县凤仪洲，从红巾村放火一直烧到凤仪村，共烧毁民房 100 余间。

1940 年　日军在枞阳县凤仪村一次枪杀村民 35 人，其中周家一家老小 7 口人全部被杀。

1940 年—1945 年　日本在桃冲矿招募大批矿工做苦役。由日本宪兵队和矿警监督。矿区作业条件险恶，因事故死亡工人累计 14500 人（1943 年疫病流行，一次便死亡 650 人）。

1941 年

1 月 1 日　日军 200 余人由安庆洪镇向中国军队进扰不逞，乃施放毒气而退。中国军队官兵中毒 10 余人。中毒者均先起泡，继而糜烂。

同日　10 时，日机两架在潜山投弹，内有糜烂性毒弹 1 枚，民众中毒 3 人。

1 月 12 日　上午 8 时，日机 7 架空袭太平县新盛乡丰街、叶冲、张家窝等前中国军队驻地，投弹 34 枚，炸毁祠堂房屋 94 幢，震倒房屋 5 幢，炸死 1 人，伤 2 男 1 女。

1 月 26 日—29 日　4 天之内每天有日军数架飞机在贵池县吴田乡吴田保（今贵池区唐田镇吴田居委会）一带狂炸并扫射，炸死 10 人，炸伤 5 人，炸毁 36 户人家 96 间房屋。

1 月　日军城内毒瓦斯中队开往安庆月山。控制人民生活必需品（尤其是食盐）运输，没收沿江商贩财物，并将商贩大部分处死。19日，封扣江面所有船只。

2月1日 日机27架轰炸阜阳大田集，炸死炸伤刘润清、徐孟、张瀚章、于世龙、"老密"、二老玉、陈永年等平民500多人，炸毁房屋1000多间。

2月3日 日、伪军数百人从宿松县洋普庵的仓蒲咀登岸袭击许岭，抢夺大量金银物资，烧毁房屋110余间。

2月4日 1架日机在安徽广德投下装有毒性菌的纸筒。

2月7日 日军离开太和县城时，对县城进行焚烧。太和县衙、蚕桑学校、山西会馆东西楼、徐氏宗祠的书斋、城隍庙的钟鼓楼、打蛋厂、曹朗斋、徐映亭的住宅等一幢幢建筑物化为焦土。仅蚕桑学校、国民党县政府两处烧毁房屋达1000余间。

2月9日 日军从张村集南头放火，100多间房屋被烧毁，而后又炸毁桥梁和房屋多间。

同日 日军偷袭驻防太和三塔集的汤恩伯部99军某部，造成驻军300多人死亡。据统计，在日军窜扰太和期间，被日军杀害的有900余人，烧毁房屋1.7万余间。

2月10日 日军从太和三塔悄悄开出12辆坦克，50多辆汽车，偷袭王老人集。日军趁风势从集北头点火，同时施放着毒气并开枪射击，顿时，浓烟迷雾笼罩整个王老人集。战斗进行得十分激烈，国民党军队寡不敌众，大约一个营的兵力被日军杀的所剩无几。30多人死亡，70多人被俘。日军摧垮一个营后，对俘虏用铁丝穿透他们的手心牵着走，同时挨家挨户地抓鸡、捉猪、牵羊、牵牛、抢掠平民，杀害无辜居民，轮奸年轻妇女，其中王桥庄有个15岁的女孩被轮奸后受伤而死。日军临走时，又用火焰喷射器在王老人集街上放起了大火，这场大火一直烧了整整三天三夜，三里长街上大小商店，900多间房屋和400多头牲畜及居民的家产全部化为灰烬，集上居民流离失所，无家可归。

2月15日 凌晨，日军116师团纠集驻安庆、大通、枞阳镇等地日、伪军3000余人，出动4架飞机、4辆坦克以及大炮、舰艇等，向桐东抗日根据地（今枞阳县）进行大规模"扫荡"，企图消灭新四军3支队挺进团和皖南事变后突围来桐东人员。日、伪军兵分两路，一路由其主力2000余人从枞阳县老洲头、左岗迂回进兵，占领青山头，控制陈瑶湖周围制高点，切断新四军从陆上向三官山的退路，一路1000余人进入灰河、六百丈，切断新四军从水上经灰河到无为的退路。日军在空中用飞机进行狂轰滥炸，地面上则展开对沿湖突出部、对每村每户每个芦苇丛展开搜查，敌舰艇和坦克则对湖中岛上目标进行炮击。"扫荡"中，陈瑶湖沿湖地区遭日伪军血腥洗劫，粮食被抢光，妇女被奸淫，大部分村庄被炸毁，有的被夷为平地，600多平民被杀害。其中有一家5口人全部丧生。马桥村谢岐山老人家两个儿媳怕被进村日军污辱，妯娌俩划船向湖中荷叶丛中躲藏，仍遭到日军机枪扫射而亡。桐庐县委书记鲁生、新四军3支队挺进团1大队大队长方瑛、2大队6连指导员吴中亚、青年队队长杨国庆和警卫部队以及桐东游击队官兵40多人亦壮烈牺牲。

2月16日 日军进犯桐东抗日根据地，炸死杀伤平民600余人。

2月18日 日军一个联队1000多人，围攻肥东梁园，遭到国民党军138师和新四军4支队8团的反击。日军在仓皇逃离梁园时，放火烧毁中街全部以及北街、王鲍巷的部分房屋，共2100多间。同时，日军在梁园镇残杀无辜平民40多人，另有120多名平民在战火中丧生。

2月中旬 日、伪军纠集3000多人分3路向淮南津浦路西定远地区"扫荡"，日军在"扫荡"中杀害平民37人，烧毁房屋上万间。

2月21日 12时，日机7架对宣城县新田镇进行轰炸，下午1时继又向孙家埠轰炸，两次共投弹49枚，炸毁房屋147间，炸死27人，伤19人。

2月22日 1时，日机6架在宣城县孙家埠投弹20余枚，死民众12人，伤11人，毁民房百余间。同时在新田屯投弹12枚，居民死7人，重伤4人，毁民房10余间。

3月8日 8时，日军主力3000余人围攻梁园（今肥东县），围攻梁园两昼夜不逞，伤亡枕藉，3次对国民政府军施放催泪瓦斯弹，激战至晚，国民政府军放弃梁园，向东南旋回至黄山附近。

3月14日 汪精卫以"中华民国维新政府"名义，签发第2389号指令，批准《华中矿业股份有限公司调整要纲修正草案》等卖国文件。这样，日本军国主义"统制开发华中矿产资源"，华中矿业公司"完全供应日方军需之用"，成为日本独占企业。

3月21日 下午2时，日机10架轰炸广德流洞桥（今新杭镇），死伤20余人，房屋毁坏过半。

同日 日军在飞机掩护下，进犯、侵占桐城县练潭镇，造成600余户居民无家可归。

同日 晚，日军700余人、炮3门分3路进攻黄姑闸，国民政府军庞营长沉着应战，战约1时许，日军一部由西路强渡黄姑闸，街东端之日军施放毒瓦斯，国民政府军官兵中毒麻木，以致被日军冲入街内，巷战甚烈。

3月24日 上午8时至9时，日机9架由芜湖方向飞来，轰炸郎溪县城，投弹数十枚。炸死67人，炸伤42人，炸毁房屋134间，并用机枪轮番扫射，北门一带变成废墟。

3月26日 9时至17时，日机16架轰炸郎溪县城。在县城之中心街市及天主教堂共投弹40多枚。炸死200多人，炸伤数十人，房屋被炸毁数百间。同时被轮番轰炸的有凌笪、汤桥、东夏以及村庄。

3月31日 日军第625联队一部侵占庐江盛桥镇，侵入止马岗、夏砾山、塔山（在今石山乡）。日军在盛家桥开办"慰安所"，杀害无辜平民30多人，毁民房140间。

春 日以"日支矿业株式会社"招募矿工为名，在合肥城乡大量抓捕青壮年男性，仅城内就有张文华、胡克禧、许小老汉、席有昌、张小眼等100余人被骗抓走，至今无一人生还。

4月18日 中午，日机3架轰炸桐城县县城，弹中桐城县县政府、南大街，文庙附近也被炸。在此次空袭中有20人被炸死，100多间民房、店面被炸塌损毁。

4月23日 国民政府军第146师第438团在对皖赣交界之青山、历山、杨河山、元宝山之敌军袭击中，日军施放催泪性毒气，国民政府军士兵中毒10余人。

5月1日 7时30分，日机3架飞临黟县上空投轻重炸弹20余枚，炸毁房屋40余间，炸死15人，伤10人。

5月14日 国民政府军第146师第437团由双港进攻青山桥。日军以掷弹筒向中国军队大量抛射毒气弹，国民政府军中毒伤亡甚重，青山桥得而复失。

5月20日 9时半，日机6架，由汤口方向窜入歙县，后又侵入3架，往返4次，历时2小时向西南逸去。计查两城（县、府城）内外共投弹59枚，重伤14人，轻伤14人，死10人，县城被炸13处，旧府城被炸15处，烧毁36家，计300余幢房屋，监狱中弹炸毁，死囚犯3人、看守1人，伤6人。

5月22日 上午7时，日机10架，自南方袭入宁国县上空轰炸，又由东南方飞来日机7架，在宁国县城、城外及河沥溪镇共投弹64枚，内河沥溪投弹5枚，共炸死14人，伤2人，毁民房155间。又日机20余架侵入东、西津两镇上空，投弹近百枚，西津镇城厢保炸毁房屋百间，津南津北保炸毁房屋数十间，死亡22人，重伤4人，轻伤1人，东津镇炸毁房屋约10间以上。其中知道姓名死者有男性13人、女性6人、儿童1人，伤者女性2人，只知性别死亡男性9人。

还有西门守军 59 师一个排被炸死 20 余人。

5 月 26 日 日机 4 架在东流洋湖（今东至县洋湖镇）投燃烧弹 3 枚、炸弹 8 枚，炸死 5 人，炸伤 10 余人，毁坏房屋 120 间，损失财产 3 万元。

5 月 29 日 日机 4 架在至德县城东门徐村（今东至县尧渡镇徐村）投弹 8 枚，并以机枪扫射，计毁民房 145 间，死 5 人，伤 6 人。

6 月 16 日 日机 2 架，在青阳庙前街（今青阳县庙前镇）投弹 11 枚，炸死 20 人，炸伤 10 人。

6 月 18 日 日机 3 架轰炸贵池县唐田棹树张、枣树张（今贵池区唐田镇凤凰村）等处。7 月 19 日又来日机 2 架轰炸计家湾（今贵池区唐田镇凤凰村）一带，两次炸死 3 人，伤 4 人，炸毁房屋 355 间（其中宗祠庙宇 22 间）受灾 73 户，灾民 294 人。

6 月 20 日 日军进犯宣城县距〔踞〕新河庄三里许小村，开炮 20 余发，死伤居民二三十人。

6 月 21 日 7 时，日机 4 架，在青阳庙前街（今青阳县庙前镇）投弹 15 枚，炸死 5 人，炸伤 16 人，炸毁房屋 50 间，震倒房屋 11 间。

7 月 7 日 午夜一时许，日军百余人突破国民党驻军阵地贵池县境内老鸦尖、罗汉排一带，四面包围贵池县罗城乡麒麟保（今贵池区墩上街道双河村），村民惨遭杀害者 36 名，伤 4 名，被俘抓走 10 名。一岁幼童刘小孩和两岁幼童周根生均遭日军刀戳头部、腹部致死。村民何启才，先遭刀戳眼部，后被枪杀。另有 10 岁儿童名叫钱跛子，被日军用火活活烧死。烧毁房屋 410 间，受灾 139 户，灾民 463 人。

7 月 18 日 上午 11 时许，有日机 4 架由西北方向飞往贵池县崇义乡梅村街（今贵池区梅村镇新民村）时，即行散开，相继轰炸，计投弹 12 枚，被毁 18 户民房及店房 106 间，当场炸死国民党第 145 师辎重营士兵 1 名，重伤 2 名，轻伤数名，炸死村民 3 人，伤 2 人。

7 月 22 日 日本飞机再次轰炸天长县铜城镇，炸死 50 余人，炸毁民房 200 余间。

7 月 29 日 日军 6 架飞机轰炸旌德县城，造成平民伤亡 117 人（死 43 人，伤 74 人），炸毁房屋多间，总损失达 1513.75 万元（系当时物价指数）。

8 月 26 日 日机 6 架轰炸绩溪洪上塘九二兵站医院，炸死伤兵 40 余人、农民 10 人。

10 月 26 日 拂晓，日军分五路进攻贵池唐田乡，一路由东流侯家店经本乡茅岭保约四五百人进攻桥头，一路由东流垾白乡欧村经本乡扬名保会合桥头，一路由东流石湖乡大斗岭经本乡扬名保梅峰尖约二三百人直达桥头，一路由本乡乌沙保高岭约百余人到达唐田街，一路由吴田乡小河经水源保约二三百人直达尚书保，以上五路计敌千余人。沿途烧掠，本乡所有各保除乌沙保已沦陷外，其余各保均遭烧掠一空。计毁大小村庄 18 个，约三四百户，尤以扬名保汪村、潘村、尚书保林村、程村、尚书店为最。至于被烧村庄的粮食财物，亦均遭抢掠。

11 月 18 日 日本通过汪精卫"鉴核"，全部占有勘明的"向山硫磺矿区之采矿权"。12 月正式开采，至 1945 年共开采含硫 40% 以上的原矿 60 多万吨。

12 月底 驻徐州、黄口的日军，包围了砀山县唐寨，分别从大南门、东门、西北、北门等处抓人，挑出青壮劳力 200 余人，抓至徐州后押至东北锦州煤矿作为劳工，其中部分劳工被活活折磨而死。

冬 日军烧毁淮南铁路双山口附近葛家嘴、葛家洼 2 个村 120 余间房屋，清末合肥文人徐子苓的万卷藏书及他与李鸿章、曾国藩等人的来往信札，都被付之一炬。同时，葛某的妻子也遭日军强奸。

1941 年 南山矿汉奸葛崇义（外号葛老四）等一次从南徐州"招"来 2000 多人。

1941 年 到 1941 年，日本帝国主义抓来的矿工仅南山地区就达 8000 余人。

1941 年 据统计，日本华中矿业公司马鞍山矿业所下属马鞍山码头有劳工 2400 人左右。

1941 年 日军开采大姑山铁矿。

1941 年 新四军某营部驻在前朱庙，被日军发现，日军从涡阳、宿县、永城三路进攻朱庙村。新四军撤退后日军扑空，气急败坏的日军烧毁朱庙村王六孜庄民房 200 多间，砍伐树木 350 多棵，抢走牲畜 25 头，打死张庄村民黄狼、张东。

1941 年 一年中，淮南煤矿井下被闷死和被日本人、封建把头打死的就有 109 人。

1941 年 日军开采掠夺淮南煤炭资源 771485 吨。

1941 年 日军一次从国内运来麻袋 250 万条，在芜湖等地抢购粮食 200 万担，造成皖南严重粮荒。

1941 年 张岚峰伪政权在亳州征去税款 485 万元，上缴张岚峰 24 万元，上缴徐州和地方开支 24 万元。

1941 年—1945 年 向山矿的"碾子"，先后拐骗近 3000 名（含 1943 年拐骗的 500 人）临时包身工，有上千名矿工遭害致死。

1942 年

1 月 20 日　日军一个大队 500 余人由凤台北犯蒙城，火烧蒙城中学和省立临时小学。在蒙城辛集与国民党军 92 军的两个团发生战斗。国民党军队伤亡 900 余人，日军火烧民房 587 间，杀害村民 26 人。

1 月　伪中国淮浙盐业联合组设的裕华公司在当涂办理盐务和盐税，当时全县日、伪统治人口 22.8 万人，每年购销盐 2.736 万担，盐税每担 4 元（日元），每年向伪政府认缴盐税 10.944 万元（日元）。

3 月 10 日　伪芜湖县长魏树东征集吉和镇居民 300 人在赭山修筑工事，时间为 1 个月，工数为 9000，其中逃回 40 人。在完工后，所征人数中只有 255 人被送回，有 5 人失踪，因被征服劳役损失工资数为 1400 万元。

春　日军骚扰巢北黄山一带的大胡、三门、高家王等村庄，村民纷纷避难。敌在村杀害平民 12 人，烧毁民房 2000 余间。

4 月 28 日　宣城水阳、新河庄日伪会犯狸头桥，大肆焚烧掳掠，商民货物被劫一空，所有防御工事及学校悉被毁无遗，计损失约 7 万余元。

6 月 22 日　日、伪军侵犯安庆罗岭焚毁民房 300 间。

6 月　驻怀宁县洪镇日军，在扁担山、黄山烧民房 709 间，屠杀平民 14 人，伤残 4 人。在狮象马口将 100 多人绳绑后推入水中淹死。

7 月 4 日　日军纠集步、骑兵 5 千人，向夏永砀边区抗日根据地进行"扫荡"，日军枪杀班口的老平民几十人，制造骇人听闻的班口大屠杀。

7 月　日军一队人马对枞阳县汤沟镇等地进行"扫荡"，抓走村民七八个，绑到贵池后装进麻袋用刀刺死沉入长江，并烧毁村民房屋 200 多户。

9 月 22 日　在汉奸方长仵的带领下，日军 800 余人由东流经鲁港、胡家大屋、太子庙等地，兵分三路，联合"围剿"驻望江县赛口章祠的河北"清乡"大队。双方展开激战，"清乡"大队长桂传鹏战死。是役，计有焕楼老屋、雅齿老屋（即上店村）、张家祠堂、曹和老屋、方家祠堂、鲁港庙、赛口镇、周山村等几十个村庄 300 余间房屋被烧毁，民众死 67 人（其中 9 人被烧死，17 人被枪杀，19 人被刀杀，伤 5 人，22 人被烧伤后于水中淹死。有姓名者有赛口镇的檀银兰、潘秀兰、陈品凡，周店村的胡中炉、周松生、章氏以及万寿春老人，漳湖保小学教师胡志刚），商民损失难计。24 日，方长仵又带领日伪建国军曾子云部至赛口镇，捕捉渔行老板胡松岩，于新沟对面的汪家墩将其杀害。

9月 日军烧毁怀宁县江镇街至东岭曹家沿途20多里大部房屋，500余户计2000多间，杀害平民20余人，伤残30余人。

10月27日 无为日军警备队长滕木带领日、伪200多人，包围仓头镇附近村庄，在仓头西街藕塘场基上集中100余平民，日军以刀砍枪杀93人，许多妇女遭蹂躏。

10月 侵占桐城县县城驻西门山祈雨岭（现电视塔所在处）的日军，将周边村庄房屋全部烧毁，总计600余间。其中：石屋组100余间，大宅河村120间，小毛河组80余间，义塘组80余间，王庄组140余间，徐湾组40间，王瓦屋组100余间。日军哨兵经常肆意开枪杀害行路的村民，小毛河组汪世祥父亲、朱小元，大毛河组占其凤父亲占大，花玉塘组方季才的儿子，王庄组姚小牛、张令宜等均被射杀。

11月13日—12月16日 日、伪军对淮北根据地中心区进行了长达33天的大"扫荡"。此次"扫荡"，共杀害抗日军民2645人，烧毁民房、抢劫无数财物。

11月17日 日军在偷袭桐城县汪洋陈智铺国民党驻军时，放火烧毁陈智铺街民房43间，抢劫粮食4.5万斤、薪700担；居民徐道云被日军杀死，其妻遭日军奸淫。随后，日军又将坐落在小岭组的孟侠学校临时校舍的占家祠堂计15间瓦房、14间草房烧为一片废墟，还抓走当地村民25人去安庆做劳工。

11月中旬 日军从太湖、岳西等地侵犯潜山，潜山县县城内100余人伤亡，毁损房屋数百间，康丁应等10多人被日军抓走。

12月24日 日军袭击宿松县县城，杀害7人（6位自卫队士兵和1位60多岁的老人），奸淫妇女2人（20多岁的黄六英和60多岁的潘奶奶），抢劫大量粮食、布匹、煤油等财物，并役使200多个劳工运回营地。

12月25日 日军从安庆、蕲春二路进犯太湖，其中蕲春一路遭到太湖县自卫队分队奋力抵抗，死伤了十几名自卫队员，3名自卫队员被俘后，被绑在树上活活烧死。此次日军进犯持续了六七天。此后十余日，弥陀寺被烧毁商铺173户，房屋1557间，田家滩（今弥陀镇河口村、真君村和田家村全部或部分）被烧毁房屋1000多间，惨遭杀害、奸污、伤残达80多人；方田（今弥陀镇河口村境内）烧毁房屋285间，抢走耕牛10头，生猪21头。事后，田家乡（今弥陀镇真君村境内）金家大屋200多人无家可归，外出逃荒讨饭；方田大队（今属弥陀镇河口村）88人外出讨饭，209人外出帮工。

12 月 26 日 日军轰炸潜山，潜山县源潭镇双林村 390 亩水田、200 亩其他农地、1 座输林桥、1 座大石桥、岩坡堰水塌和厢闸等 2 处水利设施及原柳林街中大路 3 公里被炸或炸毁。

12 月 31 日 日军第 3 师团东路部队第 68 联队自湖北省进犯立煌，过瓮门关时击杀守军 10 余人；从后畈至泗河沿途，炸毁黄氏祠弹药库一座，30 多民工同时被炸丧生；又纵火焚烧隐于密林中的子弹、粮秣、军服等六个军用仓库 34 间，民房 300 余间，杀害守军与民众 100 多人。

年底 日本侵略军在马鞍山成立了"日本制铁株式会社马鞍山制铁所"，1943 年 9 月 21 日，第一座熔铁炉投产，到 1945 年共建成 20 吨熔炉 10 座，发电厂 1 所，员工达 4000 多人。其中中国人有 3700 人，"苦力"临时工近 3000 人，都是来自鲁、豫、赣、苏、皖一带逃避战祸的难民。利用马鞍山所采铁矿，就地冶炼，用以制造军火，"以战养战"，至 1945 年 2 月 11 日停产时共产铣铁（铸铁）不过万吨。

1942 年 据统计，当涂的钟山、小姑山事务所最多时拥有工人和小工 4022 人，其中小工 3075 人，工人 947 人，小工全部担任运输、装卸及其他繁重杂役，而工人大部分为采矿工。这些劳工大部分是工头们从阜阳、定远、临淮关一带诱骗来的。日军推行"以人换矿"、"以战养战"的血腥政策，矿区外有碉堡，四周围着铁丝网，矿工起早摸黑，终日劳作，在死亡线上挣扎。

1942 年 日军开采掠夺淮南煤炭资源 895554 吨。

1942 年 汪伪安徽省政府"蚌埠所得税分局"在蚌埠征收所得税 40.8 万元（中储券），利得税 47.7 万元。

1942 年 汪伪安徽省政府"蚌埠印花烟酒税分局"设立，当年即征收印花税 47.8 万元（中储券）。

1942 年 汉奸潘杰三为日军带路，在安庆月山、山口、大渡口逮捕农民 70 多人，当作"中国兵"杀害。

1942 年 日军为修建望江县徐家井头至茶安岭公路，从沿途强抓劳工 400 余人。

1942 年 在怀宁县洪镇的木马嘴，据汉奸交待，此处被害人员总数约 400 人，在查家竹园杀害 100 多人，在小洼未计确数。

1943 年

1 月 1 日 日军第 34 联队一部约 2000 人，由长岭关入立煌县境，沿途烧掉漆家店、白果、牛食畈、李家集、小茅坪、丁家埠、曹家畈一线小街及民房1000多间，在干塘湾杀死为省政府砍柴的民工27人，烧毁全村。在龙门石河滩烧死当地平民10余人，烧掉数堆待运木材，一妇女被奸杀。

同日　日军一部由立煌向国民党第48军驻地霍山深沟铺（今古佛堂）袭击。进犯中界岭、深沟铺之敌进至龙门石，烧毁粮食3万多斤，沿途焚烧霍山境房屋600余间，枪杀农民100余人。国民党守军仓皇撤退，只留工兵营两个连300余人掩护，200余人牺牲。

同日　日军从太湖县弥陀返回安庆，一路自牛凸岭（今牛镇镇龙坪村）、南阳河（今牛镇镇南阳村）、合水涧（今天华镇涧水村）、平头岭（今天华镇平岭村）、寺前河而下，沿途店铺遭日军烧毁。其中牛凸岭（今牛镇镇龙坪村）烧毁房屋410间，新县治营房124间，皮油400多个（每个100斤），糯稻20多万斤。在太湖县牛凸岭毛坪（今牛镇镇龙坪村）枪杀被关押壮丁300余人。此次侵犯，在太湖县平头岭烧毁一殷姓油坊一个，被烧的皮油融化成河，损失皮油和财产约万余元银元。抢劫并烧毁另一殷姓药房一个，财产损失约千元银元。太湖县寺前区平阳乡（今寺前镇王畈村），将陈祖应、张云珍、张云藻、胡幼其、张云祥、张明瑞、张明科7人抓获，押至潜山、太湖两县交界的火神庙，除张云藻逃脱、张云珍伴死，张云祥后逃脱，其余4人被枪杀。在寺前梅河大队（今晋熙镇梅河村），放火烧屋8间，被杀有红山屋祝朗明、何家屋陈奶奶，逼死3人，除被烧的房屋外，财产损失110元银元，中和大队（今寺前镇中河村）被掳去稻子1万余斤，肥猪5头，鸡49只，烧毁房子30余间，烧毁老布40多匹，农具、家具、衣物被全部烧光。

同日　晚上，向立煌进攻的日军一部，突然将六安茅坪包围，镇上驻有国民党一个排兵力和安徽省政府警备司令部押送去立煌的284名壮丁，另外还有商人、学生及本地居民共562人，全部被日军俘获，集中到街西的河滩上，以刺刀一一捅死。街上400多间房屋全被烧毁，平民财物被掠一空。

1月2日　日机轰炸立煌杨家滩及附近地区，南到关山河、北接大同公及杨滩两条小街的房屋、家具、商品全部化为灰烬，在黄林村抓获逃难平民14人带至开顺街刺死。

同日　日军侵入立煌市区金家寨，其东路在路岭捅死过路学生3人、重伤1人；在留利坪奸污女学生20余人并加以杀害，枪杀老年妇女3人、伤3人。在贾王寨刺死平民10余人，在市区杀害因病未及逃出的省参议会议长欧阳长松等公职人员10多人、平民64人。日军在城区纵火三昼夜，25里长街尽成灰烬，烧毁房屋2万（有说3万、数万）间，省图书馆3万余册图书无一遗存，省地方银行藏于山洞里的近百箱银元全部被劫。大火延及周围山村，受灾面积方圆数十里，损失巨大。

同日 日机数架轰炸霍山新铺沟，100余间房屋被焚。

1月4日—6日 1月4日，一支数百人日军由太湖县辛家冲窜入岳西县柳畈、菖蒲、撞钟、溪沸、无愁、响肠等地，5日下午经土关、沙岭头进入潜山县境。两日内，日军所经之地奸污妇女，吊打、杀害平民，捆绑学生，烧毁房屋，牵牛拉猪。共杀害平民25人，杀伤平民15人，奸污妇女6人，其中一人被轮奸致疾，不久死亡，捉走学生数十人，捉走平民70多人（后多数逃回，2人失踪），烧毁房屋150余间，杀猪牛80余头，捉去鸡鸭500余只，毁坏家具1000余件，糟蹋粮食1万余斤，抢走衣物440多件。6日，2架日机飞到岳西县汤池畈、响肠等地盘旋，机枪扫射，投弹2枚，炸死平民4人，伤3人，炸毁房屋数间。同日，一架日机在岳西县菖蒲地区上空盘旋，投弹数枚而去。

1月5日 日军2000余人窜犯立煌胡家店、关山河、杨家滩等地，沿途房屋、稻垛被炸、烧，关山河岸一堆近万立方的松、杉方板被烧，沿途50余里浓烟滚滚，许多居民被杀。在开顺街十字路口，刺死从金家寨逃出来的8名银行和税卡人员。沿途抓去大批民夫，后来只有2人从潢川逃回，其余杳无音信。

同日 日军从岳西、太湖进入潜山，沿途烧杀淫掳，尤其在水吼附近周边枪杀了158人，奸淫了多人，其中15岁小姑娘遭7名日军轮奸，烧毁了814间房屋、12间店面、6所作坊、3间仓库、1.7万斤粮食、8000斤大米、175担黄豆、500斤面粉、2000斤棉花、37卷布匹、1215袋食盐、7吨砂糖、2500件百货等遭抢劫或烧毁，并抓走多人为挑夫，帮日军搬运抢掠物品。

1月8日 由潜山、太湖向黄梅退却的日军一部，在宿松县城四处放火，连烧3日，余火未尽，共烧毁店铺200多家，住宅683间，损失财物无法计数。

1月上旬 日军自太湖袭击宿松县凉亭青竹村，姚家河、石家河、枫树垄、六亩岗、吴家老屋、马家坳等村庄被全部烧毁，仅姚家河一处就烧毁30多户120多间房屋，枫树垄未及逃跑的贺松林老人因救火被杀。

1月上旬 日军"扫荡"宿松县二郎河，烧毁店铺26家、民宅185间。

1月13日—15日 日军在阜阳老家集对中国军队第14师程勉升部，两次大量施放毒气，致使程部官兵多数中毒。

1月22日 日军在淮南丁集强奸妇女20多人，杀死1人，杀吃猪10头。

1月28日 日、伪军约4000人，在6架飞机的掩护下，从四个方向攻入肥东县梁园。日军占据梁园后，见人就杀，见房就烧，杀死居民 180 多人，梁园镇的大部分房屋及东崖上的 50 多户民房被烧光，位于梁园中部的古峄塔也被敌人用炸药炸毁。塔为四方形，基宽 5 丈多，亭阁式，高 9 丈余，共 5 层。

1 月　一股日军偷袭桐城县城，杀害平民 20 余人，并残忍地将死者首级抛入桐城县城西便宜门的水井中。

1 月　日军烧毁潜山县天柱山镇许寿彭、许昌运、许中山、许强发、许证明、许和平、葛永和、葛锡纯、蔡根贵、蔡根福等人的 165 间房屋，另有 4 间凉亭被烧，抢走 50 头猪、240 只鸡鸭、389 担粮食，损毁所有的生活、生产用具；药王庙 9 间房屋以及庙中所有物品也同时被烧毁。

春　日军 10 余人到肥东元疃集，先后强奸妇女 30 多人，一日军强奸陈圩村王某的媳妇，被王某等几人打死。翌日，日军调集 300 多人围住该村，放火烧光全村 700 多间房屋，枪杀村民 13 人。

春　淮南大通矿井下西四石门发生瓦斯爆炸事故，日本人和封建把头根本不予抢救，以致伤亡 100 多名矿工。

春　日本宪兵队在砀山下楼赵庙、白衣阁等学校抓走汪庆藩、华连芝、马增良、许树芳、夏振杰、郑稼秆、李国祥、王对祥等 30 名教师，全部杀害。

4 月 5 日　日、伪军"扫荡"了泗城西南时渡、夏庙、赵店等地，烧毁民房 628 间，抢走粮食 900 多石，抢走牲畜 20 余头，杀害平民 3 人。

4 月　日军占领长丰县庄墓，野蛮地实行"三光"政策，街道房屋被烧光，居留的人民被杀光，仅孟郎仙等两家佃户就有 27 人被杀。

5 月　日军在东流县胜利檀村（今东至县胜利镇檀村村）设小学一所，校长胡定华，招学生六七十人，强制每日授习日语一小时，奴化中国儿童。

5 月　日军在贵池捉去民众数十人，送至安庆，后又将其押解回贵池，用机枪射杀 42 人。

夏　驻肥东施口的日军以"通新四军"为借口，一次从施口逮捕 30 多人，绑至施口以东约 2 公里的天灯杆处，严刑拷打，并将其中的 2 人残忍杀害。

夏　由于霍乱、疟疾流行，由于井下条件恶劣和非人般的苦役，加上疾病折磨，马鞍山向硫矿的 500 多名临时包身工死掉 200 多人，南山矿的 300 多名童工死去大半，整个南山地区死了 500 多人，马鞍山地区这一年死去 3000 余人。

7 月 27 日　上午，日机 5 架袭击肥东县梁园 4 次，投弹 50 余枚，毁房屋 40 余间，死 5 人，伤 10 余人。29 日上午，日机 5 架袭击石塘镇，毁房 400 余间，死伤各 20 余人；同时，梁园复遭日机袭击，投燃烧弹百余枚，该镇房屋被毁十分之八。

9 月 15 日 日军以重兵"扫荡"定远县藕塘地区，破坏新四军在藕塘的布厂、烟厂和印刷厂，烧掉厂房、民房 1000 间。

9 月 21 日 日军马鞍山制铁场第一座高炉点火投产，用童男童女祭矿，将一男孩（两三岁，周姓矿工儿子）、一女孩（四五岁，吕姓矿工女儿）投进熊熊燃烧的炉内活活烧死。

10 月 2 日 日军驻赭山警备司令部征集芜湖市吉和镇居民 500 人修筑工事，时间为 20 天，工数 1 万个，其中逃回 20 人。在工事完工后，只有 450 人被送回，其中有 10 人死亡，20 人失踪。因被征服劳役损失工资数为 1900 万元。

10 月 3 日 驻广德县城水东和宣城水东、孝丰苦岭关日军开始在广德南部山区卢村、柏垫、月湾街、韦村等地"扫荡"，所到之处，烧杀淫掠，十室九空。

10 月 9 日 日军侵占广德柏垫镇，在镇内"一度布毒"。随后，日、伪军陆续退守城郊、誓节渡、门口塘等地。

10 月 11 日 广德柏垫日军第 60 师团向中国军队第 52 师掷弹筒发射毒气筒数十发，致使中国军队中毒者眼睛红肿、鼻流清涕、口吐血涎。

10 月 日军占领广德后，先后在县城、门口塘、誓节渡、山关岭等地设立据点，组织维持会，开设赌场和"慰安所"等。

11 月 14 日 日、伪军 400 余人由芜湖新塘湖、王塘埂、马家园分三路进攻南陵。在杨家园、俞家埠、谈村、沙坝、朱沙坝、郭阮村等地烧杀掳掠。日、伪军所过之地尽成焦土，人民扶老携幼流离失所，无家可归。事后统计，41 人遭残杀，13 人负重伤，40 户房屋（共 156 间）被烧。抗战期间，南陵三次沦陷，据国民政府不完全统计，南陵县损失情况如下：平民约 500 人被杀，猪牛驴马等约 1000 头，地方自卫枪 128 支，机枪 5 挺，手枪 24 支，公私医院 2 所，稻谷仓库 11 所，民营工厂 17 所，机关 14 处，公共机关 9 所，民房 2800 家，稻谷 25 万石。

同日 日、伪军 800 余人由湾沚、奎潭、埭南三处进攻芜湖十连乡朱墩、东溪、西溪、天井坝等四保，肆意烧杀掳掠。其损失情形如下：东溪保灾民 30 户，受灾人口 165 人，死亡 6 人，烧毁房屋 92 间，财物损失 146.4 万元；朱墩保灾民 26 户，受灾人口 134 人，死伤各 2 人，烧毁房屋 72 间，财物损失 59.5 万元；天井保受灾 9 户，受灾人口 47 人，伤 1 人，烧毁房屋 30 间，财产损失 23.6 万元；西溪保受灾 4 户，受灾人口 17 人，死亡 1 人，伤 3 人，烧毁房屋 4 间，财产损失 1 万元。以上总计灾民 69 户 363 人，死亡 9 人，伤 6 人，房屋烧毁 198 间，财产损失 230.5 万元。

12 月 据安徽省政府统计，从 1937 年 8 月至 1943 年 12 月，日机在安徽各地空袭 1513 次，投弹 18799 枚，中方死伤 14412 人（死 7962 人、伤 6460 人），损毁房屋 128351 间，平均每百枚炸弹死伤 76 人，毁房屋 683 间，财产损失估计 3971.14 万元。

1943 年 马鞍山向山硫铁矿"碾子"（招工骗子）谷守义、李长金、张元伦等 3 人受日军派遣，从河南、山东、徐州一次就骗来 500 多名破产逃荒的农民。包工头得到这些劳工后，就由监工、把头用皮鞭驱赶着在矿井下从事繁重的劳役。

1943 年 由于井下作业条件恶劣和非人的苦役，加上霍乱、疟疾、痢疾等几种疾病并发流行，马鞍山桃冲矿矿工几天就死去 650 多名。

1943 年 日本人怕疟疾传染自己，于 1942 年在当涂江边搭起破草棚，把病人集中起来，美其名曰"大病房"。仅 1943 年死于"大病房"的就有 3000 人之多。

1943 年 日本人逼着矿工在淮南大通矿西六石门北四槽被堵死的瓦斯区挖煤。两个日本监工在里面吸烟，引起瓦斯爆炸，当场炸死 40 多名矿工。日本监工滕永德太郎也被炸死在里面。另一个日本监工却逼着矿工进瓦斯区背这个日本人的尸体。结果，进去一个熏倒一个，又连续熏倒了 30 多名矿工。

1943 年 日军为了掩盖屠杀中国人民的罪行，指使总监工王长明纠集了日伪军警、汉奸把头用刺刀、皮鞭、木棍硬逼着工人在这里挖了三条长 20 米、宽深各 3 米多的大坑，把满山遍野的尸骨集中抛入坑内，丢一层尸骨，撒一层石灰，就这样形成了白骨累累的淮南煤矿"万人坑"。

1943 年 日军开采掠夺淮南煤炭资源 878350 吨。

1943 年 日军强抓 300 多名蚌埠市民到浙江金华当劳工，仅 30 余人生还。

1943 年 汪伪安徽省政府"蚌埠所得税分局"在蚌埠征收所得税 4349.5 万元（中储券），利得税 2160.7 万元。

1943 年 汪伪安徽省政府"蚌埠印花烟酒税分局"征收印花税 737.5 万元（中储券）。

1944 年

1 月 1 日 日、伪军"扫荡"寿东南根据地禹庙岗一带，烧杀抢掠，打死打伤平民三四十人，新四军战士牺牲多人。

1月16日 日军窜扰青阳县木镇、宾阴（今青阳县酉华乡二西村）一带，杀伤民众70余人。

1月29日 日机在徽城（今黄山市屯溪区）小北街口投下燃烧弹，引起大火，小北街两边店铺、民房变成一片火海，烧毁房屋56家，死伤各一人。

2月 日军在望江县徐家井头诡称为平民配给食盐，诱捕平民徐继祥、江求伢、史福清、柯九送等26人，活埋于望江县小北门外菜园地里。3天后，地下还有呻吟声。

3月18日 日军从贵池派来一个分队，勾结枞阳县汤沟日、伪军300余人，分路"扫荡"枞阳县老湾二里半。因当地大刀会曾打过日、伪军，遭到日、伪报复。双方在金子山发生战斗，大刀会被打死打伤100余人。日军进了二里半村大举烧杀抢掠，将沿江近200户民房和财产尽皆放火烧毁，使二里半成为无人村。日军还在老洲湾街上开枪打死农民周元生，将躲在草堆里的农民吴大和用刺刀戳死。日伪军路过江家圩北埂时，开炮炸伤在田间劳作的农民4人。

3月29日 国民党军144师在青阳县茗山冲（今青阳县丁桥镇茗山村）叛变投敌，旋被编为"皖南独立方面军"。该部随即伙同大通（今铜陵市大通镇）据点日军侵扰青阳县木镇、石壁（今青阳县丁桥镇石壁村）一带，强拉壮丁200余人，连日烧杀淫掳。

4月27日 颍上县城失陷后，日军进犯六十铺一带，被杀者百余人，妇女被奸污者3人，因3女破口大骂而遭日军割去乳房。

4月 日本制铁株式会社马鞍山制铁场先后从山东济宁、巨野、定陶、菏泽，河南开封及河北等地招来"苦力"1000余人。

4月 国民党军骑8师在颍上的六十铺，高菜园、马桥等地打击日军，因敌众我寡向西撤退。日军追至朱寨的曹斗、张行、屈庄、闵庄、小朱庄、小赵庄等地（即今阜南县朱寨镇曹斗村、张行村、闵庄村、大苗村），对当地平民施暴行，放火烧毁房屋30多间，奸淫妇女、幼女20多人，受辱羞愤自杀者10多人，耕牛、鸡、鸭、鹅、猪等被杀光抢光。

5月6日、12日 寿县正阳镇被日机轰炸，死26人，伤54人。

5月28日 日军百余人，在灵璧县尤集刘夫庭400余名伪军配合下，到百马山一带抢粮。灵北县灵五区区队进行阻截。次日拂晓，尤集、时村及张大路的日伪军，计1000余人，从东南、西北、西南三面向灵五区境内扑来，他们边走边烧，方圆20多里地的木桩，无一幸免，当天被焚烧的村庄有18个，计1003

户人家，4200 间房屋，其中申村一处新被烧毁房屋 800 余间。

5 月 "蚌埠关转口税局"设立，至抗战结束，共征收税款 22782 万元。

7 月 5 日 日军驻赭山警备司令部在芜湖市吉和镇召集居民 400 人修筑工事，时间为 1 天，工数为 12000，其中有 50 人逃回。在工事完工后，只有 316 人被送回，其中有 4 人死亡，30 人失踪。因被征服劳役损失工资数为 800 万元。

9 月 日机炸死淮北市王六孜王朝干的父亲，炸伤多人，庙西后大桥和王六孜学校南大桥都被炸毁。日军在王六孜实行"三光"政策，打死打伤新四军 26 人，打死村民王狼娃，打伤村民王朝俊、王麻花、王金元等 7 人。烧毁民房 800 余间、粮食 5 万余斤、大车 20 辆，损毁树木 9000 多棵，烧死牲畜 300 多头、家畜家禽 2000 多只。

秋 日军到肥东县富旺集"扫荡"，烧掉 48 户的 173 间房屋，杀害无辜村民 15 人。

冬 日军在淮北市百善镇前营村一带"扫荡"，掠夺牲畜 1100 头、家禽 1200 只、粮食 1.5 万斤，打死村民 4 人，烧毁民房 200 多间。

1944 年 日军开采掠夺淮南煤炭资源 882046 吨。

1944 年 枞阳县长河口高屋基一陈姓女子被七八名日兵轮奸。一艘洋船装着约 400 人在长河口高梁基被日军打沉，船上人全部死亡。

1945 年

1 月 26 日 日机 8 架，轰炸宁国港口镇，毁民房 256 间，死伤 20 余人。

3 月 18 日 伪自卫团团长带领日、伪军 400 多名，对长丰县仇集人民进行大屠杀。20 多人被杀，30 多人受伤，漆匠方家献嫂嫂被杀后，怀里一个正在吃奶的孩子也遭毒手。

4 月 29 日 在今长丰县罗塘北头圩子，日军枪杀平民几十名，仅仇继善一家就被杀害 19 人。

7 月 4 日 中午 12 时 50 分，日机在芜湖市洋码头江边投弹 1 枚，造成钟道洪、闵志高、窦秀洪 3 人受伤，6 只小船被毁，震坏栅屋 1 间。

8 月 12 日 宿迁日、伪军逃往泗县新安镇，临逃前在运河大桥杀害中共地方干部平民 20 余人，并焚烧运河大桥。

8 月 15 日 日本宣布投降。望江日军撤退时仍施暴行，他们在华阳用刺刀戳死民众彭海州，一柯姓老奶奶为躲避日军，热死在青纱帐里。当地平民财物被劫。

　　同日　无为县西南襄安镇的日军拒绝投降。中国军队发动攻击时，日军竟施放毒气弹，致使中国军民 30 余人中毒。

　　9 月 28 日　东流县（今东至县）上报抗战时期损失，情形如下：官兵伤亡约 30 余人，平民被屠杀者约 300 余人；损失枪支 80 余支，服装 60 余套，电话机 10 座，电线杆被撤毁约 50 华里；日军在沦陷区每年征收稻麦约 2 万石左右，被焚毁房屋约 300 余。

　　9 月　繁昌县对日军在繁昌的罪行进行了调查，据各方材料参考：500 人被杀，另 400 余人被日机轰炸死亡，放火焚毁房屋 6 万间（瓦屋 1.5 万间，茅屋 4.5 万间）；被焚的房屋及家具衣物、粮食、财物等物资计值 6 亿元，被抢劫 1 亿元；日伪征用稻谷 48 万石（以 3000 元一石折价）；日伪征用财物 3 亿元，征税 3 亿元；机枪 3 挺，步枪 94 支，手枪 5 支；损失板船 2600 只，手车 4200 辆，中心工厂及供应新屋宇和器具约值 20 万元；拆毁中分村田粮仓库 1 所；电机、电线、电杆约值 320 万元；炸毁医院 1 所。

　　9 月　国民政府派员接收淮南煤矿。当年，日军开采掠夺煤炭资源 255901 吨。淮南煤矿在沦陷期间，总计被日军掠夺煤炭 4284823 吨，毁弃而不能复采煤炭之间接损失约 600 万吨。日军占据淮南煤矿期间，该矿原有机械、工具及车辆等等，均无一幸存，铁路桥梁俱毁，路基亦被改作公配行驶之汽车道，自水家湖至裕溪口 188 公里间之路轨亦尽为日人囊括而去，矿路原有厂房宿舍车站等建筑三百余所非毁即倒，不能复用，上项损失约值当时中国法币 2000 万元，当美金 660 万元之巨。

　　10 月　据统计，抗战期间贵池县损失情况如下：人 4900 口，马 36 匹。武器损失步枪 2610 支，弹药 116000 发，装具 4000 具，器材 3120 种，医药计 10.23 万元，人力车 8000 辆，积谷仓 20 所，农场 5 所，造林场暨电灯场各 2 所，米厂炸毁 2 座，汽车站 4 所，电话局暨电报局各一所，拆毁电线 5000 米，炸毁大小船只 1220 只，要塞 3 处，船坞 2 处，修理机械所 1 所，停船所 2 所，拆毁火车铁轨 15 公里，采矿机械 15 部，白煤 5000 吨，公私有 2200 万元。

　　1945 年　日军投降前，将其控制的蚌埠中兴炭厂炸毁。1938 年至 1945 年间，该厂月销售煤炭 3000 吨，主要用于炼焦，由靠山和香山仁二两名日本人控制。

　　1945 年　青阳县抗战时期损失情形如下：死伤 1083 人，民房 13413 户，牛 1538 头，马 23 匹，大小船只 144 艘，枪 79 支，弹 12820 发，舰艇所 4 所，衣被

380 件，防空设备（壕洞及内部设备）13 座，仓库（乡保积谷仓）9 座，汽车站 6 所，医院 1 所，稻 234500 担，担米 11563 担，电话机 18 架，砖城 1 座，土城 2 座，碉堡 5 座。

1945 年　铜陵抗战时期损失情形如下：人口伤亡 1 万余人，武器轻机枪 3 挺，步枪 1000 余支，旧式钢炮 5 门；棉单军服四五百套，棉被 300 余床；器材约 1 亿余元；医药约 2 亿余元；黄包车 100 余辆，人力车 1000 余辆；仓库 6 所，积谷仓库约计稻 3 万石；炸毁医院 4 所；电话机 10 门，总机 1 架，五六分机 3 架，话机 10 架，电线皮丝 23 石，电杆 1 万余根；大小木船 500 余只；房屋 70 余万间，大小桥梁 30 余座；田地被改建公路者 1000 余亩。

后　记

　　作为《抗日战争时期中国人口伤亡和财产损失调研丛书》之一的《安徽省抗日战争时期人口伤亡和财产损失》终于出版了。我们谨以此书缅怀抗日先烈，祭奠死难同胞，告诫后人勿忘国耻、铭记历史。

　　《抗日战争时期中国人口伤亡和财产损失》课题是中央党史研究室统一组织全国各级党史部门共同完成的一项重大课题调研，目的是摸清日本侵华战争给中国人民带来的巨大灾难，揭露日本侵略者的战争罪行。

　　从日本侵略者踏上安徽这块土地横行肆虐，时间已经过去近80年了。由于年代久远，档案资料严重缺失，在世的证人越来越少，抗战损失课题调研工作的难度超乎想象。参与调研的全省党史工作者，以强烈的民族精神、历史责任感，奔波于省、市、县档案馆、图书馆，搜集、查阅大量的档案资料和报刊图书，深入城市、乡村，广泛开展社会调查，访问了数以万计的人员，进行科学的分析研究，取得丰硕的研究成果。

　　在开展抗战损失课题调研和编纂本书过程中，我们坚持实事求是的原则和对历史负责的态度，对所搜集的档案资料和口述史料，认真考证和研究，本着实事求是、尊重历史的原则，撰写调研报告，编辑档案资料，力求使调研成果和所编纂的内容经得起历史检验，使本书具有较高的史料价值和研究价值。

　　安徽省委党史研究室高度重视并精心组织编纂《安徽省抗日战争时期人口伤亡和财产损失》一书，省委党史研究室先后几任主要领导聂皖辉、周本银、殷光临都非常关心和重视这项课题调研工作。在本书出版之际，殷光临审阅了全部书稿。

　　安徽省课题组由施昌旺、徐京、顾永俊、胡北等人组成。在省委党史研究室时任分管领导周言久、郭德成的先后直接领导下，课题组承担了编纂和组织、指导、协调全省各市县调研的繁重工作。在人手十分有限的条件下，课题组以对民族负责、对历史负责的态度，凭着高度的政治责任感，克服困难，埋头苦干。几年来，课题组成员几经变动，但全省调研工作始终如一，按时完成中央党史研究室下达的调研任务。

安徽省委党史研究室的童合建、陶小琳、杨蓓、方晔和省档案局的杨钰、潘春瑜也先后参加了课题调研工作；安徽大学历史系教授周乾作为课题组聘请的专家，参加撰写调研报告和专题工作。

安徽抗战损失课题调研工作得到了安徽省档案局（馆）、中国第二历史档案馆、安徽省图书馆、安徽省政协文史资料委员会等单位的大力支持与协助。中央党史研究室第一研究部副主任李蓉以及王志刚和安徽省抗战史专家徐则浩、徐承伦、沈葵、王先俊等为省级调研报告提出了宝贵的修改意见。在此一并表示感谢。

由于我们的调研条件、时间、能力和掌握的资料等均有限，本书的编纂难免存在欠缺之处，既需继续加以深入调研，也望得到一切有识之士的指正。

安徽省抗战损失调研课题组

2014 年 1 月

总 后 记

　　历时多年的《抗日战争时期中国人口伤亡和财产损失调研丛书》终于问世了。参加这套丛书编纂工作的，主要是承担《抗日战争时期中国人口伤亡和财产损失》课题调研任务的各省、自治区、直辖市及其下属市、县的领导同志和课题组成员，以及部分著名专家。他们以高度的责任心和使命感，竭尽全力，攻坚克难，终于完成了各自承担的任务，并按统一要求，形成了调研成果的 A 系列书稿。同时，有关省、自治区、直辖市还从实际情况出发，编纂了主要反映市、县调研成果的 B 系列书稿。由于各地情况不尽相同及其他原因，呈现在读者面前的丛书，将分批陆续完成和出版。

　　为了保证质量，我们对本丛书中由各省、自治区、直辖市完成的 A 系列书稿（即省级调研成果）实行了四级验收制，即：所有的省级调研成果，先由有关省（自治区、直辖市）课题领导小组及其聘请的省级专家验收组分别审读通过、写出书面意见；然后提交到中共中央党史研究室课题组。中共中央党史研究室课题组审读后，再聘请国内知名专家审读书稿，提出书面意见。对每次审读提出的意见，各省、自治区、直辖市课题组都认真研究落实，对书稿进行反复修改，或是说明相关情况，直到符合要求。由一批专家完成的 A 系列书稿（即带全局性的专门课题调研成果），也通过类似的办法验收。主要反映市、县调研成果的 B 系列书稿，则由有关省、自治区、直辖市党史研究室组织验收。各种调研成果验收修改的过程，同时也是调研的深化过程、提高过程。经过反复修改补充的成果，在质量上都有明显提高。

中共中央党史研究室课题组在中共中央党史研究室室委会和分管室副主任的具体领导下开展工作。中共中央党史研究室几任主要领导同志即曲青山和孙英、李景田、欧阳淞主任，非常关心和重视本课题调研工作的开展。分管这项工作的室副主任李忠杰同志始终严格把握政治方向，精心部署和安排，明确提出创建"精品工程、基础工程、警世工程、传世工程"的要求，给工作指明方向，还及时领导解决调研过程中遇到的种种困难和问题。各地同志和有关专家同中共中央党史研究室课题组保持密切联系，对中共中央党史研究室课题组的工作给予了积极配合和支持。

中共中央党史研究室课题组由李忠杰、霍海丹、李蓉、姚金果、李颖、王志刚、王树林、杨凯等同志组成。先后担任中共中央党史研究室第一研究部领导职务的黄修荣、刘益涛、蒋建农同志参与了课题调研和审改的部分工作。中共中央党史研究室科研管理部、办公厅的部分同志也参与了有关工作。特别是在北京市和山东省召开的两次全国性会议，中共中央党史研究室科研管理部、办公厅的有关同志自始至终参与了繁忙的会务工作，付出了大量心血和辛勤劳动。

在李忠杰同志直接领导下，中共中央党史研究室课题组承担了组织指导与协调推进各地课题调研和联系有关专家完成全局性专题调研的繁重任务。在人手十分有限的条件下，课题组同志们近10年如一日，以对民族负责、对历史负责的自觉精神，克服困难，埋头苦干，为圆满完成任务做了大量工作。计先后编发213期达60多万字的《工作简报》，同各省、自治区、直辖市的同志和有关专家进行了数以千次、万次的电话联系及当面沟通，先后到10多个省、自治区、直辖市实地调查、参加会议，了解情况，当面指导，协助各地完成调研工作，或邀请有关地方的同志到北京进行座谈；还组织22个省、自治区、直辖市课题组编纂《抗日战争时期全国重大惨案》，同中央档案馆联合编辑《抗日战争时期解放区人口伤亡和财产损失档案选编》，同中国第二历史档案馆、中国人民解放军档案馆联合编辑其馆藏的相关档案资料，撰写有关专题报告，等等。将近 10 年来，课题组成员虽有变动，但工作始终如一，没有延误和懈怠。

需要说明的是，《抗日战争时期中国人口伤亡和财产损失》课题，有时也简称为抗战损失课题或抗损课题。虽然有学者认为"抗战损失"或"抗损"通常只能反映抗日战争中财产方面的损失，人口伤亡不能称作损失，但考虑到当年国民政府习惯采用"抗战损失汇报"或"抗战中人口与财产所受损失统计"等表述，所以本课题参照前例，以"抗战损失"或"抗损"作为课题简称。

2014 年初，根据中央领导同志的指示精神和中共中央党史研究室室委会关于做好出版和对外宣传全国抗战损失课题调研成果准备工作的要求，我们组织部分省、自治区、直辖市的分管领导和课题组成员对已经印出样本的 A 系列书稿再次进行复审和互审，并邀请部分承担了抗战损失专题调研任务的专家参加审稿工作。这次集中复审和互审的主要任务是：审核已经印出样本的 A 系列书稿，对相关数据、史实严格把关，保证课题调研结论的真实性，保证书稿没有重大差错。中共中央党史研究室主要领导同志和分管领导同志也提出要求：把工作做得再深入、再扎实一些，统一规范，责任到人，把问题消灭在书稿正式出版之前。

在复审和互审过程中，地方同志和邀请的专家以多种形式及时沟通，围绕审稿发现的问题研究讨论，和中共中央党史研究室分管领导进行交流，对一些重要的共性问题达成一致。经过复审和互审，对有关的 A 系列书稿做出进一步修改。在此基础上，中共中央党史研究室课题组同志又对拟第一批出版的每一部 A 系列书稿进行多环节的审读、检查、修改、校对，严格审核把关，尽可能如实、客观地反映调研情况和成果。

中共中央党史研究室的其他同志及一些外聘同志、从地方党史部门借调的同志，如徐玉凤、谢忠厚、杨延力、郭明泉、戴思厚、王俊云、梁亿新、宋河星、毛立红、王莹莹、茅永怀、庾新顺、李蕙芬同志等，满腔热情地参加了本课题调研的部分工作。不论是调研选题的讨论、同有关各方的联络，还是资料的整理、归类、建档等，他们都付出了辛勤的劳动。

这里，还要特别感谢国家社会科学基金规划办公室、国家新闻出版广电总局有关领导和同志对本课题调研工作的支持和帮助，感谢有关部门对丛书出版经费的支持和保证。中共党史出版社的领导汪晓军以及陈海平、姚建萍等同志，也为这套丛书的出版花费了很多心血。

我们相信，本丛书 A 系列和 B 系列各卷的陆续公开出版，必将大大有助于抗战损失课题调研成果的推广利用，有利于固化历史，更好地发挥以史为鉴、资政育人的作用。但是，我们也深知，本课题调研迄今所取得的成果，还只是阶段性的、部分的、不完全的成果。在已经取得的来之不易的成果的基础上，今后，这一课题的调研工作还要深入不懈地继续进行下去。

中共中央党史研究室课题组

2014 年 4 月 30 日